技能型人才培养特色名校建设规划教材

审计基础与实务

主　编　石振河

副主编　时桂霞　刘　晖　刘　彬

中国水利水电出版社
www.waterpub.com.cn
·北京·

内 容 提 要

"审计基础与实务"这门课程是财会类专业的必修课。本书从审计工作的岗位需求出发，以培养审计职业能力为目标，以工作任务分析为基础，基于工作过程确定知识体系，坚持理论联系实际的原则，以注册会计师审计为主要线索，系统介绍了企业财务审计的基本理论和方法，旨在培养学生审计鉴证和相关服务的能力，有效发挥审计监督、经济鉴证和经济评价的职能，以帮助会计报表使用者作出科学的决策。

本书内容丰富，注重培养学生的实践能力，每一部分均穿插了大量的案例，并附有课后练习和实训题。这些案例资料大多取自于近年来企业财务审计的真实案例，因而可读性和实用性很强。

本书可作为高职院校财会类专业教材，也可作为企事业单位审计工作者的参考书。

图书在版编目（CIP）数据

审计基础与实务 / 石振河主编. -- 北京：中国水利水电出版社，2017.12
技能型人才培养特色名校建设规划教材
ISBN 978-7-5170-6203-5

Ⅰ. ①审… Ⅱ. ①石… Ⅲ. ①审计学－高等职业教育－教材 Ⅳ. ①F239.0

中国版本图书馆CIP数据核字(2017)第326305号

策划编辑：石永峰　　　　责任编辑：张玉玲　　　　封面设计：李 佳

书　名	技能型人才培养特色名校建设规划教材 审计基础与实务 SHENJI JICHU YU SHIWU
作　者	主　编　石振河 副主编　时桂霞　刘 晖　刘 彬
出版发行	中国水利水电出版社 （北京市海淀区玉渊潭南路1号D座　100038） 网址：www.waterpub.com.cn E-mail：mchannel@263.net（万水） 　　　　sales@waterpub.com.cn 电话：（010）68367658（营销中心）、82562819（万水）
经　售	全国各地新华书店和相关出版物销售网点
排　版	北京万水电子信息有限公司
印　刷	三河市鑫金马印装有限公司
规　格	184mm×260mm　16开本　22.75印张　578千字
版　次	2017年12月第1版　2017年12月第1次印刷
印　数	0001—3000册
定　价	48.00元

凡购买我社图书，如有缺页、倒页、脱页的，本社营销中心负责调换

版权所有·侵权必究

前　言

为落实"课岗证融通，实境化历练"人才培养模式改革，满足高等职业教育技能型人才培养的要求，更好地适应企业的需要，在山东省技能型人才培养特色名校建设期间，我校组织课程组有关人员和一些企业的能工巧匠、技术人员编写了本书。

审计在社会经济发展中发挥着重要的作用，对企事业单位的财务报表进行审计监督、鉴证和评价是高等院校财经类专业高素质技能型人才的基本能力，通过本课程，能够培养学生对企事业单位财务报表的审计能力。本书遵循财经类学生职业能力培养的基本规律，以最新审计准则和会计准则为指导，以注册会计师审计工作过程为主要依据，整合、设计教学内容，力求实现理论与实践的一体化。本书具有以下三方面特色：

（1）内容全面、系统，逻辑结构清晰。

本书内容以注册会计师财务报表审计为主要线索，同时在相关部分介绍了政府审计和内部审计的有关内容。基础部分按照审计主体、审计依据、审计程序和方法、审计记录的顺序展开；实务部分采用国际通行的业务循环法安排教学，逻辑和顺序结构清晰。

（2）注重案例教学和技能训练。

为加深理解、开阔思路，本书安排了丰富的教学案例；同时，为巩固所学知识、提高学生分析问题和解决问题的能力，还编排了思考题、案例演示、课堂训练和课后练习题，形成了教、学、做一体的组织结构。

（3）吸收新知识，运用新法规。

在编写过程中，以新的法律法规和会计准则为依据，以2017年《中国注册会计师审计准则》为指导，以行业企业审计问题为引领，以便读者能够学习到最新的、最实用的审计理论和法规。

本书由德州职业技术学院经济管理系审计教师和德州天衢有限责任会计师事务所注册会计师合作编写。德州职业技术学院的石振河任主编（拟定提纲和体例、编写项目一至项目四、总纂定稿，并对初版进行修订），德州职业技术学院的时桂霞（编写项目五至项目七）、刘晖（编写项目八至项目十）、刘彬（编写项目十一至项目十三）任副主编，德州天衢有限责任会计师事务所注册会计师张经纬参加了编写，并提供帮助和指导。

在教材编写过程中，编者参阅了大量著作和文献，并引用相关专家的部分研究成果和资料，在此表示感谢，同时期望得到各位专家和读者的批评指正。

编　者
2017年11月

目 录

前言
项目一 审计概论 … 1
  任务一 审计的产生与发展 … 1
    一、政府审计的产生和发展 … 2
    二、内部审计的产生与发展 … 3
    三、社会审计的产生与发展 … 4
    四、审计关系 … 7
    五、审计产生和发展的客观依据 … 7
  任务二 审计的概念和特征、对象和目标 … 8
    一、审计的概念和特征 … 8
    二、审计的对象和目标 … 9
  任务三 审计的职能和作用 … 10
    一、审计的职能 … 10
    二、审计的作用 … 10
  任务四 我国的审计组织体制 … 11
    一、政府审计机关 … 11
    二、内部审计机构 … 12
    三、社会审计组织 … 13
    四、我国审计机构的相互关系 … 14
  任务五 审计的分类 … 15
    一、审计的基本分类 … 15
    二、审计的其他分类 … 16
  练习题 … 19
项目二 注册会计师职业道德与法律责任 … 23
  任务一 注册会计师职业道德规范体系 … 23
    一、注册会计师职业道德守则 … 24
    二、识别对遵守职业道德基本原则产生不利影响的情形 … 26
    三、职业道德指导意见 … 27
  任务二 审计人员的法律责任 … 31
    一、与审计人员法律责任相关的两组概念 … 31
    二、审计人员法律责任的社会原因 … 32
    三、产生审计人员法律责任的自身原因 … 33
    四、我国法律对审计人员法律责任作出规定的法律 … 34

    五、我国审计人员的法律责任 … 35
    六、加强对注册会计师和会计师事务所的管理，避免注册会计师承担法律责任的对策 … 36
  练习题 … 39
项目三 注册会计师执业准则体系 … 44
  任务一 审计准则体系 … 45
    一、审计准则及其作用 … 45
    二、审计准则体系 … 46
    三、独立审计准则体系 … 49
  任务二 注册会计师业务准则 … 52
    一、鉴证业务 … 52
    二、相关服务 … 54
  任务三 审计质量控制准则 … 56
    一、质量控制制度的目的 … 56
    二、质量控制制度的要素 … 56
  练习题 … 59
项目四 审计目标与审计计划 … 64
  任务一 审计目标 … 65
    一、审计目标概述 … 65
    二、审计总目标和具体审计目标 … 67
  任务二 审计计划 … 70
    一、审计计划的含义 … 70
    二、审计计划的编制与审核 … 71
    三、了解被审计单位的基本情况 … 72
    四、执行分析性复核程序 … 73
  任务三 评估重要性水平 … 76
    一、审计重要性的定义 … 76
    二、重要性的运用 … 76
    三、编制审计计划时对重要性的评估 … 77
    四、评价审计结果时对重要性的考虑 … 79
  任务四 审计风险 … 80
    一、审计风险的定义和特征 … 81
    二、审计风险的形成 … 82

三、审计风险的评估 …………………… 82
　　四、审计风险的应对措施 ………………… 83
　练习题 ………………………………………… 86

项目五　审计程序和审计方法 ………………… 91
　任务一　财务审计的一般程序 ………………… 91
　　一、审计程序的含义 …………………… 91
　　二、注册会计师审计程序 ……………… 92
　任务二　审查书面资料的方法 ………………… 96
　　一、按审查书面资料的技术不同分类 …… 96
　　二、按审查会计资料的顺序分类 ………… 99
　　三、按审查书面资料的详细程度分类 …… 99
　任务三　证实客观事物的方法 ………………… 101
　　一、盘点法 ……………………………… 101
　　二、调节法 ……………………………… 101
　　三、观察法 ……………………………… 101
　　四、鉴定法 ……………………………… 101
　　五、查询法 ……………………………… 102
　任务四　审计抽样 ……………………………… 104
　　一、统计抽样和非统计抽样的区别 …… 104
　　二、统计抽样法 ………………………… 105
　练习题 ………………………………………… 113

项目六　审计证据和审计工作底稿 …………… 117
　任务一　审计证据 ……………………………… 118
　　一、审计证据的含义 …………………… 118
　　二、审计证据的特征 …………………… 119
　　三、审计证据的分类 …………………… 121
　　四、审计证据的获取方法 ……………… 123
　　五、审计证据的鉴定与整理分析 ……… 124
　任务二　审计工作底稿 ………………………… 127
　　一、审计工作底稿的含义与作用 ……… 127
　　二、审计工作底稿的分类 ……………… 128
　　三、审计工作底稿的要素和编制 ……… 129
　　四、审计工作底稿的复核 ……………… 130
　　五、审计档案的管理 …………………… 130
　练习题 ………………………………………… 132

项目七　内部控制及其测评 …………………… 137
　任务一　内部控制概述 ………………………… 138
　　一、内部控制的概念 …………………… 138
　　二、内部控制的目标 …………………… 138

　　三、内部控制的构成要素 ……………… 138
　　四、内部控制的局限性 ………………… 141
　　五、内部控制与审计的关系 …………… 142
　　六、与审计有关的内部控制 …………… 143
　任务二　内部控制的描述 ……………………… 145
　　一、文字说明法 ………………………… 145
　　二、调查表法 …………………………… 145
　　三、流程图法 …………………………… 146
　任务三　内部控制测评 ………………………… 149
　　一、内部控制测评的作用 ……………… 149
　　二、内部控制测评的步骤 ……………… 150
　　三、内部控制测评结果的应用 ………… 153
　练习题 ………………………………………… 156

项目八　销售与收款循环审计 ………………… 160
　任务一　销售与收款循环的特征 ……………… 160
　　一、销售与收款循环的主要业务活动和
　　　　内部控制 …………………………… 161
　　二、主要凭证与会计记录 ……………… 163
　　三、销售与收款循环可能存在的风险 … 164
　任务二　销售与收款循环的内部控制测试 …… 164
　　一、销售业务的内部控制及控制测试 … 164
　　二、收款业务的内部控制及控制测试 … 166
　任务三　销售与收款循环主要账户的审计 …… 168
　　一、主营业务收入的审计 ……………… 168
　　二、其他业务收入的审计 ……………… 171
　　三、应收账款的审计 …………………… 174
　　四、坏账准备的实质性测试 …………… 178
　　五、应收票据的审计 …………………… 179
　　六、应交税费的审计 …………………… 181
　　七、销售费用的审计 …………………… 182
　　八、其他相关账户审计 ………………… 183
　练习题 ………………………………………… 185

项目九　采购与付款循环审计 ………………… 191
　任务一　采购与付款循环的特征 ……………… 192
　　一、采购与付款循环的主要业务活动和
　　　　内部控制 …………………………… 193
　　二、采购与付款循环所涉及的主要凭证与
　　　　会计记录 …………………………… 195
　　三、采购与付款循环可能存在的风险 … 196

任务二　采购与付款循环的内部控制测试…… 196
　　任务三　采购与付款循环主要账户的审计…… 198
　　　一、应付账款的审计…………………… 198
　　　二、应付票据的审计…………………… 201
　　　三、固定资产的审计…………………… 203
　　　四、累计折旧的审计…………………… 209
　　　五、在建工程的审计…………………… 211
　　　六、工程物资的审计…………………… 213
　　　七、固定资产清理的审计……………… 214
　　练习题………………………………………… 215
项目十　生产与存货循环审计…………………… 220
　　任务一　生产与存货循环的特征…………… 221
　　　一、生产与存货循环的主要业务活动…… 221
　　　二、生产与存货循环所涉及的凭证
　　　　　和记录………………………………… 222
　　　三、生产与存货循环审计风险的主要
　　　　　表现形式……………………………… 222
　　任务二　生产与存货循环的内部控制测试…… 223
　　　一、成本会计制度和控制测试………… 223
　　　二、工薪内部控制和控制测试………… 225
　　任务三　生产与存货循环主要账户的审计…… 228
　　　一、存货审计…………………………… 228
　　　二、应付职工薪酬审计………………… 236
　　　三、生产成本审计……………………… 241
　　　四、主营业务成本审计………………… 243
　　　五、管理费用审计……………………… 248
　　练习题………………………………………… 250
项目十一　筹资与投资循环审计………………… 255
　　任务一　筹资与投资循环的特征…………… 255
　　　一、筹资与投资循环的性质…………… 256
　　　二、筹资与投资循环所涉及的主要
　　　　　业务活动……………………………… 256
　　　三、筹资与投资业务活动涉及的主要
　　　　　凭证与会计记录……………………… 257
　　任务二　筹资与投资循环的内部控制
　　　　　　制度测试…………………………… 259
　　　一、内部控制目标、内部控制与审计测试
　　　　　的关系………………………………… 259

　　　二、筹资活动的内部控制及其测试…… 260
　　　三、投资活动的内部控制及其测试…… 262
　　任务三　筹资与投资循环主要账户审计…… 265
　　　一、银行借款审计……………………… 265
　　　二、应付债券的实质性测试…………… 267
　　　三、所有者权益审计…………………… 268
　　　四、投资审计…………………………… 272
　　练习题………………………………………… 282
项目十二　货币资金审计………………………… 286
　　任务一　货币资金审计概述………………… 287
　　　一、货币资金与各业务循环的关系…… 287
　　　二、主要凭证和会计记录……………… 287
　　　三、货币资金收支可能存在的风险…… 287
　　任务二　货币资金内部控制制度测试……… 289
　　　一、货币资金内部控制的目标………… 289
　　　二、货币资金内部控制制度的内容…… 289
　　　三、货币资金的内部控制制度测试…… 291
　　任务三　货币资金的实质性程序…………… 293
　　　一、库存现金审计……………………… 293
　　　二、银行存款审计……………………… 295
　　练习题………………………………………… 301
项目十三　审计报告……………………………… 306
　　任务一　审计报告概述……………………… 307
　　　一、审计报告的概念及作用…………… 307
　　　二、审计报告的分类…………………… 307
　　　三、审计报告的基本内容及
　　　　　编制步骤……………………………… 307
　　任务二　审计报告的类型…………………… 311
　　　一、标准审计报告……………………… 311
　　　二、非标准审计报告…………………… 314
　　任务三　管理建议书………………………… 321
　　　一、管理建议书的概念及意义………… 321
　　　二、管理建议书的内容………………… 322
　　　三、管理建议和审计意见的区别……… 323
　　练习题………………………………………… 325
附录　课堂训练及练习题参考答案……………… 330
参考文献…………………………………………… 358

项目一 审计概论

【知识能力目标】

通过学习和训练，了解中外审计产生与发展的历史，掌握审计的概念和职能，明确审计的对象和目标；通过学习有关审计法律法规，掌握各种审计组织的职责和职权，了解并能应用审计的分类。

【案例导入】

审计能降低信息风险，你了解吗？

王某某是某银行的信贷经理，他正在对某企业的贷款申请作决策。他认为，作这个决策前需要考虑借款人的财务报表所反映的财务状况。如果决定贷款给企业，那么贷款利率主要由以下3个因素决定：①无风险利率，该利率近似等于期限相同的国库券所能取得的收益率；②客户的经营风险，这一风险反映了客户由于环境和自身状况的变化而不能偿还贷款的可能性；③信贷决策的信息风险，这一风险反映的是信贷决策所依据的信息不正确的可能性，而财务报表不正确的可能性是导致信息风险的一个重要因素。

王经理认为，对于无风险利率和客户的经营风险本身，他是无能为力的，而唯一重要的是降低信贷决策的信息风险，进而正确地评估客户的经营风险。那么，如何才能降低信息风险呢？他认为在理论上有3种途径：①由他亲自验证借款人的财务报表信息；②让银行和借款人共同分担信息风险；③要求借款人提供已审计的财务报表。

经过仔细考虑后，他认为前两种途径都是不可取的。因为在第1种途径下，虽然他可以直接去借款人处现场检查相关的记录，以取得有关报表的可靠信息，但这并非他的专长，成本高得不可接受；在第2种途径下，如果因依赖了不正确的财务报表而遭受损失，可以对企业管理当局起诉，但如果公司因破产无法偿还贷款，企业管理当局也不可能有足够的资金偿还贷款。所以他认为还是第3种途径最为稳健，如果借款人的财务报表已经过审计，从而认可其微小的信息风险，他就考虑降低借款利率。

如果是你，你也会这样考虑吗？

正如前面所介绍的那样，在现代社会中，审计在企业、政府和经济事项中发挥着极其重要的作用。那么，什么是审计？它是怎样产生和发展的？又是如何发挥其作用的呢？本项目要告诉大家的就是这些问题。

任务一 审计的产生与发展

审计是经济发展到一定阶段的产物，是一种经济监督活动，并伴随着经济的发展而发展。在不同社会、不同时期、不同经济发展水平和不同的经济管理形式下，审计监督的内容和方式是不同的。

一、政府审计的产生和发展

当社会生产力发展到一定水平,私有制出现之后,使少数人可以脱离体力劳动,单凭着对生产资料的占有权而剥削他人的劳动成果,使人们之间有了根本的利害冲突。尤其是国家形成以后,拥有大量财富的最高统治者,实行分权控制,必然要分封一些臣僚去代为征收、经管各项财粮赋税,这就促使了财产所有权与经营管理权的分离,形成受托的经济责任关系。统治者为了维护其统治,保护财产的安全完整,必然要对那些代为经管财产的臣僚进行检查监督,这就促使了政府(官厅)审计的产生与发展。

(一)我国政府(官厅)审计的发展

我国政府(官厅)审计的发展经过了以下几个阶段:

(1)西周时期初步形成阶段。早在 3000 多年前的西周时期,我国审计就进入了萌芽阶段。据《周礼》一书记载,西周国家的财计机构分为两大系统:一个是地官大司徒系统,掌管财政收入;另一个是天官冢宰系统,掌管财政支出。当时朝廷在天官之下设有小宰,小宰之下设有"宰夫"一职,独立于财计部门之外,负责对各级官府的财物收入进行稽核。宰夫有"考其出入,而定刑赏"的职权,监督群吏执行朝廷的法律,这就成为了我国官厅审计的雏形,同时也标志着我国政府审计的产生。

(2)秦汉时期最终确立阶段。秦汉均设"御史大夫"一职,为"三公"之一,掌管全国的民政、财政以及财物审计事项,直接辅佐皇帝,行使对国家政治、军事的监察和财物的审计大权。汉承秦制,由御史大夫兼上计之职,行使监察大权,并确立上计律,成为我国审计立法的开端。

(3)隋唐至宋日臻健全阶段。隋唐时期在刑部之下设"比部",与司法监督并列,是我国最早的独立于财政机关之外的审计监督机关,具有很强的独立性和较高的权威性。宋代除在刑部之下设比部之外,北宋初期还专门设置"审计司"。淳化三年(992),专门审查军政开支的"诸军诸司专勾司"更名为"审计院",我国"审计"一词开始正式运用,并对以后的审计建制具有深远的影响。

(4)元明清停滞不前阶段。元代取消了"比部","户部"兼管会计报告的审核,独立的审计机构宣告消亡。明朝初期设"比部",不久即取消,后设"督察院",审查中央财计。清朝秉承明制,也设置"督察院"。这一时期由于取消了独立的审计组织,其财计监督和政府审计职能严重削弱。

(5)中华民国不断演进阶段。辛亥革命后,中华民国于 1912 年在国务院下设审计处,1914 年北洋政府将其改为审计院,同年颁布了《审计法》。1928 年南京的国民政府设立审计院,后改为隶属于监察院的审计部,各省也设立审计处,直属中央的企事业单位等也设审计办事处,对财政、财务收支实行审计监督。1928 年国民党政府也颁布过《审计法》和实施细则,1929 年还颁布了《审计组织法》。1933 年改审计院为审计部,直属监察院,将审计机构置于监察系统之中,并于 1938 年修订了《审计法》。但由于国民党政府政治腐败,致使审计机构徒具形式,起不到应有的监督作用。

(6)新中国振兴阶段。第二次国内革命战争时期,1932 年成立中央苏区审计委员会,1934 年颁布了《审计法》,在山东、陕甘宁等革命根据地,也设有审计组织,实行革命监督制度。中华人民共和国成立之后,在较长一段时期内未设立独立的审计机构,对财政、财务收支的经济监督是由财政、税务、银行等部门通过其业务在一定范围内进行。1982 年 12 月 4 日,第五届全国人民代表大会第五次会议通过的《中华人民共和国宪法》中规定，国家建立审计机关，实行审计监督制度。1983年9月正式成立国家审计署，隶属于国务院，随后又在县以上各级政府设置了各级审计机关。1985年8月发布了《国务院关于审计工作的暂行规定》；1988年11月颁布了《中华人民共和国审计条例》；1994年8月第八届全国人大常委会第九次会议通过《中华人民共和国审计法》（以下简称《审计法》），自1995年1月1日起实施，标志着我国审计工作进入了新的发展阶段；2006年2月28日，第十届全国人民代表大会常务委员会第二十次会议通过《关于修改〈中华人民共和国审计法〉的决定》；2010年2月2日，国务院第100次常务会议修订通过《中华人民共和国审计法实施条例》，自2010年5月1日起实施。

（二）西方国家政府审计发展状况

在国外，古埃及于公元前3000多年，就设有监督官审查财务收支；古罗马在公元前400多年，就由元老院及其所属的监督官对国库和地方的财政收支进行监督；古希腊在公元前2000年前，也设有审计官对官员离任的经济责任实行审计检查。至中世纪，随着社会经济的发展，西欧国家的政府审计有所加强。例如：英国王室于11世纪在财政部门内部设立上院和下院，上院为收支监督机构，其职责是对下院编制的会计账簿进行检查监督。法国王室于13世纪设置审计厅，对国库和地方财政收支进行检查监督。步入近代社会后，西方国家的政府审计也有了较大发展。美国在独立战争时期，即有负责审计工作的专任委员。在第一次世界大战之后的1921年，美国正式设立了隶属于国会的联邦总审计署（GAO），这种政府审计体制一直延续到现在。英国在1866年颁布《国库和审计部法案》之后，也成立了独立于政府之外的国家审计机构，对国库的收支进行审计监督。

进入资本主义时期以后，随着经济和政治的发展，西方国家的政府审计也得到了进一步的发展和完善。当前，西方各国的政府审计按其组织形式和领导关系，大致可以分为下列几种类型：

（1）由议会直接领导并对议会负责。这类审计机关在议会的直接领导下，根据国家法律赋予的权力，对各级政府机关的财政活动和国家企事业单位的财务活动等独立行使审计监督权，直接对议会负责。例如，美国的审计总局、加拿大的审计总署、法国的审计法庭、西班牙的审计法院等。

（2）在政府内建立审计机构并对政府负责。这类审计机关在政府的直接领导下，根据国家赋予的权限，对政府所属各部门、各单位的财政财务活动进行监督，直接对政府负责。

（3）由财政部门领导的审计机构。这类审计机关在财政部门的直接领导下，根据国家规定的政策、法令、财政预算和有关规章制度等，对各部门各单位的财政、财务活动执行审计监督，如瑞典的国家审计局；匈牙利和波兰等国家的财政监督是由财政部负责，但不设独立的审计机构。

二、内部审计的产生与发展

内部审计是指由本部门或本单位内部专职的审计机构和审计人员对本部门或本单位的财务收支、经营管理和经济效益等所实施的审计。

一般认为内部审计是伴随政府审计而逐步形成和发展的。古代的内部审计与政府审计很难划分清楚。直到进入中世纪后，内部审计才具有较为完整的形态。在当时的行会、庄园及寺院中，由于内部管理职能的分工和分权控制，行会的首领、庄园的领主、寺院的长老，与经营管理者之间形成了委托与受托的关系，出于监督的需要，就出现了内部审计的雏形。

现代内部审计产生于20世纪40年代，第二次世界大战后，由于公司经营规模不断扩大，管理机构和层次增多，许多企业还设立了不少的外地机构，资本积累加快，竞争日益加剧，使得很多企业越来越重视加强企业内部的经济监督。1941年，"国际内部审计师协会"（IIA）在美国成立，标志着内部审计走进了新的历史发展阶段。其后，该协会先后出版了《内部审计师职责条例》《内部审计实务标准》等重要著作，书中对内部审计的理论和实务都做了有益的探索，使内部审计得到了空前的发展。

为完善审计监督体系，加强部门、单位内部经济监督和管理体制，我国于1984年在部门和单位内部成立了审计机构，实行内部审计监督，并于1985年12月颁布了《审计署关于内部审计工作的若干规定》；1995年7月颁布了《审计署关于内部审计工作的规定》；2003年3月颁布了新的《审计署关于内部审计工作的规定》。目前，我国很多大型企业集团都设置了内部审计机构，制定了有关内部审计的规定、制度，对我国内部审计的发展产生了巨大影响。

三、社会审计的产生与发展

社会审计也称注册会计师审计、独立审计、民间审计等。社会审计是指经政府有关部门审核批准的注册会计师组成的会计师事务所或审计师事务所进行的审计。

（一）国外（西方）民间审计的产生与发展

西方民间审计是伴随着资本主义生产力和生产关系的发展而发展的。它萌芽于意大利的合伙企业制度，形成于英国的股份制企业制度，发展和完善于美国发达的资本市场。

1. 民间审计的起源

15世纪时期，在意大利的威尼斯，一些资本家为了扩大生产经营规模，筹措更多的资金，降低经营风险，出现了世界上最早的合伙企业。合伙企业的出现产生了对独立会计师业务的需要。因为有的合伙人既出资又参与经营管理，有的只出资而不参与经营管理，这样，既出资又参与经营管理的合伙人就对只出资而不参与经营管理的合伙人有了一种经济责任，他必须向没有参与经营管理的合伙人证明合伙契约得以认真履行、利润的计算与分配都是合理的。同时，不参与经营管理的合伙人出自切身利益，也希望有人能对合伙企业的经营管理特别是财务情况加以监督。在这种情况下，双方都希望有一个与任何一方都没有利害关系的独立第三者能对合伙企业的经营管理情况进行检查并作出客观的财务报告。注册会计师便应运而生了。1581年创立了威尼斯会计师协会，成为世界上第一个注册会计师职业的团体。其后，1739年米兰的会计师们也创立了一个类似的组织，但由于各种原因，这一组织并未被后来的学者所承认。

2. 民间审计的形成

在创立和传播注册会计师审计事业的过程中发挥历史性作用的是英国的职业会计师们。18世纪中期以后的工业革命，使社会生产力得到了前所未有的发展，工厂逐步代替了手工作坊，企业的所有权与经营权也开始分离，从而产生了对审计的需要。企业主们希望有外部的会计师来检查他们所雇佣的管理人员，特别是会计人员是否存在有贪污、盗窃和其他舞弊的行为。于是，英国出现了一批以查账为职业的独立会计师。他们受企业主委托，对企业的会计账目进行逐笔检查，检查的目的是查错防弊，检查结果也只向企业主报告，是否聘请会计师查账也完全根据企业主的需要自己决定。

股份有限公司的兴起，使企业的所有权与经营权进一步分离，绝大多数股东已完全脱离了对企业的经营管理。他们出自本身的利益，非常关心企业的经营成果，以便他们作出是否继续持有公司股票的决定。而在投资市场上潜在的投资者同样十分关心某些公司的经营情况，以便他们决定是否购买公司的股票。同时，由于金融资本对产业资本的渗透，增加了债权人的风险，债权人也关心公司的生产经营，以便他们作出是否继续贷款或者是否索回债务的决定。而公司的经营成果和财务状况，只能通过公司提供的会计报表来反映。如果反映失实，发生信息错误，必然会给会计报表的使用者造成巨大的经济损失。因此，这在客观上进一步促使产生了由独立会计师对公司会计报表进行审计的必要性，以保证会计报表数据真实可靠的需求。同时，由于当时对股份制企业缺乏必要的管理制度，从而在客观上助长了舞弊行为，甚至导致公司经营失败而破产倒闭。1720年的"南海公司"破产事件，为英国产生第一位股票上市公司的审计师创造了条件。

注册会计师审计产生的催化剂是1720年英国的"南海公司"破产事件。当时"南海公司"以虚假的财务信息诱骗投资人上当，其股票价格扶摇直上。但好景不长，"南海公司"最终未能逃脱破产倒闭的厄运，使其股东和债权人损失惨重。英国议会聘请会计师查尔斯·斯耐尔对"南海公司"进行审查。斯耐尔以"会计师"的名义提出了"查账报告书"，从而宣告了独立会计师——注册会计师的诞生。1853年，世界上第一个注册会计师的专业团体——苏格兰爱丁堡会计师协会的成立，标志着注册会计师职业的诞生。随后，各国会计师协会和会计师事务所相继成立，注册会计师队伍逐渐壮大起来。

3. 民间审计的发展

从20世纪初开始，全球经济的发展重心逐步由欧洲转向美国。因此，美国的注册会计师审计得到了迅速发展，对注册会计师职业在全球的迅速发展发挥了重要作用。在美国，南北战争结束后出现了一些民间的会计组织，例如纽约的会计学会。该学会在1882年刚成立时称为会计师和簿记师协会（The Institute of Accountants and Bookkeepers），该协会为会计人员提供教育等服务。当时英国巨额资本开始流入美国，促进了美国经济的发展。为了保护广大投资者和债权人的利益，英国的注册会计师远涉重洋到美国开展审计业务；同时美国本身也很快形成了自己的注册会计师队伍。1887年美国公共会计师协会（The American Association of Public Accountants）成立，1916年该协会改组为美国注册会计师协会，后来成为世界上最大的注册会计师职业团体。注册会计师审计逐步渗透到社会经济领域的不同层面。更为重要的是，在20世纪初期，由于金融资本对产业资本更加广泛的渗透，企业同银行的利益关系更加紧密，银行逐渐把企业资产负债表作为了解企业信用的主要依据，于是在美国产生了帮助贷款人及其他债权人了解企业信用的资产负债表审计，即美国式注册会计师审计。审计方法也逐步从单纯的详细审计过渡到初期的抽样审计。这一时期，美国注册会计师审计的主要特点为：①审计对象由会计账目扩大到资产负债表；②审计的主要目的是通过资产负债表数据的检查，判断企业信用状况；③审计方法从详细审计初步转向抽样审计；④审计报告使用人除企业股东外，扩大到债权人。

1929~1933年，资本主义世界经历了历史上最严重的经济危机，大批企业倒闭，投资者和债权人蒙受了巨大的经济损失。这在客观上促使企业利益相关者从只关心企业的财务状况转变到更加关心企业的盈利水平，产生了对企业利润表进行审计的客观要求。美国1933年《证券法》规定，在证券交易所上市的企业的财务报表必须接受注册会计师的审计，并向社会公众公布注册会计师出具的审计报告。因此，审计报告使用人也扩大到整个社会公众。在这一时期，注册会计师审计的主要特点为：①审计对象转为以资产负债表和损益表为中心的全部财务报表及相关财务资料；②审计的主要目的是对财务报表发表审计意见，以确定财务报表的可信性，查错防弊转为次要目的；③审计的范围已扩大到测试相关的内部控制，并以控制测试为基础进行抽样审计；④审计报告的使用人扩大到股东、债权人、证券交易机构、税务、金融机构及潜在投资者；⑤审计准则开始拟定，审计工作向标准化、规范化过渡；⑥注册会计师资格考试制度广泛推行，注册会计师专业素质普遍提高。

第二次世界大战以后，经济发达国家通过各种渠道推动本国的企业向海外拓展，跨国公司得到空前发展。国际资本的流动带动了注册会计师审计的跨国界发展，形成了一批国际会计师事务所。随着会计师事务所规模的扩大，形成了"八大"国际会计师事务所，20世纪80年代末合并为"六大"，之后又合并成为"五大"。2001年，美国出现了安然公司"会计造假"丑闻。安然公司在清盘时，不得不对其编造的财务报表进行修正，将近3年来的利润额削减20%，约5.86亿美元。安然公司作为美国的能源巨头，在追求高速增长的狂热中利用会计准则的不完善，进行表外融资的游戏，并通过关联交易操纵利润。出具审计报告的安达信会计师事务所，因涉嫌舞弊和销毁证据受到美国司法部门的调查，之后宣布关闭，世界各地的安达信成员所也纷纷与其他国际会计师事务所合并。因此，时至今日，尚有"四大"国际会计师事务所，即普华永道、永安、毕马威、德勤。与此同时，审计技术也在不断发展：抽样审计方法得到普遍运用，风险导向审计方法得到推广，计算机辅助审计技术得到广泛采用。

（二）我国注册会计师审计的产生和发展

我国注册会计师审计起步较晚。1918年9月，北洋政府颁布了我国第一部注册会计师法规——《会计师暂行章程》，并于同年批准著名会计学家谢霖先生为中国的第一位注册会计师，其创办的中国第一家会计师事务所——"正则会计师事务所"也获准成立。此后，又逐步批准成立了一批会计师事务所，包括著名会计学家潘序伦先生创办的"潘序伦会计师事务所"（后改称"立信会计师事务所"）。1925年，在上海成立了"全国会计师公会"，1933年又成立了"全国会计师协会"，到1947年，全国拥有2619名注册会计师。但由于当时我国处于半封建、半殖民地状态，又加上事务所都集中设立在上海、天津、广州等沿海城市，我国的注册会计师审计事业没有得到较大发展，其业务也主要局限于为企业设计会计制度、代理申报纳税、培训会计人才和其他会计咨询服务等。

新中国成立初期，注册会计师审计在经济恢复工作中，发挥了积极作用。由于当时不法资本家囤积居奇、投机倒把、偷税漏税造成了极为险恶的财政状况，当时负责财经工作的陈云同志大胆聘用数千名注册会计师，依法对工商企业查账，对平抑物价、保证国家税收、争取国家财政状况好转作出了突出贡献。但1956年全行业公私合营后，对私有企业的社会主义改造基本完成，并推行前苏联高度集中的计划经济模式，我国的注册会计师审计便自然中断。

党的十一届三中全会后，我国实行"对外开放、对内搞活"的方针，工作重点转移到经济建设上来，商品经济得到迅速发展，为注册会计师制度的恢复重建创造了客观条件。1980年，财政部发布《关于成立会计顾问处的暂行规定》，标志着我国注册会计师行业开始复苏；1981年1月1日，"上海会计师事务所"成立，成为新中国第一家由财政部批准独立承办注册会计师业务的会计师事务所，当时主要的服务对象是"三资"企业；1986年，国务院颁布《中华人民共和国注册会计师条例》，同年还开始建立审计师事务所；1988年我国成立了注册会计师协会；1993年，第八届全国人大常委会审议通过了《中华人民共和国注册会计师法》，自1994年1月1日起实施，使注册会计师审计步入了法制轨道，并得到迅猛发展。

2014年8月31日，中华人民共和国第十二届全国人民代表大会常务委员会第十次会议通过修订，公布了《全国人大常委会关于修改〈中华人民共和国注册会计师法〉等五部法律的决定》。

四、审计关系

审计关系是指构成一项审计行为必然涉及的审计人、被审计人和审计委托人或授权人三方之间所形成的经济责任关系。这 3 种审计关系人是：

第一关系人，即审计主体——审计机构或人员。

第二关系人，即被审计单位——资产经营者。

第三关系人，即审计授权人或委托人——资产所有者。

在审计实施过程中，上述 3 种关系人形成了下列关系：

（1）审计授权人或委托人与审计人之间是授受审计监督权的关系。同时，审计人要向审计授权人或委托人如实报告审计结果。

（2）审计授权人或委托人与被审计人之间是授受财产管理权的关系。被审计人作为财产的管理和运用者，要保证财产安全、完整，保证财产有效运用，及时报告财产管理、运用结果的责任，所以两者之间是一种委托－代理关系。

（3）审计人与被审计人之间是审查与被审查的关系。审计人监督被审计人的经济活动，但并不参与或管理被审计人的经济活动。

审计关系必须由委托审计者、审计者和被审计者三方面构成，缺少任何一方，独立的、客观公正的审计将不复存在，如图 1.1 所示。这是由于财产所有权与经营管理权相分离而决定的，也正因为这样，审计才有了权威性，审计意见才为各方所接受。

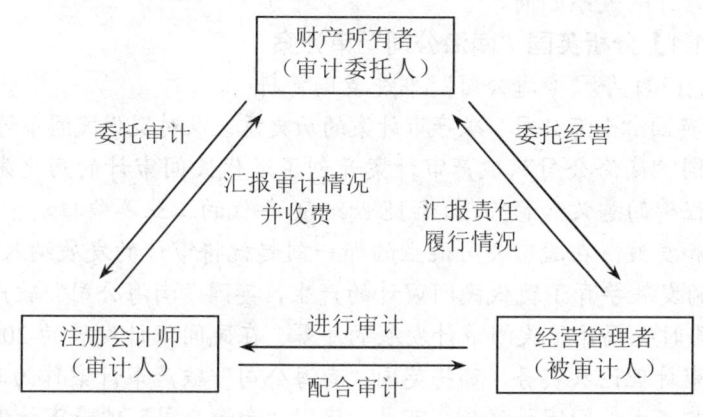

图 1.1　审计关系示意图

五、审计产生和发展的客观依据

受托经济责任关系是审计产生的基础。我国著名的会计审计学家杨时展教授认为："审计因受托责任的发生而发生，又因受托责任的发展而发展。"

（一）受托经济责任关系是不断演进的，也是审计产生和发展的客观基础

由于生产力水平的不断提高，社会财富日益增多，剩余的生产产品逐渐集中在少数人手中。当资源财产所有者不能直接经营和管理其所拥有的财富时，就需要授权或委托他人代为经营和管理；同时，由于这种所有权与经营管理权的分离以及相继出现的管理者内部分权制便产生了委托和受托关系，简称受托经济责任关系。所有者为了保护资源财产的安全、完整并力求增值，就需要对经营管理者承担和履行经济责任的情况实行监督，以便确认或解除受托责任。

但是，由于经济关系的日益复杂化和经济管理的客观需要，使财产委托人由于能力、检查技术、法律地域和经济等方面的限制，不能或无法亲自审核、查实受托人的活动，就需要一个具有相对独立身份的第三者加以检查和评价，这就是审计。因此，受托责任关系的存在是审计产生的客观基础。

（二）加强经济管理和控制是审计发展的动力

审计的发展经历了从财务审计到经营审计、管理审计、经济效益审计这样一个发展过程。审计职能的完善和审计方法的演进，其发展动力均源于人们加强经济管理、不断提高经济效率或效益的要求。而要实现这一目标，就必须对一切经济活动实行严格的管理和有效的控制，对各种计划和方案进行审查，对计划执行情况及执行结果进行评价与分析。审计人员可以对经济活动的过程和结果作出客观、公正的评价，提出积极合理的建议，有助于管理者改进工作并作出正确的决策。

（三）现代科学技术的发展为审计的发展提供了方法和手段

科学技术的发展，丰富了审计内容，拓展了审计领域，完善了审计职能，为审计的发展提供了方法和手段。例如，现代财务审计中经常使用的抽样审计方法，经济效益审计中广泛应用的数量分析方法，以及对审计事项进行验证和分析所运用的系统论、信息论、控制论的理论和方法等不仅能够提高审计的工作效率，降低审计风险，而且还提高了审计结论的科学性和精确性。现代电子信息技术在社会经济生活中的广泛应用，为审计数据处理提供了快捷的技术手段，形成了当代审计"年轻"的分支学科——电子数据处理系统审计。

思考：审计与会计的关系如何？

【案例演示1.1.1】分析英国"南海公司"审计案

1. 资料：英国1721年"南海公司"事件案例资料
2. 要求：分析英国"南海公司"破产审计案的历史意义及对现代民间审计产生的深远影响。

分析指导：英国"南海公司"破产审计案开创了近代民间审计的历史先河，对世界民间审计的发展具有里程碑的意义和影响。始于18世纪60年代的工业革命推动了英国经济的发展，股份公司随之诞生和发展，在股份公司诞生的那一刻起就将审计的发展纳入了新的历史时期。可以说，股份公司的发展孕育了现代民间审计的产生，英国"南海公司"破产案造就了世界第一位民间审计师，同时也揭开了民间审计发展的序幕。在民间审计发展的200多年历史中，人们研究和探讨民间审计理论及实务，都将英国"南海公司"破产审计案作为时间起点，并将此案例作为世界第一起正式民间审计案例。可见，英国"南海公司"破产审计案对世界民间审计发展意义重大、影响深远。

【课堂训练1.1.1】英国"南海公司"事件的启发

通过南海公司破产审计案，说明股份公司发展对民间审计的客观需要。

任务二　审计的概念和特征、对象和目标

一、审计的概念和特征

（一）审计的概念

审计的定义是对审计实践的科学总结，是对审计这一客观事物特有属性的揭示。随着新中国审计监督制度的建立和发展，我国审计理论和实务工作者广泛开展了对审计定义的研究。

1989 年，全国审计基本理论讨论会将我国社会主义审计定义为："审计是由专职机构和人员，依法对被审计单位的财政、财务收支及其有关经济活动的真实性、合法性和效益性进行审查，评价经济责任，用以维护财经法纪，改善经营管理，提高经济效益，促进宏观调控的独立性经济监督活动。"

为确定一个能够基本反映审计特征的简明、准确、通俗并与国际惯例接轨的审计定义，全国审计理论和实务工作者进行了深入的研究。1995 年全国审计定义研讨会将简明审计定义概括为："审计是独立检查会计账目，监督财政、财务收支真实、合法、效益的行为。"

（二）审计的特征

审计主要有独立性、公正性和权威性这 3 个基本特征。

（1）独立性。独立性是审计的本质特征。《中华人民共和国审计法》中规定，审计机关依照法律规定独立行使审计监督权，不受其他行政机关、社会团体和个人的干涉。审计的独立性不仅表现在它的形式上，而且还表现在它的本质中。审计组织与审计委托人、被审计人之间不存在利害关系，也不参与双方的任何经济行动。具体表现在以下 3 点：

1）组织独立。组织独立是指审计机构应当独立于被审计单位之外。在实际工作中，如果审计机构在组织上受制于被审计单位，则很难摆脱被审计单位有关人员的干预，从而无法保证审计的独立性。

2）经济独立。经济独立是指审计机构或人员应当有法定的经济来源，不受被审计单位的牵制。审计机构或人员如果在经济上与被审计单位有利害关系，就必然会削弱审计的独立性。

3）工作独立。工作独立是指审计机构或人员从事审计工作应有自主性，不受其他单位和个人的任何影响。该独立应有两个前提条件，分别为：审计人员不能参与被审计单位的经济活动；审计人员不能与被审计单位的主要负责人有伦理上的亲密关系。

（2）公正性。公正性反映了审计工作的基本要求。公正性主要表现在：审计人员独立于审计委托人和被审计人之外，站在第三者的立场上进行审计，可以对审计对象作出不带任何成见的、符合客观实际的、正确的判断，从而对被审计人作出公平合理的评价。

（3）权威性。权威性具体表现在：审计监督具有一定的法律地位；审计人员依法审计，被审计人不得拒绝；审计结论和决定具有法律效力，被审计人必须执行。

二、审计的对象和目标

审计的对象是被审计单位一定时期内财政、财务收支和有关经营管理活动以及作为提供财政、财务收支和有关经营管理活动信息载体的会计资料和其他有关资料。

独立审计的总目标是对被审计单位会计报表的合法性、公允性发表审计意见。具体审计目标是根据被审计单位管理当局的认定和审计总目标来确定的，它又分为一般审计目标和项目审计目标两种。管理当局的认定是指被审计单位管理当局对其会计报表所作的断言或声明，其一般包括存在或发生、完整性、权利和义务、估价或分摊、表达与披露 5 类认定。一般审计目标主要包括总体的合理性、真实性、完整性、所有权、估价正确性、截止恰当性、机械准确性、披露以及分类。项目审计目标是一般审计目标的具体化，是一般审计目标具体运用于各具体会计报表项目，考虑到具体会计报表项目的性质和特点等因素形成的。

思考：审计 3 个特征的关系如何？哪个特征最重要？

任务三　审计的职能和作用

一、审计的职能

审计的职能是审计本身所固有的内在功能，它不受人们主观意志的支配，而是决定于社会经济条件和经济发展的客观需要，并随着经济的发展而发展变化。审计具有经济监督、经济鉴证和经济评价三方面职能。

（一）经济监督

经济监督是审计最基本的职能，它是根据有关法律、法规、制度、政策等，对被审计单位会计资料及其所反映的经济活动是否真实、合法与有效进行检查监督，并采取必要的措施对其违法违纪行为进行处理，以保证被审计单位的经济活动在正常的轨道上运行。国家审计的经济监督是对社会再生产过程中生产交换、分配和消费等宏观和微观经济活动的全面监督与督促；内部审计的经济监督是对本部门、本单位的会计记录和财务事项进行监督；民间审计的经济监督是代审计委托者对被审计单位的经济活动实行监督。

（二）经济鉴证

经济鉴证顾名思义就是鉴定证明。它是指通过被审计单位会计材料及有关经济资料所反映的财务收支和有关经济活动的公允性、正确性和合理性的审核检查，确定其可信赖程度，并作出书面证明，以取得审计委托人或其他有关方面的信任。鉴证职能突出表现在民间审计中。

（三）经济评价

经济评价是通过审核检查，评定被审计单位的计划、预算、预测、决策、方案是否先进可行，经济活动是否按照既定的决策和目标进行，经济效益的高低优劣，以及内部控制制度是否健全、有效等，从而有针对性地提出意见和建议，以促使其改善经营管理，提高经济效益。经济评价应该力求准确，实事求是。

审计基本职能之间的关系是经济监督是基础，经济鉴证和经济评价是经济监督的演进和发展。

二、审计的作用

审计的作用是指审计职能在审计工作中产生的客观效果，主要有促进、制约和保证作用。

（一）制约作用

审计的制约作用也称防护性作用，是指通过对被审计单位的财务收支及其有关经济管理活动进行检查、监督和鉴证，在确保财经法规和财务制度得到遵守和执行方面起到防护和制约作用。例如，通过审计揭露被审计单位存在的弄虚作假、偷税漏税、行贿受贿、贪污盗窃及损失浪费等违法乱纪行为，并追究责任，以保证国家资产的安全和完整。

（二）促进作用

审计的促进作用也称建设性作用，是指通过对被审计单位的经营管理活动和经营管理制度进行审查和评价，对被审计单位建立和健全内部控制制度、改善经营管理、提高经济效益，以及加强宏观调控起到建设性的促进作用。例如，通过审计指出被审计单位经营管理活动所取得的成绩和合理性，找出薄弱环节和存在的问题，提出改进的措施，促使企业加强内部控制和防范意识，改进企业经营管理，提高经济效益。

（三）保证作用

审计的保证作用是指审计人员在进行审计以后，通过出具审计报告来保证被审计单位的会计报表及其他资料的合法性和公允性，以确定已审计的会计信息资料的真实性和可靠性。但审计的保证只是一种合理的保证，而不是绝对的保证或者担保。

思考：审计的基本职能是什么？

【案例演示1.3.1】审计的制约作用

某银行是一家国有控股的大型银行，其中国家股份和国有法人股份占总股份的64%，2013年底，国家审计机关依据《审计法》对其2013年度资产负债损益等情况进行了审计，重点审计了总行及4家分行。其中，针对某分行形成的巨额不良贷款进行了审计，发现上述分行在贷款的发放和管理中相关信贷人员贷前调查失职，审计机关将某分行存在违纪经营和管理不规范的问题移送银监会处理，并责成该银行认真纠正和整改，追究相关人员的责任。

【案例演示1.3.2】审计的促进作用

审计署2013年8月22日发布的《2013年度审计署绩效报告》显示，2013年审计署共审计707个单位，促进财政增收节支和挽回损失等审计成果为2752亿元。报告称，2013年审计署财政拨款支出共10.9亿元，投入产出比为1：252，也就是审计每花1元财政资金，可为国家带来增收节支等经济效益252元。审计长刘家义在报告中表示，审计工作一方面严肃查处重大违法违纪问题和揭露经济犯罪案件线索，促进反腐倡廉建设；另一方面深入揭示和反映体制机制制度性问题，推动深化改革。

任务四　我国的审计组织体制

我国的审计组织由政府审计机关、内部审计机构和社会审计组织组成。

一、政府审计机关

（一）政府审计机关的设置

政府审计机关是代表国家依法行使审计监督权的行政机关，它是由国家授权开展工作，并体现国家意志的审计组织，是国家政权的一个组成部分，属于上层建筑范畴。我国政府审计机关设置如下：

（1）国务院设立中华人民共和国审计署。
（2）县级以上地方政府设立审计机关。
（3）审计机关的派出机构。

（二）政府审计机关的主要职责权限

（1）根据《审计法》的规定，我国政府审计机关的主要任务包括：
1）对本级财政预算执行情况和其他财政收支进行审计监督。
2）对下级人民政府预算的执行情况和决算以及预算外资金的管理和使用情况进行监督。
3）对与本级人民政府财政部门直接发生预算缴款、拨款关系的国家机关、军队、政党、社会团体、国有企业和事业单位的财务收支进行审计监督。
4）对国有金融机构的资产、负债、损益等进行审计监督。
5）对国有资产占控股地位或者主导地位的企业进行监督。
6）对国家建设项目预算的执行情况和决算，以及与国家建设项目直接有关的建设、设计、施工、采购等单位的财务收支进行审计监督。

7）对政府部门管理的社会团体受政府委托管理的社会保障基金、社会捐赠资金、环境保护资金及其他有关基金、资金的财务收支进行审计监督。

8）对国际组织和外国政府援助、贷款项目的财务收支进行审计监督。

9）对法律、行政法规规定的应当由审计机关进行的其他审计事项进行审计监督。

（2）为了保障国家审计机关能够有效地开展审计工作，圆满地完成上述各项审计任务，《审计法》赋予审计机关必要的权限，这些权限包括：

1）监督检查权。它是指审计机关在审计监督过程中根据审计工作的需要有权要求被审计单位报送资料，检查与被审计事项有关的资料和资产，并对有关问题进行调查取证的权限。

2）采用行政强制权。它是指对被审计单位正在进行的违反国家规定的财政、财务收支行为有采取临时性强制措施的权力。临时性强制措施主要有暂停拨款、制止被审计单位转移、隐匿、篡改、毁弃有关资料，制止被审计单位转移、隐匿违法取得的资产等。

3）通报或公布审计结果权。它是指审计机关有将审计事项中的内容向政府有关部门或向社会公布的权限。

4）处理处罚权。它是指审计机关依法对违反财经法纪的单位和个人给予的经济处理和行政处罚权。

a．审计处理包括：①责令限期缴纳、上缴应当缴纳或上缴的财政收入；②责令限期退还违法所得；③责令限期退还被侵占的国有资产；④责令冲转或者调整有关会计科目；⑤依法采取的其他处理措施。

b．审计处罚包括：①警告、通报批评；②罚款；③没收违法所得；④依法采取的其他处罚措施。

5）建议纠正处理权。它是指审计机关发现被审计单位的一些违法行为，有权建议有关管理部门纠正处理，建议纠正处理权包括：建议纠正违法规定、建议行政处分及建议刑事处分。

二、内部审计机构

内部审计机构是指在部门或单位内部从事审计业务的专门组织。它由所在部门或单位授权，代表部门或单位的利益开展审计业务，是该部门或单位的一个组成部分。

（一）我国内部审计机构的设置

我国的内部审计机构包括部门内部审计机构和单位内部审计机构。

部门内部审计机构是指国务院和县以上地方各级政府按行业划分的业务主管部门设置的专门审计机构。部门内部审计机构在本部门主要负责人的直接领导下独立行使审计监督权，业务上受同级国家审计机关的指导，并向本部门及同级国家审计机关报告工作。

单位内部审计机构是指国家财政、金融机构、企业事业等单位设置的专门审计机构。单位内部审计机构在本单位主要负责人的领导下独立行使审计监督权，业务上受同级国家审计机关和上一级主管部门审计机构的指导，并向单位和上级主管部门的审计机构报告。

根据《审计法》和审计署 1995 年颁布的《关于内部审计工作的规定》，下列单位应当设立独立的内部审计机构。

（1）未设派出机构的审计机关，财政财务收支金额较大或者所属单位较多的政府部门。

（2）县级以上的国有金融机构。

（3）国有大中型企业。

（三）保证作用

审计的保证作用是指审计人员在进行审计以后，通过出具审计报告来保证被审计单位的会计报表及其他资料的合法性和公允性，以确定已审计的会计信息资料的真实性和可靠性。但审计的保证只是一种合理的保证，而不是绝对的保证或者担保。

思考：审计的基本职能是什么？

【案例演示 1.3.1】审计的制约作用

某银行是一家国有控股的大型银行，其中国家股份和国有法人股份占总股份的64%，2013年底，国家审计机关依据《审计法》对其2013年度资产负债损益等情况进行了审计，重点审计了总行及4家分行。其中，针对某分行形成的巨额不良贷款进行了审计，发现上述分行在贷款的发放和管理中相关信贷人员贷前调查失职，审计机关将某分行存在违纪经营和管理不规范的问题移送银监会处理，并责成该银行认真纠正和整改，追究相关人员的责任。

【案例演示 1.3.2】审计的促进作用

审计署2013年8月22日发布的《2013年度审计署绩效报告》显示，2013年审计署共审计707个单位，促进财政增收节支和挽回损失等审计成果为2752亿元。报告称，2013年审计署财政拨款支出共10.9亿元，投入产出比为1∶252，也就是审计每花1元财政资金，可为国家带来增收节支等经济效益252元。审计长刘家义在报告中表示，审计工作一方面严肃查处重大违法违纪问题和揭露经济犯罪案件线索，促进反腐倡廉建设；另一方面深入揭示和反映体制机制制度性问题，推动深化改革。

任务四　我国的审计组织体制

我国的审计组织由政府审计机关、内部审计机构和社会审计组织组成。

一、政府审计机关

（一）政府审计机关的设置

政府审计机关是代表国家依法行使审计监督权的行政机关，它是由国家授权开展工作，并体现国家意志的审计组织，是国家政权的一个组成部分，属于上层建筑范畴。我国政府审计机关设置如下：

（1）国务院设立中华人民共和国审计署。
（2）县级以上地方政府设立审计机关。
（3）审计机关的派出机构。

（二）政府审计机关的主要职责权限

（1）根据《审计法》的规定，我国政府审计机关的主要任务包括：
1）对本级财政预算执行情况和其他财政收支进行审计监督。
2）对下级人民政府预算的执行情况和决算以及预算外资金的管理和使用情况进行监督。
3）对与本级人民政府财政部门直接发生预算缴款、拨款关系的国家机关、军队、政党、社会团体、国有企业和事业单位的财务收支进行审计监督。
4）对国有金融机构的资产、负债、损益等进行审计监督。
5）对国有资产占控股地位或者主导地位的企业进行监督。
6）对国家建设项目预算的执行情况和决算，以及与国家建设项目直接有关的建设、设计、施工、采购等单位的财务收支进行审计监督。

7）对政府部门管理的社会团体受政府委托管理的社会保障基金、社会捐赠资金、环境保护资金及其他有关基金、资金的财务收支进行审计监督。

8）对国际组织和外国政府援助、贷款项目的财务收支进行审计监督。

9）对法律、行政法规规定的应当由审计机关进行的其他审计事项进行审计监督。

（2）为了保障国家审计机关能够有效地开展审计工作，圆满地完成上述各项审计任务，《审计法》赋予审计机关必要的权限，这些权限包括：

1）监督检查权。它是指审计机关在审计监督过程中根据审计工作的需要有权要求被审计单位报送资料，检查与被审计事项有关的资料和资产，并对有关问题进行调查取证的权限。

2）采用行政强制权。它是指对被审计单位正在进行的违反国家规定的财政、财务收支行为有采取临时性强制措施的权力。临时性强制措施主要有暂停拨款、制止被审计单位转移、隐匿、篡改、毁弃有关资料，制止被审计单位转移、隐匿违法取得的资产等。

3）通报或公布审计结果权。它是指审计机关有将审计事项中的内容向政府有关部门或向社会公布的权限。

4）处理处罚权。它是指审计机关依法对违反财经法纪的单位和个人给予的经济处理和行政处罚权。

a．审计处理包括：①责令限期缴纳、上缴应当缴纳或上缴的财政收入；②责令限期退还违法所得；③责令限期退还被侵占的国有资产；④责令冲转或者调整有关会计科目；⑤依法采取的其他处理措施。

b．审计处罚包括：①警告、通报批评；②罚款；③没收违法所得；④依法采取的其他处罚措施。

5）建议纠正处理权。它是指审计机关发现被审计单位的一些违法行为，有权建议有关管理部门纠正处理，建议纠正处理权包括：建议纠正违法规定、建议行政处分及建议刑事处分。

二、内部审计机构

内部审计机构是指在部门或单位内部从事审计业务的专门组织。它由所在部门或单位授权，代表部门或单位的利益开展审计业务，是该部门或单位的一个组成部分。

（一）我国内部审计机构的设置

我国的内部审计机构包括部门内部审计机构和单位内部审计机构。

部门内部审计机构是指国务院和县以上地方各级政府按行业划分的业务主管部门设置的专门审计机构。部门内部审计机构在本部门主要负责人的直接领导下独立行使审计监督权，业务上受同级国家审计机关的指导，并向本部门及同级国家审计机关报告工作。

单位内部审计机构是指国家财政、金融机构、企业事业等单位设置的专门审计机构。单位内部审计机构在本单位主要负责人的领导下独立行使审计监督权，业务上受同级国家审计机关和上一级主管部门审计机构的指导，并向单位和上级主管部门的审计机构报告。

根据《审计法》和审计署 1995 年颁布的《关于内部审计工作的规定》，下列单位应当设立独立的内部审计机构。

（1）未设派出机构的审计机关，财政财务收支金额较大或者所属单位较多的政府部门。

（2）县级以上的国有金融机构。

（3）国有大中型企业。

（4）国有资产占控股地位或者主导地位的大中型企业。
（5）国有大型建设项目的建设单位。
（6）财政财务收支金额较大或者所属单位较多的国家事业单位。
（7）其他需要设立内部审计机构的单位。

（二）内部审计机构的职责

内部审计机构对本单位及所属单位的下列事项进行审计，审计内容包括：财务计划或者单位预算的执行和决算，与财务收支有关的经济活动及其经济效益，内部控制的健全、有效，经济责任的履行情况，建设项目预决算，国家财经法纪及部门、单位规章制度的执行以及其他审计事项。

（三）内部审计机构的职权

在审计管辖范围内，内部审计机构有以下权限：
（1）检查凭证、账表、决算资料、资金、财产，查明有关的文件和资料。
（2）参加有关会议。
（3）就审计中发现的问题向有关单位和人员调查并索取证明材料。
（4）提出制止、纠正和处理违反财经法纪事项的意见，提出改进管理、提高经济效益的建议。
（5）对严重违反财经法纪和因严重失职造成重大经济损失的人员，向领导提出追究其责任的建议。
（6）对阻挠、拒绝和破坏内部审计工作的单位，必要时经领导批准，可采取封存账册和资财等临时措施，并提出追究有关人员责任的建议。
（7）对审计工作中的重大事项，向对其进行指导的上级内部审计机构和审计机关反映。

三、社会审计组织

社会审计组织，又称民间审计组织或独立审计组织。它是指依法设立，接受委托独立承办审计业务的法人组织，主要形式是会计师事务所。

（一）民间审计组织的设立

根据《中华人民共和国注册会计师法》（以下简称《注册会计师法》）的规定，我国注册会计师只准设立有限责任会计师事务所和合伙会计师事务所，不准个人设立独资会计师事务所。

民间审计组织主要有以下4种形式：

（1）有限责任会计师事务所。

有限责任会计师事务所是指由注册会计师出资发起设立、承办注册会计师业务并负有限责任的社会中介机构。以有限责任方式设立的会计师事务所以其全部资产对其债务承担责任，会计师事务所的出资人承担的责任以其出资额为限。

（2）合伙会计师事务所。

合伙会计师事务所是指由两名以上注册会计师组成的合伙组织，债务由合伙人按出资比例或协议的约定，以各自的财产承担责任，合伙人对会计师事务所的债务承担连带责任。

（3）独资会计师事务所。

独资会计师事务所是指具有注册会计师职业资格的人员独立开业，承担无限责任的会计师事务所。独资会计师事务所的优点是可以满足规模较小的企业代理记账、纳税等方面的需求，缺点是作为单一所有者的注册会计师对其行为承担无限责任，无力承担大型业务。

(4) 有限责任合伙的会计师事务所。

有限责任合伙的会计师事务所是指事务所以全部资产对其债务承担责任,各合伙人只对个人执业行为承担无限责任的一种会计师事务所。

(二)民间审计组织的业务范围

1. 审计业务

审计业务是指注册会计师接受委托,对企业、其他经济组织或个人的会计报表或者其他特定的事项进行的审计。按照《注册会计师法》的规定,注册会计师执行的审计业务包括:

(1) 审查企业会计报表,出具审计报告。

(2) 验证企业资本,出具验资报告。

(3) 办理企业合并、分立、清算事宜中的审计业务,出具有关的报告。

(4) 办理法律、行政法规规定的其他审计业务,出具相应的审计报告。

2. 会计咨询、会计服务业务

注册会计师凭借其专业知识和实践经验,受托或主动服务于被审计单位的经营管理者和其他业务人员,在帮助企业健全内部管理制度和会计制度,进行财务诊断,组织财会人员培训,以及对重大经济决策和主要投资、生产项目的实施进行论证等方面为客户提供专业咨询。

通常会计咨询、会计服务业务包括资产评估、代理记账、税务代理及管理咨询等业务。

(三)社会审计组织的权限

社会审计组织机构接受国家审计机关和其他单位委托办理业务,根据需要有权查阅有关财务会计资料和文件,查看业务现场和设施,向有关单位和个人进行调查核实。其他委托人委托民间审计组织办理业务,需要查阅资料、文件和进行调查的,按照依法签订的委托书所约定的内容办理。

社会审计人员对在执行业务中取得和了解的资料、情况,应当严格保密;民间审计人员在执行业务中,发现有弄虚作假、营私舞弊等违反国家法律和行政法规行为的,应当在出具的报告书中明确提出;委托人示意作不实或不当证明的,应当予以拒绝。

四、我国审计机构的相互关系

在我国审计监督体系中,国家审计机关、内部审计部门和社会审计组织三者之间,相互独立,服务于不同的审计对象和不同的审计目标,在不同审计领域中各司其职,互相不可替代,因此不存在主导与从属的关系。同时三类审计机构之间又是相互联系的,国家审计机关如有必要,可以将其审计范围内的审计事项委托内部审计部门或社会审计组织办理;国家审计机关和社会审计组织执行审计的时候,需要向内部审计部门了解情况,充分利用内部审计部门的工作,从而可以节约审计时间,提高审计的效率和保证审计效果;内部审计部门执行审计时,可以充分利用国家审计机关和社会审计组织提供的相关审计资料,从而提高内部审计的可靠性和权威性。国家审计机关、内部审计部门和社会审计组织三者之间,相互配合,分工协作,共同构成我国的审计工作体系。

思考:我国3种审计组织的关系如何?3种审计组织在我国市场经济中如何发挥作用?

【案例演示1.4.1】3位同学的审计职业规划

小李、小张和小王是某财经大学2015届会计专业的毕业生。毕业后,小李考上了公务员,进入了当地的审计局工作,小张在当地的一家会计师事务所工作,小王在当地一家企业从事内部审计工作。

思考：3位同学都是从事审计工作，他们所从事的具体的审计工作类型有何不同？各自的审计工作具有哪些特点？

任务五　审计的分类

审计可以按照不同的标准进行不同的分类，各类审计从不同的侧面反映审计的本质和特点。对于审计的合理分类，有助于对审计活动的认识，正确理解和把握各种审计的特征和作用，还有助于审计人员科学地组织审计工作，根据审计目标选用相应的审计方法。

我国的审计分类标准有基本分类和其他分类两种。其中体现审计本质的分类是基本分类，即按照审计主体、内容和目的进行分类，此外的分类为其他分类。

一、审计的基本分类

（一）按审计主体分类，可分为政府审计、民间审计和内部审计

政府审计又称国家审计。它是指政府审计机关依法进行的审计。我国的政府审计机关分为中央和地方两个层次。根据我国《中华人民共和国宪法》（以下简称《宪法》）的规定，我国政府审计机关包括由国务院设置的审计署和各省（自治区、直辖市）市、县等各级地方政府设置的审计局（厅）和政府在地方或中央各部委设置的派出审计机关。政府审计机关依法对国务院各部门和地方各级人民政府、国家财政金融机构、国有企事业单位及其他有国有资产的单位的财政、财务收支和经济效益进行审计。

民间审计是指由依法成立的民间审计组织所实施的审计，亦即由经有关部门批准成立的会计师事务所所实施的审计。民间审计组织接受各类资源财产的所有人或主管人的委托，依法对被审计单位的财务收支和经济效益等承办审计鉴证、经济案件鉴定、注册资本验证和管理咨询服务等业务。

内部审计是指由部门或单位内部所设的审计机构或人员对本部门、本单位所实施的审计，内部审计可进一步划分为部门内部审计和单位内部审计两类。内部审计机构或人员独立于财会部门之外，直接接受本部门、本单位主要负责人的领导，依法对本部门、本单位及其下属单位的财务收支、经营管理活动和经济效益进行审计监督。

（二）按审计的内容和目的分类，可分为财政审计、财务审计、财经法纪审计、经济效益审计和经济责任审计

财政审计是指国家审计机关对中央和各级人民政府的财政预算的执行情况和财政决算所进行的审计监督。经过审计可以确定财政收支的真实性、合法性和有效性，严肃财经纪律，提高经济效益，保证国民经济健康持续的发展。

财务审计是内部审计部门或社会审计组织以财务会计为对象而进行的审计。财务审计的对象十分广泛，凡独立核算单位一般都属于被审计单位。通过对被审计单位的财务会计资料及其所反映的财务收支活动实施审查，以证实其真实性、正确性和合规性。在审查过程中还要评价被审计单位内部控制制度的建立情况，促使被审计单位加强内部管理与控制。

财经法纪审计是指国家审计机关和内部审计部门对于某单位严重违反财经法纪行为所进行的专案审计。对一般违反财经法纪的行为，可在财政财务审计和经济效益审计中发现，并加以纠正和适当处理，而对于金额较大、情节严重、使国有资产遭受严重损失，危害社会主义经济建设或对社会风气产生恶劣影响的违反财经法纪的行为，需专门立案进行审计。这种专门立

案进行的审计就叫作财经法纪审计。财经法纪审计是一种专案性的财政财务审计，是财政财务审计的一个特殊类型。

　　经济效益审计是指由审计机构对被审计单位实现经济效益的程度和途径所进行的审计。经济效益审计的主要对象是生产经营活动和财政经济活动能取得的经济效果或效率。它通过对企业生产经营成果、基本建设效果和行政事业单位资金使用效果的检查，评价经济效益的高低、经营情况的好坏，并进一步发掘提高经济效益的潜力和途径。

　　经济责任审计是指企事业单位的法定代表人或经营承包人在任期内或承包期内应负的经济责任的履行情况所进行的审计。经济责任审计的主要目的是分清经济责任人任职期间在本部门、本单位经济活动中应当负有的责任，为组织人事部门、纪检监察机关和其他有关部门考核使用干部或者兑现承包合同等提供参考依据。狭义的经济责任审计，则是特指我国在近些年来出现的旨在明确国家机关和国有企业事业单位领导人经营管理责任而进行的一种审计活动，这也就是我们通常所说的任期经济责任审计或者离任审计。

二、审计的其他分类

（一）按照审计工作进行的时间分类，可分为事前审计、事中审计和事后审计

　　事前审计是指经济业务发生以前所进行的审计，即对计划、预算的编制，以及对基本建设项目和固定资产投资决策的可行性研究等所进行的审计。其目的主要是审查计划、预算、投资决策等是否切实可行。通过审计提高计划、预算和决策的科学性、经济性和可行性，避免重大失误的出现，防患于未然。

　　事中审计是指在计划、预算或投资项目的执行过程中对其所发生的经济活动进行的审计。这种审计能及时发现问题，制止错误行为的发生，有利于挖掘潜力，改善管理，保证最终目标的实现。

　　事后审计是指经济业务发生以后进行的审计。其目的主要是根据有关的审计证据，审查已经发生经济业务的真实性、合法性和效益性。事后审计对于分析问题、纠正错误和改进工作有重要作用。

（二）按照审计的范围分类，可分为全部审计和局部审计

　　全部审计是指对被审计单位审计期内的全部收支及有关经济活动的真实性、合法性和效益性进行的审计。这种审计的业务范围较广泛，以制造业为例，涉及采购、生产、销售、货币资金、财产物资、结算、借款、资本金、税金和利润等各个项目的增减变化的情况。其优点是审查详细、彻底，缺点是工作量太大、花费时间较多。全部审计一般适用于规模较小、业务较简单、会计资料较少的企事业单位，或适用于内部控制制度不健全及会计核算质量较差的企事业单位。

　　局部审计是指对被审计单位的部分财务收支或经济活动的真实性、合法性和效益性进行的审计。如对企业进行的现金审计、银行存款审计及利税审计等都属于局部审计。另外，为了查清贪污盗窃案件，对其部分经济业务进行的审计，也属于局部审计。这种审计的优点是时间较短，耗费较少，能及时发现和纠正问题；缺点是容易遗漏问题，所以具有一定的局限性。

（三）审计按其是否有确定的时间分类，可分为定期审计和不定期审计

　　定期审计一般是指按照预定的时间所进行的审计。

　　不定期审计是指审计组织根据特定目的需要而临时组织的审计，或称为临时审计。

（四）按照执行审计的地点分类，可分为报送审计和就地审计

　　报送审计，或称送达审计。它是指被审计单位将各项预算、计划、会计决算报表和其他

有关资料等，按照规定的日期（月、季、年）送达审计机构进行审计。

就地审计是指由审计机构派出审计人员到被审计单位进行的现场审计。就地审计按照不同的情况，又可分为驻在审计、巡回审计和专程审计。

（五）审计按其是否受法律的约束分类，可分为法定审计和非法定审计

法定审计是指根据国家法律的规定，不论被审计单位是否愿意，都必须进行的审计。例如：对财政收支的审计、上市公司年报等。

非法定审计是指法律未明确规定必须实施的审计。例如：企业为取得银行贷款，委托注册会计师对其财务报表进行的鉴证审计等。

（六）按照审计工作开始时是否通知被审计单位分类，可分为通知审计和不通知审计

通知审计，也称预告审计。它是指审计机构在审计工作开始前，预先通知被审计单位的一种审计形式。

不通知审计，也称突击审计。它是指审计机构事先不通知被审计单位，而是出其不易的以突击的形式进行的审计。其目的是防止被审计单位或人员事先对其违法行为进行掩盖和弥补。

（七）按照审计证据的检查范围或数量分类可分为详细审计和抽样审计

详细审计是指对被审计单位所审计年度内的全部会计资料包括凭证、账簿、报表等逐一进行审查。其优点是审查全面、彻底，可收到较好的审计效果；缺点是费时费力，工作量较大。详细审计适用于小型的企事业单位以及因被审计单位存在严重经济问题所进行的专案审计等。

抽样审计是指对被审计单位所审计年度内的会计资料，按照一定的方法抽取一部分作为样本，通过样本的检查结果来推断被审计单位的合法性、真实性和效益性所进行的审计。其优点是审计效率较高；缺点是抽样审计的审计结论与被审单位的实际情况会存在一些差异。抽样审计一般适用于规模较大、业务复杂、会计资料繁多以及管理基础工作好、内部控制制度较完善的单位。

（八）按照审计的组织方式可分为授权审计和委托审计

授权审计是指国家审计的上级审计机关将其职责范围内的一些审计事项，授权下级审计机关实施。

委托审计是指社会审计组织接受委托人或被审计单位的委托进行的审计。在我国，国家审计机关可根据工作需要将审计项目委托给社会审计组织和内部审计机构进行审计。

思考：审计分类有哪些意义？哪种分类比较重要？

【案例演示 1.5.1】注册会计师审计与政府审计的区别是什么？

一、管理体制的不同

《宪法》第九十一条规定：国务院设立审计机关，对国务院各部和地方各级政府的财政收支，对国家的财政金融机构和企业事业组织的财务收支，进行审计监督。审计机关在国务院总理的领导下，依照法律规定独立行使审计监督权，不受其他行政机关、社会团体和个人的干涉。第一百零九条规定：县级以上的地方人民政府设立审计机关。地方各级审计机关行使审计监督权，对本级人民政府和上一级审计机关负责。而《注册会计师法》第五条规定：国务院财政部门和省（自治区、直辖市）人民政府财政部门，依法对注册会计师、会计师事务所和注册会计师协会进行监督、指导。《审计法》第三十条规定：社会审计机构审计的单位依法属于审计机关审计监督对象的，审计机关按照国务院的规定，有权对该社会审计机构出具的相关审计报告进行核查。

二、审计职责的不同

《审计法》第二条规定：对国务院各部门和地方各级人民政府及其各部门的财政收支，国有的金融机构和企业事业组织的财务收支，以及其他依照本法规定应当接受审计的财政收支、财务收支的真实、合法和效益，依法进行审计监督。《审计法》第四条规定：国务院和县级以上地方人民政府应当每年向本级人民代表大会常务委员会提出审计机关对预算执行和其他财政收支的审计工作报告。审计工作报告应当重点报告对预算执行的审计情况。必要时，人民代表大会常务委员会可以对审计工作报告作出决议。而《注册会计师法》第十四条规定：注册会计师承办下列审计业务：①审查企业会计报表，出具审计报告；②验证企业资本，出具验资报告；③办理企业合并、分立、清算事宜中的审计业务，出具有关的报告；④法律、行政法规规定的其他审计业务。第十六条规定：注册会计师承办业务，由其所在的会计师事务所统一受理并与委托人签订委托合同。即政府审计依照行政命令来对规定的项目进行审计，最终要对人民代表大会负责，而社会审计是接受客户的委托签定审计业务书，并最终对社会公众服务。

三、审计目标的不同

政府审计是对单位的财政收支或者财务收支的真实性、合法性和效益性依法进行的审计，社会审计是注册会计师依法对被审计单位会计报表的合法性与公允性进行的审计。政府审计是加强对国家财政收支、相关财务收支等经济活动监督并为党委政府决策服务，而社会审计是对反映被审计单位经济活动的会计报表和其他会计资料的合法性和公允性审查并发表审计意见，其本质是接受委托，提供服务，并且发表的意见具有法定的效果，为社会公共提供一个鉴证，并担负法律责任。

四、程序的不同

国家审计流程大体分为：编制审计项目计划、送达审计通知书、调查取证、征求被审计单位意见、出具审计报告、作出处理处罚审计决定。而注册会计师审计的流程则明显不同，分为：调查了解被审计单位基本情况、签定审计业务约定书、初步内部控制评价、编制审计计划、现场实施（包括符合性测试和实质性测试）、同被审计单位沟通、出具审计报告。政府审计程序体现行政的强制性，而社会审计更体现受托审计。

五、执业标准的不同

政府审计是审计机关依据《审计法》《审计法实施条例》和国家审计准则进行的审计。注册会计师审计是注册会计师依据《注册会计师法》和独立审计准则进行的审计。

六、经费来源或收入来源不同

《审计法》第十一条规定：审计机关履行职责所必需的经费，应当列入财政预算，由本级人民政府予以保证。注册会计师的审计收入来源于审计客户，由注册会计师和审计客户协商确定。

七、发现问题的处理权限不同

审计机关审定审计报告，对审计事项作出评价，出具审计报告；对违反国家规定的财政收支、财务收支行为，需要依法给予处理、处罚的，在法定职权范围内作出审计决定或者向有关主管机关提出处理、处罚意见。

注册会计师对审计过程中发现需要调整和披露的事项只能提请被审计单位调整和披露，没有行政强制力。注册会计师可以针对各种情况出具无保留意见、保留意见、否定意见和无法表示意见。

八、取证权限不同

《审计法》第三十三条规定：审计机关进行审计时，有权就审计事项的有关问题向有关单位和个人进行调查，并取得有关证明材料。有关单位和个人应当支持、协助审计机关工作，如实向审计机关反映情况，提供有关证明材料。审计机关有权查询被审计单位在金融机构的账户，有权查询被审计单位以个人名义在金融机构的存款。

注册会计师在获取证据时很大程度上依赖于被审计单位及相关单位的配合和协助，对被审计单位及相关单位没有行政强制力。

【案例演示 1.5.2】注册会计师审计与内部审计的区别

类别 项目	注册会计师审计	内部审计
审计方式	受托进行	根据本部门、本单位经营管理的需要自行安排施行
审计的独立性	双向独立	受本部门、本单位直接领导，仅强调与所审计的其他职能部门的相对独立
审计目标	对财务报表的合法性、公允性发表审计意见	审查和评价本部门、本单位的业务活动、内部控制和风险管理的适当性和有效性，以促进本部门、本单位完善管理、增加价值和实现目标
审计职责和作用	对投资者、债权人和社会公众负责，对外出具的审计报告具有鉴证作用	对本部门、本单位负责，作为本部门、本单位改进经营管理的参考，对外不起鉴证作用，并对外界保密
审计标准	《注册会计师法》中国注册会计师协会制定的中国注册会计师执业准则	中国内部审计准则

练习题

一、单项选择题

1. 审计产生的动因是（　　）。
   A. 股份公司的兴起　　　　B. 经管责任要求
   C. 受托责任关系　　　　　D. 委托责任关系
2. 我国的审计产生于（　　）。
   A. 西周时期　　　　　　　B. 秦汉时期
   C. 隋唐时期　　　　　　　D. 宋朝
3. 我国于（　　）年正式颁布《中华人民共和国审计法》。
   A. 1912　　B. 1914　　C. 1994　　D. 1995
4. 我国审计署于（　　）年正式成立。
   A. 1982　　B. 1983　　C. 1994　　D. 1995
5. 依法对我国注册会计师实行监督的行政部门是（　　）。
   A. 审计署　　　　　　　　B. 财政部门
   C. 工商部门　　　　　　　D. 注册会计师协会
6. 以下审计关系人中属于第一关系人的是（　　）。
   A. 注册会计师　　　　　　B. 股东
   C. 被审计单位　　　　　　D. 会计人员

7. 下列项目中，对被审计单位具有处罚权的是（　　）。
   A．政府审计　　　　　　　　　　B．注册会计师审计
   C．内部审计　　　　　　　　　　D．内部控制审核
8. 下列项目中，被审计单位需要向提供审计服务的一方支付审计费用的是（　　）。
   A．政府审计　　　　　　　　　　B．注册会计师审计
   C．内部审计　　　　　　　　　　D．内部控制审核
9. 下列事项中，政府审计与注册会计师审计两者有相同或相似的是（　　）。
   A．审计所依据的准则　　　　　　B．审计所实现的目标
   C．对内部审计的利用　　　　　　D．审计中取证的权限
10. 审计从不同的角度可以划分为不同的类别，下列对审计的分类正确的是（　　）。
    A．审计按照主体的不同，分为内部审计和外部审计
    B．审计按照内容的不同，分为财务报表审计和内部审计
    C．审计按照与被审计单位的关系不同，分为政府审计、内部审计和注册会计师审计
    D．审计按照目的和内容的不同，分为财政财务审计、财经法纪审计、经济效益审计和经济责任审计

二、多项选择题

1. 审计按照主体的不同，可划分为（　　）。
   A．政府审计　　B．内部审计　　C．外部审计　　D．注册会计师审计
2. 下列业务中，会计师事务所可以为客户提供的服务有（　　）。
   A．审查企业会计报表，出具审计报告
   B．验证企业资本，出具验资报告
   C．办理企业合并、分立、清算等业务，出具有关的报告
   D．承办会计咨询、会计服务业务
3. 下列对注册会计师审计的说法中，恰当的是（　　）。
   A．注册会计师审计就是注册会计师代表本会计师事务所或个人接受委托，对被审计单位的财务报表进行审计并发表审计意见
   B．注册会计师审计体现为既独立于被审计单位又独立于委托人的双向独立
   C．注册会计师审计是一种有偿审计
   D．注册会计师审计就是在执行审计工作时必须利用内部审计的工作成果
4. 注册会计师进行的下列业务中，属于与鉴证业务相关的服务业务有（　　）。
   A．税务筹划　　　　　　　　　　B．对财务信息执行商定程序
   C．代编年度财务报表　　　　　　D．对上市公司年报进行审阅
5. 中国注册会计师协会的职责主要包括（　　）。
   A．组织全国注册会计师考试和会员培训
   B．拟定并颁布注册会计师执业准则
   C．制定会计师事务所的收费标准
   D．指导地方协会办理注册会计师注册
6. 以下不同组织形式的会计师事务所的陈述中，恰当的是（　　）。
   A．个人独资会计师事务所由注册会计师个人承担无限责任

B. 有限责任会计师事务所以其全部资产承担无限连带责任
C. 普通合伙会计师事务所的合伙人以各自的财产对事务所承担无限连带责任
D. 有限责任合伙的会计师事务所的各合伙人以其个人财产承担无限连带责任

7. 审计主体有（　　）。
　　A. 国家审计机关　　　　　　B. 内部审计机构
　　C. 公司经理　　　　　　　　D. 注册会计师
8. 审计的特征有（　　）。
　　A. 权威性　　　B. 监督　　　C. 独立性　　　D. 建设性
9. 审计的作用通常包括（　　）。
　　A. 监督　　　　B. 评价　　　C. 制约性　　　D. 建设性
10. 我国审计监督体系的组成内容包括（　　）。
　　A. 专项审计　　B. 国家审计　　C. 内部审计　　D. 注册会计师审计

三、判断题

1. 我国国家审计的产生基于西周的宰夫。（　　）
2. 宋朝建立的审计司是我国"审计"一词的正式命名。（　　）
3. 独立性是审计的本质特征。（　　）
4. 意大利在创立和传播民间审计职业的过程中发挥了重要作用。（　　）
5. 国家审计机关可以依法对被审计单位进行处理、处罚。（　　）
6. 民间审计产生的直接原因是财产所有权与经营权的分离。（　　）
7. 审计机关在保守国家秘密和被审计单位秘密的情况下，可以向政府有关部门或向社会公布审计结果。（　　）
8. 政府审计具有服务的内向性和审查范围的广泛性。（　　）
9. 根据规定，我国只允许设立有限责任会计师事务所和合伙会计师事务所。（　　）
10. 会计师事务所的执业范围包括审计业务、审阅业务、其他鉴证业务和相关服务。（　　）

四、简答题

1. 审计产生与发展的客观依据是什么？
2. 审计的基本职能和作用是什么？
3. 如何理解审计关系？
4. 我国会计师事务所组织形式分为哪几种？简述之。
5. 内部审计和政府审计的特点分别是什么？

五、综合实训

1. 资料：D股份公司是某电气集团公司下属的控股公司，1993年10月14日经批准宣布成立；1993年11月6日开始自办发行股票；1996年12月27日在上海证券交易所挂牌交易。据该公司1997年度决算报表反映：公司总股本为21 127.118 1万股，其中，企业股为15 727.118 1万股，占74.44%；个人股5 400万股，占25.56%（内部职工股3 366.18万股，占个人股的62.34%）。公司在职职工6 382人，拥有资产174 626万元，其中固定资产35 370万元。

审计署驻成都特派员办事处根据审计署《国有资产占控股地位的股份制企业审计（调查）方案》的规定，于1998年5至6月对D股份公司实施财务收支审计。

在审计中发现，D股份公司在股份制改造及设立、发行股票等运作中存在严重的违法违规问题，包括：编造改制及发行股票的假文件多份；上市公告严重失真；编造虚假财务报告（1993～1997年），虚增利润2亿多元；转移募股资金3 292.227 7万元，其中挪用资金2 510万元，该公司原董事长、总经理、常务副总经理及现任董事长等人贪污募股资金1 000多万元，涉及100多人（其中厅级以上干部20余人）；查出账外资产11 207.867 3万元（属募股资金及存款利息）；资产负债严重不实，评估资产时少估国有资产，少计国家股份，会计报表中少列资产，多记债权、债务，造成资产不实272 391 247.11元，负债不实215 548 350.27元；私设"小金库"18 454 517.10元。同时查出政府部门和中介机构提供一系列虚假报告等问题。

该案件的违法违纪问题性质严重，涉及面广，引起了国务院领导的高度重视，国务院稽察特派员总署专案组介入了此案，彻底查实了D股份公司两任董事长、党委书记等贪污团伙大案。根据审计结果，处理意见如下：

（1）涉嫌贪污和政府部门、中介机构违法违规问题，专题报告审计署，由有关部门依法查处。

（2）对挪用转移募股资金及利息的情况进行全面清理，如数清收，对"小金库"及账外资金，补交国家收入并处以罚款。

（3）对会计核算中存在的问题，责成公司按国家有关制度及规定调整并依法交纳税费。

（4）对D股份公司编造虚假股份公司运作资料及会计报表问题，严肃整改并依法处理。

2．要求：根据上述材料分析以下问题。

（1）D股份公司弄虚作假能够顺利通过改制、上市说明了什么问题？

（2）你认为在我国国有控股公司中，D股份公司存在的问题是否具有一定的代表性？

（3）结合此案例说明在对股份公司的规范中，政府部门、政府审计机关及民间审计组织的职责及相互关系。

项目二　注册会计师职业道德与法律责任

【知识能力目标】

通过学习和训练，了解注册会计师职业道德规范体系；识别对遵守职业道德基本原则产生不利影响的情形；能够遵守审计人员的职业道德；了解审计人员法律责任的成因；掌握注册会计师法律责任的类型。

【案例导入】

英国巴林银行审计案

1995年2月，英国最古老的商业银行巴林银行宣告破产。人们怎么也不会想到这样一家"百年老店"能走上破产之路。普华会计公司作为其破产清算人，指责在1992~1994年期间，先后担任巴林新加坡期货公司审计师的德勤会计公司和永道会计公司审计失误，未能查出管理人员尼克·李森的欺诈行为，要求这两家公司赔偿10亿新加坡元（合计4.7亿美元）。

思考：注册会计师执业时是否必须将所有的错报查出来才算尽职？审计的标准到底是什么？如果审计人员没有查出会计报表中有重大错报，应当承担哪些法律责任？

任务一　注册会计师职业道德规范体系

中国注册会计师协会自1988年成立以来，一直非常重视注册会计师职业道德规范的建设。1992年发布了《中国注册会计师职业道德守则（试行）》；1996年12月26日，经财政部批准，发布了《中国注册会计师职业道德基本准则》；2002年6月25日，为解决注册会计师职业中违反职业道德的现象，发布了《中国注册会计师职业道德规范指导意见》，并于2002年7月1日起施行。

为了规范中国注册会计师协会会员的职业行为，进一步提高职业道德水平，维护职业形象，中国注册会计师协会制定了《中国注册会计师职业道德守则》和《中国注册会计师协会非执业会员职业道德守则》。其中，《中国注册会计师职业道德守则》具体包括《中国注册会计师职业道德守则第1号——职业道德基本原则》《中国注册会计师职业道德守则第2号——职业道德概念框架》《中国注册会计师职业道德守则第3号——提供专业服务的具体要求》《中国注册会计师职业道德守则第4号——审计和审阅业务对独立性的要求》和《中国注册会计师职业道德守则第5号——其他鉴证业务对独立性的要求》。

《中国注册会计师职业道德守则》和《中国注册会计师协会非执业会员职业道德守则》经中国注册会计师协会职业道德准则委员会审议通过，自2010年7月1日起施行。

《中国注册会计师职业道德规范指导意见》分为两个层次：一个层次是基本原则，另一个层次是具体要求。基本原则包括注册会计师履行社会责任，恪守独立性、客观性、公正性的原则，保持应有的职业谨慎，保持和提高专业胜任能力，遵守审计准则等职业规范，履行对客户的责任以及对同行的责任等。具体要求包括独立性、专业胜任能力、保密、收费与佣金、与执行鉴证业务不相容的工作、接任前任注册会计师的审计业务，以及广告、业务招揽和宣传等。

一、注册会计师职业道德守则

注册会计师为实现执业目标，必须遵守一系列的前提或基本原则。这些基本原则包括独立、客观、公正，专业胜任能力和应有的关注，保密，职业行为，技术准则。

（一）独立、客观、公正

独立、客观、公正是注册会计师职业道德中的 3 个重要的概念，也是对注册会计师职业道德最基本的要求。

1. 独立

独立性是注册会计师执行鉴证业务的灵魂，因为注册会计师要以自身的信誉向社会公众表明，被审计单位的财务报表是真实与公允的。在市场经济条件下，投资者主要依赖于某公司的财务报表用于判断投资风险，并在投资机会中作出选择。如果注册会计师与客户之间不能保持独立，存在经济利益或关联关系，或屈从外界压力，就很难取信于社会公众。那么，什么是独立性呢？较早给出权威解释的是美国注册会计师协会。美国注册会计师协会在 1947 年发布的《审计暂行标准》（The Tentative Statement of Auditing Standards）中指出："独立性的涵义相当于完全诚实、公正无私、无偏见、客观认识事实、不偏袒。"传统观点认为，注册会计师的独立性包括两个方面——实质上的独立和形式上的独立。美国注册会计师协会在职业行为守则中要求："在公共业务领域中的会员（执业注册会计师），在提供审计和其他鉴证业务时应当保持实质上与形式上的独立。"国际会计师联合会职业道德守则也要求执行公共业务的职业会计师（执业注册会计师）保持实质上的独立和形式上的独立。根据国内外有关文献，本教材给出独立性的定义："独立性是指实质上的独立和形式上的独立。实质上的独立是指注册会计师在发表意见时其专业判断不受影响，公正执业，保持客观和专业怀疑；形式上的独立是指会计师事务所或鉴证小组避免出现这样重大的情形，使得拥有充分相关信息的理性第三方推断其公正性、客观性或专业怀疑受到损害。"

2. 客观

注册会计师应当力求公正，不因成见或偏见、利益冲突和他人影响而损害其客观性。注册会计师在许多领域提供专业服务，在不同情况下均应表现出其客观性。在确定哪些情况和业务尤其需要遵循客观性的职业道德规范时，应当充分考虑以下因素：

（1）注册会计师可能被施加压力，这些压力可能会损害其的客观性。

（2）在制定准则以识别实质上或形式上可能影响注册会计师客观性的关系时，应体现合理性。

（3）应避免那些导致偏见和受他人影响，从而损害客观性的关系。

（4）注册会计师有义务确保参与专业服务的人员遵守客观性原则。

（5）注册会计师既不得接受，也不得提供可被合理认为对其职业判断或对其业务交往对象产生重大不当影响的礼品和款待，尽量避免使自己专业声誉受损的情况。

3. 公正

注册会计师提供专业服务时，应当坦率、诚实，保证公正。公平不仅仅指诚实，还有公平交易和真实的含义。无论提供何种服务，担任何种职务，注册会计师都应维护其专业服务的公正性，并在判断中保持客观性。

（二）专业胜任能力和应有的关注

1. 专业胜任能力

注册会计师应当具有专业知识、技能或经验，能够胜任承接的工作。"专业胜任能力"既要求注册会计师具有专业知识、技能或经验，又要求其经济、有效地完成客户委托的业务。注册会计师如果不能保持和提高专业胜任能力，就难以完成客户委托的业务。事实上，如果缺乏足够的知识、技能和经验而对客户提供专业服务，就构成了一种欺诈。注册会计师必须清醒认识到自己在专业胜任能力方面的不足，不承接自己不能胜任的业务。如果注册会计师不能认识到这一点，承接了难以胜任的业务，就可能给客户乃至社会公众带来危害。

2. 应有的关注

注册会计师提供专业服务时，应当保持应有的职业关注、专业胜任能力和勤勉，并且随着业务、法规和技术的不断发展，应使自己的专业知识和技能保持在一定水平上，以确定客户能够享受到高水平的专业服务。应有的关注是指专业人士对其所提供服务承担的勤勉尽责的义务。具体到审计服务而言，注册会计师应当以勤勉尽责的态度执行审计业务。在审计过程中，注册会计师应当保持职业怀疑态度，运用其专业知识、技能和经验，获取并客观评价审计证据。

（三）保密

注册会计师能否与客户维持正常的关系，依赖于双方能否自愿而又充分地进行沟通和交流，不掩盖任何重要的事实和情况。只有这样，注册会计师才能有效地完成工作。如果注册会计师受到客户的严重限制，不能充分了解情况，就无法发表审计意见。另外，注册会计师与客户的沟通，必须建立在为客户保密的基础上。因此，注册会计师在签订业务约定书时，应当书面承诺对在执行业务过程中获知的客户信息保密。这里所说的客户信息，通常是指商业秘密。一旦商业秘密被泄露或被利用，往往给客户造成损失。因此，许多国家规定，在公众领域执业的注册会计师，不能在没有取得客户同意的情况下，泄露任何客户的秘密信息。

（四）职业行为

注册会计师的行为应符合本职业的良好声誉，不得有任何损害职业形象的行为。这一义务要求注册会计师履行对社会公众、客户和同行的责任。

1. 对社会公众的责任

注册会计师应当遵守职业道德准则，履行相应的社会责任，维护社会公众利益。注册会计师行业的一个显著标志是对社会公众承担责任。社会公众利益是指注册会计师为之服务的人士和机构组成的整体的共同利益。注册会计师作为一个肩负重大社会责任的行业，应以维护社会公众利益为根本目标。

2. 对客户的责任

注册会计师对社会公众履行责任的同时，也对客户承担着特殊的责任，内容包括以下几个方面：①注册会计师应当在维护社会公众利益的前提下，竭诚为客户服务；②注册会计师应当按照业务约定履行对客户的责任；③注册会计师应当对执行业务过程中知悉的商业秘密保密，并不得利用其为自己或他人谋取利益；④除有关法规允许的情形外，会计师事务所不得以或有收费形式为客户提供鉴证服务。

3. 对同行的责任

对同行的责任是指会计师事务所、注册会计师在处理与其他会计师事务所、注册会计师相互关系中所应遵循的道德标准，内容包括以下几个方面：①注册会计师应当与同行保持良好的工作关系，配合同行工作；②注册会计师不得诋毁同行，不得损害同行利益；③会计师事务所不得雇用正在其他会计师事务所执业的注册会计师。注册会计师不得以个人名义同时在两家或两家以上的会计师事务所执业；④会计师事务所不得以不正当手段与同行争揽业务。

4. 其他责任

注册会计师应当维护职业形象，不得有损害职业形象的行为，内容包括以下几个方面：①注册会计师应当维护职业形象，不得有可能损害职业形象的行为；②注册会计师及其所在会计师事务所不得采用强迫、欺诈、利诱等方式招揽业务；③注册会计师及其所在会计师事务所不得对其能力进行广告宣传以招揽业务；④注册会计师及其所在会计师事务所不得以向他人支付佣金等不正当方式招揽业务，也不得向客户或通过客户获取服务费之外的任何利益；⑤会计师事务所、注册会计师不得允许他人以本会计师事务所或本人的名义承办业务。

（五）技术准则

注册会计师应当遵守相关的技术准则提供专业服务。注册会计师有责任在执业时保持应有的关注和专业胜任能力，并在遵守公正性、客观性要求的范围内提供优质服务；在执行审计时，还应当遵守独立性的要求。注册会计师应当遵守以下技术准则：①中国注册会计师执业准则；②企业会计准则；③与执业相关的其他法律、法规和规章。

二、识别对遵守职业道德基本原则产生不利影响的情形

按照独立性规范，会计师事务所和鉴证小组成员有义务识别和评价可能对独立性产生不利影响的各种环境和关系，并采取适当行动消除这些不利影响或运用防护措施将其降至可接受水平。可能威胁独立性的情形包括经济利益、自我评价、关联关系和外界压力等。

（一）经济利益

会计师事务所和注册会计师应当考虑经济利益对独立性的损害，可能损害独立性的情形主要包括以下几个方面：

（1）与鉴证客户存在专业服务收费以外的直接经济利益或重大的间接经济利益关系。

（2）收费主要来源于某一鉴证客户。

（3）过分担心失去某项业务。

（4）与鉴证客户存在密切的经营关系。

（5）对鉴证业务采取或有收费的方式。

（6）可能与鉴证客户发生雇佣关系。

（二）自我评价

会计师事务所和注册会计师应当考虑自我评价对独立性的损害，可能损害独立性的情形主要包括以下几个方面：

（1）鉴证小组成员曾是鉴证客户的董事、经理、其他关键管理人员或能够对鉴证业务产生直接重大影响的员工。

（2）为鉴证客户提供直接影响鉴证业务对象的其他服务。

（3）为鉴证客户编制属于鉴证业务对象的数据或其他记录。

（三）关联关系

会计师事务所和注册会计师应当考虑关联关系对独立性的损害，可能损害独立性的情形主要包括以下几个方面：

（1）与鉴证小组成员关系密切的家庭成员是鉴证客户的董事、经理、其他关键管理人员或能够对鉴证业务产生直接重大影响的员工。

(2) 鉴证客户的董事、经理、其他关键管理人员或能够对鉴证业务产生直接重大影响的员工是会计师事务所的前高级管理人员。

(3) 会计师事务所的高级管理人员或签字注册会计师与鉴证客户长期交往。

(4) 接受鉴证客户或其董事、经理、其他关键管理人员或能够对鉴证业务产生直接重大影响的员工的贵重礼品或超出社会礼仪的款待。

（四）外在压力

会计师事务所和注册会计师应当考虑外界压力对独立性的损害，可能损害独立性的情形主要包括以下几个方面：

(1) 在重大会计、审计等问题上与鉴证客户存在意见分歧而受到解聘威胁。

(2) 受到有关单位或个人不恰当的干预。

(3) 受到鉴证客户降低收费的压力而不恰当地缩小工作范围。

三、职业道德指导意见

（一）关于独立性

如果注册会计师与客户之间不能保持独立，存在经济利益、关联关系，或屈从外界压力，就很难取信于社会公众。《中国注册会计师职业道德规范指导意见》（以下简称《指导意见》）要求，注册会计师执行鉴证业务时应当保持实质上和形式上的独立，不得因任何利害关系影响其客观、公正的立场。可能损害独立性的因素包括经济利益、自我评价、关联关系和外界压力等。会计师事务所和注册会计师应当采取必要的措施以消除损害独立性因素的影响或将其降至可接受水平。当采取的措施不足以消除或将其降至可接受水平时，会计师事务所应当拒绝承接业务，或解除业务约定。

（二）关于专业胜任能力

《指导意见》要求，注册会计师应当通过教育、培训和执业实践保持和提高专业胜任能力；不得宣称自己具有不具备的专业知识、技能和经验；不得提供不能胜任的专业服务。

（三）关于保密

许多国家规定，在公众领域执业的注册会计师，不能在没有取得客户同意的情况下，泄露任何客户的秘密信息。但是也有例外。由于注册会计师承担着维护社会公众利益的重任，如果客户存在违法行为，注册会计师应按法规要求披露客户信息。《指导意见》要求，注册会计师应当对执业过程中获知的客户信息保密。但在以下情况下，注册会计师可以披露客户的有关信息：①取得客户的授权；②根据法规要求，为法律诉讼准备文件或提供证据，以及向监管机构报告发现的违反法规行为；③接受同行业人员的复核以及注册会计师协会和监管机构依法进行的质量检查。但是，注册会计师应当考虑是否了解和证实了所有的相关信息、信息披露的方式和对象、可能承担的法律责任和后果。

（四）关于收费与佣金

会计师事务所的收费应当公平地反映为客户提供的专业服务的价值。在市场经济条件下，通过各种竞争形式，可以使顾客得到价格最低、质量最好的商品和服务。然而，在注册会计师行业，过度的竞争特别是低价格的竞争，往往会削弱注册会计师的独立性，降低其服务的质量。其中，或有收费在鉴证业务中危害较大，如果会计师事务所的收费以鉴证工作结果或实现特定目的为条件，注册会计师为了获得收费或多收费，往往会发表不恰当的意见。此外，佣金也是影响注册会计师服务质量的一个重要因素。如果会计师事务所和注册会计师为了招揽业务而向推荐方支付佣金,势必变相降低收费。《指导意见》要求,如果收费报价明显低于前任注册会计师或其他会计师事务所的相应报价,会计师事务所应当确保在提供专业服务时,工作质量不会受到损害,并保持应有的职业谨慎,遵守执业准则和质量控制程序。同时,除法规允许外,会计师事务所也不得以或有收费方式提供鉴证业务,收费不得以鉴证工作结果或实现特定目的为条件;会计师事务所和注册会计师不得为招揽客户而向推荐方支付佣金,也不得因向第三方推荐客户而收取佣金。

(五)关于与执行鉴证业务不相容的工作

如果注册会计师正在或将要提供的服务,与其提供鉴证服务所需要的独立性发生冲突,就产生了不相容的工作。例如,注册会计师向审计客户提供评估服务、内部审计服务、IT系统服务、法律服务、编制会计报表、管理咨询等服务,就可能影响其独立性。注册会计师在承接上述服务时,应当谨慎行事,通过采取防范措施将影响降到最低,否则就不应接受此类业务。

目前,我国不允许会计师事务所为同一家上市公司提供资产评估和审计服务,但其他服务尚未受到限制,如会计师事务所为上市公司代编会计报表、会计师事务所的高级管理人员或员工担任上市公司的独立董事就时有发生,严重影响了会计师事务所和注册会计师的独立性。因此,《指导意见》要求,注册会计师不得从事有损于或可能有损于其独立性、客观性、公正性或职业声誉的业务、职业或活动。会计师事务所不得为上市公司同时提供编制会计报表和审计服务。同时,会计师事务所的高级管理人员或员工不得担任鉴证客户的董事(包括独立董事)、经理以及其他关键管理职务。

(六)关于接任前任注册会计师的审计业务

会计师事务所的更换,涉及前后任注册会计师。前任注册会计师是指已经与客户解除审计业务约定的会计师事务所。后任注册会计师是指已经接受客户的审计委托或正在提供审计服务的会计师事务所。前后任注册会计师的关系,仅限于审计业务,因为审计业务提供的保证程度较高,且是一项连续业务;而其他鉴证业务如盈利预测审核,会计报表审阅等业务提供的保证程度较低,且是非连续业务,故不包括在内。如果客户经常更换会计师事务所,那么暗示着注册会计师可能与客户在重大会计、审计问题上存在分歧,客户不认可注册会计师的立场。在一些情况下,如果注册会计师拒绝出具客户希望得到的意见,客户就可能通过更换会计师事务所来实现其目的,这种情况就构成了购买审计意见行为。此外,客户也可能与会计师事务所在收费上存在争议,而声称对注册会计师提供的服务不满意或注册会计师缺乏专业胜任能力等。中国证监会早在1996年就发布了有关通知,要求上市公司解聘或者不再续聘会计师事务所时应当由股东大会作出决定,并在有关报刊上予以披露,必要时还应说明更换原因,并报中国证监会和中国注册会计师协会备案;上市公司解聘或者不再续聘会计师事务所,应当事先通知会计师事务所,会计师事务所有权向股东大会陈述意见。这些规范就是为了抑制上市公司潜在的购买审计意见行为。

近年来,一些上市公司存在着频繁变更会计师事务所的现象,甚至在一次年度会计报表审计过程中,接连变更会计师事务所,对注册会计师行业产生了一定的影响。例如,有些后任注册会计师为了承揽业务,迎合上市公司对审计意见的要求,蓄意侵害前任注册会计师的合法权益;有些前任注册会计师不配合后任注册会计师的工作,拒绝答复后任注册会计师的询问;有些后任注册会计师对涉及前任注册会计师的审计问题,不与前任注册会计师沟通,在不完全了解事实的情况下,轻率发表审计意见,导致同行关系的紧张。为了解决上述问题,《指导意见》要求,后任注册会计师在接任前任注册会计师的审计业务时不得蓄意侵害前任注册会计师的合法权益；在接受审计业务委托前，后任注册会计师应当向前任注册会计师询问审计客户变更会计师事务所的原因，并关注前任注册会计师与审计客户之间在重大会计、审计等问题上可能存在的意见分歧。如果后任注册会计师发现前任注册会计师所审计的对象存在重大错报，应当提请审计客户告知前任注册会计师，并要求审计客户安排三方会谈，以便采取措施进行妥善处理。

（七）关于广告、业务招揽和宣传

这里所谓的广告是指会计师事务所为招揽业务将其服务和技能等方面的信息向社会公众进行传播。所谓的业务招揽是指会计师事务所和注册会计师与非客户接触以争取业务。所谓的宣传是指会计师事务所和注册会计师向社会公众告知有关事实，其目的不是为了抬高自己。目前各国对此规定不一。如许多国家尚不允许会计师事务所通过刊登广告招揽业务，但也有一些国家，开始允许会计师事务所在超级球赛、印刷品中做广告宣传。根据《注册会计师法》和《中国注册会计师职业道德基本准则》规定，我国会计师事务所和注册会计师不得对其能力进行广告宣传以招揽业务。会计师事务所和注册会计师不宜刊登广告，主要有3条理由：①注册会计师的服务质量及能力无法用广告内容加以评估；②广告可能会损害专业服务的精神；③广告可能导致同行之间的不正当竞争。

《指导意见》要求，注册会计师应当维护职业形象；在向社会公众传递信息时，应当客观、真实、得体；会计师事务所不得利用新闻媒体对其能力进行广告宣传，但刊登设立、合并、分立、解散、迁址、名称变更、招聘员工等信息以及注册会计师协会为会员所做的同意宣传不在此限；会计师事务所和注册会计师不得采用强迫、欺诈、利诱或骚扰等方式招揽业务等。

【案例演示2.1.1】"安然事件"中，安达信缺乏审计的独立性暴露出了什么问题，我们应如何应对？

分析：安达信缺乏独立性表现在以下方面：多年来安达信一直为安然提供审计和会计咨询服务，仅2000年安达信从安然公司收取的审计和会计咨询的服务费就分别高达2500万美元和2700万美元；安达信有100多名雇员专门为安然提供各种服务，每周从安然收取100多万美元的服务费用；从1995年开始，安然还将其内部审计交给了安达信，甚至连财务长也是从安达信聘用的。

暴露出的问题有：现行的审计制度存在缺陷：承担审计的会计师事务所是由被审计单位自行聘用的，被审计单位如果不满意事务所的审计工作，则该事务所就必然面临被炒鱿鱼的后果，这事实上形成了被审计单位与事务所之间的雇佣与被雇佣关系，被审计单位成了事务所的衣食父母和上帝。巨大的商业利润必然会驱使事务所去迎合其雇主的需要，使审计背离独立、客观、公正的要求。目前世界各国基本上都允许会计师事务所为被审计单位提供管理和会计咨询服务，这样做的结果是事务所过度地介入被审计单位的业务活动，必然会将两者的利益更紧密的捆绑在一起，审计也就不可能在具有独立性。

提出的应对措施有：由监管机构通过招标方式，综合考虑参与投标的会计师事务所的信誉、有无违规记录、资质、实力、内部管理水平等综合因素，并在适当考虑事务所已承担审计业务量与其实力配比的基础上，为被审计单位选择合适的会计师事务所。禁止会计师事务所向被审计单位提供除外部审计外的其他服务，但可以允许事务所向其他企业提供管理和会计咨询服务。这样，即能保证审计的独立性，又不会影响事务所的经济利益。

【案例演示2.1.2】审计独立性的威胁

X银行拟公开发行股票，委托某会计师事务所审计其2011年度、2012年度和2013年度的会计报表。双方于2013年底签订了审计业务约定书。

假定该会计师事务所及其审计小组成员与 X 银行存在以下情况：

（1）该会计师事务所与 X 银行签订的审计业务约定书中约定：审计费用为 150 万元，X 银行在该会计师事务所提交审计报告时支付 50%的审计费用，剩余的 50%视股票能否上市决定是否支付。

（2）2012 年 7 月，该会计师事务所按照正常借款条件和程序，向 X 银行以抵押贷款的方式借款 1000 万元，用于购置办公用房。

（3）该会计师事务所的合伙人 A 注册会计师目前担任 X 银行的独立董事。

（4）审计小组成员 C 注册会计师自 2012 年以来一直协助 X 银行编制会计报表。

（5）审计小组成员 D 注册会计师的妻子自 2010 年以来一直担任 X 银行的统计员。

要求：针对上述 5 种情况，判断该会计师事务所或相关注册会计师的独立性是否会受到损害，并简要说明理由。

分析指导：

情况（1）将损害该会计师事务所的独立性。这种收费方式将诱导该会计师事务所为了收取剩余 50%的审计费用而放弃审计原则，甚至帮助 X 银行粉饰其财务状况，使事务所与银行有了直接的经济利益关系，属于"对鉴证业务采取或有收费的方式"，违反职业道德。

情况（2）不损害该会计师事务所的独立性。通常，会计师事务所不得接受客户的借款，否则将影响其独立性，但如果借款行为遵循正常的程序和要求，则并不限制会计师事务所向银行或其他类似金融机构的借贷行为。

情况（3）损害 A 注册会计师的独立性。因为注册会计师 A 既是该会计师事务所的合伙人，又是 X 银行的独立董事，会影响该注册会计师的独立性。

情况（4）损害 C 注册会计师的独立性。因为所审计的会计报表是由 C 注册会计师协助编制的，违反了"没有人能独立地评价自己的工作"的基本假定。

情况（5）不损害 D 注册会计师的独立性。D 的妻子是 X 银行的职员，在 X 银行有经济利益，尽管注册会计师的配偶、子女、父母的经济利益应视同注册会计师本人的经济利益，但这种利益属于"工资、薪金"性质的，而非股票、股权性质的，而且注册会计师的妻子所从事的工作内容与审计对象无关，因此不影响 D 注册会计师的独立性。

【课堂练习 2.1.1】注册会计师职业道德守则

1. 资料：上市公司甲公司系 ABC 会计师事务所的常年审计客户。在对甲公司 2011 年度财务报表的审计中，ABC 会计师事务所遇到下列与职业道德相关的事项：

（1）A 注册会计师在 2006 至 2010 年期间担任甲公司的财务报表审计项目经理，并签署了 2009 年度和 2010 年度甲公司的审计报告。2011 年度，A 注册会计师新晋升为合伙人，担任甲公司 2011 年度财务报表审计项目合伙人。

（2）甲公司与 ABC 会计师事务所签订协议，由甲公司向其客户推荐 ABC 会计师事务所的服务。每次推荐成功后，由 ABC 会计师事务所向甲公司支付少量的业务介绍费。

（3）审计项目组成员 B 因工作较忙，授权理财顾问管理其股票账户。在 B 不知情的情况下，理财顾问通过该账户代其购买了少量甲公司的股票。截止 2011 年 12 月 31 日，这些股票市值合计为 500 元。

（4）审计项目组成员 C 为新员工，其妻子曾担任甲公司的财务经理，于 2011 年 3 月离职。

（5）经甲公司总经理批准，审计项目组成员可以按成本价购买甲公司的产品，每人限购 2 000 元。

（6）甲公司在海外有一家规模很小的分公司，其财务经理突然离职。在新聘财务经理上任前，由 ABC 会计师事务所的海外网络事务所借调一名审计部经理临时负责其财务经理的工作，借调时间为一周。

2. 要求：针对上述第（1）项至第（6）项，逐项指出 ABC 会计师事务所及甲公司审计项目组成员是否违反中国注册会计师职业道德守则，并简要说明理由。

任务二　审计人员的法律责任

审计人员的法律责任是一个重大而复杂的问题。在此，我们首先必须区分被审计单位管理层的会计责任和审计人员的审计责任，被审计单位的经营失败和审计人员的审计失败等与审计人员法律责任相关的基本问题。

一、与审计人员法律责任相关的两组概念

（一）会计责任与审计责任

1. 审计责任的发展

揭露欺诈和舞弊行为为主→以查错揭弊为主→以验证会计报表公允性为主→以验证会计报表公允性为主，又要揭露重大错误和舞弊（20 世纪 70 年代以来）。

2. 被审计单位的会计责任

（1）被审计单位的会计责任是建立、健全内部控制制度，保护其资产的安全完整，保证其会计资料的真实性、完整性和合法性。

（2）保证会计报表的质量是被审计单位的责任。

（3）注册会计师往往要求被审计单位管理当局提出书面声明，以明确被审计单位的会计责任及其与注册会计师的关系。

3. 注册会计师的审计责任

注册会计师的审计责任是按照独立审计准则的要求，出具审计报告，并对出具的审计报告的真实性、合法性负责，但注册会计师的审计责任不能替代、减轻或者免除被审计单位的会计责任。

4. 明确会计责任和审计责任

（1）注册会计师如果未能将会计报表中严重失实的错误与舞弊揭露出来，应负审计责任。

（2）由于审计测试和被审计单位内部控制的固有限制，注册会计师即便完全根据独立审计准则进行审计，也不可能保证将所有的错误与舞弊揭发出来，只能做到合理确信的程度。

5. 会计界与法学界在"会计责任与审计责任"问题上主要有下列分歧

（1）归责原则看法不同。会计界认为只有在审计人员没有遵循独立审计准则，主观上故意出具与实际不相符的审计报告，才依法承担法律责任。而法学界则认为只要审计人员验证的财务信息与实际不相符，就可以据此起诉审计人员。

（2）是"保证"还是"合理保证"的认识不同。会计界认为由于审计测试和被审计单位内部控制的固有局限性，审计人员不可能保证所有的错误和舞弊都能揭发出来，只能做到"合理保证"的程度。法学界则认为审计人员是会计报表正确性的保险人或称担保人，即使在审计过程中尽管遵循了独立审计准则，但其结果存在缺陷，报表使用者因此经济上受到决策损失，就理应承担法律责任。

（3）对"证明文件的判断标准"有分歧。会计界认为应以审计准则的遵循与否作为判别"不实的证明文件"与"虚假的证明文件"为标准。对于前者，审计人员无须承担民事赔偿责任，审计人员须承担的民事赔偿责任只是后者。而法律界认为虚假证明文件就是指证明文件的内容或结论与事实不符的证明，也就是指审计人员对其验证的财务信息的可靠性所有发表的审计意见与财务信息实际不相符的审计报告。

（二）经营失败与审计失败

经营失败是指由于经济或经营条件，导致的无法归还贷款，或无法满足投资者预期，也就是所谓的破产。

审计失败是指审计人员由于缺乏应有的职业谨慎或没有遵守审计准则的要求而形成或表达了不恰当的审计意见。没有遵守包括没有完全遵守以及完全没有遵守，"没有完全遵守"对应着普通过失，"完全没有遵守"对应着重大过失。如果报表存在重大错报，注册会计师没有遵守审计准则的要求而出具了错误的审计意见，这就构成了审计失败。因此，只要按照审计准则的要求实施了审计，没有发表不恰当的审计意见，或实施了必要的审计程序，但未能发现并揭露企业的经营问题，这些都不属于审计失败。

二、审计人员法律责任的社会原因

（一）社会因素

社会公众对注册会计师的高度信任和高度期望值是导致注册会计师法律责任产生的社会因素。近年来，社会公众对注册会计师出具的审计报告越来越关注，社会公众对注册会计师的信任度和期望值也越来越高，但同时由于社会公众对注册会计师行业还缺乏足够的了解，因此导致社会公众对注册会计师提出了许多不合理的要求。一方面，各方报表使用者和利益集团希望注册会计师能查出被审计单位报表中存在的所有错误、舞弊和违法行为，事实上这是混淆了会计责任和审计责任的区别，一旦审计报告结论与被审单位实际情况不符，投资者或债权人遭受了损失，他们总是希望从其他方面得到补偿而不管是谁的错误。另一方面，由于受审计时间、审计方法及成本的制约，注册会计师发现被审计单位所有的错误、舞弊及违法行为是不可能的。

（二）经济因素

随着注册会计师行业竞争的加剧，一些会计师事务所为了提高业务量、追求经济效益，在选择被审计单位时丧失了应有的慎重，没有采取必要的措施了解被审计单位的基本情况，以弄清委托的真正目的。少数注册会计师在自身利益的驱动下，不顾职业道德，对被审计单位报表中的虚假错弊听之任之，出具虚假审计报告，或与被审计单位串通造假。同时，由于我国的审计费用比国际同行的要低，一些政府部门都为会计师事务所制定了最低收费标准，为了生存和发展注册会计师不得不降低审计成本，也就不可能花费大量的人力、物力去审计某一个项目，审计质量就难以保证。

（三）环境因素

我国现阶段市场经济运行的不规范性是注册会计师法律责任的环境因素。从公司内部环境来看，目前我国公司法人治理结构弱化，存在国有法人股缺位、股权过度集中，董事会、监事会由大股东操纵，或由内部人控制的情况，从而给公司管理当作盈利管理，粉饰报表、操纵利润提供了可乘之机。公司内部控制的缺失造成公司内部控制的松散和低效，高级管理层对财务报告，特别是对会计政策随意选择和变更，内部审计部门又未能发挥其应有的监督作用，这些都会使会计信息的真实性受到影响。

(四)法律因素

我国相关的法律法规滞后于经济发展的实际需要,是造成注册会计师法律责任的法律因素。随着市场经济的发展,会计环境不断改变,但这方面的规定还不完善。

(五)现代审计方法的局限性

目前,会计师在审计业务中采取的是以评价被审计单位内部控制为基础的制度基础审计。制度基础审计是建立在被审计单位存在良好的内部控制制度的基础之上的。通过对被审计单位内部控制制度的各个控制环节进行审查,目的是发现控制制度的薄弱之处,找出问题发生的根源,然后针对这些环节扩大检查范围。然而在被审计单位管理当局内外勾结、恶意串通的情况下,审计人员根本就无法发现控制制度的薄弱之处,这样得出的审计结论可能就和客观事实出入很大。并且制度基础审计虽然也涉及审计风险的问题,但它并不直接处理审计风险,而使审计人员的注意力过于集中于被审单位的内部控制制度方面,使审计人员过于依赖内部控制的测试而忽视审计风险产生的其他环节;同时,由于企业之间的竞争越来越激烈,企业的不稳定性增加,审计风险越来越大,社会公众也要求会计师揭示各种审计风险。而面对这些问题,制度基础审计显得无能为力。

三、产生审计人员法律责任的自身原因

(1)产生审计人员法律责任的自身原因是审计人员的违约、过失和欺诈。

1)违约是指审计人员未按业务约定书或合同条款的要求履行职责而给委托人和有关利益各方造成经济损失的情形。

2)过失是指审计人员未能尽职尽责,未能保持职业上应有的认真与谨慎,未能遵守独立审计准则的要求执行业务,以致给委托人和有关利益各方造成经济损失的情形。过失又可分为普通(一般)过失和重大过失两种。

3)欺诈又称舞弊,是一种故意坑害他人利益的行为。欺诈就是审计人员在明知是不确实的重大事项或会计报表有重大错报时,仍作出虚伪不实的陈述,出具无保留意见的审计报告,从而损害有关方面的权益的情形。

根据有关的法律法规,对于违约和过失,一般给予行政处分或罚款;对于欺诈,可以根据情节轻重,给予警告、没收违法所得的财物、罚款、暂停执业或者吊销执业资格等处分;触犯刑律的,要移交司法机关追究刑事责任。

(2)在审计实务中,界定注册会计师是否承担法律责任主要看其是否遵循公认的审计准则进行鉴证业务。若注册会计师遵循了审计准则就不必承担任何法律责任;若其没有遵循审计准则表示其审计失败,应承担相应的法律责任,具体判断失败程度(普通过失、重大过失、欺诈)可以按以下步骤:

1)会计报表错报没有查出是否重大?若不重大,则注册会计师没有过失;若重大则判断其有过失。

2)内部控制失效了吗?

a. 若内部控制失效了则判断注册会计师为过失。判断后看"符合性测试应当揭示出来吗?",若揭示不出来,则认定注册会计师没有过失;若能揭示出来,则认定注册会计师为普通过失。

b. 若内部控制没有失效,则看"适用了实质性测试程序了吗?",若运用了实质性测试程序,则认定注册会计师为普通过失;若没有运用了实质性测试程序,则认定为重大过失或欺诈。

3）是否有欺骗动机？若有欺骗动机则认定为欺诈；若没有欺骗动机则认定为重大过失。

表 2.1　不同情形下审计人员应负的责任

没有过失	普通过失	重大过失（推定欺诈）	欺诈（舞弊）
1. 审计严格按照公认审计准则进行 2. 错弊是由管理当局滥用职权造成的 3. 企业的舞弊行为非常隐蔽 4. 职工串通舞弊	1. 查出的错误与舞弊发生在内部控制之外 2. 重大的管理当局舞弊非常隐蔽地分布在会计报表的许多不同项目上	1. 重大的管理当局舞弊不是非常隐蔽 2. 重大的舞弊发生在内部控制之内 3. 草率的渎职行为 4. 应用公认的审计准则应该可以查出	1. 故意的欺诈与隐瞒 2. 注册会计师与企业管理当局串通作弊

四、我国法律对审计人员法律责任作出规定的法律

在我国，判断社会审计人员法律责任的成文法主要有《中华人民共和国注册会计师法》《中华人民共和国证券法》（以下简称《证券法》）等。此外，我国《中华人民共和国民法通则》和《中华人民共和国刑法》（以下简称《刑法》）中对公民行为准则的普遍适用性，也是判断社会审计人员法律责任的法律依据。

（一）《注册会计师法》对社会审计人员法律责任的规定

为了发挥注册会计师在社会经济活动中的鉴证和服务作用，加强对注册会计师的管理，维护社会公共利益和投资者的合法权益，促进社会主义市场经济的健康发展，1993 年 10 月 31 日，第八届全国人民代表大会常务委员会第四次会议通过了《注册会计师法》，并于 1994 年 1 月 1 日起正式实施。

1. 对注册会计师业务范围的规定

注册会计师法第十四条和第十五条规定了注册会计师的业务范围。第十四条规定：注册会计师承办下列审计业务：①审查企业会计报表，出具审计报告；②验证企业资本，出具验资报告；③办理企业合并、分立、清算事宜中的审计业务，出具有关的报告；④法律、行政法规规定的其他审计业务。第十五条规定：注册会计师可以承办会计咨询、会计服务业务。第十六条规定：会计师事务所对本事务所所注册会计师依照前款规定承办的业务，承担民事责任。

2. 对注册会计师职业规则和违法行为的规定

注册会计师执行审计业务，遇有下列情形之一的，应当拒绝出具有关报告：①委托人示意其作不实或者不当证明的；②委托人故意不提供有关会计资料和文件的；③因委托人有其他不合理要求，致使注册会计师出具的报告不能对财务会计的重要事项作出正确表述的。

注册会计师执行审计业务出具报告时，不得有下列行为：①明知委托人对重要事项的财务会计处理与国家有关规定相抵触，而不予指明；②明知委托人的财务会计处理会直接损害报告使用人或者其他利害关系人的利益，而予以隐瞒或者作不实的报告；③明知委托人的财务会计处理会导致报告使用人或者其他利害关系人产生重大误解，而不予指明；④明知委托人的会计报表的重要事项有其他不实的内容，也不予指明。

注册会计师不得有下列行为：①在执行审计业务期间，在法律、行政法规规定不得买卖被审计单位的股票、债券或者不得购买被审计单位或者个人的其他财产的期限内，买卖被审计单位的股票、债券或者购买被审计单位或者个人所拥有的其他财产；②索取、收受委托合同约

定以外的酬金或者其他财物，或者利用执行业务之便，谋取其他不正当的利益；③接受委托催收债款；④允许他人以本人名义执行业务；⑤同时在两个或者两个以上的会计师事务所执行业务；⑥对其能力进行广告宣传以招揽业务；⑦违反法律、行政法规的其他行为。

3. 对注册会计师违法行为处罚的规定

《注册会计师法》对注册会计师违反本法的行为明确规定了处罚的方式，包括给予警告，没收违法所得，罚款；暂停其经营业务或者予以撤销，吊销注册会计师证书；构成犯罪的，依法追究刑事责任；造成当事人经济损失的，依法承担赔偿责任。

（二）《证券法》对社会审计人员法律责任的规定

《证券法》对社会审计人员法律责任的规定集中体现在第十一章"法律责任"中。

第一百八十二条规定：为股票的发行或者上市出具审计报告、资产评估报告或者法律意见书等文件的专业机构和人员，违反本法第三十九条的规定买卖股票的，责令依法处理非法获得的股票，没收违法所得，并处以所买卖股票等值以下的罚款。

第一百八十九条规定：证券交易所、证券公司、证券登记结算机构、证券交易服务机构、社会中介机构及其从业人员，或者证券业协会、证券监督管理机构及其工作人员，在证券交易活动中作出虚假陈述或者信息误导的，责令改正，处以3万元以上20万元以下的罚款；属于国家工作人员的，还应当依法给予行政处分。构成犯罪的，依法追究刑事责任。

第二百零二条规定：为证券的发行、上市或者证券交易活动出具审计报告、资产评估报告或者法律意见书等文件的专业机构，就其所应负责的内容弄虚作假的，没收违法所得，并处于违法所得1倍以上5倍以下的罚款，并由有关主管部门责令该机构停业，吊销直接责任人员的资格证书。造成损失的，承担连带赔偿责任。构成犯罪的，依法追究刑事责任。

（三）《中华人民共和国民法通则》对社会审计人员法律责任的规定

《中华人民共和国民法通则》（以下简称《民法通则》）是我国调整公民之间、法人之间、公民和法人之间的财产关系和人身关系的一部法律。《民法通则》第一百零六条规定：公民、法人违反合同或者不履行其他义务的，应当承担民事责任。公民、法人由于过错侵害国家的、集体的财产，侵害他人财产、人身的，应当承担民事责任。没有过错，但法律规定应当承担民事责任的，应当承担民事责任。与社会审计人员直接相关的民事责任是违约责任，即审计人员接受委托审计业务而未有效地履行协议的，应承担法律责任、继续履约或赔偿经济损失。

五、我国审计人员的法律责任

（一）政府审计人员的法律责任

根据《审计法》第四十九条的规定："审计人员滥用职权、徇私舞弊、玩忽职守，构成犯罪的，依法追究刑事责任；不构成犯罪的，给予行政处分"。对于是否构成犯罪的划分，必须依照《刑法》来衡量。对于构成犯罪的，由司法机关依照《刑法》，根据犯罪程度来量刑判刑；对于未构成犯罪者，由主管单位依据行政法规来决定处分的轻重。

（二）内部审计人员的法律责任

根据《审计署关于内部审计工作的规定》第十六条规定："对违反本规定的单位和个人，由其主管部门或单位在法定职权范围内，根据情节轻重，给予行政处分、经济处罚，或者提请有关部门处理"。内部审计人员在执业过程中违法犯规由其主管部门或单位给予行政处分和经济处罚的，依照有关行政法规办理；触犯刑律的，由其主管部门或单位移交司法机关处理。

（三）注册会计师的法律责任

注册会计师的法律责任是指注册会计师在承办业务的过程中，未能履行合同条款，或者未能保持应有的职业谨慎，或出于故意未按专业标准出具合格报告，致使审计报告使用者遭受损失，依照有关法律法规，注册会计师或注册会计师事务所应承担的法律责任。按照应该承担责任的内容不同，注册会计师的法律责任可分为行政责任、民事责任和刑事责任 3 种，3 种责任可以同时追究，也可以单独追究。

六、加强对注册会计师和会计师事务所的管理，避免注册会计师承担法律责任的对策

（一）严格遵循职业道德和专业标准的要求

注册会计师是否要承担法律责任，关键在于注册会计师是否有过失或欺诈行为。而判别注册会计师是否具有过失的关键在于注册会计师是否遵循了专业标准的要求。因此，保持良好的职业道德，严格遵循专业标准的要求执行业务出具报告，对于避免法律诉讼或在已提起的法律诉讼中保护注册会计师是非常重要的。

（二）建立、健全会计师事务所的质量控制制度

会计师事务所的质量管理是各项管理工作的核心。如果一个会计师事务所未能实施严格、有效的质量管理，很有可能因某一个人或一个部门的操作失职而影响会计师事务所的信誉。

（三）与委托人签订业务约定书，明确双方责任

《注册会计师法》第十六条规定："注册会计师承办业务，会计师事务所应与委托人签订委托合同（即业务约定书）。业务约定书具有法律效力，它是确定注册会计师和委托人责任的一个重要文件。会计师事务所不论承办何种业务，都要按照业务约定书准则的要求与委托人签订约定书，这样才能在发生法律诉讼时将一切争辩减少到最低限度。

（四）审慎选择被审计单位，深入了解委托人的情况，不接不能胜任的委托业务

一定要选择正直的被审计单位，如果被审计单位对其顾客、职工、政府部门或其他方面没有正直的品格，也必然会蒙骗注册会计师，使注册会计师落入他们设定的圈套。这就要求会计师事务所接受委托之前，一定要采取必要的措施对被审计单位的历史情况有所了解，弄清委托的真正目的，尤其是在执行特殊目的的审计业务时更应如此。

（五）提取风险基金或购买责任保险

在西方国家，投保充分的责任保险是会计师事务所一项极为重要的保护措施，尽管保险不能免除可能受到的法律诉讼，但能防止或减少诉讼失败时会计师事务所发生的财务损失。我国《注册会计师法》规定了会计师事务所应当按规定建立职业风险基金，办理职业保险。

（六）聘请熟悉注册会计师法律责任的律师

会计师事务所应尽可能聘请熟悉相关法规及注册会计师责任的律师。在执业过程中，如遇重大的法律问题，注册会计师应同本事务所的律师或外聘律师详细讨论所有潜在的危险情况并仔细考虑律师的建议。一旦发生法律诉讼，也应请有经验的律师参与诉讼。

（七）建立有效的同业复核制度

同业复核首先应用在美国，1974~1975 年，普华和安达信事务所先后聘请杜罗斯会计公司对其审计质量进行检查，由此揭开了同业复核的序幕。美国同业复核制度在改善会计师事务所质量控制系统方面取得了积极的效果。我国也可以考虑引入同业复核制度，对于提高注册会计师行业的执业质量和社会可信度，进而促进整个行业的良性发展具有重大意义。

思考 1：如果审计人员按照审计准则对企业会计报表进行了审计，但审计后的会计报表仍

然存在严重的错误致使报表使用者受到经济损失,一旦报表使用者要求审计人员担负赔偿责任,请分析审计人员是否要承担此责任?为什么?

分析:注册会计师是否对未能查出的重大错误与舞弊负责,关键要看未能查出的原因是否源于注册会计师本身的过错,而"重要性"和"内部控制"这两个概念是区分注册会计师的普通过失和重大过失的标准。由于审计测试和被审计单位内部控制的固有限制,注册会计师即便完全根据独立审计准则进行审计,也不可能保证将所有错误与舞弊揭发出来,只能做到合理确信的程度。尽管不能发现被审计单位会计报表中存在的全部错误、舞弊和违反法规行为,注册会计师仍然有责任发现会计报表中的重大错误、舞弊和对会计报表有直接影响的重大违反法规行为。

如果是注册会计师本身原因产生的过错,则有过失,并视"重要性"和"内部控制"情况负普通过失还是重大过失。

如果遵守了审计准则还是没有查出重大错报,应考虑注册会计师是否具备专业胜任能力,否则有过失。

思考2:如何借助"重要性"和"内部控制"这两个概念来区分审计人员的普通过失和重大过失?

分析:(1)如果会计报表中存在重大错报事项,审计人员运用常规审计程序通常能够发现,但因工作疏忽而未能将重大错报事项查出来,就很可能在法律诉讼中被解释为重大过失。

如果会计报表有多处错报事项,每一处都不算重大,但会计报表作为一个整体可能严重失实。在这种情况下,法院一般认为审计人员具有普通过失,因为常规审计程序发现每处较小错报事项的概率也较小。

(2)审计人员对会计报表项目的实质性测试是以内部控制的研究与评价为基础的。如果内部控制不太健全,审计人员应当调整实质性测试,这样一般都能合理确信发现由此产生的报表重要错报、漏报,否则,就具有重大过失的性质。相反内部控制本身非常健全,但由于职工串通舞弊,导致设计良好的内部控制失败。由于审计人员查处这种错报事项的可能性相对较小,因而一般审计人员没有过失或只有普通过失。

【案例演示2.2.1】审计失败案例——"世通事件"

世界通信(以下简称世通)公司是美国第二大长途电话公司,名列世界50大企业,拥有8.5万名员工,业务遍及65个国家和地区。

2002年4月,世通曝出特大财务丑闻,涉及金额达110亿美元。同年7月,纽约地方法院宣布,美国第二大长途电话公司世通公司正式向法院申请破产保护,以1070多亿美元的资产、410亿美元的债务创下了美国破产案的历史新纪录。该事件造成2万名世通员工失业,并失去所有保险及养老金保障。

世通是如何造假的?

美国证券交易委员会公布的最终调查资料显示,在1999~2001年的两年间,世通公司虚构的销售收入90多亿美元;通过滥用准备金科目,利用以前年度计提的各种准备金冲销成本,以夸大对外报告的利润,所涉及的金额达到16.35亿美元;又将38.52亿美元的经营费用单列于资本支出中;加上其他一些类似手法,使得世通公司2000年的财务报表有了营收增加239亿美元的亮点。

审计在此事件中扮演了什么角色?

- 缺乏形式上的独立性
- 未能保持应有的职业审慎和职业怀疑

- 编制审计计划前没有对世通公司的会计程序进行充分地了解
- 没有获取足以支持其审计意见的直接审计证据

启示

重大审计失败的常见原因包括被审计单位内部控制失效或高管人员逾越内部控制，注册会计师与被审计单位通同舞弊，缺乏独立性，没有保持应有的职业审慎和职业怀疑。尽管世通公司存在前所未有的财务舞弊，其财务报表严重歪曲失实，但安达信会计公司至少从1999年起一直为世通公司出具无保留意见的审计报告。就目前已经披露的资料看，安达信对世通的财务舞弊负有不可推卸的重大过失审计责任。安达信对世通的审计，将是一项可载入史册的典型的重大审计失败案例。

【案例演示 2.2.2】审计人员的法律责任

1. 资料：琼民源，自1993年4月该公司股票在深圳证券交易所上市以来，股价表现平平，交投并不活跃。1996年下半年，民源海南公司（琼民源控股公司）与深圳有色金属财务公司（琼民源股东财务顾问）联手炒作琼民源股票。某些传媒对琼民源业绩大加渲染，致使众多投资者在不明真相的情况下盲目跟进。1996年下半年，琼民源股价在5个月的时间里上涨了4倍。1997年初，琼民源在年度财务报告中公布"1996年度实现利润5.7亿元，资本公积金增加6.57亿元"，据此计算，该公司的利润将比上一年度增加1 000倍，海南中华会计师事务所对琼民源1996年度财务报告出具了无保留意见的审计报告，海南大正会计师事务所为琼民源出具了资产评估报告。后经证监会、审计署等有关部门查实，琼民源在未取得土地使用权的情况下，通过与关联公司及他人签订的未经国家有关部门批准的合作建房、权益转让等无效合同虚构利润5.4亿元，在未取得土地使用权、未经国家有关部门批准立项和确认的情况下，对4个投资项目资产评估编造资本公积金6.57亿元。为此，1998年4月29日，中国证监会决定：

（1）鉴于琼民源原董事长兼总经理马玉和等人制造虚假财务收据的行为涉嫌犯罪，移交司法机关，依法追究其刑事责任；对琼民源公司处以警告。对琼民源其他董事待履行法定程序后予以处罚。对民源海南公司和深圳有色金属财务公司分别处以警告、没收非法所得 6 6510 000 元和 6 6300 000 元，并各罚款 2 000 000 元，建议有关部门对深圳有色金属财务公司的主要负责人和直接负责人给予行政处分。

（2）建议有关主管部门撤销直接为琼民源进行审计的海南中华会计师事务所的执业资格，吊销其主要负责人的注册会计师资格证书。对海南中华会计师事务所总所处以警告，暂停其从事证券及期货业务资格6个月；对该事务所在琼民源财务审计报告上签字的注册会计师，暂停其从事证券及期货业务资格3年。对海南大正会计师事务所罚款 300 000 元，暂停其从事证券相关资产评估业务的资格6个月；对负有直接责任的注册会计师，暂停其从事证券业务资格3年。

2. 分析指导：会计师事务所和注册会计师在执业过程中，必须认真遵守职业道德规范和独立审计准则，实施审计时应保持应有的职业谨慎。否则，可能会给会计信息使用者带来损失，审计组织、审计人员也要承担相应的法律责任。因没有执行审计准则而导致利益相关人员蒙受损失的，审计人员将承担过失责任。明知委托单位的会计报表有重大错报或漏报，却出具虚假审计报告欺骗公众的，则属欺诈犯罪，将追究其刑事责任。

【课堂训练 2.2.1】中天勤会计师事务所的法律责任

1. 资料：《财经》杂志记者通过对一度号称"中国第一蓝筹股"的广夏（银川）实业股份有限公司（以下简称银广夏）历时一年的追踪调查，于2001年8月揭开了一个由高深的"萃取技术"和陌生的"德国客户"组成的造假事件。天津广夏公司（银广夏集团1994年在天津成立的控股子公司）1996 年以后通过德国西·伊利斯公司进口了一套由德国伍德公司生产的二氧化碳超临界萃取设备，1998 年、1999 年、2000 年通过该设备生产的萃取产品出口获得的暴利，纯属子虚乌有。整个事件从大宗萃取产品出口到银广夏利润猛到股价离谱上涨都是一场彻头彻尾的骗局。据调查，银广夏采取多种造假手段虚构利润达 7.45 亿元。该消息一曝光，银广夏连续出现 16 个跌停板，股价由前期 36 元跌到 5.47 元，约 68 亿元资金迅速灰飞烟灭，股民损失惨重。

涉嫌造假的银广夏有关责任人员被刑事拘捕。财政部也吊销了为其出具无保留意见审计报告的深圳中天勤会计师事务所的执业资格。

经调查表明，中天勤会计师事务所签字的注册会计师严重违反了《注册会计师法》《独立审计准则》《注册会计师职业道德基本准则》的规定，根本没有履行必要的审计程序，未按独立审计准则执业，未发现银广夏会计报表中的重大虚假问题，出具了不实的审计报告从而导致重大过失。而中天勤会计师事务所则辩称自己由于不理解"萃取"技术而导致审计失误。遭受损失的股民纷纷状告银广夏及中天勤会计师事务所要求赔偿损失。

2．要求

根据上述资料分析说明，中天勤会计师事务所签字的注册会计师是否应当承担法律责任？若要承担法律责任，应承担何种法律责任？在注册会计师社会地位不断提升同时遭受诉讼的概率不断增长的情况下，注册会计师应采取哪些措施来避免法律诉讼？

练习题

一、单项选择题

1．对于注册会计师的过失行为，法院可判其（　　）。
　　A．仅负有民事责任　　　　　　　　B．负有刑事责任
　　C．负有行政责任和民事责任　　　　D．负有民事责任和刑事责任

2．注册会计师对被审计单位的应收账款进行了大量的函证，仅发现一封回函声称与被审计单位记录不同：该企业表示，其仅向被审计单位发出过订货单。对此，注册会计师没有进行进一步的调查便认可了该笔应收账款的存在性。但后来查清，该笔应收账款是被审计单位虚构的。你认为注册会计师的这种作法属于（　　）。
　　A．欺诈　　　　B．普通过失　　　　C．重大过失　　　　D．没有过失

3．我国注册会计师职业道德基本原则专门规定了以下各个方面，其中（　　）是注册会计师专业工作过程中内心状态的要求。
　　A．诚信　　　　　　　　　　　　　B．实质上的独立
　　C．应有的关注　　　　　　　　　　D．客观

4．下列关于注册会计师应当保持应有的关注的说法中不恰当的是（　　）
　　A．应有的关注要求会员勤勉尽责执业
　　B．应有的关注要求会员保持职业怀疑态度，运用专业知识、技能和经验，获取和评价审计证据
　　C．应有的关注要求会员查出被审计单位财务报表所有的舞弊
　　D．应有的关注要求会员采取措施以确保在其授权下工作的人员得到适当的培训和指导

5. 职业道德基本原则要求会员保持实质上和形式上的独立性，下列关于独立性的陈述不正确的是（　　）。
   A. 实质上的独立性要求注册会计师在提出结论时不受职业判断因素的影响
   B. 实质上的独立性要求会员不能与客户存在任何的经济利益关系
   C. 如果会员在形式上不独立，则很可能被推定为其诚信客观或职业怀疑态度已经受到损害
   D. 注册会计师在执行鉴证业务时必须在实质上和形式上保持独立性

6. 注册会计师在职业活动中应当保持良好的职业行为。注册会计师下列行为不会损害其良好的职业行为的是（　　）。
   A. 夸大宣传其积累的经验
   B. 与其他会员的工作进行比较
   C. 对执行的业务性质与收费依据与审计客户管理层进行沟通
   D. 夸大宣传其拥有的资质

7. 下列对注册会计师专业胜任能力的表述不恰当的是（　　）。
   A. 注册会计师专业胜任能力包括获取和保持两个阶段
   B. 如果注册会计师在缺乏足够的知识和专业能力的情况下提供专业服务，其行为的性质属于欺诈
   C. 注册会计师拥有了专业胜任能力就能够胜任所有特定业务
   D. 专业胜任能力的基本原则要求注册会计师在提供专业服务时合理运用职业判断

8. 通常情况下，会计师事务所确定收费的基础是（　　）。
   A. 审计报告的类型
   B. 完成审计工作的时间多少
   C. 承担审计工作责任的大小
   D. 每一专业人员适当的小时收费标准或日收费标准

9. 会计师事务所不能按时完成审计工作，应当采取的措施为（　　）。
   A. 聘请专业人员帮助　　　　　B. 转包给其他会计师事务所
   C. 减少业务收费　　　　　　　D. 拒绝接受委托

10. 如果审计项目组成员的主要近亲属从审计客户中购买商品，则下列说法不正确的是（　　）。
    A. 如果按正常的商业程序公平交易，则通常不会对独立性产生不利影响
    B. 如果交易性质特殊或金额较大，则可能因自身利益产生不利影响
    C. 会计师事务所不能承接该业务
    D. 会计师事务所应当评价不利影响的重要程度并在必要时采取防范措施以消除不利影响或将其降至可接受水平

二、多项选择题

1. 我国注册会计师审计执业准则体系受注册会计师职业道德守则统御，由（　　）构成。
   A. 注册会计师业务准则　　　　B. 会计师事务所质量控制准则
   C. 职业道德准则　　　　　　　D. 职业后续教育准则

2. 我国注册会计师承办业务类型有（　　）。

A. 财务报表审计和审阅　　　　　B. 内部控制审核
C. 代编财务信息　　　　　　　　D. 管理咨询

3. 我国对审计人员的法律责任作出规定的法律有（　　）。
A. 《中华人民共和国注册会计师法》　B. 《中华人民共和国证券法》
C. 《中华人民共和国公司法》　　　　D. 《中华人民共和国刑法》

4. 注册会计师承担的法律责任有（　　）。
A. 行政责任　　　　　　　　　　B. 刑事责任
C. 民事责任　　　　　　　　　　D. 仲裁责任

5. 注册会计师为客户提供鉴证业务的目标有（　　）。
A. 合理保证　　　　　　　　　　B. 绝对保证
C. 消极保证　　　　　　　　　　D. 有限保证

6. 会计师事务所在制定质量控制制度时应当考虑（　　）因素。
A. 收费标准和时间预算
B. 对业务质量承担的领导责任
C. 客户关系和具体业务的接受和保持
D. 相关职业道德要求

7. 业务执行是会计师事务所业务质量控制的关键环节，是鉴证业务项目组对（　　）工作环节的总称。
A. 项目质量控制复核　　　　　　B. 业务执行中的咨询
C. 意见分歧的处理和解决　　　　D. 对业务执行的指导监督和复核

8. 注册会计师发现的下列情形中，属于因自我评价导致对独立性产生不利影响的是（　　）。
A. 鉴证业务项目组成员担任客户的董事
B. 审计项目组成员与审计客户的董事存在近亲属关系
C. 审计客户的董事最近曾是会计师事务所的合伙人
D. 鉴证业务项目组成员最近曾受雇于客户，并且所处的职位能够对鉴证对象施加重大影响

9. 注册会计师发现的下列情形中，因自身利益导致对独立性产生不利影响的有（　　）。
A. 鉴证业务项目组成员在鉴证客户中拥有很小的经济利益
B. 鉴证业务项目组成员正在鉴证客户协商受雇于该客户
C. 会计师事务所的收入过分依赖于某一客户
D. 会计师事务所承接的审计业务采用或有收费安排

10. 下列情况中，注册会计师为确保其独立性而应回避的有（　　）。
A. 8年前在委托单位任财务总监
B. 拥有委托单位股份1000股，每股以3.68元买入
C. 为委托单位代编财务报表
D. 与委托单位的总裁有近亲关系

三、判断题

1. 会计师事务所当采取的措施不足以消除损害独立性因素的影响或将其降至可接受的水

平,应当拒绝承接业务或解除业务约定。（　）

2．注册会计师法律责任的种类有违约责任、过失责任和欺诈责任。（　）

3．一般来说,因违约和过失可能使注册会计师负行政责任和民事责任,因欺诈可能会使注册会计师负民事责任和刑事责任。（　）

4．只要注册会计师未查出被审计单位会计报表中的错报,则必须承担法律责任。（　）

5．注册会计师对会计报表的审计并非专为发现错误或舞弊,但注册会计师应当实施适当的审计程序,以合理确信能够发现导致会计报表严重失实的错误与舞弊。（　）

6．由于审计测试和被审计单位内部控制的固有限制,注册会计师即便完全根据《中国注册会计师审计准则》进行审计,也不可能保证将所有错误与舞弊揭发出来,只能做到合理确信的程度。（　）

7．我国现行法律规定,会计师事务所和注册会计师如果工作失误或犯有欺诈行为,应对委托人或依赖已审计会计报表的第三人承担民事责任。（　）

8．如果没有证据表明被审计单位存在违反法规行为,注册会计师可推定被审计单位遵守了相关法律法规。（　）

9．注册会计师是否查证被审计单位的违法行为,取决于违法行为是否影响会计报表的反映以及影响的大小。（　）

10．一般情况下,违约会使注册会计师承担民事责任,情节严重者应负刑事责任。（　）

四、简答题

1．我国注册会计师在执行业务时,应坚持哪些基本的职业道德准则？
2．注册会计师在哪些情况下须承担法律责任？
3．会计师事务所和注册会计师如何规避法律责任？
4．什么是审计失败和经营失败？
5．产生审计人员的法律责任的自身原因有哪些？

五、综合实训

综合实训 2-1

1．资料：德州德恒会计师事务所负责审计甲公司 2013 年度财务报表,并委派王某注册会计师担任审计项目组合伙人。在审计过程中,审计项目组遇到下列与职业道德基本原则有关的事项：

（1）德州德恒会计师事务所过去 3 年全年 52%的收入都来自于对甲公司的财务报表审计业务,其余 48%来自其余 15 家中小公司。

（2）德州德恒会计师事务所与甲公司签订秘密协议,如果出具标准无保留意见,则支付全额审计费,如果出具保留意见的审计报告,则支付 50%的审计费。

（3）审计项目组成员 C 注册会计师 2009 年曾是甲公司的财务主管。

（4）审计项目组成员 D 注册会计师由于是计算机学业背景,平时帮助甲公司完善其会计数据系统。

（5）审计项目组成员 E 的妹妹是甲公司的出纳员。

2. 要求：针对上述情形，请分别判断是否对独立性产生不利影响，并简要说明理由。

综合实训 2-2

1. 资料：王某是一家公司的承包经营负责人，在承包经营 2 年期结束之后，他请了当地一家会计师事务所对其经营期内的财务报表进行了审计。该会计师事务所经过审计，出具了无保留意见的审计报告，即认为该公司在承包经营期内的财务报表已公允地反映其财务状况。不久，检察机关接到举报，有人反映王某在承包经营期内，勾结财务经理与出纳，暗自收受回扣，侵吞国家财产。为此，检察机关传讯了王某。王某到了检察机关后，手持会计师事务所的审计报告，振振有词地说："会计师事务所已出具了审计报告，证明我没有经济问题。如果不信，你们可以去问注册会计师。"

2. 要求：

（1）王某的话是否有道理，如果有错，错在哪里？

（2）如果你是那家会计师事务所的负责人，你将如何回答这一问题？

项目三　注册会计师执业准则体系

【知识能力目标】

通过学习和训练，明确审计准则的意义和作用，了解审计准则体系的构成，重点掌握独立审计的基本准则体系；能够按照审计准则开展审计工作。

【案例导入】

银广夏审计案

银广夏集团全称是广夏（银川）实业股份有限公司，1994年6月17日以"银广夏A"的名字在深圳交易所上市。开始时主要业务为软磁盘生产，然后便逐渐进入了全面多元化投资阶段。银广夏集团于1994年在天津成立的控股子公司——"天津广夏"，原名为天津保洁制品有限公司。天津广夏公司于1996年通过德国西·伊利斯公司进口了一套由德国伍德公司生产的500立升×3二氧化碳超临界萃取设备。1998年，天津广夏接到了来自德国诚信贸易公司的关于购买萃取产品的第一张定单。这张定单给天津广夏带来了7000多万元的收入。1999年，银广夏利润总额1.58亿元，其中76%来自于天津广夏。在银广夏集团1999年年报中公布的每股盈利为0.51元，并实行了历史上首次10转赠10的分红方案。2001年3月，银广夏公布了2000年年报，在股本扩大一倍的情况下，每股收益增长超过60%，达到每股0.827元，盈利能力之强，令人瞠目结舌。

1. 公司存在的问题

问题1：与天津广夏签定定单的德国诚信贸易公司仅是一家注册资金为10万马克的小公司，根本就没有能力与天津广夏签定如此大额的定单。

问题2：从天津海关取得的证据表明，天津广夏提供的报关单根本就不存在，通过伪造购销合同、伪造出口报关单、虚开增值税专用发票、伪造免税文件和伪造金融票据等手段，虚构主营业务收入，虚构巨额利润。

2. 中天勤会计师事务所的问题

问题1：中天勤会计师事务所非但没有对审计证据的真伪给予应有的关注，甚至都没有执行必要的审计程序，出具了无保留意见的审计报告。

问题2：对银广夏进行年报审计的注册会计师未能对关键证据亲自取证，这些重要的证据如：海关报关单、银行对账单、重要出口商品单价等均是由被审计单位提供并给予过分依赖。

问题3：注册会计师在执业过程中没有最起码的职业谨慎。

3. 银广夏事件的结果

对于银广夏集团，2002年4月23日，中国证券监督管理委员会对其进行行政处罚，认定银广夏集团连续4年虚假利润等违规事实。同时，银广夏还将对2001年及以往年度财务报告进行纠正。2003年9月16日，银川市中级人民法院作出判决，6名高管受到法律的惩处，其中原天津广夏董事长兼财务总监董博因提供虚假财务报告罪被判有期徒刑3年，并处人民币

10万元的罚款。同时，法院以提供虚假财会报告罪分别判处原银川广夏董事局副主席兼总裁、原银川广夏董事兼财务总监兼总会计师、原天津广夏副董事长兼总经理有期徒刑2年零6个月，并处罚金3万～8万元人民币。

4. 对于中天勤会计师事务所

2002年2月，财政部的处罚如下，中天勤事务所未能发现银广夏的严重财务问题，存在重大审计过失，决定依法吊销签字注册会计师刘某某、徐某某的注册会计师资格；吊销中天勤会计师事务所的执业资格，并会同证监会吊销其证券、期货相关业务许可证。其注册会计师没有发现并出具无保留意见，被移交司法机关侦察，2003年9月16日银川市中级人民法院作出判决，以出具证明文件重大失实罪分别判处注册会计师刘某某、徐某某有期徒刑2年零6个月和2年零3个月，并各处罚金3万元人民币。

任务一　审计准则体系

一、审计准则及其作用

审计准则是审计规范体系中的重要组成部分。审计准则依据审计法律法规而制定，是审计法律法规内容的进一步具体化，是审计工作实践中具体贯彻审计法律法规的操作性规范。

（一）概念

审计准则是审计人员从事审计工作必须遵守的行为规范和基本原则。

（二）审计准则的构成

一般由一般准则、外勤工作准则和报告准则3个部分构成。

1. 一般准则

一般准则是关于审计人员资格条件和执业行为等的准则。其内容一般包括：审计的基本目标、审计的基本原则、审计人员的任职条件、审计人员的基本职业道德等。

2. 外勤工作准则

外勤工作准则又称作业准则、现场工作准则，它是关于审计人员执行审计业务中应遵循的准则。其内容一般包括对审计计划的编制、审计工作范围的确立、审计程序的运用、审计技术方法的实施、审计证据的收集、审计工作底稿的编制等方面的规定和要求。

3. 报告准则

报告准则是关于审计人员编制审计报告时应遵循的准则。其内容一般包括对审计报告应记载事项的规定、对表明审计意见的规定、对补充记载事项的规定、对审计报告报送对象及报送时间的规定。

（三）审计准则的作用

审计准则的作用主要体现在以下几个方面：

（1）为衡量和评价审计工作质量提供了依据，有助于提高审计工作的质量。

（2）有助于规范审计工作，维护社会经济秩序。

（3）有助于社会公众对审计工作结果的信任。

（4）有助于维护审计组织和审计人员的正当权益，使他们免受不公正的指责和控告。

（5）有助于推动审计理论的研究和现代审计人才的培养。

二、审计准则体系

（一）政府审计准则

1. 我国政府审计准则概述

我国政府审计准则是政府审计部门根据自身的工作性质和工作范围的特点，对政府审计人员和政府审计行为的规范要求。它是由中华人民共和国国家审计基本准则、通用审计准则和专业审计准则、审计指南3个层次组成。

（1）国家审计基本准则。国家审计基本准则是规范审计机关及其审计人员依法办理审计事项时应当遵守的行为规范，是衡量审计质量的基本尺度。它是承接《审计法》及其实施条例，统率各项具体审计业务规范和审计管理规范的重要审计规章。在1996年颁布的《国家审计准则》的基础上，2000年1月新的《国家审计基本准则》发布实施。该准则由6章47条组成，包括总则、一般准则、作业准则、报告准则、审计报告处理准则和附则。对于审计机关及其审计人员应当具备的基本资格条件和职业要求，以及审计机关和审计人员在审计计划、准备、实施、终结阶段应当遵守的行为规范作出了明确的规定。

（2）通用审计准则与专业审计准则。通用审计准则是依据国家审计基本准则制定的，是审计机关和审计人员在依法办理审计事项、提交审计报告、评价审计事项、出具审计意见书、作出审计决定时，应当遵循的一般具体规范。专业审计准则是依据国家审计基本准则制定的，是审计机关和审计人员依法办理不同行业的审计事项时，在遵循通用审计准则的基础上，同时应当遵循的特殊具体规范。

（3）审计指南。审计指南是对审计机关和审计人员办理审计事项提出的审计操作规程和方法，为审计机关和审计人员从事专门审计工作提供了可操作的指导性意见。它是对专门行业的专门审计领域提出的最佳审计工作方案和审计工作要求，具有很强的指导性、可操作性以及一定的约束力，但没有法律强制性，只是审计机关在实施审计时的参照依据，如企业审计指南等。

2. 最高审计机关国际组织审计准则概述

最高审计机关国际组织审计准则是由最高审计机关国际组织下设的审计准则委员会制定的。1984年5月，最高审计机关国际组织专门成立审计准则委员会。1989年最高审计机关国际组织在德国柏林召开第十三届大会，通过了其审计准则委员会制定的国家审计准则。2001年最高审计机关国际组织在韩国汉城召开的第十七届大会上批准和颁布了新的国家审计准则。新颁布的审计准则是依据《利马宣言》《东京宣言》、最高审计机关国际组织在各界大会上通过的声明和报告，以及联合国专家小组会议就发展中国家的公共会计和审计问题提出的报告而拟定的，并征求了广泛的意见之后形成的。国际组织制定该准则的目的在于为确定审计人员进行审计（包括计算机系统审计）时所必须遵循的程序和做法提供一个框架。

（二）内部审计准则

1. 我国内部审计准则概述

中国内部审计协会的前身为中国内部审计学会，成立于1987年，2002年5月更名为协会，使其成为对企业、事业行政机关和其他事业组织的内审机构进行行业自律管理的全国性社会团体组织。其宗旨是服务、管理、宣传和交流。即以内部审计职业化建设为主线，通过向会员提供优质服务、实行职业自律管理、加强内部审计宣传、开展国内外交流，实现协助国家审计机关对内部审计业务履行指导和监督职责，不断提升本协会的职业代表性和社会影响力，充分发挥现代内部审计理念引领者、职业代言人、实践推动者、智力支撑者的作用，以推动我国内部审计事业的科学发展。

中国内部审计准则是中国内部审计工作规范体系的重要组成部分，由内部审计基本准则、内部审计具体准则和内部审计实务指南3个层次组成。截至2009年底，中国内部审计协会发布了《内部审计基本准则》、29个内部审计具体准则和4个内部审计实务指南。《内部审计基本准则》包括总则、一般准则、作业准则、报告准则、内部管理准则和附则6章，共27条，适用于各类组织的内部审计机构、内部审计人员及其从事的内部审计活动。

近年来，我国社会经济形势发生了深刻变化，内部审计工作也得到了相应地发展。据不完全统计，截至2014年底，全国共建立内部审计机构近7万个，配备内部审计人员25万余人，初步建成了较为完善的内部审计管理体制。许多企业建立了董事长、总经理直接领导的独立履职的审计体制。

（1）随着经济社会的发展，各类组织对内部审计的重视程度日益提高，内部审计在理念、目标、职能和内容等方面发生了很大变化，内部审计面临着新的发展机遇和挑战，对内部审计准则也提出了新的更高的要求。

1）内部审计理念发生了重大变化。国际内部审计师协会（IIA）根据内部审计实务的最新发展变化，多次对内部审计实务框架的结构和内容进行了更新和调整，最近的两次调整分别是在2010年和2012年。这些修订和完善充分反映了内部审计发展的最新理念，如更加重视内部审计在促进组织改善治理、风险管理和内部控制中发挥作用，以及重视内部审计的价值增值功能等。随着我国内部审计的转型和发展，内部审计的理念、目标和定位也逐渐由"查错纠弊"向防范风险和增加价值方向转变。

2）广大内部审计机构和内部审计人员在审计实践中，不断创新审计的方式方法，拓展审计领域，积累了许多宝贵经验，需要加以总结并通过准则予以规定。

3）近年来，审计机关、监管部门以及相关部门出台了一系列与内部审计相关的制度规范，对内部审计工作作出了更详细的规定，提出了更高的要求。而原有准则中的一些规定已不能适应新形势下内部审计工作的发展要求。

4）受我国内部审计发展水平及认识水平的限制，原准则体系存在着逻辑性和系统性的不足，如准则之间缺乏内在的逻辑关系，有些准则间部分内容存在交叉重复。基于以上原因需要对内部审计准则加以修订，以进一步提高准则的科学性、适用性和先进性。

为了促进内部审计的规范化和职业化建设，提高审计质量，防范审计风险，推动内部审计事业健康发展，中国内部审计协会对2003年以来发布的内部审计准则进行了修订。2013年8月，中国内部审计协会发布了《中国内部审计准则》，该准则自2014年1月1日起施行。

（2）中国内部审计准则是中国内部审计工作规范体系的重要组成部分，由内部审计基本准则、内部审计具体准则和内部审计实务指南3个层次组成。

1）内部审计基本准则。内部审计基本准则是内部审计准则的总纲，是内部审计机构和人员进行内部审计时应当遵循的基本规范，是制定内部审计具体准则、内部审计实务指南的基本依据。

2）内部审计具体准则。内部审计具体准则是依据内部审计基本准则制定的，是内部审计机构和人员在进行内部审计时应当遵循的具体规范。

3）内部审计实务指南。内部审计实务指南是依据内部审计基本准则、内部审计具体准则制定的，为内部审计机构和人员进行内部审计提供的具有可操作性的指导意见。

中国内部审计准则目录见表3.1所示。

表 3.1　中国内部审计准则目录

序号	文号	内部审计准则名称
1	第 1101 号	内部审计基本准则
2	第 1201 号	内部审计人员职业道德规范
3	第 2101 号	内部审计具体准则——审计计划
4	第 2102 号	内部审计具体准则——审计通知书
5	第 2103 号	内部审计具体准则——审计证据
6	第 2104 号	内部审计具体准则——审计工作底稿
7	第 2105 号	内部审计具体准则——结果沟通
8	第 2106 号	内部审计具体准则——审计报告
9	第 2107 号	内部审计具体准则——后续审计
10	第 2108 号	内部审计具体准则——审计抽样
11	第 2109 号	内部审计具体准则——分析程序
12	第 2201 号	内部审计具体准则——内部控制审计
13	第 2202 号	内部审计具体准则——绩效审计
14	第 2203 号	内部审计具体准则——信息系统审计
15	第 2204 号	内部审计具体准则——对舞弊行为进行检查和报告
16	第 2301 号	内部审计具体准则——内部审计机构的管理
17	第 2302 号	内部审计具体准则——与董事会或者最高管理层的关系
18	第 2303 号	内部审计具体准则——内部审计与外部审计的协调
19	第 2304 号	内部审计具体准则——利用外部专家服务
20	第 2305 号	内部审计具体准则——人际关系
21	第 2306 号	内部审计具体准则——内部审计质量控制
22	第 2307 号	内部审计具体准则——评价外部审计工作质量

2. 国际内部审计师协会内部审计准则概述

国际内部审计师协会于 1941 年在美国成立。1978 年国际内部审计师协会颁布了《内部审计实务准则》，提出了对内部审计人员开展内部审计工作的五项基本要求。1999 年，为适应新的形势和环境的发展要求，国际内部审计师协会开始对原有内部审计准则进行了修改和更新。2001 年 10 月，修订工作基本结束，较为完善的全新的国际内部审计准则已于 2002 年开始实施。

（三）独立审计准则

1. 我国注册会计师执业准则概述

中国注册会计师协会依据《注册会计师法》制定并颁布的《中国独立审计准则》于 1996 年 1 月 1 日起开始实施，它适用于注册会计师执行独立审计业务的全过程。独立审计准则是对注册会计师的专业资格要求和执业行为规范，是衡量审计工作质量的专业标准。

为了规范注册会计师的执业行为，提高执业质量，维护社会公众利益，促进社会主义市场经济的健康发展，中国注册会计师协会拟定了《中国注册会计师鉴证业务基本准则》等 22 项准则，修订了《中国注册会计师审计准则第 1142 号——财务报表审计中对法律法规的考虑》等 26 项准则，自 2007 年 1 月 1 日起施行，共有 48 项准则，如表 3.1 所示。2016 年 12 月 23 日，中国注册会计师协会拟订了《中国注册会计师审计准则第 1504 号——在审计报告中沟通关键审计事项》等 12 项准则，经财政部批准印发。自 2017 年 1 月 1 日起，首先在 A+H 股公司以及纯 H 股公司按照中国注册会计师审计准则执行的审计业务中实施；自 2018 年 1 月 1 日起扩大到所有被审计单位,其中,主板、中小板、创业板上市公司,IPO公司,新三板公司中的创新层挂牌公司,以及面向公众投资者公开发行债券的公司执行新审计报告准则的所有规定,对其他企业的审计暂不执行仅对上市实体审计业务的规定。同时,允许和鼓励提前执行新审计报告准则。

2. 国际会计师联合会国际审计准则概述

国际会计师联合会的国际审计准则是由该联合会下设的国际审计与保证准则委员会制定并颁布的。国际审计准则是在1991年7月10日由过去的国际审计指南易名得来的。近年来,国际会计师联合会重新修订了准则。新颁布的准则包括审计准则、审阅业务准则、其他鉴证业务准则和相关服务准则等。

三、独立审计准则体系

注册会计师执业准则具体名称如表3.2所示。

表3.2 注册会计师执业准则

序号	执业准则名称
1	中国注册会计师鉴证业务基本准则
2	中国注册会计师审计准则第1101号——财务报表审计的目标和一般原则
3	中国注册会计师审计准则第1111号——审计业务约定书
4	中国注册会计师审计准则第1121号——历史财务信息审计的质量控制
5	中国注册会计师审计准则第1131号——审计工作底稿
6	中国注册会计师审计准则第1141号——财务报表审计中对舞弊的考虑
7	中国注册会计师审计准则第1142号——财务报表审计中对法律法规的考虑
8	中国注册会计师审计准则第1151号——与治理层的沟通
9	中国注册会计师审计准则第1152号——前后任注册会计师的沟通
10	中国注册会计师审计准则第1201号——计划审计工作
11	中国注册会计师审计准则第1211号——了解被审计单位及其环境并评估重大错报风险
12	中国注册会计师审计准则第1212号——对被审计单位使用服务机构的考虑
13	中国注册会计师审计准则第1221号——重要性
14	中国注册会计师审计准则第1231号——针对评估的重大错报风险实施的程序
15	中国注册会计师审计准则第1301号——审计证据
16	中国注册会计师审计准则第1311号——存货监盘
17	中国注册会计师审计准则第1312号——函证
18	中国注册会计师审计准则第1313号——分析程序
19	中国注册会计师审计准则第1314号——审计抽样和其他选取测试项目的方法
20	中国注册会计师审计准则第1321号——会计估计的审计
21	中国注册会计师审计准则第1322号——公允价值计量和披露的审计
22	中国注册会计师审计准则第1323号——关联方
23	中国注册会计师审计准则第1324号——持续经营
24	中国注册会计师审计准则第1331号——首次接受委托时对期初余额的审计

续表

序号	执业准则名称
25	中国注册会计师审计准则第1332号——期后事项
26	中国注册会计师审计准则第1341号——管理层声明
27	中国注册会计师审计准则第1401号——利用其他注册会计师的工作
28	中国注册会计师审计准则第1411号——考虑内部审计工作
29	中国注册会计师审计准则第1421号——利用专家的工作
30	中国注册会计师审计准则第1501号——审计报告
31	中国注册会计师审计准则第1502号——非标准审计报告
32	中国注册会计师审计准则第1511号——比较数据
33	中国注册会计师审计准则第1521号——含有已审计财务报表的文件中的其他信息
34	中国注册会计师审计准则第1601号——对特殊目的审计业务出具审计报告
35	中国注册会计师审计准则第1602号——验资
36	中国注册会计师审计准则第1611号——商业银行财务报表审计
37	中国注册会计师审计准则第1612号——银行间函证程序
38	中国注册会计师审计准则第1613号——与银行监管机构的关系
39	中国注册会计师审计准则第1621号——对小型被审计单位的特殊考虑
40	中国注册会计师审计准则第1631号——财务报表审计中对环境事项的考虑
41	中国注册会计师审计准则第1632号——衍生金融工具的审计
42	中国注册会计师审计准则第1633号——电子商务对财务报表审计的影响
43	中国注册会计师审阅准则第2101号——财务报表审阅
44	中国注册会计师其他鉴证业务准则第3101号——历史财务信息审计或审阅以外的鉴证业务
45	中国注册会计师其他鉴证业务准则第3111号——预测性财务信息的审核
46	中国注册会计师相关服务准则第4101号——对财务信息执行商定程序
47	中国注册会计师其他鉴证业务准则第4111号——代编财务信息
48	中国注册会计师质量控制准则第5101号——业务质量控制

我国独立审计准则的框架结构与主要内容由独立审计基本准则、独立审计具体准则、独立审计实务公告和执业规范指南4个部分构成。

1. 独立审计基本准则

基本准则分5章，共25条，分别为总则、一般准则、外勤准则、报告准则和附则。

（1）一般准则共计6条，是关于注册会计师的任职资格和执业条件的一般要求，主要说明什么人能担任独立审计职责。

1）独立审计的目的是对被审计单位会计报表的合法性、公允性及会计处理方法的一贯性发表审计意见。

2）注册会计师应当遵守职业道德，恪守独立、客观、公正的原则，并以应有的职业谨慎态度执行审计业务，发表审计意见。

3）注册会计师对审计过程中熟悉的商业机密应当保密，并不得利用其为自己或他人谋利。

4）按照独立审计准则的要求出具审计报告，保证审计报告的真实性、合法性是注册会计师的审计责任；建立健全内部控制制度，保护资产的安全完整，保证会计资料的真实、合法、完整是被审计单位的会计责任。

5）注册会计师的审计责任不能代替、减免或免除被审计单位的会计责任。

6）注册会计师的审计意见应当合理地保证会计报表使用人确定已审计会计报表的可靠程度，但不应被认为是对被审计单位持续经营能力及其经营效率、效果所作出的承诺。

（2）外勤准则共计10条，外勤准则也称现场工作准则或审计实务准则，是对注册会计师进行会计报表审计的要求。

1）注册会计师应当在了解被审计单位基本情况的基础上，由会计事务所接受委托，签订审计业务约定书。

2）注册会计师执行审计业务时，应当编制审计计划，对审计工作作出合理安排。

3）注册会计师应当研究和评价被审计单位的相关内部控制制度，据以确定实质性测试的性质、时间和范围。注册会计师对在审计过程中发现的内部控制制度的重大缺陷，应当向被审计单位报告，如有需要，可出具管理建议书。

4）注册会计师在进行符合性测试和实质性测试时，一般应采用抽样审计的方法。

5）注册会计师可以运用检查、监盘、观察、咨询、函证、计算及分析性复核等方法，以获取充分、适当的审计证据。

6）注册会计师应当将审计计划及其实施过程、结果和其他需要加以判断的重要事项，记录于审计工作底稿。

7）注册会计师可以根据工作需要配备相应的业务助理人员和聘请专家协助工作，但应对其工作结果负责。

8）注册会计师应当对被审计单位的期后事项、或有损失及持续经营能力等重要事项予以关注，必要时，应在审计报告中予以反映。

9）在电子数据处理环境下，注册会计师利用计算机辅助审计技术执行审计程序时，不应改变审计目标与范围。

10）注册会计师在审计过程中应充分考虑审计的重要性与审计风险。

（3）报告准则共计4条，是对注册会计师出具审计报告，发表审计意见的要求，包括报告依据、报告内容和报告类型等。

1）注册会计师应当在实施必要的审计程序后，以经过核实的审计证据为依据，形成审计意见，出具审计报告。

2）审计报告应当说明审计范围、会计责任与审计责任、审计依据和已实施的主要审计程序等事项。

3）审计报告应说明被审计单位会计报表的编制是否符合国家有关财务报表法规的规定，在所有重大方面是否公允地反映了其财务状况、经营成果和资金变动情况，以及所采用的会计处理方法是否遵循了一贯性原则。

4）注册会计师可以出具无保留意见、保留意见、否定意见和拒绝表示意见4种意见类型的审计报告。在表示保留意见、否定意见或拒绝表示意见时，应当说明理由，并在可能情况下，指出其对会计报表反映的影响程度。

（4）附则共计2条，说明该准则的解释权和实施日期。

2. 独立审计具体准则

独立审计具体准则是依据基本准则制定的,对注册会计师执行一般审计业务,出具审计报告等行为作出的具体规范。

见表 3.2 中第 2~33 项。

3. 独立审计实务公告

独立审计实务公告是依据基本准则制定的,对注册会计师执行特殊行业、特殊目的、特殊性质的审计业务,出具审计报告等行为作出的具体规范。

见表 3.2 中第 34~48 项。

4. 执业规范指南

执业规范指南是依据基本准则、独立审计具体准则和独立审计实务公告制定的,对其所做的解释和补充说明。已颁布实行的有年度会计报表审计、审计工作底稿、验资、小规模企业审计等规范指南。

思考：注册会计师将每项审计准则的要求与总目标相联系,在审计过程中起着什么样的作用?

任务二 注册会计师业务准则

中国注册会计师执业准则体系受注册会计师职业道德守则统御,包括注册会计师业务准则和会计师事务所质量控制准则,注册会计师业务准则包括鉴证业务准则和相关服务准则。

一、鉴证业务

鉴证业务是指注册会计师对鉴证对象信息提出结论,以增强除责任方之外的预期使用者对鉴证对象信息信任程度的业务。它主要包括审计业务、审阅业务与其他鉴证业务。

（一）**鉴证业务的要素**

鉴证业务要素是指鉴证业务的三方关系、鉴证对象、标准、证据和鉴证报告五要素。

1. 三方关系

三方关系分别是注册会计师、责任方和预期使用者。预期使用者是指预期需要阅读或使用鉴证报告的个人或组织。责任方可能是鉴证报告的预期使用者之一,但不是唯一的预期使用者。责任方和预期使用者可能是同一方,也可能不是同一方。三方之间的关系是：注册会计师对由责任方负责的鉴证对象或鉴证对象信息提出结论,以增强责任方之外的预期使用者对鉴证对象信息的信任程度。

需要注意的是,委托人不是单独存在的一方,委托人通常是预期使用者之一,委托人也可能由责任方承担。

2. 鉴证对象与鉴证对象信息

鉴证对象信息是指按照标准对鉴证对象进行评价和计量的结果；鉴证对象是鉴证对象信息所反映的内容。比如年报审计中年报反映的"财务状况、经营成果和现金流量"就是年报审计中的"鉴证对象"。

3. 标准

标准是指用于评价或计量鉴证对象的基准,当涉及列报时,还包括列报的基准。

适当的标准应当具备如下特征：相关性、完整性、可靠性、中立性和可理解性。

4. 证据

注册会计师从事鉴证业务，提出鉴证结论，必须以充分、适当的证据为基础。获取充分、适当的证据是注册会计师提出鉴证结论的基础。

5. 鉴证报告

注册会计师应当以书面形式提出鉴证报告，在鉴证报告中应当清楚地表达其鉴证结论，对鉴证对象信息是否不存在重大错报提供一定程度的保证。

常见的保证程度有合理保证与有限保证。

合理保证要求注册会计师通过不断修正的、系统的执业过程，获取充分、适当的证据，对鉴证对象信息整体提出结论，提供一种高水平但非百分之百的保证。

有限保证在证据收集程序的性质、时间、范围等方面受到有意识的限制，它提供的是一种适度水平的保证。

（二）鉴证业务的基本分类

鉴证业务分为审计业务、审阅业务与其他鉴证业务。

1. 审计业务

审计业务是由独立的专门机构人员接受委托或根据授权，对国家行政、事业单位和企业单位及其他经济组织的财务报表和其他资料及其所反映的经济活动进行审查并发表意见。

审计业务的特点是：①审计对象是历史财务信息；②为了获取充分、适当的审计证据，注册会计师单独或综合地运用各种程序，包括检查记录或文件、检查实物资产、观察、函证、重新计算、重新执行等；③得出的结论是合理保证，即提供审计服务时，注册会计师对所审计信息是否不存在重大错报提供合理保证；④表达意见与结论的方式是肯定式的，如审计报告的表述。

2. 审阅业务

审阅业务是注册会计师在实施审阅程序的基础上，说明是否注意到某些事项，使其相信财务报表没有按照适用的会计准则和相关会计制度的规定编制，未能在所有重大方面公允反映被审阅单位的财务状况、经营成果和现金流量。

审阅业务的特点是：①针对历史财务信息；②使用的程序是有限的，主要使用询问与分析程序；③得出的结论是有限保证的；④提出结论的方式是消极的。

一般审阅报告的结论段是这样表述的：根据我们的审阅，我们没有注意到（或发现）财务报表没有按照企业会计准则和相关会计制度的规范编制，未能在所有重大方面公允地反映企业的财务状况、经营成果和现金流量。

3. 其他鉴证业务

其他鉴证业务是指除历史财务信息审计及审阅业务外的鉴证业务。

其他鉴证业务的特点是：①针对非历史财务信息；②其他鉴证业务使用的程序根据准则的制定情况、客户的要求不同而不同；③保证程度也因准则、与客户约定不同而不同；④表达方式依保证程度不同而不同。

（三）鉴证业务的其他分类

鉴证业务还可以按照不同的标准有以下其他分类：

（1）按鉴证业务的目标分为合理保证的鉴证业务和有限保证的鉴证业务。

1）合理保证的鉴证业务主要指审计业务。

2）有限保证的鉴证业务主要指财务报表审阅。

注册会计师执行其他鉴证业务则可以提供有限保证或合理保证。

（2）按照责任方认定能否为预期使用者直接获取，可以把鉴证业务分为两类，即：基于责任方认定的业务和直接报告业务。

（3）按照提供的保证程度和提出结论的对象分为3类，即：历史财务信息审计业务、历史财务信息审阅业务和其他鉴证业务。

二、相关服务

相关服务主要包括代编财务信息，对财务信息执行商定程序，对客户提供税务咨询、管理咨询等。

在《中国注册会计师鉴证业务基本准则》的统御下，审计准则用于规范注册会计师执行历史财务信息（主要是财务报表）审计业务，要求注册会计师综合运用审计方法，对财务报表获取合理程度的保证；审阅准则用于注册会计师执行历史财务信息审阅业务，要求注册会计师主要使用询问和分析程序，对财务报表获取有限程度的保证；其他鉴证业务准则用于规范注册会计师执行历史财务信息审计和审阅以外的其他鉴证业务。

思考：审计业务和审阅业务有什么区别？

【案例演示 3.1.1】从银广夏案例看独立审计准则的执行

2001年8月银广夏造假事件被媒体曝光，8月3日中国证监会对银广夏正式立案调查，此后查明银广夏共虚构利润7.45亿元，银广夏因此蒸发了80多亿的市值，银广夏股价曾一度跌至0.88元无人问津，投资者损失惨重。2003年9月16日，宁夏自治区银川市中级人民法院对银广夏刑事案作出一审判决，6名涉案人员被分别判处有期徒刑，造假者最终受到了法律的制裁。

在银广夏造假事件中，作为公众利益受托人和看护者的深圳中天勤会计师事务所及相关注册会计师，负有不可推卸的责任。

1. 编制银广夏合并报表时，未抵销与子公司之间的关联交易，也未按股权协议的比例合并子公司，从而虚增巨额资产和利润，这违反了《独立审计实务公告第5号——合并会计报表审计的特殊考虑》。

2. 注册会计师未能有效执行应收账款函证程序。如对于无法执行函证程序的应收账款，审计人员在运用替代程序时，未取得海关报关单、运单、提单等外部证据，仅根据公司内部证据便确认公司应收账款，这违反了《独立审计具体准则第5号——审计证据》。

3. 注册会计师未能有效执行分析性测试程序。如对于银广夏在2000年度主营业务收入大幅增长的情况下生产用电的电费费用却降低的情况竟没有发现或报告，这违反了《独立审计具体准则第11号——分析性复核》。

4. 天津广夏审计项目负责人由非注册会计师担任，审计人员普遍缺乏外贸业务知识，不具备专业胜任能力，这严重违反了《独立审计基本准则》第2章"一般准则"第5条，即担任独立审计工作的注册会计师应当具备专门学识与经验，经过适当专业训练，并有足够的分析、判断能力。同时违反了《独立审计具体准则第3号——审计计划》。

5. 此外，对于不符合国家税法规定的异常增值税及所得税政策披露情况，审计人员没有予以应有关注。在收集了真假两种海关报关单后未予以必要关注；对于境外销售合同的行文不符合一般商业惯例的情况，未能予以关注；未收集或严格审查重要的法律文件；未关注重大不良资产；存在以预审代替年审，未贯彻三级复核制度等重大审计程序缺陷。这违反了《独立审计具体准则第21号——了解被审计单位情况》《独立审计具体准则第5号——审计证据》《独立审计具体准则第 3 号——审计计划》《独立审计具体准则第 6 号——审计工作底稿》等多项准则的相关条款。

深圳中天勤会计师事务所在银广夏案件中疏于对已颁布独立审计准则的执行，在专业胜任能力和职业道德两方面均存在重大过失。银广夏案例给注册会计师行业的警示，恰恰在于注册会计师对现有准则的执行存在重大疏忽与不力。

【课堂练习 3.1.1】麦克森·罗宾斯药材公司审计案例

1. 资料：1938 年初，长期贷款给罗宾斯药材公司的朱利安·汤普森公司，在审核罗宾斯药材公司财务报表时发现两个疑问：

（1）罗宾斯药材公司中的制药原料部门，原是个盈利率较高的部门，但该部门却一反常态地没有现金积累，而且流动资金亦未见增加。相反，该部门还不得不依靠公司管理者重新调集资金来进行再投资，以维持生产。

（2）公司董事会曾开会决议，要求公司减少存货金额，但到 1938 年底，公司存货反而增加 100 万美元。

1938 年，美国纽约州的麦克森·罗宾斯药材公司突然宣布倒闭，纽约证券交易委员会相继组织有关人员进行调查发现，罗宾斯药材公司是属股票公开上市的公司之一，公司确实到证券交易所进行了注册登记，且在经营的十余年中，每年都聘请了美国著名的普赖斯·沃特豪斯会计师事务所对该公司的财务报表进行审定。在查看这些审计人员出具的审计报告中，审计人员每年都对该公司的财务状况及经营成果发表了"正确、适当"等无保留的审计意见。调查人员对该公司 1937 年的财务状况与经营成果进行了重新审核，1937 年 12 月 31 日的合并资产负债表有总资产 8700 万美元，但其中的 1907.5 万美元的资产是虚构的，包括存货虚构 1000 万美元，应收账款和销售收入各虚构 900 万，银行存款虚构 7.5 万美元；在 1937 年年度合并损益表中，虚假的销售收入和毛利分别达到 1820 万美元和 180 万美元。同时调查人员对该公司经理的背景作了进一步调查，公司经理菲利普·科斯特及其同伙穆西卡等人，都是犯有前科的诈骗犯，他们都使用假名混入公司并爬上公司的管理岗位，并将亲信安插在掌管公司钱财的重要岗位上，相互勾结，使他们的诈骗活动持续很久都没能被人发现。

根据调查结果，罗宾斯药材公司的实际财务状况早已"资不抵债"，而首当其冲的受损失者是汤普森公司，因它是罗宾斯药材公司的最大债权人。为此，汤普森公司指控沃特豪斯会计师事务所，汤普森公司认为其所以给罗宾斯公司贷款，是因为依赖了会计师事务所出具的审计报告。因此，他们要求沃特豪斯会计师事务所赔偿他们的全部损失。在听证台上，沃特豪斯会计师事务所拒绝了汤普森公司的赔偿要求，会计师事务所认为，他们执行的审计，遵循了美国注册会计师协会在 1936 年颁布的《财务报表检查》（Examination of Financial Statements）中所规定的各项规则。罗宾斯药材公司的欺骗是由于经理部门共同串通合谋所致，审计人员对此不负任何责任。最后，在证券交易委员会的调解下，沃特豪斯会计师事务所以退回历年来收取的审计费用共 50 万美元，作为对汤普森公司债权损失的赔偿。

该案例直接导致证券交易委员会颁布了新的审计程序规则，在规则中，证券交易委员会要求，今后审计人员在审核应收账款时，如应收账款在流动资产中占有较大比例，除了在企业内部要核对有关证据外，还需进一步发函询问以从外部取得可靠合理的证据。在评价存货时，除了验看有关账单外，还要进行实物盘查，除此之外还要求审计人员对企业的内部控制制度进行评价，并强调了审计人员对公共利益人员负责。与此同时，美国的注册会计师协会所属的审计程序特别委员会，于 1939 年 5 月颁布了《审计程序的扩展》，对审计程序作了修改，使它成为公认的审计准则。

总之,罗宾斯药材公司的案件,不但加速了美国公认审计准则的发展,同时还为建立起现代美国审计的基本模式——在评价被审计单位内部控制制度基础上的抽样审计奠定了基础。为此,罗宾斯药材公司的审计案例,一直成为美国审计理论研究中一个经久不衰的热门话题。

2. 要求:针对上述案例,你认为:
(1) 如何认识美国审计准则的历史地位?
(2) 在财务报表审计中,如果没有审计准则将产生何种后果?

任务三 审计质量控制准则

审计质量是指审计工作及其结果的优劣程度。

审计质量控制是指会计师事务所为了确保审计工作质量符合注册会计师执业准则的要求对审计的各种业务活动或行为进行有计划的监督、综合和协调的一种活动或行为。它是会计师事务所管理活动的重要组成部分,也是会计师事务所内部控制的核心,其根本目的在于保证审计质量符合注册会计师执业准则的要求。

一、质量控制制度的目的

会计师事务所制定质量控制制度的目的在于:
(1) 合理保证会计师事务所及其人员遵守法律法规、职业道德规范以及审计准则、审阅准则、其他鉴证业务准则和相关服务准则的规定。
(2) 合理保证会计师事务所和项目负责人根据具体情况出具恰当的报告。

二、质量控制制度的要素

会计师事务所的质量控制制度应当包括 7 项要素,即:对业务质量承担的领导责任、职业道德规范、客户关系和具体业务的接受与保持、人力资源、业务执行、业务工作底稿及监控。

(一) 对业务质量承担的领导责任

1. 对主任会计师的总体要求

会计师事务所应当制定政策和程序,培育以质量为导向的内部文化。这些政策和程序应当要求会计师事务所主任会计师对质量控制制度承担最终责任。

2. 行动示范和信息传达

会计师事务所各级管理层应当通过清晰、一致及经常的行动示范和信息传达,强调质量控制政策和程序的重要性及下列要求:①按照法律法规、职业道德规范和业务准则的规定执行工作;②根据具体情况出具恰当的报告。

3. 树立质量至上的意识

会计师事务所为实现质量控制的目标而应当采取的措施有:①合理确定管理责任,以避免重商业利益、轻业务质量;②建立以质量为导向的业绩评价、薪酬及晋升的政策和程序;③投入足够的资源以制定和执行质量控制政策和程序,并形成相关文件记录。

(二) 职业道德规范

会计师事务所应当制定政策和程序,以合理保证会计师事务所及其人员遵守职业道德规范。

遵守职业道德规范包括如下措施:

1. 会计师事务所领导层的示范

领导层应在会计师事务所内形成重视职业道德规范的氛围,并将相关政策和程序传达给会计师事务所的所有员工。

2. 教育和培训

会计师事务所应当向所有员工提供适用的专业文献和法律文献,并告知希望他们熟悉这些文献。会计师事务所还应要求所有员工定期接受职业道德培训,这种培训既可涵盖会计师事务所有关职业道德规范的政策和程序,也可涵盖所有适用的法律法规中有关职业道德的要求。

3. 监控

会计师事务所可以通过定期检查,监督会计师事务所有关职业道德规范的政策和程序设计是否合理、运行是否有效,并采取适当行动,改进其设计和解决运行中存在的问题。

4. 对违反职业道德规范行为的处理

会计师事务所可以为每位员工建立职业道德档案,记录个人违反职业道德规范的行为及处理结果。

(三)客户关系和具体业务的接受与保持

会计师事务所应当制定有关客户关系和具体业务接受与保持的政策和程序,以合理保证只有在下列情况下,才能接受或保持客户关系和具体业务:已考虑客户的诚信,没有信息表明客户缺乏诚信;具有执行业务必要的素质、专业胜任能力、时间和资源(必要条件);能够遵守职业道德规范。

(四)人力资源

会计师事务所制定的人力资源政策和程序应当解决的人事问题主要包括:招聘(首要环节)、业绩评价、人员素质、专业胜任能力、职业发展、晋升、薪酬、人员需求预测。

(五)业务执行

业务执行主要包括4个环节:对业务执行情况的指导、监督与复核;业务执行中的咨询;意见分歧的处理与解决;项目质量控制复核。

1. 指导、监督与复核

会计师事务所在制定指导、监督与复核政策和程序时,应当考虑的事项包括:如何将业务情况简要告知项目组,使项目组了解工作目标;保证适用的业务准则得以遵守的程序;业务监督、员工培训和辅导的程序;对已实施的工作、作出的重大判断以及拟出具的报告进行复核的方法;对已实施的工作及其复核的时间和范围作出适当的记录;保证所有的政策和程序是合适有效的。

2. 咨询

项目组在业务执行中时常会遇到各种各样的疑难问题或者争议事项,当这些问题和事项在项目组内不能得到解决时,有必要向项目组之外的适当人员咨询。

对咨询的具体要求包括以下5个方面:

(1)形成良好的咨询文化。
(2)合理确定咨询事项,适当确定被咨询者。
(3)充分提供相关事实。
(4)考虑利用外部咨询。
(5)完整记录咨询情况并得到认可。

3. 意见分歧

4. 项目质量控制复核

项目质量控制复核是指在出具报告前，对项目组作出的重大判断和准备报告时形成的结论作出客观评价的过程。

政策和程序应当包括以下3个方面要求：

（1）对所有上市公司财务报表审计实施项目质量控制复核。

（2）规定适当的标准，据此评价上市公司财务报表审计以外的历史财务信息审计和审阅、其他鉴证业务及相关服务业务，以确定是否应当实施项目质量控制复核。

（3）对符合适当标准的所有业务实施项目质量控制复核。

（六）业务工作底稿

1. 业务工作底稿的归档要求与保存期限

会计师事务所应当根据业务的具体情况，确定适当的业务工作底稿归档期限。对历史财务信息审计和审阅业务、其他鉴定业务，业务工作底稿的归档期限为业务报告日后60天内。

对鉴定业务包括历史财务信息审计和审阅业务、其他鉴证业务，会计师事务所应当自业务报告日起，对业务工作底稿至少保存10年。

2. 业务工作底稿的管理要求

会计师事务所应当制定政策和程序，以安全保管业务工作底稿并对业务工作底稿保密；保证业务工作底稿的完整性；便于使用和检索业务底稿；按照规定的期限保存业务工作底稿。

除下列情况外，会计师事务所应当对业务工作底稿包含的信息予以保密；取得客户的授权；根据法律的规定，会计师事务所为法律诉讼准备文件或提供证据，以及向监督机构报告发现的违反法规行为；接受注册会计师协会和监管机构依法进行质量检查。

3. 业务工作底稿的所有权

业务工作底稿的所有权属于会计师事务所。

（七）监控

会计师事务所应当制定监控政策和程序，以合理保证质量控制制度中的政策和程序是相关、适当的，并正在有效运行。这些监控政策和程序应当包括持续考虑和评价会计师事务所的质量控制制度，如定期选取已完成的业务进行检查。

思考：会计师事务所应当采取哪些措施实现质量控制的目标？

【案例演示3.3.1】评价ABC会计师事务所业务质量控制制度

1. 资料：ABC会计师事务所是一家新成立的会计师事务所，其质量控制制度部分内容摘录如下：

（1）经主任会计师指派，副主任会计师可以分管会计师事务所的质量控制工作，并对会计师事务所的质量控制制度承担最终责任。

（2）执行项目质量控制复核的范围为上市公司审计项目中被评估为高风险的审计项目。

（3）如果项目组成员与项目质量控制复核人员发生意见分歧，应当通过向技术部进行书面咨询，或与会计师事务所负责风险控制的合伙人进行讨论等方式予以解决。在分歧尚未解决前，不得出具审计报告。

（4）以3年为周期，选取每一位合伙人已完成的一个项目进行检查。如果合伙人在连续两次的检查中被评为优秀，以后可每隔5年检查一次。

（5）会计师事务所建立专门的系统用于记录对客户关系和具体业务的接受与保持的评

估。该系统中记录的信息无需纳入业务工作底稿。

（6）项目组应当自鉴证业务报告日起 60 日内将业务工作底稿归档。归档后，项目组需要删除或增加业务工作底稿，须经主任会计师批准。

2. 要求：针对上述第（1）项至第（6）项，逐项指出 ABC 会计师事务所业务质量控制制度是否符合质量控制准则和审计准则的规定，并简要说明理由。

分析指导：

第（1）项不符合规定。会计师事务所主任会计师对质量控制制度承担最终责任。

第（2）项不符合规定。所有上市公司审计项目均应执行质量控制复核。

第（3）项符合规定。重大问题分歧未解决前不应出具审计报告。

第（4）项不符合规定。业务检查的周期不得超过 3 年，每 3 年至少应检查每个合伙人的业务一次。

第（5）项不符合规定。应将有关客户关系和审计业务的接受与保持的评估结论形成审计工作底稿。

第（6）项不符合规定。归档后，可以增加和修改、但不能删除或废弃审计工作底稿。

【课堂训练 3.3.1】评价光明会计师事务所的质量控制制度

1. 资料：光明会计师事务所于 2013 年取得证券期货相关业务审计资格。为了尽快开展上市公司审计业务，光明会计师事务所从 XYZ 会计师事务所招聘 A 注册会计师担任上市公司审计部经理。A 注册会计师将 XYZ 会计师事务所的上市公司审计客户——甲公司带入光明会计师事务所。在对甲公司 2014 年度财务报表审计时，光明会计师事务所委派 A 注册会计师继续担任项目负责人，并与上市公司审计部副经理 B 注册会计师共同担任签字注册会计师。在计划审计工作时，受到审计资源的限制，A 注册会计师认为，自己过去 5 年一直担任甲公司的审计项目负责人和签字注册会计师，非常熟悉甲公司的情况，因此要求项目组不再了解甲公司及其环境，直接实施进一步的审计程序。为了保证审计质量，A 注册会计师作为项目负责人和项目质量控制复核人，对整个审计业务的重大事项进行复核。

2. 要求：指出光明会计师事务所在业务承接、业务执行和业务质量控制方面存在的问题，并简要说明理由。

练习题

一、单项选择题

1. 注册会计师在执行鉴证业务的目标分为合理保证和有限保证两种，下列业务保证程度最高的是（　　）。
   A．上市公司年报审计　　　　　　B．上市公司半年报审阅
   C．预测性财务信息审核　　　　　D．对财务信息执行商定程序

2. 会计师事务所应当要求项目合伙人负责组织对业务执行实施指导监督和复核。指导监督与复核的总体要求是为了（　　）。
   A．使项目组了解工作目标
   B．会计师事务所和项目合伙人出具适合具体情况的报告
   C．项目合伙人检查各成员是否能够顺利完成业务工作

D. 考虑项目组是否有足够的时间执行审计工作

3. 中国注册会计师鉴证业务基本准则是鉴证业务准则的概念性框架，旨在规范注册会计师执行鉴证业务。在该基本准则确定的适用范围中，不包括（　　）。

　　A. 中国注册会计师审计质量控制准则
　　B. 中国注册会计师审计准则
　　C. 中国注册会计师其他鉴证业务准则
　　D. 中国注册会计师审阅准则

4. 下列有关对业务助理人员和其他专业人员责任的说法中，你认可的是（　　）。

　　A. 注册会计师所从事的大部分业务都离不开业务助理人员，助理人员应对自己的工作结果负责
　　B. 如果在某些特殊的业务中必须聘用其他专业人员，则注册会计师必须对这些专业人员的工作结果负责
　　C. 注册会计师应对助理人员和其他专业人员进行必要的指导、监督、复核，但不必对他们的工作结果负责
　　D. 注册会计师应当对所聘用的业务助理人员的工作结果负责

5. A 会计师事务所在与审计客户 L 公司签订审计业务约定书前，需要就审计收费相关的内容进行商定。其中，L 公司提出按以下列出的收费标准之一支付审计费用。假定你是 A 会计师事务所指派的签约人员，你认可的收费标准是（　　）。

　　A. 按照审计后所确认的资产总额的 1% 的比例收取审计费用
　　B. 按照未审财务报表列示的收入总额的 1‰ 收取审计费用
　　C. 按照注册会计师每小时 500 元、助理人员每小时 200 元的标准收费
　　D. 按照标准审计报告 5 万元、保留意见 3 万元、其他意见不收费的标准收费

6. 在会计师事务所中，对质量控制制度承担最终责任的人员是（　　）。

　　A. 主任会计师　　　　　　　　B. 项目负责人
　　C. 副主任会计师　　　　　　　D. 质量督导人员

7. 在有限保证的鉴证业务中，注册会计师提出的结论是"基于本报告所述的工作，我们没有注意到任何事项使我们相信，根据×标准，x 系统在任何重大方面是无效的"这属于注册会计师提出的（　　）结论。

　　A. 消极方式　　　B. 积极方式　　　C. 保留意见　　　D. 无保留意见

8. 以下对保密要求的说法中不正确的是（　　）。

　　A. 注册会计师应当对其预期的客户或雇佣单位的信息予以保密
　　B. 在终止与客户或雇佣单位的关系之后，注册会计师可以披露其在执业过程中获知的信息
　　C. 如果法律法规允许披露，并且取得客户或雇佣单位的授权，注册会计师可以披露客户或雇用单位的涉密信息
　　D. 接受注册会计师协会或监管机构的质量检查，此时注册会计师有权利和义务进行披露

9. 以下对独立性的要求中说法正确的是（　　）。

　　A. 独立原则不仅制约注册会计师，而且也对非执业会员有严格的要求
　　B. 在执行鉴证业务时，注册会计师必须保持独立性

C. 注册会计师在执行鉴证业务时，不必在意形式上的独立，但是必须要保持实质上的独立

D. XYZ 会计师事务所的 X 注册会计师为 ABC 公司独立董事，XYZ 会计师事务所拟承接 ABC 公司 2008 年度财务报表审计业务

10. 戊公司与 ABC 会计师事务所签订了合同审计其 2008 年财务报表，在实施了相关的审计程序之后，获取了充分、适当的审计证据，ABC 会计师拟发表保留意见的审计报告，因戊公司为上市公司，对该审计意见不是很满意，因此拟寻求 XYZ 会计师事务所提供第二次意见，XYZ 会计师事务所应当评价威胁的重要程度，并在必要时采取防范措施消除威胁或将其降至可接受水平。防范措施中不包括（   ）。

A. 直接与 ABC 会计师事务所进行沟通

B. 在与戊公司的沟通函件中阐述注册会计师意见的局限性

C. 征得戊公司同意，与 ABC 会计师事务所进行沟通

D. 向 ABC 会计师事务所提供第二次意见的复印件答案部分

二、多项选择题

1. 甲会计师事务所承接了某鉴证客户的财务报表审计业务。假定存在以下各种情况，请指出影响鉴证业务独立性的情况是（   ）。

A. 鉴证小组成员张三的妻子多年来一直担任鉴证客户的质量检验员

B. 鉴证客户的财务经理 3 年前是甲会计师事务所的签字注册会计师

C. 鉴证小组组长小王的父亲从事小商品零售业务，常从鉴证客户进货

D. 鉴证客户赠送两辆高级轿车供甲会计师事务所所长使用

2. 在专业服务的谈判中，注册会计师可以其认为适当的收费报价。但如果报价过低，可能导致不能按照适用的执业准则执行业务，将对（   ）产生威胁。

A. 保密　　　　　　　　B. 专业胜任能力

C. 应有的关注　　　　　D. 独立

3. 甲公司（上市公司）拟聘请 ABC 会计师事务所审计其 2008 年度财务报表，以下情况会产生自我评价威胁独立性的有（   ）。

A. ABC 会计师事务所派遣 A 注册会计师为甲公司提供编制 2008 年会计记录和财务报表服务，A 为此次审计项目组成员

B. 2008 年 5 月中旬，在甲公司与其客户丙公司之间发生诉讼时，注册会计师 B 担任其辩护人，此次审计安排 B 加入审计项目组

C. ABC 会计师事务所的 C 注册会计师现兼任甲公司总经理，C 为此次审计项目组成员

D. 甲公司总经理的妻子 D 是 ABC 会计师事务所的员工，D 为此次审计项目组成员

4. 王莉是 T 会计师事务所的注册会计师，其丈夫是 S 公司专门登记应收账款明细账的财务人员。T 会计师事务所承接了 S 公司 2007 年度财务报表审计业务后，由于事务所人员严重短缺，决定派王莉加入 S 公司审计小组，并特别要求项目经理对王莉的工作做适当安排，以维护审计的独立性。项目经理面对下列尚未安排具体人员的审计工作,可以安排王莉执行(   ) 工作内容。

A. 审查累计折旧的计提

B. 函证银行存款，编制银行存款余额调节表

C．审查当年发生的坏账损失
D．审查股本、盈余公积、资本公积

5．项目负责人在确定客户关系和具体审计业务的接受与保持是否适当时，应当考虑（　　）。
A．被审计单位的主要股东、关键管理人员和治理层是否诚信
B．项目组是否具有执行审计业务的专业胜任能力以及必要的时间和资源
C．会计师事务所和项目组能否遵守职业道德规范
D．被审计单位的独立性

6．我国注册会计师审计执业准则体系受注册会计师职业道德守则统御，由（　　）构成。
A．注册会计师业务准则　　　　B．会计师事务所质量控制准则
C．职业道德准则　　　　　　　D．职业后续教育准则

7．我国注册会计师承办的业务类型有（　　）。
A．财务报表审计和审阅　　　　B．内部控制审核
C．代编财务信息　　　　　　　D．管理咨询

8．鉴证对象可以是（　　）。
A．财务报表　　B．非财务业绩　　C．物理特征　　D．安全系统

9．注册会计师执行的下列业务中，属于相关服务的包括（　　）。
A．管理咨询　　　　　　　　　B．税务服务
C．代编财务信息　　　　　　　D．对上市公司半年报表审阅
E．风险评估鉴证

10．注册会计师为客户提供鉴证业务的目标有（　　）。
A．合理保证　　B．绝对保证　　C．消极保证　　D．有限保证

三、判断题

1．只要注册会计师的审计是以发表审计意见为目的，都应遵照执行独立审计准则。（　　）

2．注册会计师的审计意见应保证已审会计报表的可靠程度，从而使会计报表使用者据此作出各类决策。（　　）

3．注册会计师的审计报告并非是对会计报表的担保，所以未审查出会计报表的重大错误，并不一定表示审计工作未按审计准则执行。（　　）

4．注册会计师只要没有检查出被审计单位会计报表中的错报或漏报，都将承担法律责任。（　　）

5．鉴证业务是指注册会计师对鉴证对象信息提出结论，以增强责任方之外的预期使用者对鉴证对象信息信任程度的业务。（　　）

6．审计质量控制准则是针对每个审计项目而制定的，是每个注册会计师及其助理人员都应遵守的标准。（　　）

7．注册会计师只要在审计过程中公正执业，保持客观和专业怀疑，在发表审计意见时履行专业判断、不受影响，就被认为恰当地遵守了独立性原则。（　　）

8．注册会计师在形式上保持独立，实际上是相对于第三者而言，即注册会计师必须在第三者面前呈现一种独立于委托单位的身份。（　　）

9．后任注册会计师与前任注册会计师的沟通，仅限于签约之后。前后任在签约之前的沟通不受审计客户的限制。（ ）

10．在鉴证业务涉及的三方关系人中，责任方与预期使用者可能是同一方，而且责任方也可能是唯一的预期使用者。（ ）

四、简答题

1．什么是审计准则？它有什么作用？
2．政府审计准则由哪几部分构成？
3．我国注册会计师执业准则是如何构成的？
4．简述注册会计师业务准则的内容。
5．简述质量控制制度的目的和因素。

五、综合实训

综合实训 3-1

1．资料：ABC 会计师事务所是北京市一家新成立不久的会计师事务所，主任会计师是甲。在会计师事务所的日常管理及业务完成过程中，假设分别发生了以下情形：

（1）会计师事务所向所有人员提供了适用的专业文献和法律文献。但由于业务量多，成立 1 年多来，还没有开展过职业道德以及专业技能的培训。

（2）甲主任会计师制定了严格的定期检查制度，每半个月就检查一次各签字注册会计师负责的鉴证业务。

（3）由于会计师事务所的注册会计师人员较少，近期招聘了部分不具备注册会计师资格的人员。当承接业务时，事务所随机分配空闲审计人员组成鉴证小组。

（4）会计师事务所制定了工作人员的薪酬、晋升制度，其中最主要的考核指标是工作人员的业务工作量。相同时间内完成工作业务量越大的人员得到晋升的可能性越大。

2．要求：请根据注册会计师执业准则，判断 ABC 会计师事务所或相关注册会计师的各项做法是否违背了执业准则，并简要说明理由。

综合实训 3-2

1．资料：X 公司是晨光会计师事务所的常年审计客户。2012 年 10 月，晨光会计师事务所与 X 公司续签了审计业务约定书，审计 X 公司 2012 年年度财务报表。注册会计师 A 是本次审计项目的负责人。2013 年 4 月 2 日，晨光会计师事务所出具了标准无保留意见的审计报告。在审计过程中，假设发生了以下情形：

（1）在外勤审计工作结束后，项目组内部对审计结论出现了较大的分歧。因临近报告出具日期，注册会计师 A 决定按自己的意见出具了审计报告。

（2）因会计师事务所人员短缺，主任会计师决定继续由 A 进行该项鉴证业务的部分项目质量控制复核工作。

（3）2013 年 6 月 20 日，晨光会计师事务所将本次鉴证业务的工作底稿进行了归档整理。

2．要求：请根据注册会计师执业准则，判断晨光会计师事务所或相关注册会计师的上述做法是否违背了执业准则，并简要说明理由。

项目四　审计目标与审计计划

【知识能力目标】

通过学习和训练，了解审计总目标的演变过程，理解管理当局五大认定的内容与审计目标的关系，掌握审计的总目标和具体目标，掌握审计计划的编制方法。

【案例导入】

安然事件透视审计目标

安然、银广夏等事件发生以来，注册会计师行业又成了人们关注的焦点，到底注册会计师在这些事件中应承担什么责任也成了人们谈论的重点话题。在安然事件中，负责对其审计的安达信会计师事务所认为，自己与外界一样被蒙在鼓里，未能全面掌握安然的财务实况。按照安达信会计师事务所的 Berardino 注册会计师的观点：如果安然提供了有关其合作伙伴的信息，安达信会计师事务所就有责任督促安然在财务报告中披露这些信息。与此类似，银广夏的审计人员也认为自己是公司造假的受害者，到底注册会计师是受害者还是责任人？这就引发了一个关键问题，注册会计师有无查出重大错弊的职责？

德州德恒会计师事务所的注册会计师王某认为：

（1）查错防弊是审计的永恒主题。从 1720 年英国的"南海"事件，到 20 世纪 60 年代末的"审计诉讼爆炸"以及 20 世纪 80 年代美国注册会计师协会对审计的舞弊责任问题进行的大量研究，要求独立的外部审计师勇敢地承担起两项责任："一项责任是披露舞弊财务报告的责任，另一项责任是寻找提高审计师披露舞弊能力的途径。"

（2）披露重大错弊是我国审计的总目标之一。根据我国独立审计准则，独立审计的总目标是对被审计单位会计报表的合法性、公允性和一贯性表示意见。其中，公允性是指被审计单位会计报表在所有重大方面是否公允地反映了被审计单位的财务状况、经营成果和资金变动情况。如果被审计单位的会计报表存在重大错弊，必定不能在所有重大方面公允地反映被审计单位的财务状况、经营成果和资金变动状况，投资者据此必然作出错误的投资决策。由此可见，我国审计的总目标实际上已经暗含了查出重大错弊这一子目标。独立审计具体准则 8 号——错误与舞弊中，也明确要求"注册会计师在编制和实施审计计划时，应充分关注可能存在的导致会计报表严重失实的错误和舞弊"。

（3）建立健全相关的制度，保证审计目标的实现。独立审计质量要求与社会需求审计目标紧密联系在一起，缺乏以经济为基础的健全的市场机制，仅仅靠补充审计或监管机构的惩罚，难以从根本上解决独立审计质量的问题。因此，要保证审计目标的实现，必须建立健全相关的制度。对此，要努力提高上市公司的质量；加大对造假者的惩处力度，必须使企业管理当局对会计信息失真、弄虚作假、欺骗股东和公众及政府的行为负起主要责任，并加大对造假者的惩处力度，使其欺诈舞弊的收益小于成本，这样才有可能从源头上减少会计报表的欺诈舞弊；对券商和机构投资者进行规范，为整个市场树立理性投资的理念，才能为实现审计目标创造一个较好的环境；不断完善审计准则，修改审计假设及审计方法和程序，以适应我国证券市场不够规范的现实;加大会计师事务所对审计质量承担责任的经济约束刚性和力度。

对此,你的认识是什么?

任务一 审计目标

审计目标是在一定的历史环境下,审计主体通过审计实践活动所期望达到的境地或最终结果。它包括审计总目标和审计具体目标两个层次。审计目标是整个审计的方向,在一个审计项目中,究竟采取什么样的审计程序和方法、怎样收集、从何处收集和收集多少、收集什么样的审计证据,都取决于审计目标。在审计的监督体系中,国家审计、内部审计和社会审计的审计目标是不同的。

一、审计目标概述

(一)审计目标的含义

审计目标是审计行为的出发点,是审计活动要达到的境地,是目的的具体化。审计目标的确定取决于:一是社会的需求;二是审计能力和水平;三是社会环境的努力。

1. 社会需求是审计存在和发展的前提

社会需求是社会生产和服务的出发点。民间审计作为一种服务职业,其审计目标自然受社会需求的重要影响。这可以从民间审计的产生、发展的历史演变得以验证。

在审计萌芽的初期,生产技术比较落后,经济业务比较简单,控制手段比较原始,财产所有者对财产经管者最关心的是其诚实性。因此,审计目标是单纯的查找舞弊行为,审计方法是简单的"听账"、对账和详细查账、几乎毫无例外的要详细验证每笔经济业务。例如,在1298年,英国伦敦市曾选举和委任某些政府官员,如市政和司法高级官员组成委员会,对该市的财务管理官员的账目进行审核。通过审计活动,使财产经管者更加诚实和可靠。

19世纪末20世纪初,随着资本主义生产的发展和企业规模的日益扩大,前述的详细审计活动必然跟不上客观经济形势。同时,在这一时期,美国的资本市场还相当的不完善,公司所需资金仍主要依赖于银行的贷款。经过长期的实践,申请贷款者发现,报送经独立的审计人员鉴证过的资产负债表比较容易取得银行的贷款,因而美国便开展了以证明企业偿债能力为主要目标的资产负债表审计,详细审计便为资产负债表审计所取代。

进入20世纪30至40年代以后,随着整个世界资本市场的迅猛发展,证券市场的涌现及广大投资者对投资收益情况的关心,整个社会的注意力转而集中于收益表上,使其成为审计的主要内容。同时,人们对财务报表提供信息的可靠性也更加重视,从而使审计又发展到以验证财务报表公允性为主要审计目标的财务报表审计阶段。

进入20世纪中叶以后,资本主义从自由竞争发展到垄断阶段,企业内部的经营管理活动日益加强。为适应企业内部经营管理和决策的需要,现代管理会计与传统财务会计相分离。同时,审计目标也从原来的仅限于验证企业财务报表的公允性扩展到内部控制、经营决策、职能分工、企业素质、工作效率及经营效益等方面。因此,经营审计、管理审计和绩效审计等便从传统审计中分离出来,评价企业工作的经济性、效率性、效果性成为民间审计工作的主要目标。

从上述审计目标的演变不难看出,社会需求是影响审计目标确立的根本因素。

如表4.1所示为不同时期审计目标的比较。

表 4.1　不同时期审计目标的比较

阶段	时期	特征
第一阶段 详细审计阶段	16~20世纪初	以查错防弊为审计目标
第二阶段 资产负债表审计阶段	20世纪初~30年代	以判断财务状况和偿债能力为主要审计目标
第三阶段 财务报表审计阶段	20世纪30~40年代	以验证财务报表的公允性为主要审计目标
第四阶段 现代审计阶段	二次世界大战至今	以验证财务报表的公允性为主要审计目标

2. 审计能力是影响审计目标确立的决定性的制约因素

审计工作自产生以来，便始终在为满足社会的需求而努力，但也始终无法完全满足社会的需求。这是因为，当旧的社会需求满足了，又会产生新的社会需求，而为了满足新的社会需求，审计人员需要作出多方努力，这除了需要时间外，还需要审计技术、方法，审计理论上的突破。所以审计能力满足社会需求是相对的，而不是绝对的。审计能力的有限性决定了审计满足社会需求的有限性，它在审计目标的确立中起着决定性的制约作用。只有当审计具备了满足社会需求的能力时，这种社会需求才能成为审计目标。

3. 社会环境的制约使审计目标成为现实的审计目标

国家法律对民间审计目标的影响可以从英国的《公司法》、美国的《证券法》《证券交易法》中窥见一斑。通过这些法律的颁布，使法定审计成为可能，同时也明确了民间审计的目标。在英、美等国，法庭对诉讼案例的判决结果及判决原则被看作一种案例法，审计范围和审计责任通过法庭对一系列划时代案件的判决而得到明确。会计职业团体在审计目标确立中所发挥的作用可以说是最重要的。

（二）制约审计总目标的因素

1. 审计的社会性质

审计是代表所有者对财政财务活动进行综合监督的，因而审计具有社会属性（阶级性）和自然属性（技术性）的两重性。在不同性质的社会制度下，审计的技术方法可能是相同的，但审计的总目标可能有所区别。

2. 审计体制或审计方式

用英国的审计目标为例，英国审计目标总是同《公司法》的内容相关，随着《公司法》的制定而不断修改。

3. 审计在经济监督中的地位和作用

一般来说，审计在社会经济监督中的地位高、作用大，审计总目标的层次就高、幅度就大。

4. 审计环境的变化

特别是经济环境的变革对审计总目标提出的挑战，在不同的经济环境下审计目标的深度和广度不可能完全一致。例如，在计划经济条件下，审计的目标主要在于检查经济活动的合法性、合规性。随着市场经济的介入，审计目标则更加注重对经济活动有效性的审查。

（三）审计目标在审计项目中的指导作用

审计目标对审计全过程都会产生影响。在计划阶段，审计人员必须确定审计目标，审计目标的确定又会影响审计标准的选择，以及审计的范围、程序、方法和设计。在审计实施阶段，审计人员要围绕审计目标收集审计证据,不断对审计证据进行评价和鉴定,如果发现所实施的审计程序不足以达到审计目标,审计人员还要考虑采用其他的替代审计程序,补充收集证据。审计人员要根据收集的证据进行分析归纳,提出初步的审计意见和建议。在报告阶段,审计人员需要根据审计目标编写审计报告,出具评价意见。对于审计发现的问题,要根据其对审计目标的影响程度来决定是否写入审计报告进行披露。

二、审计总目标和具体审计目标

(一)总体审计目标

在我国,国家审计、内部审计和社会审计对总体审计目标的表述不尽一致。

1. 国家审计的总目标

根据《审计法》第二条规定,我国国家审计的总目标是监督财政财务收支的真实性、合法性和效益性。从《审计机关审计事项评价准则》中可以看出:

(1)真实性是指被审计单位的会计处理遵守相关会计准则、会计制度的情况,以及相关会计信息与实际的财政收支、财务收支状况和业务经营活动成果相符合的程度。

(2)合法性是指被审计单位的财政收支、财务收支是否符合相关法律、法规、规章和其他规范性文件。

(3)效益性是指被审计单位的财政收支、财务收支及其经济活动的经济、效率和效果。

国家审计的这3个目标是紧密相连的,其中真实性是基础,合法性是基本要求,效益性是最终目标。从长远看,真实性、合法性、效益性都是审计工作应达到的目标,但在现阶段审计实践中,要同时达到这3类审计总目标是不现实的,应坚持有所侧重的方法论观点。在我国目前会计信息失真比较突出的情况下,审计机关应从最基础的工作做起,把真实性审计目标放在重要地位,在审计财政、财务收支真实性上下功夫,坚决打击各种弄虚作假的行为,纠正会计信息的问题,在确保会计信息真实性的基础上,揭露和查出各种重大违法行为,促进被审计单位改善经营管理,不断提高经济效益和社会效益,逐步实现真实、合法和效益3个目标的统一。

2. 内部审计的总目标

根据审计署2003年4月颁布的《审计署关于内部审计工作的规定》,"内部审计是独立监督和评价本单位及所属单位财政收支、财务收支、经济活动的真实、合法和效益的行为,以促进加强经济管理和实现经济目标。"

2013年8月20日,中国内部审计协会发布的《中国内部审计准则》,《内部审计基本准则》第二条规定,"内部审计是一种独立、客观的确认和咨询活动,它通过运用系统、规范的方法,审查和评价组织的业务活动、内部控制和风险管理的适当性和有效性,以促进组织完善治理、增加价值和实现目标。"

从以上可以看出,尽管对内部审计的表述和国家审计的有些不同,但有一点是肯定的,即对于被审计单位相关业务的真实性、合法性和效益性进行检查和评价是内部审计的总目标。

3. 注册会计师审计总目标

《中国注册会计师审计准则第1101号——财务报表审计的目标和一般原则》规定,财务报表审计的目标是注册会计师通过执行审计工作,对财务报表的下列方面发表审计意见:①财务报表是否按照适用的会计准则和相关会计制度的规定编制;②财务报表是否在所有重大方面公允地反映被审计单位的财务状况、经营成果和现金流量。

财务报表审计的总体目标对注册会计师的审计工作发挥着导向作用,它界定了注册会计师的责任范围,直接影响注册会计师计划和实施审计程序的性质、时间安排和范围,决定了注册会计师如何发表审计意见。财务报表审计属于鉴证业务,注册会计师的审计意见旨在提高财务报表的可信赖程度。

(二)具体审计目标

具体审计目标是上述总体审计目标在具体审计项目中的细化。具体审计目标包括一般审计目标和个别审计目标。一般审计目标是进行相关项目审计时均应达到的目标;个别审计目标是按每个审计项目分别确定的目标,只适用于特定的审计项目。

就财务审计项目而言,其一般审计目标与管理层财务报表认定密切相关。审计的过程就是获取支持管理层财务报表认定的审计证据的过程。

(1)认定是对某一特定对象(如珠宝、文物、瓷器、书画、财务报表)的承诺。被审计单位管理层财务报表认定是指管理层对财务报表组成要素的确认、计量、列报作出的明确或隐含的责任表达。审计师的职责是对编制财务报表主体的各项认定进行验证,以提高财务报表的可信赖程度。

1)与各类交易和事项相关的认定。注册会计师对所审计期间的各类交易和事项运用的认定通常分为下列类别:

a. 发生。记录的交易和事项已发生且与被审计单位有关。

b. 完整性。所有应当记录的交易和事项均已记录。

c. 准确性。与交易和事项有关的金额及其他数据已恰当记录。

d. 截止。交易和事项已记录于正确的会计期间

e. 分类。交易和事项已记录于恰当的账户。

2)与期末账户余额相关的认定。注册会计师对期末账户余额运用的认定通常分为下列类别:

a. 存在。记录的资产、负债和所有者权益是存在的。

b. 权利和义务。记录的资产由被审计单位拥有或控制,记录的负债是被审计单位应当履行的偿还义务。

c. 完整性。所有应当记录的资产、负债和所有者权益均已记录。

d. 计价和分摊。资产、负债和所有者权益以恰当的金额包括在财务报表中,与之相关的计价或分摊调整已恰当记录。

3)与列报相关的认定。注册会计师对列报运用的认定通常分为下列类别:

a. 发生及权利和义务。披露的交易、事项和其他情况已发生,且与被审计单位有关。

b. 完整性。所有应当包括在财务报表中的披露均已包括。

c. 分类和可理解性。财务信息已被恰当地列报和描述,且披露内容表述清楚。

(2)注册会计师了解了认定,就很容易确定每个项目的具体审计目标,并以此作为评估重大错报风险以及设计和实施进一步审计程序的基础。

1)与各类交易和事项相关的审计目标。

a. 发生。由发生认定推导的审计目标是已记录的交易是真实的。例如,如果没有发生销售交易,但在销售日记账中记录了一笔销售,则违反了该目标。

发生认定所要解决的问题是管理层是否把那些不曾发生的项目记入财务报表,它主要与财务报表组成要素的高估有关。

b．完整性。由完整性认定推导的审计目标是已发生的交易确实已经记录。例如，如果发生了销售交易，但没有在销售日记账和总账中记录，则违反了该目标。

发生和完整性两者强调的是相反的关注点。发生目标针对潜在的高估，而完整性目标则针对漏记交易（低估）。

c．准确性。由准确性认定推导出的审计目标是已记录的交易是按正确金额反映的。例如，如果在销售交易中，发出商品的数量与账单上的数量不符，或是开账单时使用了错误的销售价格，或是账单中的乘积或加总有误，或是在销售日记账中记录了错误的金额，则违反了该目标。

准确性与发生、完整性之间存在区别。例如，若已记录的销售交易是不应当记录的（如发出的商品是寄销商品），则即使发票金额是准确计算的，仍违反了发生目标。再如，若已入账的销售交易是对正确发出商品的记录，但金额计算错误，则违反了准确性目标，但没有违反发生目标。在完整性与准确性之间也存在同样的关系。

d．截止。由截止认定推导出的审计目标是接近于资产负债表日的交易记录于恰当的期间。例如，如果本期交易推到下期，或下期交易提到本期，均违反了截止目标。

e．分类。由分类认定推导出的审计目标是被审计单位记录的交易经过适当分类。例如，如果将现销记录为赊销，将出售经营性固定资产所得的收入记录为营业收入，则导致交易分类的错误，违反了分类的目标。

2）与期末账户余额相关的审计目标。

a．存在。由存在认定推导的审计目标是记录的金额确实存在。例如，如果不存在某顾客的应收账款，在应收账款试算平衡表中却列入了对该顾客的应收账款，则违反了存在性目标。

b．权利和义务。由权利和义务认定推导的审计目标是资产归属于被审计单位，负债属于被审计单位的义务。例如，将他人寄售商品记入被审计单位的存货中，违反了权利的目标；将不属于被审计单位的债务记入账内，违反了义务目标。

c．完整性。由完整性认定推导的审计目标是已存在的金额均已记录。例如，如果存在某顾客的应收账款，在应收账款试算平衡表中却没有列入对该顾客的应收账款，则违反了完整性目标。

d．计价和分摊。资产、负债和所有者权益以恰当的金额包括在财务报表中，与之相关的计价或分摊调整已恰当记录。

3）与列报相关的审计目标。各类交易和账户余额的认定正确只是为列报正确打下了必要的基础，财务报表还可能因被审计单位误解有关列报的规定或舞弊等而产生错报。另外，还可能因被审计单位没有遵守一些专门的披露要求而导致财务报表错报。因此，即使注册会计师审计了各类交易和账户余额的认定，实现了各类交易和账户余额的具体审计目标，也不意味着获取了足以对财务报表发表审计意见的充分、适当的审计证据。因此，注册会计师还应当对各类交易、账户余额及相关事项在财务报表中列报的正确性实施审计。

a．发生及权利和义务。将没有发生的交易、事项，或与被审计单位无关的交易和事项包括在财务报表中，则违反该目标。例如，复核董事会会议记录中是否记载了固定资产抵押等事项，询问管理层固定资产是否被抵押，即是对列报的权利认定的运用。如果抵押固定资产则需要在财务报表中列报，说明其权利受到限制。

b．完整性。如果应当披露的事项没有包括在财务报表中，则违反该目标。例如，检查关联方和关联交易,以验证其在财务报表中是否得到充分披露,即是对列报的完整性认定的运用。

c. 分类和可理解性。财务信息已被恰当地列报和描述,且披露内容表述清楚。例如,检查存货的主要类别是否已披露,是否将一年内到期的长期负债列为流动负债,即是对列报的分类和可理解性认定的运用。

d. 准确性和计价。财务信息和其他信息已公允披露,且金额恰当。例如,检查财务报表附注是否分别对原材料、在产品和产成品等存货成本核算方法作了恰当说明,即是对列报的准确性和计价认定的运用。

思考:完整性与准确性如何区别?

【案例演示4.1.1】甲公司将2015年度的现销记录为赊销,或者将出售经营性固定资产所得的收入记录为营业收入,则其2015年度会计报表中存在错误的认定是( )。

  A. 分类   B. 估价或分摊   C. 存在或发生   D. 完整性

【案例演示4.1.2】如果存在某顾客的应收账款,在应收账款明细账中却没有列入对该顾客的应收账款,则违反了( )的认定。

  A. 总体合理性   B. 估价或分摊   C. 存在或发生   D. 完整性

【案例演示4.1.3】注册会计师通过对银行提供的银行存款对账单的检查,可以证实被审计单位对其银行存款的( )认定。

  A. 存在   B. 估价   C. 权利   D. 分配

【课堂练习4.1.1】如果没有发生销售交易,但在销售明细账中记录了一笔销售,则违反了( )的认定。

  A. 存在   B. 估价   C. 权利   D. 发生

【课堂练习4.1.2】如果发生了销售交易,但没有在销售明细账中记录,则违反了( )认定。

  A. 存在   B. 估价   C. 完整性   D. 发生

【课堂练习4.1.3】如果某存货项目在报表日已经跌价,而管理当局未计提存货跌价准备,则违反了( )的认定。

  A. 存在   B. 计价和分摊   C. 权利   D. 发生

任务二 审计计划

一、审计计划的含义

(一)审计计划的定义与作用

审计计划是指注册会计师为了完成各项审计业务,达到预期的审计目标,在具体执行审计程序之前编制的工作计划。

审计计划具有以下几个方面的作用:

(1)通过制定和实施审计计划,可使注册会计师能根据具体情况收集充分、适当的证据。

(2)通过制定审计计划,可以保持合理的审计成本,提高审计工作的效率和质量。

(3)通过制定审计计划,可以避免与被审计单位之间发生误解。

(二)计划审计工作的步骤

计划审计工作的步骤如下:

(1) 了解被审计单位经营及所属行业的基本情况。
(2) 执行分析程序。
(3) 初步评价重要性水平。
(4) 考虑审计风险。
(5) 对重要认定制定初步审计策略。
(6) 了解被审计单位内部控制。
(7) 进行符合性测试及评估控制风险。
(8) 确定检查风险及设计实质性测试。

二、审计计划的编制与审核

（一）审计计划的内容

审计计划通常可分为总体审计计划和具体审计计划两部分。

1. 总体审计计划的基本内容

(1) 被审计单位的基本情况。
(2) 审计目的、审计范围及审计策略。
(3) 重要会计问题及重点审计领域。
(4) 审计工作进度及时间、费用预算。
(5) 审计小组的组成及人员分工。
(6) 审计重要性的确定及审计风险的评估。
(7) 对专家、内审人员及其他注册会计师工作的利用。
(8) 其他有关内容。

2. 具体审计计划的基本内容

(1) 审计目标。
(2) 审计程序。
(3) 执行人及执行日期。
(4) 审计工作底稿的索引号。
(5) 其他有关内容。

（二）审计计划的编制

审计计划由审计项目负责人编制。

在编制总体审计计划中，时间预算是一个十分重要的内容。时间预算是指就执行审计程序的每一步骤需要的人员和工作时间所做的计划。时间预算既是合理确定审计收费的依据，又是衡量审计工作进度、判断注册会计师工作效率的依据。

审计人员应当根据被审计单位的实际情况，安排审计工作进度，并且编制时间预算和费用预算，时间预算如表 4.2 所示。

具体审计计划，一般是通过编制审计程序表的方式体现的。

按审计准则规定，注册会计师可以同被审计单位的有关人员就总体审计计划的要点和某些审计程序进行讨论，并使审计程序与被审计单位有关人员的工作相协调，但独立编制审计计划仍是注册会计师的责任。

（三）审计计划的审核

编制完成的审计计划，应当经会计师事务所的有关业务负责人审核和批准。

表 4.2 时间预算表

项目	去年实用时间	本年预算	本年实际时间					本年差异	差异说明
			总时数	常明	李刚	钟鸣	杜欣		
货币资金	5	4	5	2	1		2		
应收账款	5	5	5		3	2			
其他应收款	4	4	5	2		1	2		
…	…	…	…	…	…	…	…	…	…
合计	140	140	130	25	25	45	35	-10	

(1) 在审核总体审计计划时，应特别注意审核以下主要事项：
1) 审计目的、审计范围及重点审计领域的确定是否恰当。
2) 时间预算是否合理。
3) 审计小组成员的选派和分工是否恰当。
4) 对被审计单位的内部控制制度的信赖程度是否恰当。
5) 对审计重要性的确定和审计风险的评估是否恰当。
6) 对专家、内审人员及其注册会计师工作的利用是否恰当。
(2) 在审核具体审计计划时，应特别注意审核以下主要事项：
1) 审计程序能否达到审计目标。
2) 审计程序是否适合各审计项目的具体情况。
3) 重点审计领域中各审计项目的审计程序是否恰当。
4) 重点审计程序的制定是否恰当。

三、了解被审计单位的基本情况

（一）了解被审计单位经营及所属行业的基本情况

需了解的基本情况包括：
（1）业务类型、产品和服务的种类、被审计单位的地理位置以及经营特点。
（2）行业类型、行业受经济状况变动影响的程度、主要的产业政策和会计惯例。
（3）关联方及其交易的存在情况。
（4）影响被审计单位及所属行业的法律、法规。
（5）被审计单位内部控制。
（6）提供给有关管理机关的报告的性质。

（二）了解基本情况的方法

1. 查阅上一年度的工作底稿

对于被审计单位，注册会计师可以通过查阅以前的工作底稿，来了解被审计单位的基本情况。

2. 查阅行业业务经营资料

对被审计单位业务经营的情况，审计人员可利用下列方法获得了解：
（1）查阅公司章程及其细则。
（2）查阅董事会和股东大会的会议记录，以了解股利分派和股东同意企业合并等情况。
（3）分析最近的年度和中期会计报表、所得税申报表及呈送有关主管机关的报告。
（4）了解相关的法律、法规。

（5）查阅正在履行的重要合同。

（6）查阅有关商业及行业刊物，以了解本期业务经营和行业的发展情况。

审计人员所获得的信息，应作成书面记录并保存在永久性档案中，供以后审计参考。

3. 实地察看被审计单位的生产经营场所及设施

实地察看被审计单位的生产经营场所及设施，可帮助审计人员了解被审计单位的经营特征。实地巡视厂房和办公场所使审计人员有机会同被审计单位的重要职员会谈，审计人员应在工作底稿上将所有通过参观、巡视厂房和办公场所获得的信息作成书面记录。

4. 询问内部审计人员

企业的内部审计机构特别能帮助注册会计师了解该被审计单位业务经营及所在行业的有关情况。

5. 询问管理当局

无论是新被审计单位还是老被审计单位，审计人员都可通过与管理当局讨论，来发现对审计有重大影响的本期经营情况的变化和了解影响到被审计单位新出台的法律、法规。

6. 确定关联方及其交易的存在

审计人员之所以很注意关联方交易是因为：

（1）在关联方交易中可能包含了不公允的低价和条件，而影响其他人的利益。

（2）管理当局也可能蓄意安排关联方交易以虚列会计报表。

因此，审计人员对关联方交易通常比对非关联方交易须收集更多的证据，审计人员必须在准备阶段采取得力步骤弄清是否存在关联方。

7. 考虑有关会计和审计公告的影响

四、执行分析性复核程序

（一）分析性复核程序及其用途

所谓分析性复核程序是指注册会计师分析被审计单位重要的比率或趋势，包括调整这些比率或趋势的异常变动及其与预期数额和相关信息的差异。这类程序包括简单的比较和使用涉及许多关系和数据的复杂数学与统计模型。分析性复核程序对合并会计报表、附属公司和分部的会计报表以及会计报表的单个要素都可以运用。注册会计师应运用专业判断对运用的程序、方法和层次作出选择。

在会计报表审计中，分析复核程序有以下 3 种用途：

（1）在审计计划阶段，帮助注册会计师确定其他审计程序的性质、时间及范围。

（2）在审计实施阶段，直接作为实质性测试程序，以收集与账户余额和各类交易相关的特殊认定的证据。

（3）在审计报告阶段，用于对被审会计报表的整体合理性作最后的复核。

值得注意的是，分析性复核程序在所有会计报表审计的计划阶段和报告阶段都要求必须使用，但第（2）个用途则是任意选择的。在审计实施阶段，注册会计师将分析性复核程序直接作为实质性测试程序时，应当考虑以下因素：①分析的目标；②分析结果的可信赖程度；③客户的业务性质及相关信息的可分解程度；④信息的相关性；⑤相关信息的可获得性、来源、可靠性、可比性；⑥相关内控有效性；⑦前期审计中发现的会计调整事项。

（二）审计计划阶段运用分析性复核程序的步骤

计划审计工作时，使用分析性复核程序的主要目的是使注册会计师对被审计单位的经营情况获得更好的了解和确认资料间异常的关系和意外的波动,以便找出存在潜在错报风险的领域。后者通常被称为"以引起注意为目的"的分析性复核程序。

1. 确定将要执行的计算/比较

在计划审计工作中,使用分析性复核程序的精细程度及范围,视被审计单位的规模和复杂性、资料的可靠性以及注册会计师的判断而定。常用的计算及比较包括下列各类:

(1) 绝对额比较。

(2) 共同比会计报表,也称垂直分析。

(3) 比率分析。在分析性复核程序中常用的财务比率有:速动比率、流动比率、负债对权益比、利息赚取倍数、应收账款周转率、存货周转率、资产周转率、净销售报酬率、总资产报酬率和净值报酬率等。

(4) 趋势分析。

一般而言,审计计划阶段执行的分析性复核程序大多使用整个公司全年度的实际资料或预期资料。但是,对于某些多元化经营的公司来说,按产品生产线和部门使用分析性复核程序更有效。在特殊情况下,例如公司营业有季节性,对月度和季度的数据进行分析,可能比分析全年度的资料更合适。

2. 估计期望值

在审计中使用分析性复核程序的基本假定是在没有反证的情况下,数据之间预计继续存在一定的关系。根据这个假定,注册会计师可以根据各种不同来源的数据估计期望值。这些数据包括来自内部(该被审计单位)或外部(本行业)的历史数据和未来数据。值得注意的是,会计和非会计资料均可用来估计期望值。现举例说明如下:

(1) 根据被审计单位的可比会计信息,并考虑已知的变化,估计期望值。

(2) 根据正式的预算或预测,估计期望值。

(3) 根据本期间内会计要素之间的关系,估计期望值。

(4) 根据同行业资料,估计期望值。

(5) 根据会计信息同相关的非会计信息之间的关系,估计期望值。

值得注意的是,在所有的情况下,估计期望值时都必须考虑资料的可靠性和适当性。当某被审计单位资料反映的是多种行业的经营成果,或者该被审计单位存货计价与折旧方法和所在行业使用的典型方法不同时,行业数据的可比性和有用性将会受到限制。这一步骤,通常由审计小组中的高级审计人员或经理来完成。

3. 执行计算/比较

此步骤包括积累资料用以计算绝对额,计算本年度和以前年度金额之间的百分比差异,以及计算共同比和比率等。无法取得实际年末数据,通常使用截止日前的实际数据和(或)预计年末数据。这一步骤也包括收集行业数据,以便于比较。通常可使用电脑软件来执行计算、比较,以及从公司和行业数据库中抽取信息。

进行趋势分析的普遍做法是采用可续用的表格,此表格可归入永久性工作底稿档案中。

4. 分析数据及确认重大差异

注册会计师需要运用职业判断和根据重要性原则来确定差异的重要性,以决定是否对异常或意外的波动进行调查。

5. 调查重大的非预期差异

此步骤包括重新考虑估计期望值时所使用的方法和因素,并询问管理当局。有时候,某些新信息的出现可能会支持修订原期望值，从而使差异变得并不重大。在根据管理当局的回答采取这一行动时，通常应有其他证据事项对管理当局的回答加以佐证。

6. 确定对审计计划的影响

通过执行分析性复核程序指出高风险领域的所在，可使审计更具有效率和效果。

注册会计师对分析性复核结果的依赖程度，取决于下列因素：

（1）分析项目的重要性。

（2）分析性复核结果与针对相同的审计目标执行的其他审计程序的结论的一致性。

（3）分析性复核预期结果的准确性。

（4）固有及控制风险的估计水平。

【案例演示4.2.1】大华公司审计总体策略

注册会计师张某、王某2017年1月在对大华公司审计时制定的总体审计策略。

总体审计策略

被审计单位：大华公司　　　　　　编制人：张某　　27/1/2017　　索引号：C15

会计期间和截止日：2016年12月31日　　复核人：王某　　28/1/2017

一、委托审计的目的、范围

审计大华公司的财务报表，包括2016年12月31日的资产负债表、2016年度的利润表、现金流量表和所有者权益变动表以及财务报表附注。

二、审计策略（是否实施预审，是否进行内部控制测试，实质性测试按业务循环还是按报表项目等）　对于变动较大的项目实施双重目的测试；按会计报表项目进行实质性测试。

三、评价内部控制和审计风险

内部控制制度尚健全，但由于本年度企业由盈转亏，可能存在某种程度的财务问题，审计风险较大。

四、重要会计问题及重点审计领域

1. 营业收入、营业成本项目
2. 影响利润的费用、营业外支出等项目
3. 应收账款项目
4. 存货项目
5. 在建工程项目

五、重要性标准初步估计

按2016年营业收入28399×0.5%=141.99（万元）

综合考虑大华公司的审计风险，大华公司报表总体重要性水平可初步评价为120万元。

六、计划审计日期

外勤工作自2017年1月26日至2017年2月2日，共计8天

编写报告自2017年2月3日至2月10日

七、审计小组组成及人员分工

姓名	职务或职称	分工	备注
XX	副主任会计师	审批审计计划、复核底稿	
XX	注册会计师	编制审计计划、综合类底稿、复核底稿	项目小组组长
XX	注册会计师	损益类项目	

XX	注册会计师	资产类、负债类项目
XX	助理人员	盘点，协助XX审计资产类项目
XX	助理人员	发函证，协助XX审计负债类项目

八、修订计划记录

【课堂训练4.2.1】与治理层和管理层的沟通

结合所学知识，概括总结具体审计计划的内容。你认为在制定总体审计策略和具体审计计划时是否需要与治理层和管理层进行沟通？你认为审计计划制定的参与者包括哪些人？

【课堂训练4.2.2】注册会计师的初步业务活动

根据所学知识及上述资料，你认为在正式编制审计计划之前，注册会计师的初步业务活动应该有哪些？

任务三 评估重要性水平

一、审计重要性的定义

重要性是指被审计单位会计报表中错报或漏报的严重程度，这一程度在特定环境下可能会影响会计报表使用者的判断或决策。理解这一定义，必须注意以下几点：

（1）重要性概念是针对会计报表而言的。

（2）重要性概念必须从会计报表使用者的角度来考虑。会计报表的使用者包括企业的投资者、债权人、政府和社会公众等。

（3）重要性的判断离不开特定的环境。

（4）重要性与可容忍误差之间的关系。实际上，账户层次的重要性水平就是实质性测试的可容忍误差。

二、重要性的运用

（一）运用重要性原则的一般要求

（1）对重要性的评估需要运用专业判断。

（2）为了提高审计效率、保证审计质量，注册会计师在审计过程中应当运用重要性原则。

（3）在审计过程中，需要运用重要性原则的情形有两种：一种情形是在确定审计程序的性质、时间和范围时，注册会计师在运用审计程序以检查会计报表的错报或漏报时所允许的误差范围。另一种情形是评价审计结果时。

重要性被看作是某一错报或漏报或汇总的错报或漏报，是否影响到会计报表使用者判断和决策的标志。

（二）金额和性质的考虑

重要性具有数量和质量两个方面的特征。一般来说，金额大的错报或漏报比金额小的错报或漏报更重要。但在许多情况下，某项错报或漏报从量的方面看并不重要，从其性质方面考虑，却可能是重要的。例如：

（1）涉及舞弊与违法行为的错报或漏报。

（2）可能引起履行合同义务的错报或漏报。

（3）影响收益趋势的错报或漏报。

（4）不期望出现的错报或漏报。

（5）小金额错报或漏报的累计。

（三）两个层次重要性的考虑

（1）会计报表层次。由于独立审计的目的是对会计报表的合法性、公允性和一贯性发表审计意见。因此，注册会计师必须考虑会计报表层次的重要性。

（2）账户余额或交易层次。会计报表所提供的信息来源于各账户或各交易，注册会计师只有通过验证各账户和各交易，才能得出会计报表是否合法、公允、一贯的整体性结论。

（四）重要性与审计风险之间的关系

（1）注册会计师应当考虑重要性与审计风险之间的关系，因为审计风险的高低往往取决于重要性的判断。

（2）重要性与审计风险成反向关系。重要性水平越高，审计风险就越低；如果注册会计师所确定的重要性水平较低，注册会计师所面临的审计风险就会增加。所以，注册会计师必须通过执行有关审计程序来降低审计风险。

（3）注册会计师应当保持应有的职业谨慎，合理确定重要性水平。

三、编制审计计划时对重要性的评估

在计划审计工作时，注册会计师应当确定一个可接受的重要性水平，以发现在金额上重大的错报。注册会计师应当考虑较小金额错报的累计结果可能对财务报表产生重大影响。

注册会计师在确定计划的重要性水平时，应当考虑以下主要因素：

（1）对被审计单位及其环境的了解。被审计单位的行业状况、法律环境与监管环境等其他外部因素，以及被审计单位业务的性质，对会计政策的选择和应用，被审计单位的目标、战略及相关的经营风险，被审计单位的内部控制等因素，都将影响注册会计师对重要性水平的判断。

（2）审计的目标，包括特定报告要求。信息使用者的要求等因素影响注册会计师对重要性水平的确定。例如，对特定财务报表项目进行审计的业务，其重要性水平可能需要以该项目的金额，而不是以财务报表的一些汇总性财务数据为基础加以确定。

（3）财务报表各项目的性质及其相互关系。财务报表使用者对不同的报表项目的关心程度不同。一般而言，如果认为流动性较高的项目出现较小金额的错报就会影响报表使用者的决策，注册会计师应当对此从严确定重要性水平。由于财务报表各项目之间是相互联系的，注册会计师在确定重要性水平时，需要考虑这种相互联系。

（4）财务报表项目的金额及其波动幅度。财务报表项目的金额及其波动幅度可能促使财务报表使用者作出不同的反应。因此，注册会计师在确定重要性水平时，应当深入研究这些项目的金额及其波动幅度。

总之，只要影响预期财务报表使用者决策的因素，都可能对重要性水平产生影响。注册会计师应当在计划阶段充分考虑这些因素，并采用合理的方法，确定重要性水平。

（一）对重要性评估的总体性要求

（1）编制审计计划时必须对重要性水平作出初步判断。

（2）初步判断的目的是确定所需审计证据的数量。

（3）重要性水平与审计证据之间成反向关系。

（二）对重要性水平作出初步判断时应考虑的因素

（1）以往的审计经验。

(2) 有关法规对财务会计的要求。
(3) 被审计单位的经营规模及业务性质。
(4) 内部控制与审计风险的评估结果。
(5) 会计报表项目的性质及其相互关系。
(6) 会计报表各项目的金额及其波动幅度。

(三) 会计报表层次重要性水平的确定

1. 判断基础和计算方法

判断基础通常有资产总额、净资产、营业收入及净利润等。计算方法有固定比率法和变动比率法等，如表4.3所示为财务报表层次重要性水平判断比例表。

表4.3 财务报表层次重要性水平判断比例表

被审计单位	经验百分比
以盈利为目的的实体	税前利润的 5%～10%
非盈利性组织	费用总额或收入的 1%～2%或资产总额的 0.5%～1%
以收入为基准的实体	收入的 1%～2%
以资产总额为基准的实体	通常不超过资产总额的 1%
以扣除利息、税金折旧及摊销的利润（EBITDA）为基准的实体	通常不超过 EBITDA 的 2.5%

2. 会计报表层次重要性水平的选取

应当选择较低的那张报表的重要性水平作为会计报表层次的重要性水平。

3. 会计报表尚未编制完成时重要性水平的确定

在编制审计计划时，如果被审计单位尚未完成会计报表的编制，注册会计师应当根据期中会计报表推算出年度会计报表，或者根据被审计单位经营环境和经营情况变动对上年度会计报表作出必要修正，确定会计报表层次的重要性水平。

(四) 账户或交易层次的重要性水平

1. 确定账户或交易的重要性水平时应当考虑的主要因素

注册会计师在确定各账户或各类交易的重要性水平时，应当考虑以下几个主要因素：①各账户或各类交易的性质及错报或漏报的可能性；②各账户或各类交易重要性水平与会计报表层次重要性水平的关系；③账户或交易的审计成本。

对于重要的账户或交易，注册会计师应当从严制定重要性水平；对于交易频繁，及出现错报或漏报可能性较大的账户或交易，因其审计成本可能较大，可以将重要性水平确定得高一些，以节省审计成本。

注册会计师在制定账户或交易的审计程序前，可将会计报表层次的重要性水平分配至各账户或各类交易，也可单独确定各账户或各类交易的重要性水平。对于账户或交易层次的重要性水平，既可以采用分配的方法，也可以不采用分配的方法。在实务中，很多注册会计师选择资产负债表账户作为分配的基础，各账户分得的重要性称为"可容忍误差"。

2. 分配的方法

采用分配的方法时，分配的对象一般是资产负债表账户。各账户或交易层次的重要性水平之和应当等于会计报表层次的重要性水平。

3. 不分配的方法

当不采用分配的方法时，还有两种方法：一种方法是某著名国际会计公司所采用的方法；另一种方法是境外某会计师事务所采用的方法。

四、评价审计结果时对重要性的考虑

（一）评价审计结果时所运用的重要性水平

注册会计师评价审计结果时所运用的重要性水平，可能与编制审计计划时所确定的重要性水平初步判断数不同，如果前者大大低于后者，注册会计师应当重新评估所执行的审计程序是否充分。

（二）错报或漏报的汇总

注册会计师在评价审计结果时，应当汇总已发现但尚未调整的错报或漏报，并考虑其金额与性质是否对会计报表的反映产生重大影响。注册会计师在汇总尚未调整的错报或漏报时，应当包括已发现的和推断的错报或漏报，并考虑期后事项和或有事项是否进行了适当处理。

（三）汇总数超过重要性水平的处理

如果尚未调整的错报或漏报的汇总数超过了重要性水平，注册会计师应当考虑采用两种措施：一种措施是扩大实质性测试范围；另一种措施是提请被审计单位调整会计报表。如果被审计单位拒绝调整会计报表或扩大实质性测试的范围后，尚未调整的错报或漏报的汇总数仍超过了重要性水平，注册会计师应当发表保留意见或否定意见。

（四）汇总数接近重要性水平的处理

如果尚未调整的错报或漏报的汇总数接近重要性水平，注册会计师应当考虑是否实施追加审计程序，或提请被审计单位进一步调整已发现的错报或漏报，以降低审计风险。

【案例演示 4.3.1】重要性水平的影响

注册会计师王某与刘某正在对某公司2012年报表进行审计。现在王某正在对该公司应收款项进行审计。该公司应收款项的摘录如表4.4所示。

假设实际执行的重要性水平为1,700,000元，注册会计师杨某应如何确定进一步审计程序的性质、时间安排和范围？

分析指导：

（1）确定审计计划时，应分别考虑重要性水平对项目1至项目5的影响，而非仅考虑对于应收账款及其他应收款合计数的影响。

表4.4　　　　　　　　　　　　　　　　　　　　　　　　　　　　　　单位：元

序号	应收款项	2012年（未审数）	2011年（审定数）
1	应收账款	18,174,000	16,944,000
2	减：应收账款坏账准备	(1,000,000)	(900,000)
		17,174,000	16,044,000
3	预付账款	2,100,000	1,800,000
4	应收关联方款项	254,000	346,000
5	关联方借款	2,668,000	1,388,000
		22,196,000	19,578,000

（2）通常对于超过实际执行重要性水平的项目（项目1、项目3、项目5），考虑执行进一步测试以降低错报风险。

（3）同时应考虑明细分类项目由于错误或舞弊导致的重大错报风险。

（4）对于金额稍高于实际执行的重要性水平的项目 3，将计划执行有限的审计工作，如实质性分析程序或基于风险水平的针对性测试。

（5）由于应收账款坏账准备（项目 2）存在计价和完整性风险，并且会计估计通常为较高审计风险，针对项目 2 也应执行相应的审计程序。

【案例演示 4.3.2】重要性的初步判断

1. 资料：审计人员受委托对德馨食品有限公司 2012 年 12 月的财务报表进行审计。该公司会计报表显示，2012 年全年实现利润 800 万，资产总额 4 000 万。审计人员在审查和阅读该公司会计报表时，发现下列问题：

（1）该公司 2012 年 10 月份虚报冒领工资 1 820 元，被会计人员占为己有。

（2）2012 年 11 月 15 日收到业务咨询费 3 850 元，列入小金库。

（3）资产负债表中的存货低估 16 万元，原因尚待查明。

上述问题尚未调整。

2. 要求：（1）根据上述问题，作出重要性的初步判断，并简要说明理由。

会计报表层次的重要性水平：

根据资产负债表计算的重要性水平 = 4 000 *0.5% = 20 万元

根据利润表计算的重要性水平 = 800 * 5% = 40 万元

根据稳健性原则，会计报表层次的重要性水平确定为 20 万元。

（2）说明审计人员在审计实施阶段和报告应采取的对策。

分析指导：

（1）问题（1）、问题（2）涉及违反会计准则与会计制度的问题，性质严重，尽管金额不大，但属于重大错报；问题（3），存货低估 16 万元，达到会计报表层次重要性水平的 80%，超过了存货的可容忍误差，属于存货项目的重大错报。

（2）因所发现问题的性质重要或金额重大。因此，应当在审计实施过程中实施追加审计程序，或提请被审计单位调整会计报表。

（3）在审计报告阶段，如果被审计单位调整了所有的重大错报或漏报，使会计报表反映公允，审计人员可以发表无保留意见；如果尚未调整的错报的性质严重，或其汇总数可能影响个别会计报表使用者的决策，但就会计报表整体而言是公允的，审计人员应当发表保留意见；如果尚未调整的错报的性质极其严重，或其汇总数可能影响大多数会计报表使用者的决策，使会计报表整体不公允的，审计人员就应当发表否定意见。

【课堂训练 4.3.1】确定重要性水平

1. 资料：德恒会计师事务所注册会计师张某、刘某已于 2017 年 3 月 10 日完成对 CA 股份有限公司 2016 年度会计报表的外勤审计工作，现在正在草拟审计报告。按审计业务约定书的要求，审计报告应于 2017 年 3 月 21 日提交。张某和刘某二人在复核审计工作底稿时发现：审计工作底稿显示，2016 年度利润表重要性水平为 750000 元，2016 年 12 月 31 日的资产负债表重要性水平为 8500000 元。

2. 要求：张某、刘某应选择的重要性水平为多少？并说明原因

任务四　审计风险

风险是审计人员进行审计时必须考虑的因素，中国注册会计师审计准则要求注册会计师

遵守职业道德规范，计划和实施审计工作以对财务报表不存在重大错报获取合理保证。为将审计风险控制在可接受水平，审计人员必须衡量财务报表使用人心中的差错重要程度，以便合理进行审计计划，将审计误差控制在这种重要程度之下。

一、审计风险的定义和特征

（一）审计风险的定义

风险，在一般意义上是指未来事项发生的不确定性。审计风险则是针对审计人员所发表的不正确的审计意见而言的。审计人员发表不正确的审计意见可分为两种情况：一种情况是被审计单位的财务报表不存在重大的错报或漏报，而审计人员发表了有保留的或否定的审计意见，这种情况所带来的风险称为误拒风险；另一种情况是被审计单位财务报表存在重大的错报或漏报，而审计人员发表了无保留的审计意见，这种情况所带来的风险称为误受风险。在第一种情况下，审计人员为了避免错误地否定事实上公允的财务报表，一般会扩大审计测试范围及相应的审计程序，增加审计证据的数量，提高审计证据的质量，从而获得正确的审计意见，这种做法带来的无非是审计成本的提高和审计效率的降低，但不会影响审计质量；在第二种情况下，审计人员对非公允的财务报表发表肯定的审计意见，会误导报表使用者的经济决策，引发严重的经济后果。

审计风险是指会计报表存在重大错报或漏报，而注册会计师审计后发表不恰当审计意见的可能性。

审计风险可进一步分解为两个基本的构成要素：重大错报风险和检查风险。

1. 重大错报风险

重大错报风险是指财务报表在审计前存在重大错报的可能性。在设计审计程序以确定财务报表整体是否存在重大错报时，审计人员应当从财务报表层次和种类交易、账户余额、列报认定层次考虑重大错报风险。

审计人员评估财务报表层次重大错报风险的措施包括：①考虑审计项目组承担重要责任的人员的学识、技术和能力，是否需要专家介入；②考虑给予业务助理人员适当程度的监督指导；③考虑是否存在导致审计人员怀疑被审计单位持续经营假设合理性的事项或情况。

重大错报风险又可以进一步地细分为固有风险和控制风险。

固有风险是指假设不存在相关的内部控制，某一认定发生重大错报的可能性，无论该错报单独考虑，或是连同其他错报构成重大错报。

控制风险是指某项认定发生了重大错报，无论该错报单独考虑，还是连同其他错报构成重大错报，而该错报没有被企业的内部控制及时防止、发现和纠正的可能性。

2. 检查风险

检查风险是指某一认定存在错报，该错报单独或连同其他错报是重大的，但审计人员未能发现这种错报的可能性。检查风险取决于审计程序设计的合理性和执行的有效性。由于审计人员通常并不对所有的交易、账户余额和列报进行检查，或是检查过程的技术、经验等其他原因，检查风险不可能降至零。这些其他因素可以通过适当计划、在项目组成员之间进行恰当的职责分配、保持职业怀疑态度以及监督、指导和复核助理人员所执行的审计工作得以解决。

3. 检查风险与重大错报风险之间的关系

在既定的审计风险水平下，可接受的检查风险水平与认定层次重大错报风险的评估结果呈反向关系。评估的重大错报风险越高，可接受的检查风险越低；评估的重大错报风险越低，可接受的检查风险越高。

检查风险与重大错报风险的反向关系用数学模型表示如下：

审计风险=重大错报风险×检查风险

例如，如果审计人员将总体审计风险设定为 5%，则审计人员发表的无保留意见的真实含义可以表述为：有 95% 的把握认为财务报表不存在重要的错报和漏报。经验表明，将审计风险设为不大于 10% 比较合适。重大错报风险的评估则以了解被审计单位及其环境为基础。虽然审计人员可以通过分析、研究被审计单位经营环境和评价其内部控制制度等程序，降低审计人员对重大错报风险的评估水平，但这并不能改变实际的重大错报风险水平。换句话说，审计人员无法改变实际的重大错报风险，它对审计人员来说是不可控的。因此，为谨慎起见，审计人员在编制审计计划时，除非有充分的证据表明重大错报风险不高，否则，审计人员不应该将重大错报风险评估为低水平。

（二）审计风险的特征

1. 审计风险是客观存在的

从审计发展的历史来看，审计风险是审计发展到一定阶段的产物，与特定的经济条件相联系。审计风险不以人的意志为转移，是独立于审计人员意识之外的客观存在。对于审计风险，人们只能认识它和控制它，在有限的空间和时间内改变审计风险的存在和发展条件，降低其发生的概率，而不可能完全消除它。

2. 审计风险贯穿于审计过程的始终

审计风险是由多方面的因素造成的，审计程序的每一个环节都可能导致审计风险的产生。因此，不同的审计计划和审计程序会产生相应的审计风险，并会影响最终的审计风险。

3. 审计风险是由审计人员的非故意行为引起的

审计风险是审计人员在审计过程中无意识造成的，并非故意行为。审计人员的舞弊行为不属于审计风险，而是须负法律责任的违法行为。

4. 审计风险是可控的

在审计过程中，审计人员可以通过识别风险领域和种类，采取相应的措施，将审计风险降低到可接受水平。

二、审计风险的形成

（一）客观原因

审计风险形成的直接原因是审计活动所处的法律环境。审计责任尤其是法律责任的存在是审计风险存在的直接原因。审计对象的复杂性和审计内容的广泛性，是审计风险产生的另一个客观原因。现代审计方法所存在的缺陷也是审计风险形成的重要客观原因。

（二）主观原因

审计人员的经验和能力直接导致了审计风险的形成。另外，审计人员的工作责任心不强，没有保持应有的职业谨慎态度也是形成审计风险的主观原因。

三、审计风险的评估

（一）了解被审计单位及其环境的内容

了解被审计单位及其环境一般包括以下 6 个方面的内容：

（1）行业状况、法律与监管环境以及其他外部因素。

（2）被审计单位的性质。

（3）被审计单位对会计政策的选择和运用。
（4）被审计单位的目标、战略及相关经营风险。
（5）被审计单位财务业绩的衡量和评价。
（6）被审计单位的内部控制。

（二）风险评估程序
（1）询问被审计单位管理层和内部其他相关人员。
（2）实施分析程序。分析程序既可用作风险评估程序和实质性程序，也可用作对财务报表的总体复核。
（3）观察和检查。观察和检查程序可以印证对管理层和其他相关人员的询问结果，并可提供有关被审计单位及其环境的信息，审计人员应当实施下列观察和检查程序：
1）观察被审计单位的生产经营活动。
2）检查文件、记录和内部控制手册。
3）阅读由管理层和治理层编制的报告。
4）实地察看被审计单位的生产经营场所和设备。
5）追踪交易在财务报告信息系统中的处理过程（穿行测试）。

四、审计风险的应对措施

（一）基于财务报表层次重大错报风险的总体应对措施
针对财务报表层次的重大错报风险的识别与评估可采取以下总体应对措施：
（1）向项目组强调在收集和评价审计证据过程中保持职业怀疑态度的必要性。
（2）分派更有经验或具有特殊技能的审计人员，或利用专家的工作，提供更多的督导。
（3）在选择进一步审计程序时，应当注意某些程序不能被管理当局预见或事先了解。
（4）对拟实施审计程序的性质、时间和范围作出总体修定。

（二）基于认定层次重大错报风险的进一步审计程序
1. 控制测试
控制测试是对被审计单位内部控制运行的有效性实施的测试。
（1）实施控制测试的前提。当存在下列情形之一时，审计人员应当实施控制测试：
1）在评估认定层次重大错报风险时，预期控制的运行是有效的。
2）仅实施实质性程序不足以提供认定层次充分、适当的审计证据。
（2）了解内部控制与控制测试的关系。控制测试与了解内部控制所采用的审计程序的类型不同。两者相同的审计程序，包括询问、观察、检查和穿行测试等程序。
（3）控制测试的性质。控制测试的性质是指控制测试所使用的审计程序的类型及其组合。
（4）控制测试的时间。控制测试的时间包含两层含义：一层含义是何时实施控制测试；另一种含义是测试所针对的控制适用的时点或期间。
（5）控制测试的范围。控制测试的范围是指某项控制活动的测试次数。
（6）控制测试与实质性程序结果的相互影响力。
一方面，控制测试的结果不理想，审计人员需要调整实质性程序的性质、延长和扩大实质性程序的时间和范围，反之亦然；另一方面实施实质性程序的结果对控制测试结果也具有影响力。
2. 实质性程序
实质性程序是指审计人员针对评估的重大错报风险实施的直接用以发现认定层次重大错

报的审计程序。

（1）实质性程序的性质。实质性程序的性质是指实质性程序的类型及其组合。实质性程序的两种基本类型包括细节测试和实质性分析程序。

（2）实质性程序的时间。实质性程序的时间选择与控制测试的时间既选择既有共同点，也有很大差异。共同点在于两类程序都面临着对期中审计证据和对以前审计获取的审计证据的考虑。两者的差异在于：①在控制测试中，期中实施控制测试并获取期中关于控制运行有效性审计证据的做法更具有一种"常态"；而由于实质性程序的目的在于更直接地发现重大错报，在期中实施实质性程序时更需要考虑其成本效益的权衡；②在本期控制测试中拟信赖以前审计获取的有关控制运行有效性的审计证据，已经受到了很大的限制；而对于以前审计中通过实质性程序获取的审计证据，按规定采取了更加慎重的态度和更严格的限制。

（3）实质性程序的范围。在确定实质性程序的范围时，审计人员应当考虑评估的认定层次重大错报风险和实施控制测试的结果。审计人员评估的认定层次的重大错报风险越高，需要实施实质性程序的范围越广。如果对控制测试结果不满意，审计人员应当考虑扩大实质性程序的范围。

【案例演示 4.4.1】评估重大错报风险

1. 资料：中科公司主要从事小型电子消费品的生产和销售，产品销售以中科公司仓库为交货地点。中科公司日常交易采用自动化信息系统（以下简称系统）和手工控制相结合的方式进行。中科公司产品主要销售给国内各主要城市的电子消费品经销商。注册会计师王某负责审计中科公司 2011 年度财务报表。

注册会计师王某在审计工作底稿中记录了所了解的中科公司及其环境的情况，部分内容摘录如下：

（1）由于 2010 年销售业绩未达到董事会制定的目标，中科公司于 2011 年 2 月更换了公司负责销售的副总经理。

（2）中科公司董事会确定的 2011 年销售收入增长目标为 20%。中科公司管理层实行年薪制，总体薪酬水平根据上述目标的完成情况上下浮动。中科公司所处行业 2011 年的平均销售增长率是 12%。

（3）中科公司财务总监已为中科公司工作超过 6 年，于 2011 年 9 月劳动合同到期后被中科公司的竞争对手高薪聘请。由于工作压力大，中科公司会计部门人员流动频繁，除会计主管服务期超过 4 年外，其余人员的平均服务期少于 2 年。

（4）2011 年初，中科公司启用新财务信息系统，并计划同时使用原系统 6 个月。由于同时运行两个系统对中科公司相关部门人员的工作量影响很大，2 个月后，中科公司决定提前停用原系统。

（5）中科公司的产品及设备维修使用的备件的购买和领用不频繁，但各类备件的种类繁多。为减轻年末存货盘点的工作量，中科公司管理层决定于 2011 年 11 月 30 日对备件进行盘点，其余存货在 2011 年 12 月 31 日进行盘点。

2. 要求：针对资料中的（1）~（5）项，假定不考虑其他条件，请逐项指出资料所列事项是否可能表明存在重大错报风险。如果认为存在，请简要说明理由，并分别说明该风险是属于财务报表层次还是认定层次。如果认为属于认定层次，请指出相关事项与何种交易或账户的何种认定相关。

分析指导：

（1）存在重大错报风险。公司关键人员的变动，往往可能导致重大错报风险。而且公司由于2010年的销售没有达到董事会制定的目标而在2011年就更换了副总经理，导致新的负责销售的副总经理很可能因业绩压力而产生舞弊动机，增加了多计营业收入的风险。该事项导致认定层次重大错报风险，主要涉及营业收入的"发生"认定和应收账款的"存在"认定。

（2）存在重大错报风险。销售增长目标高于行业平均增长率，并且管理层的薪酬与销售增长目标挂钩，存在舞弊的动机或压力，可能导致管理层多计销售收入。该事项导致认定层次重大错报风险，主要涉及营业收入的"发生"认定和应收账款的"存在"认定。

（3）存在重大错报风险。关键人员的变动，以及由于会计人员频繁变动，缺乏具有胜任能力的会计人员，可能表明存在重大错报风险。该事项导致报表层次重大错报风险。

（4）存在重大错报风险。更换财务系统，缩短试运行时间，增大了财务报表产生错报的风险。该事项导致报表层次重大错报风险。

（5）不存在重大错报风险。

【案例演示4.4.2】识别财务报表层次重大错报风险并制定总体应对措施

1. 资料：健康药业股份有限公司（以下简称健康公司），是一家现代化大型医药上市公司。健康公司主要从事化学原料药、医药制剂和医疗器械的研发、生产和销售，主要产品为治疗心血管疾病、慢性肝炎和泌尿系统疾病的药物，其中有12种药品被认定为国家级新药。健康公司所有生产线和药品均通过GMP认证。为扩大经营规模，健康公司拟于2012年进行再融资。

2011年初，由于竞争对手推出了疗效更好的替代药物，健康公司一款治疗泌尿系统疾病的主要产品——U药品的销售额大幅下降，健康公司2011年第一季度营业收入远低于预期。为了扭转颓势，2011年6月健康公司召开临时股东大会批准更换了管理层，向新管理层下达了2011~2013年每年销售额增长不低于20%的目标，并出台了相应的激励措施。

健康公司新管理层上任后，对营销模式进行了一系列的调整，其中包括：在国内若干大中型城市增设销售办事处并设立周转仓库；增聘营销人员；提高营销费用标准，由营销人员负责相关营销费用的经费申请、使用和报销。2011年下半年，健康公司国内药品销售额因此快速增长。此外，为了进一步开拓欧洲市场，2011年8月，健康公司与一家欧洲著名的药品流通企业——斯瑞公司签订了代销协议，欧洲地区的销售额因此取得了较快增长，但出口销售回款的速度较慢。

2011年健康公司为研发治疗慢性肝炎的药物投入了较多经费，同时也获得了大量的政府补助。

2011年7月，证券监管机构对健康公司开展专项检查时，发现健康公司的大股东国营健康制药厂存在通过"虚构销售交易收取健康公司预付货款"的方式变相占用上市公司资金的情况，责令健康公司进行整改。2011年底，健康公司向证券监管机构提交了整改报告，称已经完成了大股东占用资金的清理工作。

为了加强内部审计工作，健康公司于2011年专门成立了内部审计部，内部审计部直接向健康公司总经理汇报工作。内部审计部有5名工作人员，其中包括专职人员3名，财务部兼职人员2名。

2. 要求：针对上述资料，假定不考虑其他条件，识别健康公司2011年度财务报表层次存在的重大错报风险，并针对所识别的财务报表层次的重大错报风险制定总体应对措施。

分析指导：

（1）下列因素可能引发财务报表层次的重大错报风险，并引发舞弊：

1）未来的融资条件。健康公司拟于 2012 年进行再融资，可能为了满足再融资条件中的财务指标的要求，粉饰财务报表。

2）开发新产品。健康公司在研发方面投入较大，正在研发治疗慢性肝炎方面的新药，新药能否成功存在较大的不确定性，对财务报表整体可能存在影响。

3）管理层的更换。由于原有主要产品销售业绩下滑，在2011年度中间更换了公司的管理层，新管理层可能变更会计政策或会计估计，进而影响财务报表。

4）调整营销模式。健康公司2011年实施了营销模式的调整，可能影响健康公司内部控制的设计和执行，进而影响财务报表。

5）大股东诚信和关联交易。证券监管机构对健康公司的专项检查，发现了公司大股东的诚信和关联交易问题，可能对健康公司的财务报表产生影响。

6）公司内部治理的问题。内部审计部门和人员直接向总经理汇报工作缺乏独立性。

7）对新管理层的激励政策。健康公司对新管理层的激励政策以经营业绩为基础，可能对新管理层形成较大的压力。

（2）财务报表层次重大风险的总体应对措施包括：

1）向审计项目组强调收集和评价审计证据过程中保持职业怀疑态度的必要性。

2）指派更有经验的或具有特殊技能的审计人员，或利用专家工作。

3）提供更多的督导。

4）在选择拟实施的进一步审计程序时融入更多的不可预见因素，注意使某些审计程序不被管理层预见或事先了解。

5）对拟实施的审计程序性质、时间安排和范围作出总体修改。

【课堂训练 4.4.1】确定检查风险

1. 资料：注册会计师在对 B 公司 2016 年度会计报表进行审计时，对审计风险的有关要素，分别作出如下评估。

情况	可接受的审计风险水平	评估的固有风险水平	评估的控制风险水平
1	5%	40%	60%
2	5%	50%	70%

2. 要求：

（1）根据审计风险模型，计算注册会计师应确定的检查风险水平。

（2）根据计算的结果，说明检查风险的评估基础及其对确定实质性测试性质、时间和范围的影响。

练习题

一、单项选择题

1. 在会计报表中，分析性复核程序在（　　）可由审计人员随意选择。
   A. 审计计划阶段　　　　　　　B. 审计实施阶段
   C. 审计报告阶段　　　　　　　D. A 与 B

2. 在计划某项审计工作时，审计人员应分（　　）两个层次来评价其重要性。
   A．总账层和明细账层　　　　　B．资产负债表层和利润表层
   C．会计报表层和账户余额层　　D．记账凭证层和原始凭证层
3. 如果审计人员认为错报属于重要错报，就应考虑通过（　　）来降低审计风险。
   A．扩大审计程序　　　　　　　B．请求管理当局调整会计报表
   C．重新评价重要性水平　　　　D．A 或 B
4. 在审计的计划阶段，利用审计风险模型确定某项认定的计划检查风险，所使用的控制风险是审计人员的（　　）。
   A．实际估计水平　　　　　　　B．计划估计水平
   C．实际水平　　　　　　　　　D．计划可接受水平
5. 在特定审计风险水平下，检查风险同固有风险、控制风险之间的关系是（　　）。
   A．同向变动关系　　　　　　　B．反向变动关系
   C．有时同向变动，有时反向变动　D．不明显的
6. 注册会计师实施分析性复核审计程序，并不能帮助其（　　）。
   A．发现异常变动情况　　　　　B．印证各项目的审计结果
   C．了解被审计单位的财务状况　D．确定抽样应有的样本量
7. 固有风险、控制风险和检查风险，只是针对（　　）层次的个别认定而确定的。
   A．整个会计报表　　　　　　　B．部分会计报表
   C．账户发生额　　　　　　　　D．账户余额
8. 注册会计师已获取被审计单位将 2016 年 12 月 31 日已经发生的一笔赊销业务收入记入 2017 年 1 月 3 日营业收入账上的充分、适当的审计证据，则注册会计师应当界定营业收入的（　　）认定存在重大错报。
   A．列报　　　　B．准确性　　　　C．截止　　　　D．发生
9. 总体审计计划的基本内容不应包括（　　）。
   A．被审计单位的基本情况
   B．重要会计问题及重点审计领域
   C．对专家、内审人员及其他注册会计师工作的利用
   D．审计工作底稿索引号
10. 如果注册会计师认为利润表可接受的重要性水平为 60000 元，而资产负债表可接受的重要性水平为 110000 元，则会计报表层的重要性水平为（　　）。
    A．110000 元　　B．60000 元　　C．80000 元　　D．40000 元

二、多项选择题

1. 总体审计计划的基本内容包括（　　）。
   A．被审计单位的基本情况
   B．审计目标、审计范围及审计策略
   C．审计重要性的确定及审计风险的评估
   D．对专家、内审人员及其他注册会计师的利用
2. 在审计计划阶段，运用分析性复核的主要目的有（　　）。
   A．评价重要性水平　　　　　　B．进一步了解客户情况

C. 确认存在潜在风险的领域　　D. 确定是否要执行符合性测试
3. 审计风险是由（　　）组成的。
   A. 内部控制制度风险　　B. 控制程度风险
   C. 固有风险和控制风险　　D. 检查风险
4. 如果审计人员所确定的尚未更正错报累计额是接近重要性水平的，审计人员应考虑（　　）相加后是否可能超过重要性水平。
   A. 尚未查出的错报　　B. 尚未更正错报累计额
   C. 已查出的错报　　D. 已更正错报累计额
5. 审计风险的组成要素和审计证据的关系可以表述为（　　）。
   A. 检查风险与所需的审计证据数量是反向关系
   B. 固有风险与所需的审计证据数量是正向关系
   C. 控制风险与所需的审计证据数量是正向关系
   D. 审计风险与所需的审计证据数量是正向关系
6. 审计项目负责人编制具体审计计划，应包括各具体项目的（　　）。
   A. 审计目标　　B. 审计步骤
   C. 执行人及执行时间　　D. 审计工作底稿的索引号
7. 审计计划阶段，注册会计师可以采用以下（　　）方法了解被审计单位的基本情况。
   A. 查阅以往审计资料和行业资料　　B. 了解内部控制和符合性测试
   C. 观察被审计单位经营场所和设施　　D. 询问内部审计人员和管理当局
8. 注册会计师在确定各账户层次的重要性水平时，应考虑的因素包括（　　）。
   A. 各账户性质
   B. 各账户错报、漏报的可能性
   C. 各账户审计成本
   D. 账户层次的重要性和报表层次重要性水平的关系
9. 如果经过实质性测试后，注册会计师认为与某一重要账户或交易类别的认定有关的检查风险不能降低至可接受的水平，那么，注册会计师应发表（　　）。
   A. 无保留意见　　B. 保留意见
   C. 否定意见　　D. 拒绝表示意见
10. 按照审计准则的规定，下列有关审计计划表述正确的有（　　）。
    A. 注册会计师可以和被审计单位的有关人员就某些重要的审计程序进行讨论
    B. 独立编制审计计划是注册会计师的责任
    C. 审计计划应在具体实施前下达给审计小组成员
    D. 审计程序的实施应严格按照审计计划进行，以保证审计工作质量

三、判断题

1. 为了保持审计的连续性和审计结果的可比性，注册会计师对同一客户所进行的多次年度会计报表审计，应使用相同的重要性水平。（　　）
2. 审计人员只在确定实质性程序的性质、时间和范围时，才应考虑重要性和审计风险之间的反向变动关系。（　　）
3. 初步审计策略不是完成审计工作所需执行的审计程序的详细安排，而是注册会计师对

某一认定的审计方法作出的初步判断。（　　）

4．如果同一期间各会计报表的重要性水平不同，注册会计师应取其最高的重要性水平作为会计报表层重要性水平，这样可以有效地降低审计风险。（　　）

5．会计报表层次的重要性水平等于各账户余额层次重要性水平之和。（　　）

6．在采用较低的控制风险估计水平法审计时，通常要扩大实质性测试范围。（　　）

7．对于被审计单位的关联方交易，会计准则有特殊的披露要求。因此，注册会计师对关联方交易通常比非关联方交易要收集更多的证据。（　　）

8．分析性复核在会计报表审计的所有分阶段都要求必须使用，它是取证的好方法。（　　）

9．审计计划的繁简程度取决于被审计单位的经营规模和预定审计工作的复杂程度。（　　）

10．如果评价审计结果时所运用的重要性水平大大低于编制审计计划时确定的重要性水平，注册会计师应重新评估所执行的审计程序是否充分。（　　）

四、简答题

1．如何理解被审计单位管理当局对会计报表的认定？
2．简述管理当局的认定与具体审计目标的关系。
3．总体审计计划和具体审计计划的基本内容有哪些？
4．简述审计风险的概念，并说明审计风险的构成因素及其相互关系。
5．如何理解重要性概念？
6．影响重要性的因素有哪些？
7．审计风险与重要性的关系如何？
8．审计报告阶段如何运用重要性原则？

五、综合实训

综合实训 4-1

1．资料：注册会计师刘某负责对常年审计客户甲公司 2013 年度财务报表进行审计，撰写了总体审计策略和具体审计计划，部分内容摘录如下：

（1）初步了解 2013 年度甲公司及其环境未发生重大变化，拟依赖以往审计中对管理层、治理层诚信形成的判断。

（2）因对甲公司内部审计人员的客观性和专业胜任能力存有疑虑，拟不利用内部审计的工作。

（3）如对计划的重要性水平作出修正，拟通过修改计划实施的实质性程序的性质、时间和范围降低重大错报风险。

（4）假定甲公司在收入确认方面存在舞弊风险，拟将销售交易及其认定的重大错报风险评估为高水平，不再了解和评估相关控制设计的合理性并确定其是否已得到执行，直接实施细节测试。

（5）因甲公司于 2013 年 9 月关闭某地办事处并注销其银行账户，拟不再函证该银行账户。

（6）因审计工作时间安排紧张，拟不函证应收账款，直接实施替代审计程序。

（7）2013 年度甲公司购入股票作为可供出售的金融资产核算。除实施询问程序外，预期无法获取有关管理层持有意图的其他充分、适当的审计证据,拟就询问结果获取管理层书面声明。

2. 要求:针对上述事项(1)~(7),逐项指出注册会计师刘某拟定的计划是否存在不当之处。如有不当之处,简要说明理由。

综合实训 4-2

1. 资料:王某和刘某注册会计师对 XYZ 股份有限公司 2013 年度会计报表进行审计,其未经审计的有关会计报表项目金额如下(单位:万元):

财务报表项目名称	金额
资产总计	3 000
股东权益合计	1 800
总收入	4 700
净利润	352.5

2. 要求:

(1)如果以资产总额、净资产(股东权益)、主营业务收入和净利润作为判断基础,采用固定比例法,并假定资产总额、净资产、主营业务收入和净利润的固定百分比数值分别 0.5%、1%、0.5%和 5%,请代王某和刘某注册会计师计算确定 XYZ 股份有限公司 2013 年度会计报表层次的重要性水平(请列示计算过程),并说明在分配各账户重要性水平时应考虑哪些因素。

(2)简要说明重要性水平与审计风险的关系。

项目五　审计程序和审计方法

【知识能力目标】

通过学习和训练，了解审计程序的定义，熟悉财务审计的一般程序，掌握各种审计方法在实际工作中的具体应用。

【案例导入】

巨人零售公司审计案

巨人零售公司是美国一家大型零售折扣商店，也是一家上市公司。由于竞争的压力，该公司在应付账款、销售退回以及进价差额的退回方面弄虚作假，将1971年发生的250万美元的经营损失篡改为150万美元的收益。而审计该公司的塔奇·罗斯会计师事务所的有关合伙人由于屈服于客户施加的压力，在该公司的控制下对有关单位进行询证，执行并无实效的审计程序；对该公司提出的更换审计合伙人、将某位助理审计人员赶出事务所等无理要求"委曲求全"；对审计助理人员发现的公司舞弊嫌疑听之任之。更有甚者，当塔奇·罗斯会计师事务所在与巨人零售公司讨论审计中所发现的问题时，巨人零售公司的有关人员是当面计算各种财务指标，以能否达到预期目标作为是否接受塔奇·罗斯会计师事务所调整意见的原则。

1972年巨人零售公司向美国证券交易委员会提交了1971年度财务报表和塔奇·罗斯会计师事务所出具的无保留意见审计报告，申请并获准发行了300万美元的普通股，还获取了1200万美元的贷款。但1973年该公司突然宣布：由于存在潜在的会计错误可能会影响1971年度的报告收益。大约一个月以后，塔奇·罗斯会计师事务所撤回了上述无保留意见审计报告。1973年8月巨人零售公司向波士顿法院提交破产申请，两年后法庭宣布公司破产，该公司的有关人员则被判有罪。美国证券交易委员会在经过调查后，严厉谴责了塔奇·罗斯会计师事务所，并且在联邦法院处理此事前，暂停该所负责巨人零售公司审计的合伙人执业5个月。美国证券交易委员会同时要求由独立专家中的一位陪审员，对塔奇·罗斯会计师事务所的审计程序进行一次大规模的检查，内容包括了事务所的独立性以及如何接受聘约、保留客户等。

审计程序对审计人员而言，就好像地图对旅行者，没有审计程序，审计人员可能查核方向选择错误或没有使用最快最好的查核方法，以致浪费时间和成本。因此，在审计过程中，审计人员必须严格按照审计程序一步一步地进行，才能保证审计质量，避免审计风险。

本项目要解决的就是熟悉财务审计的一般程序，以及在不同的审计阶段选择不同的审计方法完成审计任务。

任务一　财务审计的一般程序

一、审计程序的含义

审计程序是指审计机构和审计人员对审计项目从开始到结束的审计工作步骤。审计人员一般要根据审计对象确定审计目标,运用审计方法取得审计证据,最后提出审计意见。按照审计程序有条不紊地做好审计工作,是审计人员必备的基本技能。恰当的审计程序有助于审计工作循序渐进,有条不紊的达到审计目的。

无论政府审计、内部审计还是注册会计师审计,也不论是财政财务审计,还是经济效益审计,都必须按照一定审计程序开展工作。本项目主要说明注册会计师审计组织进行财务会计报表审计的审计程序。

二、注册会计师审计程序

注册会计师审计的审计程序与国家审计程序相比,具有以下特点:一是由于注册会计师审计是受托审计,因此注册会计师审计通常不编制年度审计项目计划;二是由于注册会计师审计组织不具有行政处理处罚权,因此注册会计师审计在出具审计报告后,不作出审计处理处罚的决定。注册会计师审计的程序一般可分为接受委托阶段、实施阶段、报告阶段和立卷归档阶段等4个阶段。

(一)接受审计委托

会计师事务所应当按照执业准则的规定,谨慎决策是否接受或保持某客户关系和具体审计业务。在接受新客户的业务前,或决定是否保持现有业务或考虑是否接受现有客户的新业务时,会计师事务所应当执行一些客户接受与保持的程序,以获取相关信息。为了准确无误的行使和承担各自的权利和义务,在委托方委托时认为可以接受委托,双方要签订审计业务约定书。

审计业务约定书是会计师事务所与被审计单位签订的,以确认审计业务的委托与受托关系,明确审计目的和范围以及双方责任与义务的书面协议。会计师事务所在签约之前应与被审计单位就审计项目的性质、目的、审计范围、审计收费以及双方责任和义务等主要问题进行商谈,达成一致意见,并在考虑自身能力和能否保持独立性的基础上签订审计业务约定书。

(1)审计业务约定书基本内容有:

1)财务报表审计的目标。

2)管理层对财务报表的责任。

3)管理层编制财务报表采用的会计准则和相关会计制度。

4)审计范围,包括指明在执行财务报表审计业务时遵守的中国注册会计师审计准则(以下简称审计准则)。

5)执行审计工作的安排,包括出具审计报告的时间要求。

6)审计报告格式和对审计结果的其他沟通形式。

7)由于测试的性质和审计的其他固有限制,以及内部控制制度的固有局限性,不可避免地存在着某些重大错报可能仍然未被发现的风险。

8)管理层为注册会计师提供必要的工作条件和协助。

9)不受限制地接触任何与审计有关的记录、文件和所需要的其他信息。

10)管理层对其作出的与审计有关的声明予以书面确认。

11)注册会计师对执业过程中获知的信息保密。

12)审计收费,包括收费的结算基础和收费安排。

13)违约责任。

14)解决争议的方法。

15)签约双方法定代表人或其授权代表的签字盖章,以及签约双方加盖的公章。

（2）根据情况需要，注册会计师应当考虑在审计业务约定书中列明以下内容：
1）在某些方面对利用其他注册会计师和专家工作的安排。
2）与审计涉及的内部审计人员和被审计单位其他员工工作的协调。
3）预期向被审计单位提交的其他函件或报告。
4）与治理层整体直接沟通。
5）在首次接受审计委托时，对与前任注册会计师沟通的安排。
6）注册会计师与被审计单位之间需要达成进一步协议的事项。

（二）计划审计工作

计划审计工作十分重要，计划周全不仅可以降低审计风险，提高审计质量，还可以大大降低审计成本，提高审计效率。一般来说，计划审计工作主要包括：在本期审计业务开始时开展的初步业务活动；制定总体审计策略；制定具体审计计划等。需要指出的是，计划审计工作不是审计业务的一个孤立阶段，而是一个持续的、不断修正的过程，贯穿于整个审计业务的始终。

（三）实施风险评估程序

所谓风险评估程序是指注册会计师实施的，了解被审计单位及其环境并识别和评估财务报表重大错报风险的程序。风险评估程序是必要程序，为了解被审计单位及其环境，特别是注册会计师在许多关键环节作出职业判断提供重要基础。一般来说，实施风险评估程序的主要工作包括：了解被审计单位及其环境；识别和评估财务报表层次及各类交易、账户余额、列报认定层次的重大错报风险等，还包括确定需要特别考虑的重大错报风险及仅通过实施实质性程序无法应对的重大错报风险等。

（四）实施风险应对措施

针对分析评估中识别出来的重大错报风险，注册会计师应采取总体应对措施，设计和执行进一步的审计程序，以降低审计风险至可接受水平。

1. 总体应对措施

注册会计师针对评估的财务报表层次的重大错报风险，运用专业判断来确定总体应对措施，这是战略上的应对。

2. 进一步的审计程序

注册会计师针对评估的各类交易账户余额列报认定层次的重大错报风险，实施进一步的审计程序，包括控制测试和实质性测试程序。这是战术上的应对。

（五）完成审计工作与撰写审计报告

注册会计师在完成财务报表所有循环的进一步审计程序后，还应当按照有关审计准则的规定做好审计完成阶段的工作，并根据获取的各种证据运用专业判断，形成适当的审计意见。

本阶段的主要工作有：审计期初余额、比较数据、期后事项和或有事项；考虑持续经营问题和获取管理层声明；汇总审计差异，并提请被审计单位调整或披露；复核审计工作底稿和财务报表；与管理层和治理层沟通；评价所有审计证据，形成审计意见；编制审计报告等。

思考：为什么要签订审计业务约定书？

【案例演示 5.1.1】审计业务约定书

CA 股份有限公司委托 XX 会计师事务所对其会计报表进行审计，双方签订了如下的审计业务约定书。

要求：

(1) 指出下述审计业务约定书中存在的问题。
(2) 重新起草审计业务约定书。

审计业务约定书

甲方：CA 股份有限公司

乙方：XX 会计师事务所

甲方委托乙方进行 2016 年会计报表审计，经双方协商，达成以下约定：

一、审计范围及委托目的

乙方接受甲方委托，对甲方 2016 年 12 月 31 日的资产负债表以及该年度的利润表和现金流量表进行审计。乙方将根据中国注册会计师独立审计准则，对甲方内部控制制度进行研究和评价，对会计记录进行必要的抽查，并在乙方认为需要时实施其他必要的审计程序，在此基础上，对上述会计报表的合法性、公允性及会计处理方法的一贯性发表审计意见。

二、甲方的责任与任务

1. 为乙方审计工作及时提供所需的全部资料和其他有关资料。
2. 委派乙方的审计人员提供必要的条件及合作，具体事项将在乙方所派人员于审计工作开始之前提供的清单中列明。
3. 按本约定书的规定，向乙方及时足额地支付审计费用。

三、按照独立审计准则的要求进行审计，出具审计报告，保证审计报告的真实性、合法性。

四、审计收费

按《ＸＸＸ收费规定》，乙方应收本项业务具体费用，由所花费的工作时间确定，预计收取人民币ＸＸＸ万元，甲方应在本约定书签订后预付上述费用的ＸＸ%，其余部分在乙方提交审计报告时一并付清。如在审计过程中遇到重大问题，致使乙方实际花费审计工作时间有较大幅度的增加，甲方应在了解实际情况后，酌情增加审计费用。

五、约定书的有效期限

本约定书一式两份，甲乙双方各执一份。

本约定书自 2017 年 1 月 10 日起生效，并在全部约定事项完成之前有效。

六、约定事项的变更

由于出现不可预见的情况，影响审计工作的如期完成，或提前出具审计报告，甲乙双方可要求变更约定事项，但应及时通知对方，由双方协商解决。

七、甲乙双方对其他事项的约定

甲方：CA 股份有限公司　　乙方：XX 会计师事务所

　　　　　　　　　　　　　　　代表：（签章）　　代表：（签章）

分析指导：

（1）遗漏了 CA 股份有限公司的会计责任；遗漏了会计师事务所的义务；遗漏了审计报告的使用责任；没有违约责任；没有签约时间。

（2）

审计业务约定书

甲方：CA 股份有限公司

乙方：XX 会计事务所

甲方委托乙方进行 2016 年度会计报表审计，经双方协商，达成以下约定：

一、审计范围及委托目的：乙方接受甲方委托，对甲方 2016 年 12 月 31 日的资产负债表以及该年度的利润表和现金流量表进行审计。

乙方将根据中国注册会计师独立审计准则，对甲方内部控制制度进行研究和评价，对会计记录进行必要的抽查，并在乙方认为需要时实施其他必要的审计程序，在此基础上，对上述会计报表的合法性、公允性及会计处理方法的一贯性发表审计意见。

二、甲方的责任与义务

甲方的责任包括：

（1）建立、健全内部控制制度。

（2）保护资产的安全完整。

（3）保证会计资料的真实、合法、完整。

甲方的义务包括：

（1）为乙方审计工作及时提供所需的全部会计资料和其他有关资料。

（2）为乙方委派的审计人员提供必要的条件及合作，具体事项将在乙方所派人员于审计工作开始之前提供的清单中列明。

（3）按本约定书的规定，向乙方及时足额地支付审计费用。

三、乙方的责任与义务

乙方的责任包括：按照独立审计准则的要求进行审计，出具审计报告，保证审计报告的真实性、合法性。

乙方的义务包括：

（1）按照约定时间完成审计业务、出具审计报告。

（2）对执业过程中知悉的甲方商业秘密保密。

（3）必要时，出具管理建议书。

四、出具审计报告的时间要求

乙方应于 2017 年 X 月 X 日之前向甲方提交本项目的审计报告。

五、审计报告的使用责任

乙方提交给甲方的审计报告由甲方分发并使用。使用不当造成的后果与乙方及其所委派的审计人员无关。

六、审计收费

按《XXX 收费规定》，乙方应收本项业务的费用，按乙方实际参加本项审计业务的工作人员级别以及所花费工作时间确定，预计收取人民币 XXX 万元，甲方应在本约定书签订后预付上述费用的 XX%，其余部分在乙方提交审计报告时一并付清。

如在审计过程中遇到重大问题，致使乙方实际花费的审计工作时间有较大幅度的增加，甲方应在了解实际情况后，酌情增加审计费用。

七、约定书的有效时间

本审计业务约定书一式两份，甲乙各执一份。

本约定书自 2017 年 1 月 10 日起生效，并在全部约定事项完成之前有效。

八、约定事项的变更

由于出现不可预见的情况，影响审计工作的如期完成，或需提前出具审计报告，甲乙双方可要求变更约定事项，但应及时通知对方，由双方协商解决。

九、违约责任

十、甲乙双方对其他事项的约定

甲方：CA 股份有限公司（签章）
代表：（签章）2017 年 X 月 X 日
乙方：XX 会计师事务所（签章）
代表：（签章）2017 年 X 月 X 日

任务二　审查书面资料的方法

一、按审查书面资料的技术不同分类

（一）审阅法

审阅法是指仔细审查阅读被审计单位一定时期的会计资料和其他有关资料，获取审计证据的审查方法，它广泛用于财政、财务审计。其目的在于检查经济业务的真实性、合规性和合理性，以便从中发现问题，收集书面证据。审阅法可用于下列书面资料的审阅：

（1）原始凭证的审阅。

原始凭证的审阅包括技术形式和实质内容两方面的审查。技术形式的审查主要看凭证上所记载的抬头、日期、数量、单价、金额等的字迹是否清晰，数字是否相符，如有不符合规定的情况或有涂改字迹、数字的情况，就有可能存在舞弊的行为；还要看填制原始凭证的单位名称、地址和图章，审查凭证的各项手续是否完整。实质内容的审查主要看原始凭证反映的经济活动是否符合有关的法规、政策、经营管理制度等。

（2）记账凭证的审阅。

记账凭证的审阅主要是审阅记账凭证是否附有合法的原始凭证；记账凭证的记载是否符合会计制度的规定，是否依据会计原理，所记账户的名称和会计分录是否正确，有无错用账户或错记方向的情况。

（3）账簿的审阅。

账簿包括总账、明细账、日记账和各种辅助账簿等，其中以审阅明细账、日记账为重点。账簿的审阅主要是审阅账户记录的内容是否真实，其中对应关系是否正常、合理，有无错误或舞弊，特别注意应收账款、材料成本差异、管理费用、制造费用、营业费用、财务费用等容易掩盖错弊和经常反映会计转账事项的账簿。

（4）报表的审阅。

报表的审阅主要是审阅报表项目是否填写齐全，表内的对应关系和平衡关系是否正确，报表附注是否填写，有关主管、经管人员的签字是否齐全，并按各报表之间有关项目的勾稽关系，核对相关数据是否一致，有无异常变化现象等。

（5）其他书面资料的审阅。

其他书面资料通常包括有关文件、内部规章制度、计划预算资料、合同书、协议书、委托书、生产记录、各种消耗定额等。对其他书面资料进行审阅时，应根据审计的具体情况决定需要审阅哪些资料。例如，在审阅产品核算资料时，发现实际耗用工时与定额工时相距甚远，应审阅考勤记录和派工单（或生产任务通知单）等资料，以查明该单位是否存在弄虚作假。

（二）核对法

核对法是指对被审计单位的书面资料按照其内在联系相互对照检查，从中获取审计证据的方法。其主要内容如下：

（1）证证核对。

证证核对的主要内容：核对原始凭证的数量、单价、金额和合计数是否相符，核对记账凭证与其所附原始凭证是否相符，原始凭证的合计数与记账凭证的合计数是否相符，原始凭证的张数与金额是否相符。

（2）账证核对。

账证核对主要内容：核对记账凭证是否登入有关明细账和总账，其中，又以明细账与凭证的核对为主。在被审计单位业务很多的情况下，账证核对通常采用抽查的方法进行，既可从全部资料中有目的的选择一部分业务来核对，也可以根据审阅账簿记录的结果进行重点核对，还可以根据其他审查程序结果确定核对内容，如对内部控制薄弱环节作为重点进行核对。

（3）账账核对。

账账核对可以按账簿记录的对应关系来核对，也可以按账簿的相互关系来核对。重点核对以下内容：各明细账户的余额合计数与总账中有关账户的余额是否相符；总账中各账户的期初余额、本期发生额和期末余额的计算是否正确，各账户的借方余额合计数与贷方余额合计数是否平衡。

通过账账核对来证实账簿的记录是否符合会计核算的一般规则，是否有明确的分工。由于被审计单位的账簿数量相对较少。因此，应采用详查法进行全面核对。

（4）账表核对。

账表核对主要是将有关报表项目与总分类账户进行核对，核对的报表主要是资产负债表、利润表、所有者权益增减变动表和现金流量表，核对的重点是账表中所记录的金额。具体内容如下：核对会计报表的数字是否与总账余额或明细账余额相符，核对报表上的数字计算是否正确无误，核对报表之间的相关数字是否相符。

在核对中如发现不相符，应引起重视，并进一步查明原因。

（5）账实核对。

账实核对主要是核对账卡上所反映的实物余额是否与实际存在的实物相符。此外，还需核对银行对账单、客户往来清单等外来对账单是否与本单位有关账项记载相符。

核对法比较容易发现存在的问题，而且取得的审计证据也较为可信，是现代审计常用的方法之一。在使用核对法时应注意以下问题：

1）为避免核对内容重复和遗漏，应使用一些符号进行标记，这些符号可以自创，也可以使用书本上提供的符号。核对常用符号有以下几种：

a. √——表示已经核对。

b. √×——表示已经核对第二次。

c. √××——表示已经核对第三次。

d. ×——表示所核对的资料有错误。

e. ?——表示所核对的资料可能有问题，待查。

f. ?̸——表示疑点已消除。

g. !——表示所核对的数据有待调整。

h. 、——表示有待详查。

ⅰ. 5／2 表示已核对至 5 月 2 日。

2）核对时可以由两人合作，一人读，一人看，这样做便于节约时间，提高效率；也可以由一人单独进行，这样做可以兼看两处资料，不易遗漏，但费时较多。

（三）复算法

复算法又称"复核法""重算法"、"验算法"，是指审计人员对被审计单位书面资料的有关数据进行重新计算，用来验证原计算结果是否正确可靠的一种方法。验算法可以取得书面证据，是审计中常用的方法之一。

1. 复算法的内容主要

（1）对某些业务的计算结果进行复算。

（2）对成本归集和分配的结果进行复算。

（3）对账簿有关计算内容的复算。

（4）对报表有关计算内容的复算。

（5）对有关分析资料计算的数据进行复算。

2. 复算法应用要点

（1）会计数据的复核。会计数据的复核主要指的是对查账人员有关会计资料提供的数据指标进行的复核工作。会计资料大致可分为会计凭证、会计账簿和会计报表三类，故会计数据的复核也可从这 3 个方面进行。

1）在会计凭证方面。

a. 复核原始凭证上的数量、单价与金额的计算有无错误；对涉及多个事项的原始凭证，需注意复核其合计是否正确。对于自制的付款凭证如工资结算凭证等，则更应注意，以防有诈。

b. 复核记账凭证所属原始凭证的金额合计是否正确。

c. 复核记账凭证汇总表（科目汇总表）是否正确。

d. 复核转账凭证上转记金额计算是否正确。如材料成本差异、进销差价、低值易耗品的分摊计算，固定资产折旧费与修理费、工资福利费及经常性奖金的提成计算等。

e. 复核成本计算中有关费用的归集与分配、单位成本和总成本的计算有无错误。

2）在会计账簿方面。

a. 复核明细账、日记账与总账的本期借贷方发生额之和的计算是否正确。

b. 复核各账户余额的计算有无错误，尤其应注意现金日记账和有关实物明细账的复核，以防利用记账技巧进行舞弊。

c. 复核有关明细账余额之和的计算有无错误。

3）在会计报表方面。

a. 复核资产负债表中的小计数、合计数及总计数的计算是否正确。

b. 复核利润表中利润总额、应纳税所得额及其分配等有关数据的计算有无错误。

c. 复核成本费用表中有关栏的合计数计算有无错误。

d. 复核其他明细表有关栏和行的合计，以及最后的总计计算有无错误。

e. 复核各报表补充资料中有关指标的计算是否正确。

（2）其他数据的复核。由于现代审计不仅仅局限于对会计资料的审查，因而会计数据以外的其他数据也成了查账复核的必要内容。至于到底需要复核哪些内容，则应视查账的具体情况而定。一般而言，主要是对统计核算提供的一些指标的复核，如工作时间的复核（包括定额工作时间、计划工作时间、实际工作时间、加班加点时间等），生产任务完成情况的复核等。

在进行经济效益查账或事前查账（如可行性研究）时，还应对有关预测、决策数据进行复核。

二、按审查会计资料的顺序分类

（一）顺查法

顺查法指审计的取证顺序与反映经济业务的会计资料形成过程相一致的方法。

在这种方法下，审计人员应首先检查原始凭证——核对记账凭证——核对日记账、明细账和总账——与财务报表相核对。

顺查法的优点是审计过程全面细致，一般说来不容易遗漏错弊事项。因此，审计质量较高；同时由于方法简单，易于掌握。其缺点是事无巨细，不突出重点，机械繁杂，工作量大，不利于提高审计工作效率。顺查法适用于业务规模较小、会计资料较少、存在问题较多的被审计单位。

（二）逆查法

逆查法是指审计取证的顺序与反映经济业务的会计资料形成过程相反的方法。

在这种方法下，审计人员应首先分析检查财务报表——追查至相关的日记账、明细账和总账——核对记账凭证——核对原始凭证。

逆查法的优点是可从被审计事项的总体上把握重点，在发现问题的基础上明确主攻方向，目的性、针对性比较强；由于突出重点，因而可以节省人力和时间，提高审计工作效率。其缺点是由于运用逆查法一般不要求对被审计事项进行全面的详细审查，因此可能遗漏重要错弊事项。此外，在技术上逆查法比顺查法要复杂，掌握起来难度比较大。逆查法适用于业务规模较大，内部控制系统比较健全，管理基础较好的被审计单位。

三、按审查书面资料的详细程度分类

（一）详查法

详查法是指对被审计单位一定时期内的所有凭证、账簿和报表或某一项目的全部会计资料毫无遗漏地进行全面详细审查的方法。

详查法的优点是可以有效地查出会计资料中存在的各种差错，不易出现遗漏，一般能够收集到说明被审计事项的完整证据，使审计质量有可靠的保证。其缺点是因为要审查全部账表凭证，因而必须安排足够的人员和时间才能完成审计任务，工作量大，费时费力，审计成本相对较高。详查法适用于经济业务比较简单的被审计单位。内部管理比较混乱的被审计单位，以及可能存在重大违反财经法纪行为的被审计单位，可考虑采用详查法。

（二）抽查法

抽查法是指对被审计单位的部分经济业务和会计资料进行检查，并根据检查结果推断总体状况的方法。

根据确定样本数量和以样本推断总体所依据的方法不同，抽查法可以分为统计抽样法和非统计抽样法。

抽查法的优点是抽查法能使审计人员从单调、复杂的工作中摆脱出来，极大地提高审计工作效率，节省审计资源，可以收到事半功倍的效果。其缺点是由于抽查法是以部分资料的检查结果去推断总体的状况，因而有可能对审计质量产生影响。尤其是对于那些发生频率不高的错弊行为，该方法的运用具有一定的局限性。抽查法适用范围比较广泛，凡对规模较大、经济业务多、内部控制健全有效、会计基础工作较好、组织机构健全的单位进行审计，都可运用抽查法。

思考：审计人员在审计实践中如何灵活运用书面取证方法？

【案例演示 5.2.1】审阅法的应用

2015 年 2 月 10 日，德州新华会计师有限责任公司的注册会计师张强在审阅昆仑公司账簿时发现以物易物的形式，用部分库存商品取得某项固定资产，按会计制度规定以物易物应作销售处理，库存商品账户金额的减少应对应主营业务收入的增加，可查主营业务收入并无此记录，于是检查库存商品减少时的会计分录，实为：

借：固定资产　　　　　1 000 000
　　贷：库存商品　　　　　　　1 000 000

将本应借记"固定资产"账户，贷记"主营业务收入"和"应交税费——应交增值税"账户，同时借记"主营业务成本"账户，贷记"库存商品"账户。错记为"固定资产"与"库存商品"的简单对冲，虚减销售收入，偷漏增值税。

【案例演示 5.2.2】会计报表的审阅技巧

企业主要财务报表（权责发生制）只有两张：资产负债表和利润表。审计失败就是已审财务报表存在重大错报，典型的重大错报是虚增利润或虚增资产，虚增利润涉及利润表错报，虚增资产涉及资产负债表错报，典型的虚增利润与虚增资产是联动的，即在虚增资产的同时虚增利润或在虚增利润的同时虚增资产。故发现虚增资产和发现虚增利润效果是等价的，所以发现财务错报有两条路径，一是从资产负债表入手，从发现资产虚增进而发现利润虚增；二是从利润表入手，从发现利润虚增进而发现资产虚增。但在少数情况下，也存在表内的重大错报，如资产负债表资产、负债同时虚减（如账外账），利润表非经常性损益转为经常性损益等。故重大错报可分为两种，一种是跨表错报，另外一种是表内错报，表内错报与跨表错报区别在于前者不会导致另外一张表也存在错报，如东方电子将炒股收益作为主营收益，尽管利润表存在重大错报，但资产负债表不存在错报。资本市场目前最关注财务指标仍是 EPS（每股收益），故在资产负债表和利润表中，利润表又是第一报表，一般认为，利润表审阅要关注三点：营业收入、毛利率及费用率。毛利率和费用率确定了，就可以得出净利率，这样也就可以算出净利润。所以，在利润表审阅中，最关键的三大指标是一个中心（营业收入，绝对指标）、两个基本点（毛利率、费用率，相对指标）。首先要形成营业收入预期：这些预期是基于历史业绩和同业业绩基础上，并结合非财务指标，如市场占有率、合同额等，一些公司业绩出现非预期业绩增长，如悖离行业周期、市场份额企高；过度依赖少数客户，客户口碑差等。

【课堂训练 5.2.1】记账凭证的审阅

1. 资料：注册会计师刘丽在审阅宏达公司记账凭证时发现如下一张记账凭证，摘要为"行政部门领用物品"，会计分录为：

借：管理费用　　　　　20 000
　　贷：库存商品　　　　　　　20 000

2. 要求：请分析该记账凭证在会计处理上存在什么问题？该处理对当期报表有什么影响？

【课堂训练 5.2.2】会计账簿的审阅

1. 资料：2015 年 2 月 10 日，德州新华会计师有限责任公司的注册会计师张强在审阅宏达公司固定资产明细账时发现一笔会计分录：

借：固定资产—职工宿舍工程　　240 000
　　贷：银行存款　　　　　　　　240 000

摘要记录是："付职工宿舍工程"。经查与工程预算金额分毫不差。

2. 要求：请分析该记录有何疑点？审计人员应如何进一步审计？

任务三　证实客观事物的方法

证实客观事物的方法是审计人员证明和落实客观事物的形态、性质、所有权、存放地点、数量和价值等的方法，包括盘点法、调节法、观察法、鉴定法和查询法。

一、盘点法

盘点法是对被审计单位的各项财产物资进行实地盘点，以证实被审计单位的账簿记录同有关的财产物资是否一致的审计方法。一般分为直接盘点法和监督盘点法。

直接盘点法是指审计人员亲自在盘点现场对实物进行盘点。这种方法一般只有对贵重的、数量较小的财产物资进行取证时采用，盘点时应有被审计单位的人员参加。

监督盘点法是指审计人员在盘点现场监督和观察被审计单位的盘点过程而不直接进行盘点的方法。盘点时，被审计单位的人员自己动手盘点，审计人员仅对盘点过程进行监督，以判断清点结果的可靠性。一般而言，实物资产的盘点应由被审计单位人员进行，审计人员现场监督。

二、调节法

调节法是指由于被审计单位报告日数据与审计日数据存在差异或由于被审项目存在未达账项，通过对有关数据进行调节来验证报告日数据是否账实、是否相符的方法。它是一种求得需要证实数据的方法。

如在审查银行存款时，运用调节法编制银行存款调节表，对被审计单位与开户银行双方所发生的"未达账项"进行调节，以证实实际存款数同账面余额是否相符；运用调节法还可以证实实物财产物资是否账实相符。盘点实物时，如发现盘点日的账面应存数同结账日实际应存数不同时，结合实物盘点，可以利用调节法来调节。调节公式如下：

编报日结存数=审计日盘点数量+编报日至审计日发出数-编报日至审计日收入数

三、观察法

观察法是指审计人员通过实地观察取得审计证据的一种审计技术。如审计人员深入仓库亲眼观看货物存放的情况，亲临现场观察各项业务处理程序手续的技术操作情况等。观察法结合盘点法、询问法等，会取得更佳效果。

四、鉴定法

鉴定法是指运用化验分析、物理检验等专门技术对书面资料的真伪、实物的质量和经济活动的质量进行分析鉴别，获取审计证据的一种检查方法。鉴定法的鉴定结果必须是具体的、客观的和正确的，并作为一种独立的审计证据，详细地记入审计工作底稿。

五、查询法

查询法是指运用专门技术对审计过程中发现的疑点和问题,运用书面或口头询问的方式,弄清事实真相并取得审计证据的一种审计方法。查询法运用广泛,如审计书面资料、证实客观事物、分析经济问题,均可使用。查询法又分面询和函询。

(一)面询

面询是审计人员向被审计单位内外的有关人员当面询问意见,核实情况。如向保管员询问库存积压的原因,向财会人员询问对账的情况等,均属询问法。面询法取得的证据形式,可以是录音、谈话笔录、书面回答等。

(二)函询

函询又称函证法,是通过向有关单位发函来了解情况取得审计证据的一种方法,一般用于往来款项的查证。函询,要求询问的内容明确、清楚、简要,便于回复。如发函给对方核实往来款项时,可采用表格式,将往来款项的日期、金额、凭证号数、摘要等填写清楚,一式三份,一份留查,两份寄给对方,对方注明意见后,寄回一份作为回答,另一份留存备查。有的函询,还应注意在询证函中注明是"非催索货款"等字样,以免引起不必要的误会。函证法有肯定式函证和否定式函证两种方式。肯定式函证又称积极式函证,要求收信人(被函证人)对询证函中的事项给予回函答复,对于重要的事项的函证一般应采用这种方式。否定式函证,则要求收信人对询证函中的事项有异议时才复函,询证函中应注明复函期限,过期后未复函则认为收信人对函证事项无异议。

【案例演示 5.3.1】盘点法的应用

1. 资料:审计人员对甲企业进行年度审计,审计目标是证实存货的所有权,盘点方法采用监督盘点。盘点后发现其中西装盘盈 50 套,经进一步询问发现:乙企业委托甲企业代销西装 100 套。最后认定乙企业委托甲企业代销的 100 套西装不属于甲企业所有,因而甲企业库存商品不但没有盘盈 50 套,反而短缺 50 套。通过盘点查明了库存商品的所有权问题,取得了实物检查证据。

2. 要求:如何使用盘点法取得审计证据?

分析指导:搜集审计证据时应注意审计方法的配合使用,盘点法经常与查询法、调节法相结合。本例审计人员就是在盘点的时候结合查询法取得了实物检查证据。

【案例演示 5.3.2】调节法的应用

1. 资料:注册会计师王某、张某对宏达公司 2014 年会计报表审计,要验证存货编报日结存数是否与账面结存数一致。宏达公司 2014 年 12 月 31 日库存材料明细账结存数量:甲材料 6 400 千克,乙材料 8800 千克,丙材料 4500 千克。2015 年 1 月 15 日上午,注册会计师张强对该公司的库存材料进行监督盘点,盘点结果如下:甲材料 6 080 千克,乙材料 8 570 千克,丙材料 4140 千克。又查阅材料仓库卡片,2015 年 1 月 1 日至 14 日收付记录如表 5.1 所示。

表 5.1 收付记录表 (单位:千克)

材料名称	甲材料	乙材料	丙材料
收入数量	12 400	14 300	6 400
发出数量	11 720	13 930	6 660

2. 要求：根据上述资料，用审计调节法核实，该公司 2014 年 12 月 31 日钢材原账面记录的真实性和正确性。

分析指导：如表 5.2 所示为调节表。

表 5.2　调节表　　　　　　　　　　　　　　　　　　　　（单位：千克）

材料名称	审计日盘点数量	结账日至审计日调节情况		结算日情况		
		减：入库数	加：出库数	结算日实存数	结算日账面数	差异
1	2	3	4	5=2+4-3	6	7=5-6
甲材料	6 080	12 400	11 720	5 400	6 400	-1 000
乙材料	8 570	14 300	13 930	8 200	8 800	-6 000
丙材料	4 140	6 400	6 660	4 400	4 500	-100

从表 5.2 数字可知，该公司 2014 年 12 月 31 日库存材料明细账的数字是不真实、不正确的，3 种库存材料都发生了短缺，应进一步查明原因。

【案例演示 5.3.3】观察法的应用

2014 年年底，某发电厂扩建改建工程完工，审计人员对该厂"交付使用资产表"的真实性进行审计，采用观察法。审计人员先参观了该厂发电现场，认真听取了情况介绍，对发电设备、辅助设备有了感性认识。在对"交付使用资产表"审计中发现：有一台进口、用于上岗培训的仿真机在参观中并没发现，随即向被审计单位有关人员询问。得知：因机组已发电，故仿真机已基本不用，所以未带领参观。由于审计人员坚持要看仿真机，被审计单位人员见瞒不住，才说出了该设备在未经允许和办理任何手续的情况下被省电力局擅自调走。这样，通过观察法就发现了该厂审计目标账实不符、转移资产的错误行为。

思考：在实际工作中审计人员应如何运用各种方法证实客观事物？

【课堂训练 5.3.1】查询法的应用

2015 年 2 月 15 日注册会计师王刚、张强、刘丽审查宏达公司 2014 年度资产负债表中的预收账款项目。发现其中一笔 100 000 元的预收泰康有限公司购货款已挂账一年有余，决定采用函询方法向泰康公司查询。

几天后，审计人员收到了泰康公司的回函，发现泰康公司早已收到所购货物 150 000 元，并已补齐货款 50 000 元。经过审计人员进一步调查得知，该笔销售早已完成，是有财会人员在领导授意下，将预收货款长期挂账，不转做销售，以达到隐瞒收入、利润和偷税漏税的目的。

要求：预收账款长期挂账，可能存在什么问题？请代审计人员刘某填写询证函。（邮编：　　　电话：　　　传真：）

企业询证函

编号：

致：＿＿＿＿＿＿＿＿公司：

本公司聘请的德州德恒会计师事务所正在对本公司财务报表进行审计，按照《中国注册会计师独立审计准则》的要求，应当询证本公司与贵公司的往来账项等事项。下列数据出自本公司账簿记录，如与贵公司记录相符，请在本函下端"信息证明无误"处签章证明；如有不符，请在"信息不符"处列明不符金额。回函请直接寄至德州德恒会计师事务所。

回函地址：

邮编：　　　　　　电话：　　　　　　传真：　　　　　　联系人：

1. 本公司与贵公司的往来账项列示如下：

截止日期	贵公司欠我公司款项	我公司欠贵公司款项	备注

2. 本函仅为复核账目之用，并非催款结算。若款项在上述日期之后已经付清，仍请及时函复为盼。

（公司盖章）
年　月　日
经办人：刘某

结论：1. 信息证明无误。

（公司盖章）
年　月　日
经办人：

2. 信息不符，请列明不符的详细情况：

（公司盖章）

任务四　审计抽样

审计抽样是指审计人员在实施审计程序时，从审计对象总体中选取一定数量的样本进行测试，并根据测试结果，推断总体。审计抽样主要运用于符合性测试和实质性测试，也可同时运用于这两种测试，即双重抽样。按照抽样决策的依据不同，审计抽样可划分为统计抽样和非统计抽样。

一、统计抽样和非统计抽样的区别

按照抽样决策的依据不同，审计抽样可划分为统计抽样和非统计抽样两种。

统计抽样是指以概率论和数理统计为理论基础，将数理统计的方法与审计工作相结合而产生的一种审计抽样方法。可见，统计抽样是指同时具备下列特征的抽样方法：①随机选取样本；②运用概率论样本结果，包括抽样风险。不同时具备这两个特征的抽样方法为非统计抽样。统计抽样这种方法主要是运用概率论原理和数理统计方法进行随机抽样，并对所抽的样本结果进行统计评价。运用统计抽样可以使总体中每一单位都有被抽取的机会，使样本的特征尽可能近似总体的特征。统计抽样根据了解的总体特征不同，分为属性抽样和变量抽样。

非统计抽样是指审计人员仅凭专业经验，判断并选取样本的一种抽样方法。运用这种方法能否取得成效，取决于审计人员的经验和判断能力。判断准确了就会有成效；判断不准，缺乏客观性，就会影响审计工作的效果。

现代审计广泛运用统计抽样。统计抽样的意义在于：(1) 统计抽样能够科学地确定抽样规模，并使各项目被抽取的机会均等，可以防止主观臆断和随意性；(2) 统计抽样能够计算抽样误差在预定范围内的概率，并根据抽样推断的要求，将误差控制在预定的范围内；(3) 统计抽样能够提高审计效率，便于实现审计工作的规范化。

在对某类交易或账户余额使用审计抽样时，审计人员可以使用统计抽样，也可以使用非统计抽样。审计人员应当根据具体情况并运用职业判断，确定适用统计抽样或非统计抽样，以便最有效率地获取审计证据。当然，究竟选用哪种审计抽样，有时也取决于审计人员对成本与效益的考虑。一般说来，非统计抽样可能比统计抽样花费的成本小，但统计抽样的效果可能比非统计抽样要好。在统计抽样中，可能要花费相当的成本用以培训审计人员，使之掌握这种方法并有效地设计和执行计划。不论是统计抽样还是非统计抽样，只要运用得当，都可以取得足够的审计证据。

二、统计抽样法

审计人员运用统计抽样，大多用来估计偏差率或者错误金额，其在审计工作中的具体应用，主要有属性抽样和变量抽样。

（一）属性抽样法

属性抽样法是指在精确度界限和可靠程度一定的条件下，以样本的差错发生频率测定总体的差错发生频率而采用的一种方法。属性抽样法是用于符合性测试或控制测试方面的统计抽样。运用属性抽样法，主要包括以下几个步骤：

(1) 确定预计差错发生率。

预计差错发生率是指总体（被审计资料的全体）可能出现的差错概率。它是审计人员在对被审计对象内部控制制度做小范围测试后，并根据被审计单位的经济规模、业务频繁程度和上一次查账的情况，作出差错量或异常量多少的估计，用差错量或异常量占总体的百分比表示。如1%、2%。

预计差错发生率与被审计单位内部控制制度和会计核算质量有密切关系。如果内部控制制度无效，会计核算质量差，则预计差错发生率就高，那么抽样的规模势必要大，抽取的样本就要多一些；反之，抽取的样本就可以少一些。因此，差错发生率与样本数量成正比例关系。

(2) 确定精确度。

它是对审查结果的差错率与总体中客观存在的差错率所期望允许的差错幅度。精确度可以用相对数表示，也可以用绝对数表示。精确度数值越大，即差错容许界限越大，则抽查的样本数越少，即精确度的高低与抽取样本数成反比例关系。精确度的高低又取决于审查项目的重要性：审查重要项目，应提高精确度；审查一般项目，则可放宽一些。

(3) 确定可靠程度。

可靠程度是测定抽样可靠性的尺度。要求样本的可靠程度越高，就必须有较大的样本量作保证，当样本量等于总体量时，样本的可靠程度为100%。可靠程度的数值一般在90%~99%之间。

数理统计证明，可靠程度与概率度（t）之间有密切关系，两者之间的数量关系如表 5.3 所示。

表 5.3 可靠程度与概率度之间的关系

t	1.00	1.65	1.96	2.00	2.34	3.00
可靠程度/%	68	90	95	95.45	98	99.73

（4）确定样本数量。

确定了差错发生率、精确度和可靠程度之后，就可以通过样本确定量的统计表确定样本数量（如表 5.4 所示）。

表 5.4 样本量确定表（可靠程度：95%）

预计差错率/%	精确度上限/%													
	0.5	1	2	3	4	5	6	7	8	9	10	12	14	16	18	20
0.00	600	300	150	100	80	60	50	50	40	40	30	30	**	**	**	**
0.25	*	650	240	160	120	100	80	70	60	60	50	40	40	30	30	30
0.5		*	320	160	120	100	80	70	60	60	50	40	40	30	30	30
1.0			600	260	160	100	80	70	60	60	50	40	40	30	30	30
1.5			*	400	260	160	120	90	60	60	50	40	40	30	30	30
2.0				900	300	200	140	90	80	70	50	40	40	30	30	30
2.5				*	550	240	160	120	80	70	70	40	40	30	30	30
3.0					*	400	200	160	100	90	80	60	50	30	30	30
3.5					*	650	280	200	140	100	80	70	50	40	40	30
4.0						*	500	240	180	100	90	70	50	40	40	30
4.5						*	800	360	200	160	120	80	60	40	40	30
5.0							*	500	240	160	120	80	60	40	40	30
5.5							*	900	360	200	160	90	70	50	50	30
6.0								*	550	280	180	100	80	50	50	30
6.5								*	1000	400	240	120	90	60	40	30
7.0									*	600	300	140	100	70	50	40
7.5									*	*	460	160	100	80	50	40
8.0										*	650	200	100	80	50	50
8.5										*	*	280	140	80	70	20
9.0											*	400	180	100	70	50
9.5											*	550	200	120	70	50
10.0												800	220	120	70	50
11.0												*	400	180	100	70
12.0												900	280	140	90
13.0													*	460	200	100
14.0														1000	300	160
15.0														*	500	200

续表

预计差错率（%）	精确度上限/%													
	0.5	1	2	3	4	5	6	7	8	9	10	12	14	16	18	20
16.0															*	300
17.0																550
18.0																*
19.0																*

*大于 1000

**小于 25

确定样本单位数的公式如下：

$$n = \frac{t^2 p(1-p)}{\Delta^2} \qquad (5.1)$$

式中　n——样本单位数；

　　　t——概率度；

　　　p——预计差错率；

　　　Δ——精确度。

（5）选择随机抽样方法。

在统计抽样的情况下，随机抽样方法主要有随机数表法、系统抽样法、分层抽样法和整群抽样法 4 种。

1）随机数表法。随机数表法是由 0~9 数字组合而成，每个数字在表上出现的次数大致相同，出现的顺序也按随机原则排列。随机数表如表 5.5 所示。

表 5.5　随机数表（部分列示）

	1	2	3	4	5	6
1	27295	99545	37958	20960	00667	13811
2	39886	11732	16520	39518	45670	11790
3	18888	65641	12790	04326	31108	29047
4	21654	04824	08570	68113	01476	19650
5	01981	31722	06498	28126	14479	12229
6	75764	04824	06498	28126	14479	19809
7	29671	86713	28743	43039	18808	29837
8	35133	35137	73568	10198	21656	09166
9	32035	36289	48743	21457	09012	09475
10	09166	09812	19923	39962	28886	39662

表 5.5 所示数字都是 5 位数字，使用时可以不限于 5 位数字，2 位、3 位、4 位数字均可。使用这种方法的顺序是先将被查样本的全部个体按顺序编号，再运用随机数表抽取样本。抽取样本时，必须说明用表方法，及从哪一栏、哪一行开始，使用的是哪几位数。

2）系统抽样法。又称等距抽样、间隔抽样，是指首先计算抽样间隔，确定选样起点，然后按照间隔，顺序地选取样本。抽样间隔公式如下：

$$M = \frac{N}{n} \qquad (5.2)$$

式中　M——抽样间隔数；

　　　N——总体数量；

　　　n——抽样数量。

3）分层抽样法。分层抽样法又称分组随机抽样法，是指按照一定标准将总体划分为若干层次，然后对每一层次进行随机抽样的一种方法。如将销货凭证按照金额大小分为三组，第一组金额较大，第二组金额中等，第三组金额较小。运用分层抽样法，第一组为第一层次，该层次全部抽查；第二组为第二层次，该层次可利用随机数表进行抽查；第三组为第三层次，该层次可采用系统抽样法抽取样本。

4）整群抽样法。整群抽样是将审计对象总体按一定标志划分为若干个群体，从中选取几个群作为样本，依据推断总体的方法。整群抽样也属于非概率选样，使用时应注意审计对象总体划分的群数不可太少，若群数太少，则选出的样本不具有代表性的可能性会过大，以至于不可接受。

（6）评价抽样结果，推断总体特征。

1）样本项目抽出来以后，就应对样本项目进行审查，审查完毕，可得到样本差错率，这时将样本差错率与确定样本规模时所使用的预计差错率作比较，以便确定是否抽样作适当调整。具体情况有以下 3 种：

a．样本差错率与预计差错率大致相同，说明样本规模符合抽样要求。

b．样本差错率小于预计差错率，说明样本规模过大，但此时样本已审查完毕，缩小样本已无必要。

c．样本差错率大于预计差错率，说明样本规模过小，这时应以样本差错率代替预计差错率，重新确定样本规模，并抽取和审查新增的样本项目，重新计算样本差错率，直至样本差错率等于或小于计算样本规模时所使用的预计差错率为止。

2）属性抽样的审计结论，通常是以一定的可靠程度确信总体差错率不超过某一百分比，这个百分比就是样本差错率加上精确度。如果审计人员能接受这一审计结论，表示内部控制制度健全有效；如果审计人员不能接受这一审计结论，则需采取下列某项措施：

a．增大样本量，重新计算样本差错率。

b．分析超过预计差错率的原因，有针对性地采取措施。

c．对内部控制制度不信任时，采取其他审计方法。

（二）变量抽样法

变量抽样法是对审计对象总体的货币金额进行验证审查，以样本差错额推断总体差错额而采用的一种方法。变量抽样法大多用于对盘存账户和应收款项账户余额的实质性测试。用于实质性测试的变量抽样通常有单位平均估计抽样、差额估计抽样、比率估计抽样等抽样方法。

1．单位平均估计抽样

单位平均估计抽样是通过抽样审查确定样本的平均值，进而推断总体的平均值的一种变量审计方法。举例说明具体步骤如下：

（1）样本的设计。审计人员进行样本设计时应考虑做好下列工作：

1）设定审计目标。审计人员拟采用抽样方法确定期末应收账款的账面价值或盘存账户账面价值。

2) 界定审计对象总体、抽样单位及误差。通常将误差界定为误报金额的绝对值或相对率。

3) 确定可信赖程度、审计风险和可容忍误差（用金额反映）。

4) 确定预期总体误差、估计总体标准离差，并决定是否分层。

在采用单位平均估计抽样时，审计人员通常预先选取一个较小的初始样本量，经检查分析后确定初始标准离差，并据此估计总体标准离差。

假设：X_i——各初始样本项目数值；

$$\overline{X} = \sum \frac{X}{n}$$——初始样本平均值；

n_0——初始样本数量。

则估计总体标准离差 S 用公式计算得：

$$S = \sqrt{\frac{\sum_{i=1}^{n}(X_i - \overline{X})^2}{n_0}} \tag{5.3}$$

5) 确定计划抽样误差。计划抽样误差是指可容忍误差和预期总体误差的差额。

6) 确定抽取的样本量。在重复抽样的情况下，可通过下列公式确定样本量 n'：

$$n' = \left(\frac{U_r \times S \times N}{P_n}\right)^2 \tag{5.4}$$

式中　U_r——可信赖程度系数（如表5.6所示）；

　　　S——估计总体标准离差；

　　　N——总体项目个数；

　　　p_n——计划抽样误差。

在不重复抽样的情况下，样本量 $n = \dfrac{n'}{1 + \dfrac{n'}{N}}$。

一般说来，审计抽样采取不重复抽样。

如表5.6所示为可信赖程度系数表。

表5.6　可信赖程度系数

可信赖程度系数	1.00	1.65	1.96	2.00	2.34	3.00
可信赖程度/%	68.00	90.00	95.00	95.45	98.00	99.37

（2）样本的选取和审计。

1) 确定抽取方法（随机、等距、分层、整群等）。

2) 抽取样本并审计。根据审计结果汇总计算审计值总额、样本平均值（审计总值/样本数量）、实际样本标准离差。

（3）评价抽样结果。对抽样结果进行评价时，首先推断总体金额，并计算推断的总体误差，公式如下：

推断总体金额=样本平均值×总体项目个数

推断总体误差=账面价值-推断总体金额

然后计算实际抽样误差，公式如下：

$$P = U_r \times \frac{S_1}{\sqrt{n}} \times N \times \sqrt{1-\frac{n}{N}} \tag{5.5}$$

式中　P——实际抽样误差；

S_1——实际样本标准离差。

若实际抽样误差小于计划抽样误差，但推断总体误差小于预期总体误差，则可得出无重大差错的结论。

若实际抽样误差小于计划抽样误差，但推断总体误差大于预期总体误差，则应要求审计单位详细检查账户，并加以调整。

若实际抽样误差大于计划抽样误差，审计人员应考虑增加样本量以降低实际抽样误差，提高抽样结论的合理性与可靠性。

2. 比率估计抽样

比率估计抽样是以样本账面价值与其实际价值之间的比率关系来估计总体账面价值与实际账面价值之间的比率关系，然后再以该比率乘以总体账面价值，从而估计出总体实际价值（金额）的一种抽样方法。公式如下：

$$比率 = \frac{样本实际价值之和}{样本账面价值之和} \tag{5.6}$$

$$估计的总体实际价值 = 总体账面价值 \times 比率 \tag{5.7}$$

在误差与账面价值成正比的情况下，该方法比较适用。

3. 差额估计抽样

差额估计抽样是以样本账面价值与实际价值的平均差额来估计总体账面价值与实际价值的平均差额，然后再以该平均差额乘以总体项目个数，从而估计出总体账面价值与实际价值之间差额的一种抽样方法。公式如下：

$$平均差额 = \frac{样本实际价值与账面价值的差额}{样本量} \tag{5.8}$$

$$估计的总体差额 = 总体项目个数 \times 平均差额 \tag{5.9}$$

一般说来，差额估计抽样适用于能获得书面记录值，且审计总体存在较大误差，而误差与账面价值又不成正比的情形。

【案例演示 5.4.1】属性抽样的应用

德恒会计师事务所注册会计师对宏达公司 2014 年 4000 笔材料收支业务进行审计。审计人员准备通过抽样审计来测定材料控制制度执行情况。根据上年度审计报告确定预计差错率为 3%，可靠程度为 95%，精确度为 ±2%。

要求：1. 确定样本单位数。

2. 计算样本差错率并评价抽样结果（假定有 8 笔不符合内部控制制度要求）。

分析指导：

（1）确定样本单位数：

$$n = \frac{t^2 p(1-p)}{\Delta^2} = \frac{1.96^2 \times 3\% \times 97\%}{(2\%)^2} = 280$$

（2）计算样本差错率：抽取280笔业务进行审查，假定有8笔不符合内部控制制度要求，则：

$$样本差错率 = \frac{8}{280} \times 100\% \approx 2.86\%$$

（3）评价抽样结果。由于样本差错率（2.86%）小于预计差错率（3%），因此得出总体差错率在0.9%与4.9%之间。审计结论：以95%的把握推得4 000笔材料收发业务差错率最高不超过4.9%，说明该公司内部控制制度是健全有效的。

【案例演示5.4.2】变量抽样法（单位平均估计抽样）的应用

1. 资料：审计人员王刚、张强根据审计业务约定书，对委托单位2014年12月31日期末应收账款进行审计，应收账款客户共1 000个，账面金额3 954 120元，审计人员准备通过抽样来函证审查应收账款账面价值的真实性。

2. 要求：按步骤计算实际抽样误差，评价抽样结果。

分析指导：

（1）界定审计对象总体、抽样单位及误差。审计的目的是通过抽样来函证测试应收账款账面价值的真实性、正确性。审计对象总体为1 000个应收账款账户，每一个应收账款账户为一个抽样单位，应收账款账面价值与实际价值的货币差额为误差。

（2）确定可信赖程度、审计风险和可容忍误差。根据审计单位内部控制情况及抽样风险的可接受水平，审计人员确定的可信赖程度为95%，可信赖程度系数1.96，审计风险为5%。考虑到货币金额的重要性，审计人员确定的可容忍误差为±30 000元。

（3）确定预期总体误差、估计总体标准离差，并决定是否分层。审计人员参考前期审计工作底稿等历史资料，并运用其专业判断，将预期总体误差确定为±60 000元。审计人员根据被审计单位应收账款明细账，确定S为150元；另外，审计人员确定不准备分层。

（4）确定计划抽样误差。

　　　　计划抽样误差 = 预期总体误差 - 可容忍误差 = 60 000 - 30 000 = 30 000（元）

（5）确定抽取的样本量。

$$n = \frac{n'}{1 + \frac{n'}{N}} = \frac{96}{1 + \frac{96}{1000}} \approx 88$$

（6）选取样本并进行审计。审计人员采用随机选样的方法，从应收账款明细账中选取88个作为样本，并对88位顾客进行函证。函证结果表明：样本平均值为3 978.34元，样本标准离差为134元。

（7）评价抽样结果。

推断的总体金额 = 3 978.34 × 1 000 = 3 978 340（元）

推断的总体误差 = 3 954 120 - 3 978 340 = -24 220（元）

实际抽样误差　　$P = U_r \times \frac{S_1}{\sqrt{n}} \times N \times \sqrt{1 - \frac{n}{N}}$

$$= 1.96 \times \frac{134}{\sqrt{88}} \times 1000 \times \sqrt{1 - \frac{88}{1000}} \approx 26\ 737（元）$$

实际抽样误差26 737元小于计划抽样误差30 000元，且推断的抽样误差24 220小于可容忍误差30 000元，因而审计人员可得出结论：有95%的把握保证被审计单位应收账款金额无重大差错。

【课堂训练5.4.1】随机抽样法

1. 资料：审计X公司2005年度主营业务收入时，为了确定X公司销售业务是否真实、完整，会计处理是否正确，A和B注册会计师拟从X公司2005年开具的销售发票的存根中选取若干张，核对销售合同和发运单，并检查会计处理是否符合规定。X公司2005年共开具连续编号的销售发票4000张，销售发票号码为第2001号至第6000号，A和B注册会计师计划从中选取10张销售发票样本。随机数表（部分）列示如表5.7所示。

表5.7 随机数表（部分）

	（1）	（2）	（3）	（4）	（5）
（1）	10 480	15 011	01 536	02 011	81 647
（2）	22 368	46 573	25 595	85 313	30 995
（3）	24 130	48 360	22 527	97 265	76 393
（4）	42 167	93 093	06 243	61 680	07 856
（5）	37 570	39 975	81 837	16 656	06 121
（6）	77 921	06 907	11 008	42 751	27 756
（7）	99 562	72 905	56 420	69 994	98 872
（8）	96 301	91 977	05 463	07 972	18 876
（9）	89 759	14 342	63 661	10 281	17 453
（10）	85 475	36 857	53 342	53 988	53 060

2. 要求：假定A和B注册会计师以随机数表所列数字的后4位数与销售发票号码一一对应，确定第（2）列第（4）行为起点，选号路线为自上而下、自左而右。请代A和B注册会计师确定选取的10张销售发票样本的发票号码分别为多少？

【课堂训练5.4.2】抽样方法的应用

1. 资料：在应付票据项目的审计中，为了确定应付票据余额所对应的业务是否真实，会计处理是否正确，A和B注册会计师拟从Y公司应付票据备查簿中抽取若干笔应付票据业务，检查相关的合同、发票、货物验收单等资料，并检查会计处理的正确性。Y公司应付票据备查簿显示，应付票据项目2014年12月31日的余额为15000000元，由72笔应付票据业务构成。根据具体审计计划的要求，A和B注册会计师需从中选取6笔应付票据业务进行检查。

2. 要求：

（1）假定应付票据备查簿中记载的72笔应付票据业务是随机排列的，A和B注册会计师采用系统选样法选取6笔应付票据业务样本，并且确定随机起点为第7笔，请判断其余5笔应付票据业务分别是哪几笔（要求列示计算过程）？

（2）如果上述6笔应付票据业务的账面价值为1400000元，审计后认定的价值为1680000元，Y公司2004年12月31日应付票据账面总值为15000000元，并假定误差与账面价值成比例关系，请运用比率估计抽样法推断Y公司2004年12月31日应付票据的总体实际价值（要求列示计算过程）。

练习题

一、单项选择题

1. 会计师事务所接受审计委托时，应同被审计单位签订（　　）。
   A．审计准则　　　　　　　　B．审计业务约定书
   C．审计通知书　　　　　　　D．审计报告
2. "凡事预则立，不预则废"，这句话在审计工作中体现在（　　）上。
   A．审计计划　　　　　　　　B．审计业务约定书
   C．审计准则　　　　　　　　D．审计工作底稿
3. 下列属于审查书面资料的方法是（　　）。
   A．监督盘点法　B．观察法　　C．调节法　　D．分析法
4. 在实际工作中与审阅法运用的是（　　）。
   A．鉴定法　　　B．观察法　　C．比较法　　D．核对法
5. 按记账程序发生顺序的相反方向进行审查的取证方法称为（　　）。
   A．核对法　　　B．计算法　　C．逆查法　　D．分析法
6. 通过对书面资料的阅读和审查而取得审计证据的方法称为（　　）。
   A．审阅法　　　B．检查法　　C．查询法　　D．分析性复核
7. 对被审计单位会计资料中的数据进行重新计算或另行计算而取得审计证据的方法为（　　）。
   A．核对法　　　B．计算法　　C．复核法　　D．分析法
8. 对业务规模大，内部控制制度比较好的被审计单位取证时，可采用（　　）。
   A．详查法　　　B．顺查法　　C．全部检查　D．逆查法
9. 下列不适用函证的项目有（　　）。
   A．银行存款　　　　　　　　B．库存现金
   C．有其他单位代为保管的存货　D．应收账款
10. 样本的可靠程度主要取决于被审计单位的内部控制系统，当内部控制系统较健全、有效时，一般可选择的可靠程度为（　　）。
    A．90%　　　　B．95%　　　C．99%　　　D．100%

二、多项选择题

1. 审计业务约定书的具体内容包括（　　）。
   A．财务报表审计的目标　　　B．管理层对财务报表的责任
   C．执行审计的工作　　　　　D．确定审计收费
2. 审计终结阶段的主要工作包括（　　）。
   A．初步分析审计风险　　　　B．搜集审计证据
   C．复核审计工作底稿　　　　D．编写审计报告
3. 审计业务约定书的作用有（　　）。
   A．增进会计师事务所与被审计单位之间的了解

B. 作为被审计单位评价审计业务完成情况和会计师事务所检查的审计单位约定履行情况的依据

C. 如果出现法律诉讼，约定书是确定会计师事务所和被审计单位约定履行情况的依据

D. 只保证会计师事务所正当的利益

4. 注册会计师审计工作的基本程序有（　　）。
   A. 接受审计委托　　　　　　　　B. 计划审计工作
   C. 实施风险评估程序　　　　　　D. 实施风险应对措施
   E. 完成审计工作与撰写审计报告

5. 审查书面资料的方法是审计最基本的方法，这类方法审查的对象主要是（　　）。
   A. 会计凭证　　　　　　　　　　B. 会计账簿
   C. 会计报表　　　　　　　　　　D. 有关文件、合同、契约等

6. 记账凭证的审阅主要包括（　　）。
   A. 记账凭证是否附有合法的原始凭证
   B. 记账凭证是否符合会计制度和会计原理
   C. 记账凭证是否及时填制
   D. 记账凭证所列项目是否填写完整

7. 审计工作中，适用顺查法的被审计单位一般包括（　　）。
   A. 业务规模较小　　　　　　　　B. 会计资料较少
   C. 存在问题较多　　　　　　　　D. 内部控制制度健全
   E. 会计工作基础较好

8. 在审计工作中运用的随机抽样方法，主要有（　　）。
   A. 随机数表法　　　　　　　　　B. 随机数图法
   C. 系统抽样法　　　　　　　　　D. 分层抽样法
   E. 整群抽样法

9. 抽查法的使用范围比较广泛，审查（　　）的单位都可以采用。
   A. 规模较大　　　　　　　　　　B. 经济业务较多
   C. 内部控制健全有效　　　　　　D. 会计基础工作较好
   E. 组织机构健全

10. 核对法是对会计凭证、会计账簿和财务报表等书面资料之间的有关数据进行相互对照检查，借以查明（　　）。
    A. 账账相符　　B. 证证相符　　C. 账表相符　　D. 表表相符

三、判断题

1. 在核对法的常用符号中，"√"表示已核对过一次。　　　　　　　　　　　（　　）
2. 在核对法的常用符号中，"!"表示所核对的资料可能有问题，待查。　　（　　）
3. 函询是通过向有关单位发函了解情况取得证据的方法，这种方法一般用于往来款项的查证。　　　　　　　　　　　　　　　　　　　　　　　　　　　　　　（　　）
4. 顺查法一般适用于规模较大、业务较多的大中型企业和凭证较多的行政事业单位。
   　　　　　　　　　　　　　　　　　　　　　　　　　　　　　　　　　（　　）
5. 详查法的主要缺点是工作量太大，消耗人力和时间过多，审查成本高，故难以普遍

采用。   （ ）

  6．顺查法就是详查法。   （ ）
  7．在实际审计工作中，可以把判断抽样和统计抽样结合起来加以运用。（ ）
  8．统计抽样有很多优点，并解决了判断抽样难以解决的问题，因此统计抽样的产生意味着判断抽样的消亡。   （ ）
  9．在95%的可靠程度下，精确度为±1%的含义是：总体特征的真实发生率在样本发生率±1%范围内的概率为95%。   （ ）
  10．从5 000张凭证中抽取500张凭证审查，则抽样间隔数为5。   （ ）

四、思考题

1．审查书面资料的方法有哪些？
2．审阅法包括哪些内容的审阅？
3．什么是查询法？如何应用？
4．样本的选取方法有哪些？
5．什么是审计程序？注册会计师审计程序有哪些？

五、综合实训

综合实训5-1

1．资料：注册会计师刘丽在审查德隆公司2014年12月份销售业务时，发现一张记账凭证的记录为："借：应收账款300 000元，贷：主营业务收入300 000元"。没有附原始凭证。

2．要求：请分析上述凭证有何疑点，审计人员应如何进一步审计？

综合实训5-2

1．资料：注册会计师王丽对飞达公司2014年会计报表审计，要验证存货编报日结存数是否与账面结存数一致。2014年12月31日账面结存A材料750件，B材料270件，经审阅和核对无差错。2015年1月1日至3月10日收入A材料320件，B材料130件，发出A材料120件，B材料80件，经审阅和验算无误。2015年3月10日审计盘存数为A材料800件，B材料320件。

2．要求：根据以上资料运用调节法验证编报日结存数是否与账面结存数一致。

综合实训5-3

1．资料：审计人员对某公司连续编号为1~2000的领料单进行审查，经确定，要从中抽取80张领料单作为样本项目。

2．要求：按下列要求抽取样本项目，并列示被抽取的样本号码。

（1）从下面提供的随机数表（如表5.8所示）中自第二行第一列开始，选后4位数，并列示被抽取样本号码的前10位。

表5.8　随机数表（部分列示）

	1	2	3	4	5	6
1	27295	99545	37958	20960	00667	13811
2	39886	11732	16520	39518	45670	11790
3	18888	65641	12790	04326	31108	29047

续表

	1	2	3	4	5	6
4	21654	04824	08570	68113	01476	19650
5	01981	31722	06498	28126	14479	12229
6	75764	04824	06498	28126	14479	19809
7	29671	86713	28743	43039	18808	29837
8	35133	35137	73568	10198	21656	09166
9	32035	36289	48743	21457	09012	09475
10	09166	09812	19923	39962	28886	39662

（2）采用系统抽样法，使用一个随机起点。（随机起点为8）确定第2张和第20张的样本号码。

综合实训 5-4

1. 资料：注册会计师李玲和张霞根据审计业务约定书，对委托单位宏达公司 2014 年 12 月 31 日期末应收账款进行审计，应收账款客户共 500 个，账面总金额 19 600 000 元，审计人员准备通过抽样函证来审查应收账款账面价值的真实性。经过初步了解，审计人员估计总体标准离差为 300 元。根据审计单位内部控制情况，审计人员确定的即可信赖程度为 95.45%，可信赖程度系数 2，审计风险为 4.45%。考虑到货币金额的重要性，审计人员确定的可容忍误差为 ±80 000 元。根据以往审计经验，确定预计总体误差为 ±2000 元。假定函证结果表明样本的审计总值为 940 080 元，平均值为 39170 元，样本标准离差用公式计算得 100 元。

2. 要求：

（1）写出抽样步骤。

（2）评价抽样结果。

项目六 审计证据和审计工作底稿

【知识能力目标】

通过学习和训练，掌握审计证据的含义、种类和基本特征，掌握审计工作底稿的定义和作用；能够根据审计业务编制审计工作底稿，了解审计工作底稿的归档。

【案例导入】

"奔驰"，从何处驶来？——离任审计查获大额"小金库"

1998年11月30日，某审计小组对某市抽纱工艺品进出口公司总经理进行了离任审计，查处了该公司从1990年5月至1997年8月，长达7年之久的大额"小金库"1970万元，偷漏税费98万元的违纪行为。

审前，审计人员首先与该公司的有关人员召开了座谈会，认真地听取了财务人员汇报经理任期内的资产、负债和损益等情况。通过离任经理的述职报告，了解了其任期内的业绩及政绩。在该公司，审计人员注意到接任和离任经理都分别乘坐着豪华轿车。

随后，审计人员对该公司的库存现金、存货、固定资产等实物进行了盘点，并对有关会计资料进行了审计。审计过程中，结合听汇报和观察工作环境及条件，审计人员发现"固定资产"账内没有两个经理乘坐的高级轿车，查看历年的"固定资产"明细账，从未有过购建职工宿舍等业务。那么，高级轿车和职工宿舍是怎么来的呢？凭着多年的审计经验，审计人员敏感地认为公司有账外账。

为查清上述疑点，审计人员采取跟踪追击的方法，多次追问财务科长是否还有另一套账。财务科长说自己才任职3个月，所有的会计资料都提交给审计人员了。于是审计人员找到了前任财务科长，争取得到他们的配合，以便了解账外资金的来源和使用情况，但他们均以各种理由回避审计问题，审计陷入了困境。此时，审计人员一方面继续做好本审计单位有关人员的政治思想工作，解决他们的认识问题，另一方面加大内外调查力度。采取多种方式与职工交谈，经过详查和内调、外调，审计人员终于掌握了大量购买固定资产的原始资料。

最后，审计人员向该公司有关人员进行法制宣传教育，反复向他们讲明"账外账"的危害性和审计查处的决心，消除了他们的疑虑，使他们打消了继续隐瞒事实的念头，将营造7年之久的"小金库"账簿和凭证全盘托出。

经过反复审查核实，离任经理在任职期间，为小团体的利益，将商品出口组织费收入等其他收入1970万元，不入正规财务收支经营账，而作为"小金库"，随意耗用。其中：购置固定资产1155万元（职工宿舍747万元，汽车385万元，其他资产23万元）；奖金及职工福利支出559万元；招待费支出53万元；其他各项支出203万元。

思考：本案例中审计人员使用了哪些取证方法查出了离任审计的"小金库"？

任务一 审计证据

一、审计证据的含义

审计证据是指注册会计师为了得出审计结论和形成审计意见而使用的信息。审计证据包括构成财务报表基础的会计记录所含有的信息和从其他来源获取的信息。注册会计师应当获取充分、适当的审计证据,以得出合理的审计结论,作为形成审计意见的基础。审计人员在整个审计过程中,采用各种审计方法对被审计单位进行审计,其目的就是为了取得充分、适当的审计证据。所以整个审计过程就是收集、鉴定和综合审计证据的过程。审计证据是审计工作的核心,也是考核、评定审计工作质量的关键。

(一)构成财务报表基础的会计记录所含有的信息

构成财务报表基础的会计记录所含有的信息一般包括对初始会计分录的记录和支持性记录。例如,支票、电子资金转账记录、发票和合同、总分类账、明细分类账、会计分录以及对财务报表予以调整但未在账簿中反映的其他分录;支持成本分配、计算、调节和披露的手工计算表和电子数据表。

依据会计记录编制财务报表是被审计单位管理层的责任,注册会计师应当测试会计记录以获取审计证据。但是会计记录所含有的信息本身并不足以提供充分的审计证据作为对财务报表发表审计意见的基础,注册会计师还应获取用作审计证据的其他信息。

(二)用作审计证据的其他信息

用作审计证据的其他信息的内容比较广泛,包括有关被审计单位所在行业的信息、被审计单位的内外部环境的其他信息等。可以用作审计证据的其他信息包括:注册会计师从被审计单位内部或外部获取的会计记录以外的信息,如被审计单位会议记录、内部控制手册、询证函的回函、分析师的报告、与竞争者的比较数据等;注册会计师通过询问、观察和检查等审计程序获取的信息,如通过检查存货获取的有关存货存在认定的证据等;注册会计师自身编制或获取的可以通过合理推断得出结论的信息,如注册会计师编制的各种计算表、分析表等。

构成财务报表基础的会计记录所含有的信息和其他信息共同构成审计证据,两者缺一不可。如果没有前者,审计工作将无法进行;如果没有后者,可能无法识别重大错报风险。只有将两者结合在一起,才能将审计风险降至可接受的低水平,为注册会计师发表审计意见提供合理基础。

(三)利用管理层专家的工作和使用被审计单位生成的信息

注册会计师可能在编制审计证据的信息时,利用管理层专家的工作。管理层专家是指在会计或审计以外的某一领域具有专长的个人或组织,可被管理层用以协助编制财务报表。这种情况下,注册会计师应当考虑专家的工作对于实现注册会计师目的的重要性,在必要的范围内实施程序以评价专家的胜任能力、专业素质和客观性,了解专家的工作。如果注册会计师将专家的工作作为相关认定的审计证据,注册会计师还要评价其适当性。

注册会计师还有可能使用被审计单位生成的信息。这种情况下,注册会计师应当评价这些信息对于实现注册会计师的目的是否足够可靠,应当根据具体情况,在必要时实施程序以获取有关信息准确性和完整性的审计证据,并评价信息对于实现注册会计师的目的是否足够准确和详细。

二、审计证据的特征

充分性和适当性是审计证据的两个基本特征。

（一）充分性

审计证据的充分性是对审计证据数量的衡量。注册会计师需要获取审计证据的数量受其对重大错报风险评估的影响，并受审计证据质量的影响。

重大错报风险越大，需要的审计证据可能越多。在可接受的审计风险水平一定的情况下，重大错报风险越大，注册会计师就应当实施越多的测试工作，以将审计风险控制在可接受的水平。当被审计单位的重要性水平设定在 10 000 元而不是 20 000 元时，注册会计师需要获取更多的审计证据。重要账户余额或者交易含有一定数量的错报时，比那些错报和舞弊处于低风险和未发现错报的账户需要搜集更多的审计证据。

审计证据质量越高，需要的审计证据可能越少。一般而言，如果大多数审计证据都是从独立于被审计单位的"第三者"所获取的，而且这些证据本身不易伪造，则审计证据的质量就较高，相对而言，注册会计师所需获取的审计证据的数量就可减少；反之，就应获取更多的审计证据。

应当指出的是，尽管审计证据的充分性和适当性相关，但如果审计证据的质量存在缺陷，注册会计师可能无法仅靠获取更多的审计证据弥补其质量上的缺陷。

恰当的审计意见必须建立在有足够数量的审计证据的基础之上，但是这并不是说审计证据的数量越多越好。为了使注册会计师进行有效率、有效益的审计，注册会计师通常把需要足够数量审计证据的范围降低到最低限度。因此，每个审计项目对审计证据的需要量，以及取得这些证据的途径和方法，应当根据项目的具体情况来定。

（二）适当性

审计证据的适当性，是对审计证据质量的衡量，即审计证据在支持审计意见所依据的结论方面具有的相关性和可靠性。相关性是指审计证据应与审计目标相关联；可靠性是指审计证据应能如实地反映客观事实。

1. 审计证据的相关性

审计证据是否相关必须结合具体审计目标来考虑。例如，存货监盘的结果只能证明存货是否存在、是否发生毁损及短缺，而不能证明存货的计价和所有权的情况。在确定审计证据的相关性时，注册会计师应当考虑以下几种情况：

（1）特定的审计程序可能只为某些认定提供相关的审计证据，而与其他认定无关。例如，检查期后应收账款收回的记录和文件可以提供有关存在和计价的审计证据，但是不一定与期末截止适当相关。

（2）针对同一项认定可以从不同来源获取审计证据或获取不同性质的审计证据。例如，注册会计师可以分析应收账款的账龄和应收账款的期后收款情况，以获取与坏账准备计价有关的审计证据。

（3）只与特定认定相关的审计证据不能替代与其他认定相关的审计证据。例如，有关存货存在的审计证据不能够替代与存货计价相关的审计证据。

2. 审计证据的可靠性

审计证据的可靠性受其来源和性质的影响，并取决于获取审计证据的具体环境。审计证据的可靠程度通常可用下列标准来判断。

（1）从被审计单位外部独立来源获取的审计证据比从其他来源获取的审计证据更可靠。从外部独立来源获取的审计证据由完全独立于被审计单位的外部机构或人士编制并提供，未经被审计单位有关职员之手，从而减少了伪造、更改凭证或业务记录的可能性，因而其证明力最强。此类证据如银行询证函回函、应收账款询证函回函、保险公司等机构出具的证明等。相反，从其他来源获取的审计证据，由于其证据提供者与被审计单位存在经济或行政关系等原因，其可靠性应受到质疑。此类证据如被审计单位内部的会计记录、会议记录等。

（2）相关内部控制有效时内部生成的审计证据比内部控制薄弱时内部生成的审计证据更可靠。如果被审计单位有着健全的内部控制而且在日常管理中得到一贯执行，会计记录的可信赖程度将会提高。如果被审计单位的内部控制薄弱，甚至不存在任何内部控制，被审计单位内部凭证和记录的可靠性就会大大降低。

（3）直接获取的审计证据比间接获取或推论得出的审计证据更可靠。例如，注册会计师观察某项控制的运行得到的证据，比某项内部控制的运行而询问被审计单位相关人员所得到的证据更可靠。间接获取的证据有被涂改及伪造的可能，降低了可信赖程度。推论得出的审计证据主观性较强，受人为因素影响较大，可信赖程度也受影响。

（4）以文件记录形式（无论是纸质、电子还是其他介质形式）存在的审计证据比口头形式的审计证据更可靠。例如，会议的同步书面记录比会后口头表述更可靠。口头证据本身并不足以证明事实的真相，仅能够提供一些线索，为进一步调查确认所用。例如，注册会计师在对应收账款账龄进行分析后，可以向应收账款负责人询问逾期应收账款收回的可能性。如果该负责人的意见与注册会计师自行估计的坏账损失基本一致，则这一口头证据就可成为证实注册会计师对有关坏账损失的判断的重要证据。但在一般情况下，口头证据往往需要得到其他相应证据的支持。

（5）从原件获取的审计证据比从复印件、传真件或通过拍摄、数据化或其他方式转化成电子形式的文件获取的审计证据更可靠。注册会计师可以审查原件是否有被涂改或伪造的迹象，排除伪证，提高证据的可信赖程度。传真件或复印件容易被变造或者伪造，可靠性较低。通常情况下，注册会计师以函证方式直接从被询证者获取的审计证据，比被审计单位内部生成的审计证据更可靠。通过函证等方式从独立来源获取的相互印证的信息，可以提高注册会计师从会计记录或管理层书面声明中获取的审计证据的可靠性。

注册会计师在按照上述原则评价审计证据的可靠性时，还应当注意可能出现的重要例外情况。如果针对某项认定从不同来源获取的审计证据或获取的不同性质的审计证据不一致，可能表明某项审计证据不可靠，注册会计师应当追加必要的审计程序；反之，如果针对某项认定从不同来源获取的审计证据或获取的不同性质的审计证据能够相互印证，与该项认定相关的审计证据则具有更强的说服力。如果注册会计师怀疑相关信息的可靠性，应当修改或追加审计程序。例如，审计证据虽是从外部独立来源获得，但如果该证据是由不知情者或不具备资格者提供的，则审计证据可能是不可靠的。如果注册会计师不具备评价证据的专业能力，那么即使是直接获取的证据，也可能不可靠。例如，如果注册会计师无法区分人造玉石与天然玉石，那么他对天然玉石存货的检查就不可能获取有关天然玉石是否实际存在的可靠证据。如果在审计过程中识别出的情况使其认为文件记录可能是伪造的或者文件记录中的某些条款已发生变动，注册会计师应当作出进一步调查，包括直接向第三方询证，或考虑利用专家的工作以鉴定文件记录的真伪。

审计工作通常不涉及鉴定文件记录的真伪，注册会计师也不是鉴定文件记录真伪的专家，但应当考虑用作审计证据的信息的可靠性，以及与这些信息生成、维护相关的控制的有效性。

(三)充分性和适当性之间的关系

审计证据的充分性与适当性密切相关。审计证据的适当性会影响其充分性。一般而言,审计证据的相关及可靠程度高,则所需审计证据的数量就可减少;反之,就需要增加审计证据的数量。如果审计证据的质量存在缺陷,那么注册会计师可能无法仅靠获取更多的审计证据弥补其质量方面的缺陷。同样的,如果注册会计师获取的证据不可靠,那么证据数量再多,也难以起到证明作用。

注册会计师判断审计证据是否充分、适当,应当考虑以下主要因素:

(1)审计风险。

错报风险越大,需要的审计证据可能就越多。

(2)具体审计项目的重要性。

越是重要的审计项目,注册会计师就越需要获取充分的审计证据以支持其审计结论或意见;否则,一旦出现判断错误,就会影响注册会计师对审计整体的判断,从而导致注册会计师的整体判断失误。

(3)注册会计师及其助理人员的审计经验。

丰富的审计经验可以使注册会计师及其助理人员从较少的审计证据中判断出被审计单位是否存在错误或舞弊,相对来说,就可以降低对审计证据数量的依赖程度。

(4)审计过程中是否发现错误或舞弊。

一旦审计过程中发现被审计单位存在错误或舞弊,则被审计单位整体财务报表存在问题的可能性就会增加,注册会计师就需要获取更多的审计证据,以确保作出合理的审计结论,形成恰当的审计意见。

(5)审计证据的质量。

审计证据质量越高,需要的审计证据可能越少。

三、审计证据的分类

审计证据按照不同的标准可以作不同的划分。

(一)按审计证据外形特征分类

1. 实物证据

实物证据是指通过实际观察或清点、用以确定某些实物资产是否确实存在的证据。实物证据是证明实物资产是否存在的非常有说服力的证据,但并不能完全证实其所有权;实物清点难以判断资产质量及资产价值,还应就其所有权归属及其价值情况另行审计。

2. 书面证据

书面证据是审计人员所获取的各种以书面文件为形式的一类证据。它包括与审计有关的各种原始凭证、会计记录、各种会议记录和文件、各种合同、通知书、报告书及函件等。书面证据是审计证据的主要组成部分,也可称之为基本证据。

书面证据按其来源可分为外部证据和内部证据。

(1)外部证据。由被审计单位以外的组织机构或人士编制的书面证据。一般具有较强的证明力。

1)直接递交给审计人员的外部证据。

2)为被审计单位持有并提交审计人员的外部证据。

3)审计人员自己编制的各种计算表、分析表等。

（2）内部证据。由被审计单位内部机构或职员编制和提供的书面证据。一般而言，内部证据不如外部证据可靠，但如果内部证据在外部流转，并得到其他单位或个人的承认，则具有较强的可靠性；如果被审计单位内部控制较为健全，其内部证据的可靠程度也是较高的。

1）会计记录。包括原始凭证、记账凭证、账簿记录，各种试算表和汇总表等。会计记录的可靠性，主要取决于被审计单位在填制时内部控制的完善程度。

2）被审计单位管理当局声明书。属于可靠性较低的内部证据，不可替代审计人员实施其他必要的审计程序。其主要内容是以书面的形式确认被审计单位在审计过程中所做的各种重要的陈述或保证，包括以下4个方面：

a. 所有的会计记录、财务数据、董事会及股东大会会议记录均已提供给审计人员。

b. 会计报表是完整的，并按有关法规、制度编制。

c. 所有须披露的事项（诸如或有负债、关联方交易等）均已作了充分的披露。

d. 其他事项。

3. 口头证据

口头证据是被审计单位职员或其他有关人员对审计人员的提问做口头答复所形成的一类证据。一般而言，口头证据本身并不足以证明事情的真相，往往需要得到其他相应证据的支持，但有利于发掘线索。口头证据要及时记录，必要时还应获得被询问者的签名确认。

4. 视听或电子证据

视听或电子证据是指以录音带、录像带、磁带及其他电子计算机储存形式存在的、用于证明审计事项的证据。

5. 鉴定和勘验证据

鉴定和勘验证据是指因特殊需要审计机关指派或聘请专门人员对某些审计事项进行鉴定而产生的证据。

6. 环境证据

环境证据也称状况证据，是指对被审计单位产生影响的各种环境事实。它包括：

（1）有关内部控制情况。审计人员就被审计单位的会计报表发表无重大错误的意见时，一方面要依赖于被审计单位内部控制制度的完善程度；另一方面又要依赖于审计人员所实施的有关会计报表信息的实质性审计。内部控制愈健全、愈严密，所需的其他各类审计证据就愈少；否则，审计人员就必须获取较大数量的其他审计证据。

（2）被审计单位管理人员的素质。被审计单位管理人员的素质越高，则其所提供的证据发生差错的可能性就越小。

（3）各种管理条件和管理水平。环境证据一般不属于基本证据，但它可帮助审计人员了解被审计单位及其经济活动所处的环境，是审计人员进行判断所必须掌握的资料。

（二）按审计证据来源不同分类

审计证据按其来源不同分为亲历证据、内部证据和外部证据。

1. 亲历证据

亲历证据是指审计人员在被审计单位执行审计工作时亲眼目击、亲自参加或亲自动手取得的证据。例如，审计人员监督财产物资盘点。

2. 内部证据

例如，被审计单位提供的其他单位填制的书面资料，如其他单位填制的发票、收据、对账单等。

3. 外部证据

外部证据指审计人员从其他单位取得的证明审计事项的凭证、账目、报表、合同、文件的摘录等。

（三）审计证据按其相互关系分类

证实某一审计目标需要一系列的证据，按这些证据间的关系可将证据分为基本证据和辅助证据。

1. 基本证据

基本证据是指对审计事项的某一审计目标有重要的、直接证明作用的审计证据。基本证据与所要证实的目标有极为密切的关系。

2. 辅助证据

辅助证据是指对审计事项的某一审计目标具有间接证明作用、能支持基本证据证明力的证据。例如环境证据通常作为辅助证据。

基本证据是证实审计事项的直接证据。因此，取得基本证据最为重要。但是要获取充分、可靠的证据体系，单靠基本证据是不够的。

四、审计证据的获取方法

审计人员可以采用如下审计程序（或称审计方法）获取审计证据。

（一）检查

检查指审计人员对会计记录和其他书面文件可靠程度的审阅与复核，应注意真实与合法。

（1）原始凭证。有无涂改或伪造；业务是否合理合法；负责人有否签字等。

（2）会计账簿。是否符合准则、法规；附件是否齐全；内容是否一致；运用是否恰当；有无异常等。

（3）会计报表。是否符合准则、法规；是否充分披露。

（4）书面文件之间的一致。账证、账表、证证是否一致；计算正确与否；相关书面文件之间的勾稽关系。

（二）监盘

监盘指审计人员现场监督被审计单位各种实物资产及现金、有价证券等的盘点，并进行适当的抽查。采用监督盘点的方法是为了确定被审计单位实物形态的资产是否真实存在并且与账面数量相符，还应对实物资产的计价和所有权另行审计。

（三）观察

观察指审计人员实地察看被审计单位的经营场所、实物资产和有关业务活动及其内部控制的执行情况等，以获取证据的方法。

（四）查询及函证

查询指审计人员对有关人员进行书面或口头询问以获取审计证据的方法。函证指审计人员为印证被审计单位会计记录所载事项而向第三者发函询证的一种方法。如果无回函或对回函结果不满意，应当实施必要的替代程序，以获取相应的审计证据。

（五）计算

计算指审计人员对被审计单位的原始凭证及会计记录中的数据所进行的验算或另行计算。

（六）分析性复核（分析性测试）

分析性复核指审计人员对被审计单位重要的比率或趋势进行的分析，包括调查异常变动以及这些重要比率或趋势与预期数额和相关信息的差异(可以为证实会计报表数据之间的关系是否合理提供证据)。常用的分析性复核的方法有：

(1) 比较分析法。
(2) 比率分析法。
(3) 趋势分析法。

对于异常变动项目，审计人员应重新考虑其所采用的审计方法是否合适；必要时，应追加适当的审计程序，以获取相应的审计证据。

五、审计证据的鉴定与整理分析

（一）审计证据的鉴定

审计证据的鉴定是审计人员根据形成审计意见所必须的审计证据应具有的充分性和适当性的特点，对初步整理后的审计证据进行鉴定判别，以保证所收集整理的审计证据足以支持审计人员发表的审计意见。审计人员对审计证据的鉴定主要包括对审计证据的可靠性、相关性和重要性的鉴定：

(1) 鉴定可靠性即判断审计证据是否真实、可靠。
(2) 鉴定相关性即判断审计证据与被审计事项是否相关。
(3) 鉴定重要性即判断审计证据是否重要。

审计人员不可能把审计证据所反映的内容全部包括在审计报告中，因此，审计人员应对反映不同内容的审计证据，按照重要性原则进行适当的取舍，只选择具有代表性的审计证据在审计报告中加以反映。审计证据进行适当的取舍时需注意两个因素：金额的大小和问题的严重性。

（二）审计证据的整理分析

为了使分散的审计证据结合起来形成具有充分证明力的审计证据，必须将收集、鉴定的审计证据加以综合分析，评价被审计单位的经济活动，得出审计意见和结论。常见的审计证据整理分析方法包括：分类、计算、比较、小结、综合等。

在综合评价阶段，审计人员凭借专业知识水平和业务经验，对经过鉴定的具有现实证明力的审计证据，通过归纳、整理和分析，将具有现实证明力的审计证据转化为具有充分证明力的审计证据，用来证明被审计事项，最终形成审计意见和结论。

思考：如何理解审计证据的意义？

【案例演示 6.1.1】实物证据的收集和鉴定

审计人员对某汽车修理厂的固定资产进行审计时，运用审阅法、核对法和抽查法取得以下证据：

(1) 会计凭证分录为：

借：固定资产——4台客车　　　　　200 000
　　贷：长期应付款——运输公司　　　200 000

并附有一张购车原始单据。

(2) 固定资产登记簿上记载：2016年12月17日购某运输公司的4台单客200000元；

(3) 实地盘存，一车间和二车间各2台单客。审计人员初步结论为：账实相符。对此，审计负责人在审定以上证据时，发现审计人员没有审查单客的产权证书。审计负责人要求该厂出示4台单客的产权证书时，该厂有关负责人员道出了原委：原来这4台单客均由某运输公司购买，运输公司经理为增加创收渠道，并逃避税务部门的检查，把车交由汽车修理厂进行经营管理。双方协定，运输公司每天收取400元，期限5年，5年后交由运输公司，上述购车原始单据是汽车修理厂伪造。审计人员到运输公司核查，运输公司在2016年12月143#凭证上虚列修理费用200000元。本案中，汽车修理厂对4台客车的产权确定不正确，不合规，必然导致账实不符。本案就是从固定资产产权的归属查出了汽车修理厂的舞弊行为。因而，在审定实物证据时，审查财产物资所有权归属是极其重要的一方面。

【案例演示6.1.2】书面证据的审定

审计人员在审计某企业发生的两个进口空调器提前报废业务时，获得这样的证据：一张转账凭证，会计分录为：

    借：营业外支出——非常损失   6000
           累计折旧   3500
        贷：固定资产   9500

由于审计人员通过对被审单位的内部控制制度的评审后认为，该企业内控制度不健全，所以对该张内部自制凭证进行了认真审查分析并发现了疑点：这笔业务为固定资产提前报废为何记为非常损失呢？审计人员又用审阅法、询证法取得了如下证据：

（1）经查询，在此期间，企业并未发生盗窃、火灾等情况。

（2）固定资产卡片上记载，这两个空调器均仅使用两年零三个月，且没有修理记录。在铁的事实面前，该企业财务主管人员及空调器的使用负责人说出了真实情况。最后证实，该项业务是虚报固定资产毁损，实则是将两个空调器送给了关系单位的两个重要负责人。本案审计人员对内部证据的审查从内控制度入手，确定审查要点，发现疑点，继而调取其他证据予以佐证自己对疑问的分析，最终查明了案情。

【案例演示6.1.3】书面证据的充分性

审计人员查阅某单位器材站采购员李某出差的住宿发票，单价30元，时间10天，金额为300元。

（1）发现：

1）发票金额模糊不清，单价30元和300元中的每一个"3"字都很不规范，比其他数字浓重，并且与"2"字字体相似。

2）大写金额中的"叁"字字体与其他字也有所不同。根据以上证据，审计人员审查分析认为，该住宿发票有涂改现象，但是作出"李某涂改发票，贪污现金100元"的结论还缺乏充分的证据证明以上推理的正确。

（2）审计人员调查中又取得下列证据：

1）采用函证法，出差地审查机关协助调查发票存根情况后，回函证明单价为20元，金额为200元，并提供了该发票记账联的复印件。

2）询问采购员李某，李某承认自己贪污现金100元的事实。所有证据排除了其他合理的质疑，只能作出"李某贪污现金100元"的结论。因此本案中证据具有充分性。

【案例演示6.1.4】谨防海誓山盟

某沿海城市的一家会计师事务所在审计一家酒店的会计报表时发现，其当年的营业收入与上年的营业收入相比减少了2/3。从事审计的注册会计师认为疑点很大，在核实了企业发票存根所列营业收入与会计账面一致之后，相信该家酒店有通过某种手段隐匿营业收入的活动。当注册会计师询问酒店财务主管是否有"漏记"的营业收入时，该酒店的财务主管则指天为誓——酒店收入均全部反映在账面上，不存在任何弄虚作假的情况。接着，他又指着墙面上所悬挂着的各种奖状和奖旗，声称本酒店被地方政府任命为 AA 级企业，又是税务免检单位等等。当注册会计师指出审计年度的营业收入为何比上年减少很多时，该财务主管则叫苦连天——酒店业竞争太激烈，老客户被其他酒店采取不正当手段撬走等。在酒店财务主管的"申诉"下，审计人员一方面没有找到该酒店隐匿营业收入的证据，另一方面因为财务主管的对天发誓般的狡辩使注册会计师心中存有的疑虑已经化解，最终还是向该酒店出具了"无保留意见"的审计报告。审计报告中丝毫没有提出对企业会计账面数据真实性的怀疑。

但是，几个月之后，一个专门从事假发票印刷和销售的团伙被当地税务机关破获。犯罪团伙中的一个案犯交代了假发票的销售对象，其中就包括了上述酒店。新闻媒体对此也进行了曝光。参与该酒店会计报表审计的注册会计师在接受新闻媒体采访时，承认了审计工作的失误。当时虽然怀疑酒店在账务处理上极有可能作假，但因没有获取证据，也不能无凭无证下结论。尽管如此，该酒店财务主管的对天发誓也最终清除了审计人员的心理防线。由此可以得出的教训是："对天发誓"不可信。

【课堂训练 6.1.1】比较审计证据的可靠性

1. 资料：注册会计师张杰在对恒基公司 2016 年度财务报表进行审计时，收集到以下 6 组证据：

（1）收料单和购货发票。

（2）销货发票副本和产品出库单。

（3）领料单与材料成本计算表。

（4）工资计算单和工资发放单。

（5）存货盘点表与存货监盘记录。

（6）银行询证函回函与银行对账单。

2. 要求：请分别说明每组证据中哪项审计证据较为可靠，并简要说明理由。

【课堂训练 6.1.2】审计证据的整理分析

1. 资料：审计人员于 2017 年 3 月 15 日在审核新星工具厂 2016 年 12 月份销售业务时，发现以下问题：

（1）新星工具厂产品"千斤顶"当月销售大于库存商品明细账中月初结存及当月入库数量之和。经抽查仓库保存的发票提货联，发现 2016 年 12 月 8 日销售给大明机器厂的"千斤顶"，金额为 40 000 元，发货日期及收货日期都是 2017 年 1 月 10 日，再查库存商品明细账，"千斤顶"账户期末结存为负数。该批产品成本 10 000 元。

（2）在发票提货联中，发现红字发票一张，开出日期为 2016 年 12 月 18 日，是厦新机器厂退回不合格的游标卡尺，金额 20 000 元，成本 10 000 元。经查明这一批产品是 2016 年 11 月结转销售的，这一笔退货主营业务收入明细账及库存商品明细账均无记录。

（3）2016 年 12 月 20 日发给本厂不独立核算门市部甲产品 30 000 元，做应收账款处理。

（4）2016 年 12 月 27 日，发运给异地乙产品 60 000 元；未见任何结算凭据，但新星工具厂已确认收入。

2. 要求：综合分析上述审计证据得出审计结论。

任务二　审计工作底稿

一、审计工作底稿的含义与作用

（一）审计工作底稿的含义

审计工作底稿是指注册会计师对制定的审计计划、实施的审计程序、获取的相关审计证据，以及得出的审计结论作出的记录。

审计工作底稿是审计人员在执行审计业务过程中形成的全部审计工作记录和获取的资料。审计工作底稿是审计证据的载体，可作为审计过程和结果的书面证明，是形成审计结论、发表审计意见的直接依据。

审计工作底稿通常包括总体审计策略、具体审计计划、分析表、问题备忘录、重大事项概要、询证函回函、管理层声明书、核对表、有关重大事项的往来信件（包括电子邮件），以及对被审计单位文件记录的摘要或复印件等。审计工作底稿通常不包括已被取代的审计工作底稿的草稿或财务报表的草稿、对不全面或初步思考的记录、存在印刷错误或其他错误而作废的文本，以及重复的文件记录等。审计工作底稿可以以纸质、电子或其他介质形式存在。注册会计师应严格按照审计准则的要求，做好有关审计工作底稿的各项工作。

（二）审计工作底稿的作用

审计工作底稿应当真实、完整地反映审计人员实施审计的全过程，并记录与审计结论或者审计查出问题相关的所有事项，以及审计人员的专业判断及其依据。审计工作底稿是审计人员进行审计工作的重要工具。审计工作底稿主要具有以下几方面作用：

（1）审计工作底稿是编写审计报告、发表审计意见或作出审计决定的依据。

不论审计报告的编写、审计意见的形成还是审计决定的产生，都必须依据所收集到的审计证据和作出的专业判断，而这些都完整地记录在审计工作底稿中。所以说审计工作底稿是编写审计报告、发表审计意见或作出审计决定的依据。

（2）审计工作底稿是联结整个审计工作的纽带。

一个审计组一般由多个人或多个小组构成，审计组内要进行合理的分工，不同的审计事项和审计程序往往由不同人员执行，而工作底稿是记录所有审计工作的共同载体。并且最终形成审计结论、作出审计决定或发表审计意见针对的是审计对象总体，因此必须依靠审计工作底稿把各项审计工作有机地联结起来。因此，审计工作底稿是联结整个审计工作的纽带。

（3）审计工作底稿是控制审计工作质量的手段。

在现场审计时，审计项目负责人可以通过对审计工作底稿的检查来控制审计工作质量。在现场审计结束时，业务部门负责人也要通过对审计工作底稿的复核来检查审计工作质量。不参加项目审计的专职复核人员还要通过对审计工作底稿的检查来履行复核职能。如果没有工作底稿，审计质量的控制和检查就无法落到实处。此外，一旦发生质量事故，审计工作底稿也可作为追究责任的客观依据。

（4）审计工作底稿是明确审计人员责任和考核审计人员的依据。

审计人员在审计工作中编制的审计工作底稿反映了该审计人员所做的工作，也反映了该审计人员所做工作的质量，即审计人员是否按照审计准则实施了必要的审计程序，程序选择是否合理，专业判断是否准确等都需要通过审计工作底稿来衡量。因此通过对审计工作底稿的检查复核，可以反映审计人员履行审计职责情况，为了解和考核审计人员的工作业绩提供依据。

（5）审计工作底稿是行政复议和诉讼的重要佐证资料。

审计工作底稿记录了被审计单位的基本情况以及审计的情况，记录了审计查出的问题及相应的审计证据。因此，一旦发生行政复议或诉讼，审计工作底稿可为复议机关或法院的审理提供重要资料依据。

（6）审计工作底稿是总结审计工作和进行审计理论研究的资料。

审计工作底稿中包含着丰富的审计内容，记录了各类审计的工作方案，审计程序，审计方法的运用和结果等，汇集了审计人员的工作经验，将这些资料积累起来，进行比较研究可以改进和规范审计工作，总结和发展审计理论。

鉴于审计工作底稿的重要作用，审计人员在审计工作中必须认真编写审计工作底稿，审计机构也必须妥善保管审计工作底稿。

二、审计工作底稿的分类

对审计工作底稿进行合理的分类是规范审计工作底稿的编制、复核、使用及管理工作的前提和基础。审计工作底稿通常可作下述分类。

（一）按审计工作底稿的性质和作用分类

按审计工作底稿的内容不同可将其分为综合类工作底稿、业务类审计工作底稿和备查类工作底稿。

1. 综合类审计工作底稿

审计人员在审计准备和报告阶段，为规划、管理和总结整个审计工作，并发表审计意见所形成的审计工作底稿。它主要包括审计业务约定书、审计计划、审计差异汇总表、试算平衡表、审计总结及审计调整分录汇总表、审计报告书未定稿等综合性的审计工作记录。一般而言，综合类工作底稿形成于审计计划和审计报告阶段。

2. 业务类工作底稿

审计人员在审计实施阶段所形成的工作底稿。它主要包括审计人员在执行预备调查、实施控制测试和实质性测试等审计程序时所形成的工作底稿，具体格式见表 6.1 所示。

3. 备查类工作底稿

审计人员在审计过程中形成的，对审计工作仅具有备查作用的审计工作底稿。主要包括与审计约定事项有关的重要法律性文件、会议记录、经济合同与协议、企业营业执照、公司章程等原始资料的副本或复印件。审计人员在审计准备、实施和报告 3 个阶段均可形成备查类工作底稿。

表 6.1 业务类审计工作底稿基本格式

审计单位名称_____ 索引号_____ 页次_____
审计项目名称_____ 编制人_____ 日期_____
会计期间或截止日_____ 复核人_____ 日期_____

索引号	审计程序实施记录	金额
	审计程序实施记录 审计标识 资料来源说明	
审计结论		

（二）业务类审计工作底稿分类

1. 按编制顺序分类

业务类审计工作底稿按编制顺序分为分项目审计工作底稿和汇总审计工作底稿。

（1）分项目审计工作底稿。分项目审计工作底稿是指根据审计方案确定的项目内容，审计人员逐个项目编制形成的一项一稿或一事一稿的审计工作底稿。例如：调查记录表、应收账款账龄分析表、账户审查记录等。

（2）汇总审计工作底稿。汇总审计工作底稿是指在分项目审计工作底稿编制完成的基础上，按分项目工作底稿的性质、内容加以分类归集综合编制的审计工作底稿。如：账项调整表。

2. 按其内容不同分类

业务类审计工作底稿按其内容的不同又可以分为审计日记、调查类、审查类、盘点类及专项审计工作底稿等。

（1）审计日记。审计日记是审计人员以人为单位按时间顺序反映其每日实施审计全过程的书面记录。由审计人员个人逐日编写。审计项目负责人可以通过对审计日记的检查来协调和控制审计工作，并可作为考核审计人员工作的依据。

（2）调查类审计工作底稿。调查类审计工作底稿是指审计人员为了了解被审计单位有关情况或审计事项的实际情况，为了收集审计证据所做的各种审计调查记录。如被审计单位基本情况表、内部控制调查表、调查记录表等。

（3）审查类审计工作底稿。审查类审计工作底稿是指审计人员在审查会计凭证、账簿和报表过程中所编写的各种工作记录。因为审查的项目不同，记录的具体内容不同，该类底稿很难有统一的格式。

（4）盘点类审计工作底稿。审计人员在对被审计单位各种实物资产及现金、有价证券等进行监盘的过程中取得或编写的工作记录。如现金盘点表、原材料盘点表等。

三、审计工作底稿的要素和编制

审计工作底稿的格式、内容和范围主要取决于下列因素：

（1）被审计单位的规模和复杂程度。

（2）拟实施审计程序的性质。

（3）识别出的重大错报风险。

（4）已获取的审计证据的重要程度。

（5）识别出的例外事项的性质和范围。

（6）当从已执行审计工作或获取审计证据的记录中不易确定结论或结论基础时，记录结论或结论基础的必要性。

（7）审计方法和使用的工具。

（一）审计工作底稿的要素

审计工作底稿的形式多种多样，底稿中记录的内容也各不相同，很难用一种形式将它们统一起来。业务类审计工作底稿应具备以下基本要素：

（1）被审计单位的名称，即接受审计的单位或者审计项目的名称。

（2）审计事项，即审计实施方案确定的审计事项。

（3）会计期间或者截止日期，即审计事项所属会计期间或者截止日期。

（4）实施审计过程记录。

（5）审计结论或者审计查出问题摘要及其依据。

（6）索引号及页次。

（7）编制人员的姓名及编制日期。

（8）复核人员、复核意见及复核日期。

（9）附件，即审计工作底稿所附的审计证据及相关资料。

（二）审计工作底稿的编制要求

编制和使用审计工作底稿是审计人员的重要工作内容。为了编写好审计工作底稿，审计人员必须注意以下基本要求：

（1）编写审计工作底稿应做到内容完整、真实，重点突出。审计人员实施审计时，应对审计工作中的重要事项以及审计人员的专业判断进行记录。一切与达到审计目标、提出审计意见和作出审计结论有关的情况和问题都是重要的内容，均应在审计工作底稿中予以反映，并将审计经过写完整。底稿中必须如实反映被审计单位的财政、财务收支及其经济活动，如实反映审计的实施情况，审计人员对审计工作底稿的真实性负责。

（2）编写审计工作底稿应做到观点明确，条理清楚，用词恰当，字迹清晰，格式规范。审计工作底稿中载明的审计事项、时间、地点、当事人、数据、计量计算方法和因果关系必须准确无误，前后一致；相关的证明资料如有矛盾，应当予以鉴别和说明。

（3）相关的审计工作底稿之间应当具有清晰的勾稽关系，相互引用时应注明索引号。

（4）编制汇总工作底稿应当在详细审阅分项目审计工作底稿并确定其事实清楚，证据确凿，手续完备之后再进行整理，按其性质、内容进行归集。

（5）编制审计工作底稿所附的审计证明材料应当经被审计单位或其他提供证明资料者的认定签字。如果有特殊情况无法认定签字时，审计组应作出书面说明。

四、审计工作底稿的复核

会计师事务所应当建立完善的审计工作底稿分级复核制度。审计工作底稿的复核一般可分为两个层次：项目组内部复核和独立的项目质量控制复核。

（一）项目组内部复核

项目组内部复核又分为两个层次：审计项目经理的现场复核和项目合伙人的复核。

（1）审计项目经理的现场复核。审计项目经理对审计工作底稿的复核属于第一级复核。该级复核通常在审计现场完成，以便及时发现和解决问题，争取审计工作的主动。

（2）项目合伙人的复核。项目合伙人对审计工作底稿实施复核是项目组内部最高级别的复核。该复核既是对审计项目经理复核的再监督，也是对重要审计事项的重点把关。

（二）独立的项目质量控制复核

项目质量控制复核是指在出具报告前，对项目组作出的重大判断和在准备报告时形成的结论作出客观评价的过程。项目质量控制复核也称独立复核。

《会计师事务所质量控制准则第 5101 号——业务质量控制》，要求对包括上市公司财务报表审计在内的特定业务实施项目质量控制复核，并在出具报告前完成。

五、审计档案的管理

（一）审计档案的分类

审计档案按其使用期限的长短和作用大小可以分为永久性档案和当期档案。

(1) 永久性档案。记录内容相对稳定，具有长期使用价值，并对以后审计工作具有重要影响和直接作用的审计工作底稿所组成的审计档案。主要由综合类和备查类底稿组成。综合类内容包括：审计业务约定书、审计计划、审计报告未定稿、审计总结及审计调整分录等综合性的审计工作记录。备查类内容包括：重要法律性文件、重要会议记录与纪要、重要经济合同与协议、企业营业执照、公司章程等的副本或复印件。

(2) 当期档案（一般档案）。记录内容在各年度之间经常发生变化，只供当期审计使用和下期审计参考的审计底稿所组成。一般由业务类工作底稿组成。

（二）审计档案的所有权与保管

(1) 所有权。我国现行审计准则规定，审计档案的所有权属于承接该项业务的会计师事务所。

(2) 保管。永久性档案，应长期保存；如果事务所中止了对被审计单位的后续审计服务，则保管年限与最近1年当期档案的保管年限相同。

当期档案，事务所应自审计报告签发之日起，至少保存10年，不得任意缩减。

（三）审计工作底稿归档期限

审计工作底稿的归档期限为审计报告日后60天内。如果注册会计师未能完成审计业务，审计工作底稿的归档期限为审计业务中止后的60天内。

（四）审计报告日后追加审计程序或者得出新的结论

在某些例外情况下，如果在审计报告日后实施了新的或追加的审计程序，或者得出新的结论，注册会计师应当记录：

(1) 遇到的例外情况。

(2) 实施新的或追加的审计程序，获取的审计证据，得出的结论，以及对审计报告的影响。

(3) 对审计工作底稿作出相应变动的时间和人员，以及复核的时间和人员。

（五）完成审计归档后的修改

除第（四）种的情形外，在完成最终审计档案归整工作后，如果注册会计师发现有必要修改现有审计工作底稿或增加新的审计工作底稿，无论修改或增加的性质如何，注册会计师均应当记录：

(1) 修改或增加审计工作底稿的理由。

(2) 修改或增加审计工作底稿的时间和人员，以及复核的时间和人员。

（六）审计档案的保密与调阅

除下列情况外，会计师事务所不得对外泄露审计档案中涉及的商业秘密及有关内容：

(1) 法院、检察院及其他部门因工作需要，在按规定办理了手续后，可依法查阅审计档案中的有关审计工作底稿。

(2) 注册会计师协会对执业情况进行检查时，可查阅审计档案。

(3) 不同会计师事务所的注册会计师，因审计工作的需要，并经委托人同意，在办理了有关手续后，可以要求查阅审计档案。

思考：审计工作底稿有哪些作用？

【案例演示6.2.1】审计工作底稿与商业机密

一个业绩蒸蒸日上的A上市公司，逐步确立以房地产和股权投资为主导的投资方向，先后在北京、上海、天津、青岛等重点城市进行房地产投资；同时，该公司还投资参股了十多家企业，投资总额高达 80 000 000 元以上。为了获得更为理想的投资回报和战略效果，该公司用了近 40 000 000 元通过二级市场购买了上海的某家上市公司的 5%的股份。按照我国证监会的关于上市公司的期中会计报表须经独立审计的规定，A 上市公司委托 B 会计师事务所对当年的期中会计报表进行审计。约定条件之一就是：为避免公司遭受损失，要求注册会计师在了解被审单位有关的投资计划和投资实施阶段的情况后，能够保守商业机密，尤其不能在审计工作底稿中公开。这为审计的注册会计师提出一个很大的难题：如果不在审计工作底稿中详细记录被审单位的投资项目和投资过程，就无法形成与发表审计意见有关的审计证据，也不符合审计工作底稿的编写要求。如果在审计工作底稿中详细说明，又会违背已经作出的承诺。在这艰难的抉择和痛苦的思索中，注册会计师冥思苦想，终于有了一个两全其美的办法。即在填写长期投资项目的审计工作底稿时，不直接用项目本身的名称，而是根据不同性质的投资拟定审计工作底稿的秘密代码。该代码作为机密，单独由审计组长亲自保管，并存放于专门的保密档案专柜中。

分析指导：

（1）注册会计师在审计过程中，像上述案情中的矛盾现象时有发生，这就要求注册会计师在工作中应积极进取，勇于创新。本案例所介绍的审计工作底稿的密码标识和保密档案的管理是值得注册会计师参考和借鉴的。

（2）对上市公司的审计监督，是社会赋予注册会计师的神圣职责。但是很多上市公司害怕自己的违法行为被注册会计师发现后向社会披露，就常以商业机密为借口，阻挠注册会计师的正常审计。在当前竞争激烈的审计市场上，注册会计师屈从于客户压力而有意隐瞒事实真相的案例常有发生。因此注册会计师事业是公正的事业，如果偏离这一点，注册会计师就会失去公众的信任。

【课堂训练 6.2.1】审计工作底稿的编制

1. 资料：ABC 会计师事务所 2011 年 2 月 1 日承接了 C 公司 2010 年度财务报表审计业务，甲注册会计师负责该项业务，于 2011 年 3 月 1 日完成审计工作，3 月 3 日完成审计报告并签字，并决定不再继续承接该公司的审计业务，3 月 20 日甲注册会计师在整理工作底稿时发现，一张存货计价测试的工作底稿顺序混乱且页面潦草，甲注册会计师重新誊写了一张，并将原工作底稿附在新的工作底稿后面以备审核。5 月 2 日，工作底稿归档完毕。5 月 5 日，乙注册会计师在复核该工作底稿时发现，在审计报告日前收到的一张应收账款函证回函原件并没有加入工作底稿，只是将同笔应收账款回函传真件整理到了工作底稿中，乙注册会计师认为有必要修改现有的工作底稿，将该原件替代传真件整理到工作底稿，并将传真件销毁，除此之外未作任何其他处理。ABC 会计师事务所决定自 2011 年 3 月 3 日起保存该审计工作底稿 10 年。

2. 要求：指出 ABC 会计师事务所（包括审计项目组以及各注册会计师）在审计工作中存在的问题，并简要说明理由。

练习题

一、单项选择题

1. 注册会计师需要获取的审计证据的数量受错报风险和审计质量的影响。错报风险（　　），需要的审计证据可能（　　）。审计证据质量（　　），需要的审计证据可能（　　）。

A. 大，少，高，少 B. 大，少，高，少
C. 大，多，高，多 D. 大，多，高，少

2.（ ）属于第一层复核，这层复核主要是评价已完成的审计工作、所获得的证据和工作底稿编制人员形成的结论。
A. 项目经理复核 B. 项目合伙人复核
C. 项目质量控制复核 D. 注册会计师复核

3. 审计证据的相关性是指审计证据必须与（ ）相关。
A. 审计内容 B. 审计目标
C. 审计范围 D. 审计程序

4. 审计工作底稿的所有权应该属于（ ）。
A. 委托单位 B. 被审计单位
C. 会计师事务所 D. 编制工作底稿的注册会计师

5. 在审计过程中，注册会计师将了解到的被审计单位管理层的诚信情况形成文字记录，属于（ ）。
A. 实物证据 B. 书面证据
C. 环境证据 D. 口头证据

6. 为了证实应收账款是否存在，下列各项书面证据中可靠性最强的是（ ）。
A. 注册会计师向被审计单位债务人函证应收账款的回函
B. 销货发票副本
C. 被审计单位提供的债务人的对账单
D. 被审计单位的应收账款账簿

7. 作为内部证据的会计记录在下列情形中可靠性较弱的是（ ）。
A. 在企业外部流转 B. 经注册会计师验证
C. 由健全有效的内部控制制度 D. 被审计单位管理当局声明

8. 注册会计师执行财务报表审计业务获取的下列审计证据中，可靠性最强的是（ ）。
A. 购货发票 B. 销货发票
C. 采购订货单副本 D. 应收账款询证单回函

9. 注册会计师采用函证程序获取的审计证据中最能证明下列财务报表项目的相关认定的是（ ）。
A. 应付账款的完整性认定 B. 应收账款存在认定
C. 固定资产的存在认定 D. 主营业务成本计价认定

10. 下列关于审计工作底稿归档期限的要求与审计准则一致的是（ ）。
A. 审计报告日后30天 B. 审计报告日后60天
C. 审计业务约定书后60天 D. 审计业务终止后90天

二、多项选择题

1. 审计证据的适当性是指审计证据的（ ）。
A. 足够性 B. 区域性 C. 可靠性 D. 相关性

2. 下列项目中，可以作为审计证据的有（ ）。
A. 原始凭证、记账凭证和会计账簿等会计记录

B．被审计单位的会议记录
C．内部控制手册
D．注册会计师编制的各种分析表

3．审计证据的特征是（　　）。
　A．审计证据的充分性　　　　B．审计证据的风险性
　C．审计证据的适当性　　　　D．审计证据的准确性

4．下列各项中，应作为审计工作底稿的有（　　）。
　A．问题备忘录　　　　　　　B．财务报表
　C．有关重大事项的往来信件　D．被审计单位文件记录的摘要或复印件

5．以下审计证据中，属于外部证据的有（　　）。
　A．购货发票　　　　　　　　B．发货单
　C．生产领料单　　　　　　　D．银行存款函证回函

6．关于审计工作底稿的说法中，以下正确的是（　　）。
　A．审计工作底稿是注册会计师对制定的审计计划、实施的审计程序、获取的相关审计证据及得出的审计结论作出的记录
　B．审计工作底稿是审计证据的载体
　C．审计工作底稿形成于审计过程，也反映整个审计过程
　D．审计工作底稿是与被审计单位沟通的唯一方法

7．下列审计证据属于书面证据的有（　　）。
　A．被审计单位的地理环境　　B．被审计单位的账簿
　C．被审计单位的采购合同　　D．被审计单位的支票存根
　E．被审计单位的库存现金

8．审计证据的适当性是对审计证据质量的衡量，包括（　　）两层含义。
　A．客观性　　B．相关性　　C．充分性　　D．可靠性

9．综合类审计工作底稿有（　　）。
　A．审计总结　　　　　　　　B．审计业务约定书
　C．企业营业执照　　　　　　D．审计计划

10．审计工作底稿复核的要点包括（　　）。
　A．审计结论是否恰当　　　　B．审计判断是否有理有据
　C．所获取的证据是否充分适当　D．所引用的资料是否详实可靠

三、判断题

1．注册会计师可以考虑获取审计证据的成本与所获取信息的有用性之间的关系。因此，当获取审计证据很困难和成本很高时，注册会计师可以此为由减少不可替代的审计程序。（　　）

2．注册会计师需要获取的审计证据的数量受错报风险的影响。错报风险越大，需要的审计证据可能越多。（　　）

3．一般来说，直接获取的审计证据比间接获取或推论得出的审计证据更可靠。（　　）

4．在外勤工作结束时，应由项目经理对工作底稿进行重点复核。（　　）

5．审计工作底稿可以以纸质、电子或其他介质形式存在。（　　）

6．注册会计师需要获取的审计证据的数量也受审计证据质量的影响。审计证据质量越高，需要的审计证据可能越少。（　　）

7．以文件记录形式（无论是纸质、电子或其他介质）存在的审计证据比口头形式的审计证据更可靠。（　　）

8．口头证据往往需要得到其他相应证据的支持。（　　）

9．实物证据的存在本身就具有很大的可靠性，所以实物证据具有较强的证明力。（　　）

10．环境证据是指对审计事项产生影响的各种环境事实，一般属于主要的审计证据。（　　）

四、思考题

1．审计证据的获取方法有哪些？
2．简述审计证据的种类。
3．审计证据与审计工作底稿的关系是什么？
4．编制审计工作底稿的目的是什么？
5．如何对审计工作底稿进行复核？

五、综合实训

综合实训 6-1

1．资料：下面是注册会计师刘丽在审计过程中所收集的书面证据：①销售发票；②明细账；③银行对账单；④应收票据；⑤有限责任公司章程；⑥采购合同；⑦董事会会议记录；⑧应收账款函证回函；⑨管理当局声明书；⑩货运提单复印件。

2．要求：
（1）将上述书面审计证据按其来源划分为外部证据和内部证据。
（2）为什么说外部证据的可靠性要大于内部证据？
（3）外部证据之间是否存在可靠性的差异？

综合实训 6-2

1．资料：注册会计师刘丽在对某公司进行年度会计报表审计过程中，实施了以下审计程序：
（1）检查并盘点库存的有价证券。
（2）重新计算折旧费用。
（3）与该公司的法律顾问讨论可能发生的诉讼案件。
（4）从该公司管理当局取得以资产抵押获得贷款的文件。
（5）计算该公司当年的毛利率并同以前年度比较。
（6）观察该公司库存现金的盘点。
（7）了解该公司管理人员的素质。

2．要求：分析执行上述审计程序所获得的证据应归为实物证据、环境证据、书面证据、口头证据中的哪一类。

综合实训 6-3

1. 资料：注册会计师王红通过对 CA 公司存货项目的相关内部控制制度进行分析评价后，发现该公司存在以下 5 种情况：

（1）库存现金未经认真盘点。

（2）接近资产负债表日前入库的 A 产品可能已计入存货项目，但可能未进行相关的会计记录。

（3）由 XXX 公司代管的甲材料可能并不存在。

（4）XXX 公司存放在 CA 公司仓库的乙材料可能已计入 CA 公司的存货项目。

（5）本次审计为 CA 公司成立以来的首次审计。

2. 要求：请根据上列情况分别指出各自的审计程序、审计目标和应收集哪些审计证据。

项目七　内部控制及其测评

【知识能力目标】

通过学习和训练，了解内部控制的概念及控制目标；了解内部控制的构成要素；了解内部控制与审计的关系；掌握内部控制的描述方法和测评内容。

【案例导入】

由"湘缆"破产案看内部控制的重要性

湖南湘潭电缆厂（以下简称"湘缆"）在1992年前是一个年产值为25亿元人民币的全国大型一类电线电缆骨干企业，曾位居全国500家重点企业之列。1995年5月后，以陈海燕为首的一批"蛀虫"钻进了"湘缆"，从此该公司陷入困境，至1998年上半年，集团产值较上年同期下降55%，销售收入下降70%，增加亏损5000余万元，职工生活无保障，集团决策层9名领导有8名提出集体辞职。

同年9月上旬，由国务院派出的稽查特派员来"湘缆"查办此案。审计表明，"湘缆"集团实有资产10.46亿元，总负债达12.02亿元，严重资不抵债。检察机关进一步查明，作为党委书记兼总经理的陈海燕主管"湘缆"1000天，国有资产大量流失，"湘缆"竟亏损3.61亿元，平均每天亏损36万元。

湖南省审计厅和湘潭市审计局经过1年零5个月的艰辛工作，对"湘缆"集团28家全资和控股子公司的资产、负债和损益情况进行了全面审计，并与有关部门密切配合，延伸审计调查了与"湘缆"有经济往来的大阳股份公司等7家陈海燕等人私营、合伙经营公司的账目，彻底查明了以陈海燕为首的特大经济犯罪案的主要犯罪事实：他们利用职务之便，采取狡诈的手段，挪用公款90次，总计金额4700余万元，贪污侵吞公款43万余元，虚开增值税发票113份，造成国家税收实际损失175万元，偷税45万余元。"湘缆"被迫进入破产清算程序。

"湘缆"案的揭露是审计人员实行经济责任审计时发现线索的，他们在对"湘缆"的内部控制制度测评后，发现管理相当混乱，进而追踪深入调查的结果。建立健全内部控制虽然是被审计单位的会计责任，而不是注册会计师的审计责任，但是对有问题的企业签发无保留意见的审计报告，也难辞其咎。注册会计师在调查和评价内部控制时，受审计程序限制，更应保持应有的职业谨慎。

有效的内部控制能减少审计所需要的审计证据，为评价重大错报风险，审计人员必须了解内部控制并搜集相关证据以支持这一评价。因此，审计师需要掌握内部控制的概念、构成要素以及如何对内部控制进行评价等问题。

任务一　内部控制概述

一、内部控制的概念

内部控制是被审计单位为了合理保证财务报告的可靠性、经营的效率和效果以及对法律法规的遵守,由治理层、管理层和其他人员设计和执行的政策和程序。治理层是指对企业战略方向和管理层履行经营管理之职责负有监督责任的组织和人员。管理层负责编制财务报表,以及对治理层的监督。

内部控制属于管理范畴,贯穿于企业经济活动的各个方面,只要存在经济活动和经营管理,企业就需要有相应的内部控制。内部控制是企业管理现代化的必然产物。

二、内部控制的目标

内部控制目标是决定内部控制运行方式和方向的关键,也是认识内部控制基本理论的出发点。内部控制的目标具体如下:

(1)保证业务活动按照适当的授权进行。

(2)保证交易和事项以正确的金额在恰当的会计期间及时记录于适当的账户,使会计报表的编制符合会计准则的相关要求。

(3)保证对资产和记录的接触、处理均经过适当的授权。

(4)保证账面资产与实存资产定期核对相符。

三、内部控制的构成要素

内部控制由控制环境、风险评估、控制活动、信息与沟通、监督5个要素组成。

(一)控制环境

控制环境是指对企业设置和实施内部控制有重大影响的因素的统称。控制环境的优劣直接决定着企业的各项控制措施能否执行及执行的效果。它主要包括以下内容:

1. 管理当局的观念和经营风格

它在企业的控制环境中起着关键性的作用。小心谨慎、循规蹈矩的管理当局比粗心大意、滥用职权的管理当局更有可能遵循内部控制的各项规章,更有可能督促下属照章办事;而独断专行的管理当局则更有可能逾越内部控制,更有可能限制职责分工,从而导致控制失效。

2. 组织结构的设置

组织结构是内部控制的重要载体,在整个管理系统中起着"骨架"的作用。一个企业的组织结构,是在综合考虑其内外部诸多因素的基础上确立的。这些因素包括企业的生产经营特点、企业的规模、企业管理当局的管理哲学与经营战略、企业员工的素质以及企业所处的文化背景等。恰当的组织结构,能够保证整个企业的组织体系在相互制衡的原则下协调高效地运行。

3. 董事会及其所属审计委员会

董事会对一个企业负有重要的受托管理责任。要使企业保持良好的内部控制,就必须依赖董事会及其所属审计委员会的监督。通常情况下,董事会负责监督企业的各种经营活动,而审计委员会除了负责监督企业的财务报表外,还负责保持董事会与企业内部和外部审计人员的直接沟通。

4. 授权与分配责任的方式

它将影响到企业各部门及员工对所授予的权利和责任的理解与贯彻。例如,若将组织中有关的政策及规定,以正式书面文件的形式落实下来,下发到有关人员,并督促大家严格遵守,就可以大大增强有关人员对这些规定的控制意识及履行这些规定的自觉性。

5. 员工的素质

任何一种控制制度都需要人去执行,企业员工的诚实状况、敬业精神、业务知识以及在工作技能、创新能力等方面素质的优劣,是内部控制有效与否的重要决定因素。如果员工诚实可靠、专业能力强,即使企业缺乏相关的控制,企业也能够编制出可靠的财务报表。反之,如果员工尤其是关键岗位上的员工不诚实、不可靠或者专业能力差,即使企业设置了许多的控制措施,也将得不到有效的执行。

6. 人事政策

为了保证员工素质能够不断适应内部控制的需要,企业必须在员工招聘、培训、考核、提升、奖励、处罚及定期的职务轮换等方面建立有效的用人机制和措施。

7. 外部影响

外部影响是指来自于企业外部的各种控制措施给企业带来的监督和制约。例如,国家颁布的一系列政策法规以及来自于银行、税务、财政及证监会等部门对企业的检查等。

(二)风险评估

风险评估是指企业各级管理层对企业内部和外部风险的确认。它包括风险识别和风险分析。任何一个企业乃至其中的各个责任中心,无时无刻不面临着诸多风险的侵袭。例如,就企业财务而言,所面临的风险包括投资风险、筹资风险、经营失败而引起的资金周转困难风险及分配风险等。企业的各个部门应该能够及时识别来自企业内、外部的各种风险,并针对每一种风险采取科学的措施加以防范,以使企业规避风险,减少损失。

(三)控制活动

控制活动是指企业管理部门为了保证既定目标得以顺利实现而制定并执行的各项控制政策和程序。这些政策和程序是针对企业在实现其既定目标过程中可能遭遇到的风险所建立的各种必要的防范措施。控制活动贯穿于企业的所有层次和各个职能部门,是内部控制的主要组成部分。就一个企业来说,控制活动一般包括业务授权控制、职责分工控制、凭证与记录控制、实物控制和独立检查等内容。

1. 业务授权控制

业务授权控制的目的在于保证每一笔业务必须经过授权才能产生。经过授权,可以尽可能地减少不合法或不合规、不合理业务的发生,从而保证决策和计划的正确执行。

授权可以是一般授权,也可以是特别授权。一般授权是指经办常规业务的授权,如制定产品售价、顾客赊销限额的批准等;特别授权是指超出常规范围的例外或特殊业务的授权,它意味着该项业务必须经过特别准许方可执行,如重大的资产购置、股票的发行等。

2. 职责分工控制

职责分工控制的目的在于预防和及时发现有关人员在履行其职责时所发生的错误或舞弊行为。它要求互不相容的职责不应由一个人兼任,以减少发生错弊的可能性。主要的职责分工包括:

（1）业务的批准与执行相分工。批准某项交易的职责与经办该项交易的职责不应由一个人兼任。例如，批准供货单位发票的付款应与签发付款支票的职责相分离。

（2）业务的执行与记录相分工。执行某项交易的人员不得兼任对该项交易的记录。如采购员、售货员不能同时兼任记账、出纳工作。

（3）各种会计责任之间相分工。一项业务活动从填制凭证开始到最后记入总分类账的过程应分别由不同的会计人员来完成。例如，记录现金收入日记账的职责应与记录销售日记账的职责相分离，记录明细账、日记账的职责应与记录总账的职责相分离等。各种会计责任之间进行适当的分工，可以使不同会计人员间的记录有一个相互核对检验的机会，以减少记账错误的发生。

（4）资产的保管与会计相分工。保管资产的人员不得兼任该项资产的会计工作。例如，出纳员不得既负责保管现金，又负责登记现金总账和应收账款账，否则就会为出纳员发生舞弊行为创造条件。例如，该出纳员可以在将其所收到的客户交来的现金据为己有的同时，采取漏记销货或虚列应收账款贷方发生额的手段调整会计记录，从而达到其掩盖违法行为的目的。

（5）资产的保管与账实核对相分工。负责账实核对的人员应由保管资产以外的人员来担任。

（6）计算机信息系统（CIS）部门内部，以及信息部门与使用部门之间的职责分工。信息部门内部应分离的职责包括：系统分析、程序设计、电脑操作和数据控制等，此外，信息部门在组织上应独立于使用部门。

3. 凭证与记录控制

凭证是证明业务发生的证据，也是执行业务和记录业务的依据。企业应设计和使用适当的凭证和记录，以确保所有的资产均能得到恰当的控制，以及所有的经济业务均能得以全面、完整和准确的记录。这些凭证和记录包括销售发票、请购单、采购单、工资表和各种账册等。凭证与记录控制一般要求：

（1）建立严格的凭证制度。其内容包括：

1）凭证种类要齐全。凡经济活动涉及的业务都应能从凭证上反映出来。

2）凭证内容要完整。如果一项业务涉及不同部门，应能从凭证上反映出不同部门的责任和权力。

3）凭证要预先连续编号。凭证预先编号，可有效防止发生漏记或重复记录业务的现象。

4）空白收据和支票等凭证要由专人负责保管。

（2）建立严格的簿记制度。如对经济业务的会计处理程序实行标准化控制，在整个的会计核算过程中，规定严格的凭证传递程序和记账手续等。

（3）建立严格的定期核对、复核与盘点制度。如定期进行表账证之间的核对及其与实物之间的核对。

4. 实物控制

实物控制是指对接触、使用资产和各种记录，均应当有适当的防范措施，以限制非相关人员接近资产或接近重要的记录，从而保护资产和记录的安全。它包括实物的防护措施和人员的防护措施，前者包括建立耐震、耐火设备的仓库，设置防盗用的围墙、栅栏、锁、保险柜，设置消防备用水池、灭火器等；后者包括建立财产物资的专人负责保管制度，实行定期或不定期的财产清查盘点制度，加强企业护卫人员的巡视等。

5. 独立检查

独立检查是指对已记录的经济交易和事项由具体经办人之外的独立人员进行核对或验证，以及对与该项业务相关的内部控制程序的履行情况进行检查。它可以有效地保证企业的内部控制在较长时间里处于良好状态。

（四）信息与沟通

为了能够准确、及时并最大限度地获取和运用来自企业内、外部与本企业有关的技术、市场和管理等各方面的信息，并在企业内部进行纵向与横向的有效传递，企业必须建立一个良好的信息沟通系统。所谓良好的信息沟通系统，是指该系统不仅能确保企业中的各级管理层和员工及时取得他们在履行生产经营活动时所需的信息，而且能确保企业中的每位员工都清楚地知道其在企业中所承担的特定职务或所扮演的控制角色和所担负的责任。

就信息沟通系统的构成而言，它应包括会计系统、信息系统和传导机制等内容。

（五）监督

监督是指由被审计单位内部特定人员对一定时期内部控制的设置和执行情况进行评估和检查的活动。它包括适当及时地评估内部控制的设置和执行情况，以及采取必要的纠正措施。监督可通过持续监督、个别评估或两者相结合的方式来进行。

对许多企业来说，内部审计部门在有效监督方面的作用是非常关键的。为了能使内部审计职能得以有效发挥，内部审计部门应当在本单位主要负责人或者权力机构的领导下开展工作。

近年来，人们对风险越来越重视，基于风险管理的需要，对内部控制也作了新的探索，提出了八要素的内部控制概念。这八个要素包括：内部环境、目标制定、事项识别、风险评估、风险反应、控制活动、信息和沟通、监控。八要素理论实际上仍然是基于五要素展开的，只是把五要素理论中的风险评估作了细分。

四、内部控制的局限性

无论内部控制设计和运行的多么严密，都只能为被审计单位实现报告目标提供合理保证。审计人员在确定内部可信赖程度时，应当保持应有的职业谨慎，充分关注内部控制在实践中所固有的局限性。这些限制包括：

（1）判断失误。

判断是人在事情发生时依据现有的信息所作出的，个人的判断不能保证绝对正确，并且难以避免主观性，从而影响内部控制的有效性。基于错误判断的管理层决策也会导致失误。

（2）执行偏差。

任何"完美的"内部控制系统，都会因设计人经验和知识水平的限制而带有缺陷。同时，执行人员的粗心大意、精力分散、判断失误以及对指令的误解等，也可能使内部控制系统陷于瘫痪。例如：代替缺席或生病雇员的临时职员，可能不能正确地执行控制的职责。

（3）管理层的越权。

内部控制是企业最重要的管理工具，但任何内控最终都是靠人来执行的。单位或部门的经理，或者高级管理层成员会出于各种目的而逾越内控制度，例如：虚增报告中的收入来掩盖市场份额始料不及的下跌；虚增报告中的赢利以符合无法实现的预算。

（4）合伙同谋。

两人或更多人的合伙同谋行为，会使不同职务相互制约的作用丧失，从而导致内控的失效。

（5）成本收益原则。

控制环节越多，控制措施越复杂，相应的控制效果可能就会越好，同时控制成本也会越高。由于企业的资源有限，企业在设置和实施内部控制时，所以在实务中，如果某项内部控制的设计与执行成本超过因错弊所造成的困难损失，企业管理层是不会去建立这样的内部控制的。因此，管理当局采用的内部控制往往不是最理想的。

另外，内部控制一般都是针对经常而重复发生的业务而设置的，如果出现不经常发生或未预计到的业务，原有控制就可能不适用；企业面临的经营环境或业务性质的改变会让现有的内部控制不再合适，从而削弱内部控制的作用，甚至引起内部控制失效。

由于内部控制存在固有的局限性，同时内部控制只能为财务报表公允反映提供合理的保证，所以在审计中，审计人员面临的重大错报风险总是存在的，即审计风险模型中的重大错报风险始终大于零。这就要求审计人员在审计过程中，无论被审计单位的内部控制设计的多么有效，都必须对财务报表的重要账户或交易类别执行最低限度的实质性测试。

五、内部控制与审计的关系

内部控制既是被审计单位对其经济活动进行组织、制约、考核和调节的重要工具，也是审计人员用以确定审计程序的重要依据。注册会计师应当了解与审计相关的内部控制以识别潜在错报的类型，考虑导致重大错报风险的因素，以及设计和实施进一步审计程序的性质、时间和范围。如果被审计单位的内部控制系统设置严密，运行良好，审计人员就可以在缩小抽样范围的情况下，对审查对象进行综合的评价；反之，如果内部控制系统不健全或运行状况不佳，审计人员就要适当扩大审计抽样的范围和增加样本的容量。内部控制在企业审计中的基础性作用，主要表现在以下几个方面：

（1）确定审计范围。

在企业财务收支审计工作中，审计人员依据对被审计单位内部控制的评价结果确定审计范围，主要应掌握两点：①应把失去控制和控制薄弱的业务系统或控制环节列入审计范围；②将特定时间内未得到良好控制的业务系统和控制环节列入必审的范围。因为，从业务发生的时间看，内部控制的各项措施只有在整个业务期间都能得到妥善执行，才是合理有效地运转，倘若某项控制措施在某一特定期间未能得到妥善执行，那么，该期间某项经济业务发生错弊的可能性就较大。因此，应理所当然地列入审计范围。

（2）确定审计重点。

对于列入审计范围的业务活动，由于失控程度和各项业务的重要性不同，审计人员应给予不同的关注。通常情况下，凡列入审计范围的失控点和控制弱点以及与此有关的业务及资料都应列入审计重点。具体来讲，凡与下列情况有关的经济业务都应列入审计重点进行审查：①控制点和关键控制点设置得不够周全；②控制点或关键控制点中某些控制措施未被执行；③控制点或关键控制点中某些应有控制措施比较薄弱；④控制点和关键控制点中的某些控制措施执行不力，功效性不强。

（3）确定审计方法。

审计范围和审计重点确定后，审计人员就可以根据审计方案的要求和必审项目及业务环节的实际情况，确定采用适当的审计技术及方法。对于列入重点审计范围的项目，一般应采用详细审计方法，或者在采用抽样审计方法时，选择较大规模的样本；如果内部控制比较健全，未被列入重点审计的范围，就可以采用抽样审计的方法。例如在确认存货成本的真实性上，应采用 ABC 分类法。在实施审计中，应将 A 类存货作为重点进行详细审计，而对 B 类和 C 类存货分别采用抽查审计的方法。

在确定内部控制与审计的关系时，应注意以下几点：

1）审计人员在执行会计报表审计业务时，无论被审计单位的规模大小，都应当对相关的内部控制进行充分了解。

2）了解与评价内部控制，有利于审计人员编制合理的审计计划，设计恰当的审计程序，以提高审计的工作效率。审计人员应根据对被审计单位内部控制的了解，确定是否进行符合性测试。

3）对被审计单位内部控制的了解和符合性测试，并非会计报表审计工作的全部内容。内部控制良好的单位，审计人员可能评估其控制风险较低而减少实质性测试程序，但绝不能完全取消实质性测试。

六、与审计有关的内部控制

注册会计师需要了解和评价的内部控制只是与财务报表审计有关的内部控制，并非被审计单位所有的内部控制。与审计相关的控制包括被审计单位为实现财务报告可靠性目标设计和实施的控制。

（一）用以保证财务报表信息完整性和准确性的控制

注册会计师应当运用职业判断，考虑一项控制单独或连同其他控制是否与评估重大错报风险以及针对评估的风险设计和实施进一步审计程序有关。

在运用职业判断时，注册会计师应当考虑下列因素：

（1）注册会计师确定的重要性水平。

（2）被审计单位的性质。

（3）被审计单位的规模。

（4）被审计单位经营的多样性和复杂性。

（5）法律法规和监管要求。

（二）其他与审计相关的控制

如果在设计和实施进一步审计程序时拟利用被审计单位内部生成的信息，注册会计师应当考虑用以保证该信息完整性和准确性的控制可能与审计相关；如果用以保证经营效率、效果的控制以及对法律法规遵守的控制与实施审计程序时评价或使用的数据相关，注册会计师应当考虑这些控制可能与审计相关；用以保护资产的内部控制可能包括与实现财务报告可靠性和经营效率、效果目标相关的控制。注册会计师在了解保护资产的内部控制各项要素时，可仅考虑其中与财务报告可靠性目标相关的控制。

思考：内部控制与审计有什么关系？

【案例演示 7.1.1】货币资金内部控制制度审计

1. 资料：审计人员通过对通达物资贸易公司的审计，掌握了该公司出纳员王某贪污公款的情况：

（1）通达物资贸易公司出纳员王某从公司收发室截取了顾客李某寄给公司的分期付款的 5 000 元支票，存入了由他负责的公司零用金银行存款户中。然后，在该存款户中以支付劳务费为由，开具了一张以自己为收款人的 5 000 元的支票，签名后从银行兑取了现金。

（2）在与客户对账时，王某将应收账款（李某）账户余额扣减 5000 元后作为对账金额发给李某对账单，表示 5 000 元款项已经收到。

（3）10 天后，王某编制了一笔会计凭证，将应收账款（李某）账户调整到正确余额，但银行存款账户余额却比实际高列了 5000 元。

（4）月底，在编制银行存款余额调节表时，王玉在调节表上虚列了两笔未达账项，将银行存款余额调节表调平。

2. 分析：

内部控制是被审计单位为了合理保证财务报告的可靠性、经营的效率和效果以及对法律法规的遵守，由治理层、管理层和其他人员设计和执行的政策和程序。

内部控制的构成要素包括控制环境、风险评估、控制活动、信息与沟通、监控。其中用于防止和发现会计数据错误或舞弊的控制活动有助于会计信息系统编制出可靠的财务报告，这类控制活动一般可归结为以下几种：不相容职务的相互分离，适当的交易授权、文档记录、批准、验证、对账控制、报告控制、资产保护控制。

不相容职务相互分离控制要求单位按照不相容职务相分离的原则，合理设置会计及相关工作岗位，明确其职责权限，形成相互制衡的机制。对不相容的职务必须分工负责，必须由两个或两个以上人员分工、共同负责。如果集中由一个人办理时容易发生错误和舞弊行为。

不相容职务包括：①某项经济业务授权批准的职务和该项经济业务执行的职务应分工，如有权决定或审批材料采购的人员不能同时兼任采购员职务；②执行某项经济业务的职务和审查稽核该项经济业务的职务应分工，如填写收据的人员不能兼任审核人员；③执行某项经济业务的职务和记录该项业务的职务要分离，如收款的人员不能同时兼任会计记账工作；④保管某些财产物资的职务和核对该项财产物资的职务要分离；⑤保管某些财产物资和对该项财产物资进行记录的职务要分离，如会计部门的出纳员与记账员要分离，不能兼任；⑥记录明细账和记录总账的职务要分离、登记日记账和登记总账的职务要分离。

案例中的企业内部控制设计存在缺陷，主要体现在不相容职务的设置上，部分应当进行分工的岗位没有有效分工。例如：支票的签发与印章管理未予分工；出纳与记账未分工，出纳与同客户对账、同银行对账工作未分工等重要缺陷所致。由于未将不相容职务进行合理分工，从而造成了出纳有机会贪污公款。

【课堂训练 7.1.1】内部控制制度审计

1. 资料：1998 年 2~10 月，沈某在担任 XX 市第六市政工程公司水电工程处主任期间，用向他人索要的空白合同及空白商业零售专用发票，伪造了工矿产品购销合同，虚构了水电工程处从北京某电缆有限公司购买价值 382.6 万元电力电缆的事实，并指令保管员填写了虚假的材料入库验收单，又用写有 187.04 万元和 195.6 万元的两张空白发票平账。（摘自 2001 年《新闻晨报》）

2. 要求：上述内部控制存在哪些缺陷？

【课堂训练 7.1.2】职责分工控制的应用

1. 资料：新华有限责任公司有 3 位会计人员，要完成 6 项工作：①登记总账；②登记应付账款明细账；③登记应收账款明细账；④开具支票，并登记现金日记账；⑤检查银行对账单和调节表；⑥处理并送存所收入的现金。

2. 要求：根据内部控制的要求，将上述 6 项工作分为 3 组，并分配给 3 位会计人员，建议会计机构负责人承担哪一组的工作？

任务二　内部控制的描述

内部控制描述是指审计人员按照一定的方法,把对被审计单位内部控制的调查结果以书面的形式描述出来,以便于审计人员判断企业内部控制是否合理有效,业务处理过程是否规范合理,便于进行符合性测试。

内部控制描述的方法主要有 3 种。

一、文字说明法

文字说明法是指审计人员对被审计单位的内部控制的调查结果,以简洁的文字加以叙述的方法。采用这种方法时,审计人员通常是沿着主要经济业务的运行顺序,用文字详细记述业务处理的全部过程,指出经过了哪些控制环节,编写了哪些文件记录,并指出有关凭证和记录的来源和去向,以及是否设置了审批、复核等关键的控制点。

1. 文字说明法的优点

(1) 可以对调查对象作出比较深入和具体的描述。

(2) 使用范围广泛,不受企业类型的限制。

2. 文字说明法的缺点

(1) 难以用简明的语言描述内部控制系统的细节。

(2) 对于规模较大、内部控制系统复杂的企业,用文字说明势必显得冗长、头绪繁多,不便于从总体上对内部控制系统作出全面评价。

(3) 文字记录会因每个人的行文习惯和叙述风格不同而异,如果对某项控制环节表述不清或文字表达含混,则很容易引起某些控制内容的误解。

因此,文字说明法作为调查表法和流程表法的补充加以利用时效果较好。如果单独采用这种方法,则只限于内部控制系统比较简单且易于描述的小型企业。

二、调查表法

调查表法是指审计人员利用事先设计好的标准格式的调查表来反映被审计单位内部控制状况的方法。这种方法需先由审计人员就每一个审计项目的内部控制提出一系列问题,然后要求企业有关人员就调查表中的问题逐项给予"是"或"否"的回答。

调查表法应按照企业的业务特点分项目编制,不宜在一张表内描述一个企业中整个的内部控制。调查表中的"问题"应该针对企业为了确保会计记录的可靠性、资产的完整性和经营的有效性所必须采取的制度、组织、方法和手续等具体事项来设置,用回答"是"或"否"的方式来表明内部控制的状况。此外,对于"问题"的拟定,应尽量符合控制标准的要求,以保证调查的全面性和彻底性,避免遗漏和疏忽,遇有特殊情况应加以备注。

1. 调查表法的优点

(1) 调查范围明确,问题突出,容易发现被审计单位内部控制系统中存在的缺陷和薄弱环节。

(2) 设计合理的标准调查表,可广泛适用于同类型单位,从而减少审计的工作量。

(3) 调查表可由若干人分别同时回答,有助于保证调查效果。

2. 调查表法的缺点

（1）反映问题不全面，仅限于被调查事项的范围。

（2）调查表仅要求作出"是"或"否"的回答，难以反映审计事项的具体情况和存在问题的程度。

（3）标准格式的调查表缺乏弹性，难以适用于各类型企业，尤其是小型企业或特殊行业，往往会因"不适用"的回答太多而影响调查效果。

因此，调查表比较适合于调查了解被审计单位的控制环境和主要业务领域的控制点。

三、流程图法

流程图法是指运用特定的图形、符号来描述某项业务的整个处理过程，将凭证和记录的产生、传递、检查、保存及其相互关系，用图解的形式直观地表达出来的方法。

编制流程图时必须使流程图清晰、完整，所用符号、图形、线条等让人一目了然。因此，绘制流程图法描述内部控制需要对业务流程比较熟悉；图示符号衔接要规范；分工界定控制要标明；流程线路要明晰；文字说明要通俗易懂。

1. 流程图法的优点

（1）可以将各项业务活动的职责分工、授权批准和复核验证等项的控制措施与功能完整地显示出来，并且形象直观，能够突出现有的控制点，有助于审计人员全面了解内部控制系统的运行情况，及时识别系统中的不足之处。

（2）便于随时根据业务控制程序的变化对流程图作出修改。

2. 流程图法的缺点

（1）由于缺少文字说明，较复杂的业务不易理解。

（2）绘制流程图需要一定的技术，尤其是较复杂的业务，绘制难度更大。

在审计实践中，上述 3 种方法并不相互排斥。对于不同的业务环节可以采用不同的描述方法。3 种方法结合使用，往往比单一采用某一种方法的效果更好。

思考：哪些业务适合文字描述法？哪些业务适合流程图法？

【案例演示 7.2.1】用文字描述法描述内部控制

<h3 style="text-align:center">A 公司销售业务的内部控制</h3>

销售部门的业务人员在了解了客户的基本情况后，确定交易的初步意向，填写客户资料表。该表交由信用管理部门派驻的信用管理师对客户的经营能力、资信状况进行评核，出具授信建议。经销售部门经理核准与客户的交易方式及给予的信用额度后，签订销售合同。销售部门业务助理将客户资料输入电脑系统存档。

如果是现销客户，当收到客户订货单和缴款时，填写缴款单送会计部门的出纳员。出纳员在收款后，将缴款单的一联交会计进行电脑系统缴款确认。如果是放账客户，须将已获核准的授信责任书送交财会部门负责应收款的会计进行电脑系统的授信额度确认，同时将客户的订货单的一联及相应的销售合同一份交营业管理部门。

营业管理部门的人员将电脑系统中制作的销货通知单送交储运部门（营业管理部门、销售部门、储运部门由一人领导）。储运部门依据销货通知单标明的品种、数量进行备货并生成一式四联的送货单交财会部门。财会部门核对价格、收款金额无误后签字，并在电脑系统确认生成销货清单,据此填制销货发票并予以记账。财会部门将销货发票及三联送货单送交储运部门。储运部门留下一联,其余两联送货单及销货发票连同货物送交客户。客户签收后将送货单留存一联,另一联由储运部门返回财会部门作为销售收入或应收款的依据。

分析:

(1)该公司内部控制制度的优点为:

1)不相容职务分离控制比较好。将销售过程中的客户遴选、信用调查、接受客户订单、核准付款条件、填制销货通知单、发货、开具发票、收取货款及会计记录等不相容职务进行了合理分工。

2)信用管制系统健全。避免了坏账的发生,实现了对应收款的事先控制。

3)采用了电脑系统授信额度确认的权限控制,提高了销售业务的工作效率,保证了营业收入的真实性、完整性和有效性,也提高了会计信息的及时性和准确性。

4)该公司采取的这些内部控制,有利于各职能部门之间的相互牵扯和监督,在一定程度上防止营私舞弊行为的发生。

(2)该公司内部控制存在的不足有:

1)分离制度的执行还不彻底,因为销售部门、营业管理部门和储运部门归同一个领导管理,仍然存在作弊的隐患。

2)应收账款的管理还应该加强事后管理,应该建立询证函制度,及时与客户对账,以保证应收账款的真实性、准确性和可回收性。

注册会计师:刘某
2017 年 2 月

【案例演示 7.2.2】用调查表法描述内部控制制度

如表 7.1 所示为某公司的现金内部控制调查表。

表 7.1 现金内部控制调查表

被调查人:　　　　　　　　　　　　　　　调查时间:　　年　月　日

调查问题	调查结果				备注
	是	否		不适用	
		轻	重		
1. 是否设专人收款?					
2. 收款员与记账员是否为同一人?					
3. 现金收付是否开具合法票据?					
4. 现金收入后是否及时编制记账凭证,并登记入账?					
5. 收入现金是否当日送存银行?					
6. 库存现金是否按日盘点?					
7. 库存现金是否超过核定限额?					
8. 现金日记账是否逐日逐笔登记?					
9. 有无坐支现金?					
10. 是否按规定范围收付现金?					
……					

审计员:***

【案例演示 7.2.3】用流程图法描述内部控制

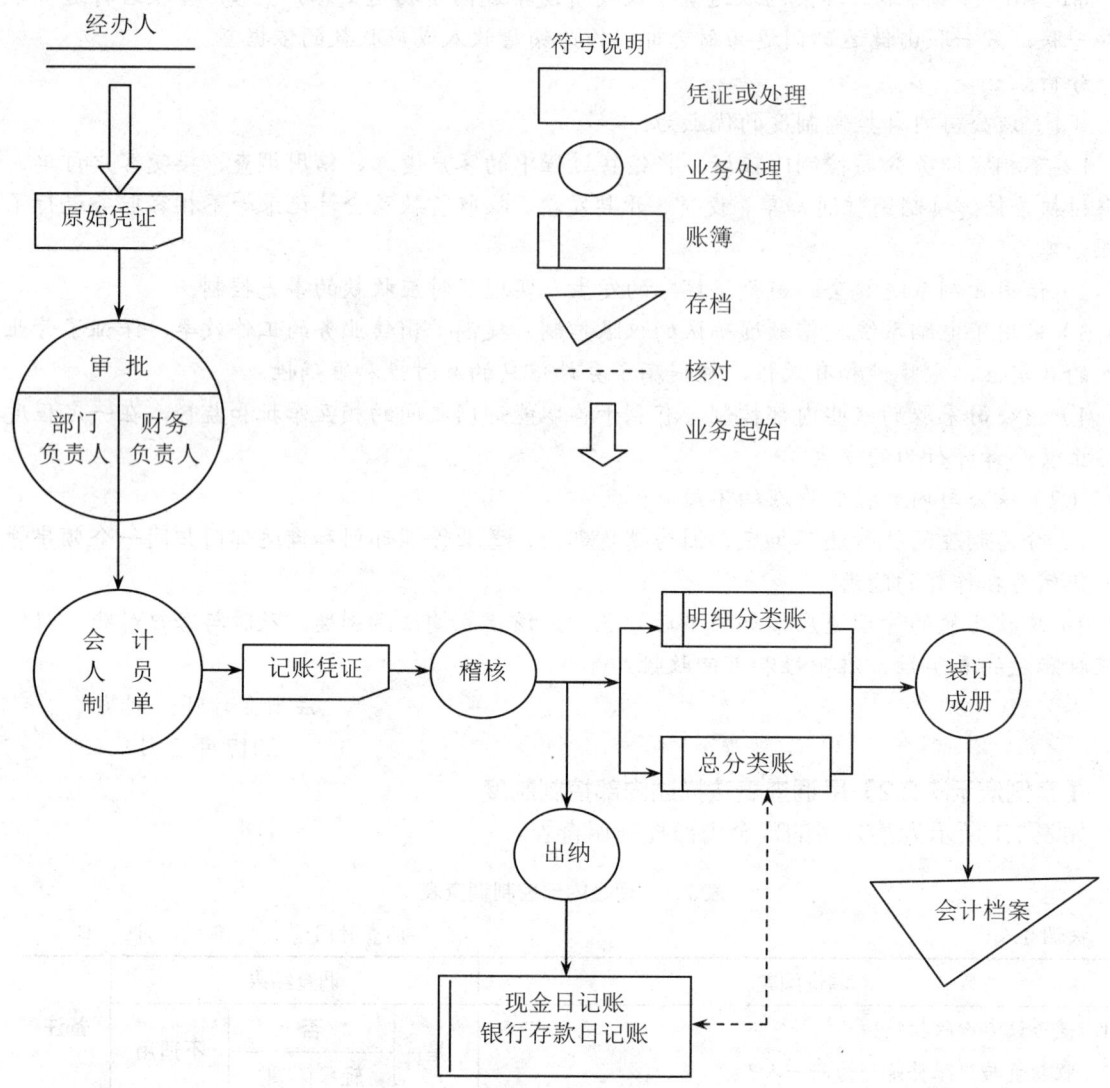

【课堂训练 7.2.1】用调查表法描述内部控制制度

1. 资料：湖滨交电商店位于湖滨路 350 号，属德城区五金交电公司，系专营交电商品的中型商业零售企业，商店设有电料、电信和油漆各柜组，全店职工 70 人。该店交易的商品主要来自有关专业批发部，少量向市内外厂商直接供货；销售对象除居民外，同时供应本市有关单位。该店商品核算实行售价金额核算，已销商品经销差价采用分柜组差价率计算法进行结转，库存商品实行一物一卡，计价采用先进先出法。据联系该店的税务局专管员反映，该店财会力量比较薄弱，工作责任心较差，违反财经纪律的行为时有发生。该店奖金的发放需考核销量和利润指标，凡销量和利润指标超过上年者，可按上年奖金水平发放。

2. 要求：

（1）采用内部控制调查表法描述该店现金业务的内部控制。

（2）在设计调查表时，明确该业务内部控制的关键点和主要问题，注意设定问题要便于回答。

任务三 内部控制测评

内部控制测评是指审计人员通过调查了解被审计单位内部控制的设置和运行情况，并进行相关测试，对内部控制的健全性、合理性和有效性作出评价，以确定是否依赖内部控制和实质性测试的性质、范围、时间和重点的活动。建立健全内部控制并保证其有效实施是被审计单位的责任。审计人员的责任是对内部控制的健全性和有效性进行评价。

一、内部控制测评的作用

内部控制测评在审计中的重要作用主要表现在以下几个方面：

（1）评价被审计单位内部控制的健全性和有效性，据以确定会计和其他经济信息的可依赖性。

审计人员主要通过审查被审计单位的会计和其他经济信息资料来实施审计，而这些资料的可依赖性在相当大的程度上受相关内部控制的重要影响。被审计单位内部控制健全有效，其产生的信息资料的可依赖性就高，反之就低。所以审计人员在开始审计时应先对被审计单位内部控制的健全性和有效性进行测评，以决定是否依赖内部控制。

（2）评估控制风险水平，据以确定对实质性测试的性质、范围、时间和重点的影响，为制定和修改审计方案提供科学依据。

审计人员对被审计单位内部控制进行测评的过程，实质上也是对控制风险水平进行评估的过程。在审计准备阶段，审计人员根据控制风险水平初步评估结果以及已经评估的固有风险水平，计算出检查风险水平，据以确定将要实施的实质性测试的性质、范围、时间和重点，为编制审计方案提供科学依据。例如，可以将缺少内部控制的重要业务领域、内部控制设计不合理、控制目标不能实现的领域，以及内部控制没有发挥作用的领域确定为实质性测试的重点领域，并针对内部控制缺陷和可能产生的后果提出对应的检查措施，确定实质性测试的具体方法。

在审计实施阶段，审计人员通过实施内部控制测试，可以进一步了解被审计单位内部控制的实际执行情况和有效程度，并对控制风险水平进行再评价，如果再评价结果与准备阶段对控制风险水平的初步评估有出入，则需要对原来审计方案确定的审计程序和方法进行适当调整。

（3）减少审计工作量，节约审计成本，保证审计质量。

由于被审计单位规模扩大，业务量的增加，而审计资源有限，审计人员已不可能对被审计单位所有的交易事项进行详细的审查。而在测评内部控制的基础上，如果认为被审计单位内部控制值得依赖，则可以使用抽样的方法开展实质性测试，这样不但可以减少审查业务和凭证账册的数量，而且可以使审计抽样规模的确定更具科学性，增加审计判断的准确性，合理控制审计风险，从而减少了审计的工作量，节约了审计成本。此外，通过将内部控制测评中发现的控制弱点作为重点审计领域，合理分配有限的审计资源，可以提高工作效率，并保证审计工作的质量。

（4）向被审计单位提出健全和加强内部控制的建议，帮助其提高经济效益。

审计人员通过内部控制测评，获得了被审计单位内部控制设置和执行方面的信息，对于在测评中发现的内部控制的重要缺陷，通过与被审计单位的沟通，可以向被审计单位提出改进建议。这样有利于被审计单位进一步健全内部控制，保证内部控制被有效地执行，从而改进其管理水平，提高其经济效益。

二、内部控制测评的步骤

（一）调查了解内部控制并作出相应记录

审计人员在深入了解内部控制时，应当评价控制的设计，并确定其是否得到执行。评价控制的设计是指考虑一项控制单独或连同其他控制是否能够有效防止或发现并纠正重大错报。控制得到执行是指某项控制存在且被审计单位正在使用。

设计不当的控制可能表明内部控制存在重大缺陷，审计人员通常通过以下方法实施风险评估程序：

（1）询问。

询问被审计单位的人员。询问有多种方式：可以用信函、调查问卷的书面方式，也可以用面对面访谈、电话沟通等口头方式进行。询问本身并不足以评价控制的设计以及确定其是否得到执行，审计人员应当将询问与其他风险评估程序结合使用。

（2）检查。

检查文件和报告。通过审查和翻阅被审计单位的相关文件、报告、内部管理手册、信息系统的技术文档和操作手册等，对被审计单位的内部控制进行了解。

（3）观察。

观察特定控制的运用。通过观察被审计单位有关业务活动及其场所、设施和有关内部控制的执行情况，加深对被审计单位内部控制的了解。

（4）追踪交易处理过程。

审计人员可以通过追踪一笔或者多笔交易的处理过程，来取得对被审计单位相关控制环节的了解，或印证已经取得的对内部控制的了解是否正确。此外，这种方法还可能获取部分内部控制运行有效性的审计证据。

审计人员对于被审计单位内部控制的调查结果，应该以书面的形式记录或描述出来。常用的方法有文字说明法、调查表法和流程图法。

如果存在某些可以使控制得到一贯执行的自动化控制，审计人员对控制的了解并不能够代替对控制运行有效性的测试。内部控制可能既包括人工成分又包括自动化成分，在风险评估以及设计和实施进一步审计程序时，审计人员应当考虑内部控制的人工和自动化特征及影响。

1）信息技术通常在下列方面提高被审计单位内部控制的效率和效果：

a. 在处理大量的交易或数据时，一贯运用事先确定的业务规则，并进行复杂运算。

b. 提高信息的及时性、可获得性及准确性。

c. 有助于对信息的深入分析。

d. 加强对被审计单位政策和程序执行情况的监督。

e. 降低控制被规避的风险。

f. 通过对操作系统、应用程序系统和数据库系统实施安全控制，提高不相容职务分离的有效性。

2）审计人员应当从效率方面了解信息技术对内部控制产生的特定风险。

a. 系统或程序未能正确处理数据，或处理了不正确的数据，或两种情况同时并存。

b. 在未得到授权的情况下访问数据，可能导致数据的毁损或对数据不恰当的修改，包括记录未经授权或不存在的交易，或不正确地记录了交易。

c. 信息技术人员可能获得超越其履行职责以外的数据访问权限，破坏了系统应有的职责分工。
　　d. 未经授权改变主文档的数据。
　　e. 未经授权改变系统或程序。
　　f. 未能对系统或程序作出必要的修改。
　　g. 不恰当的人为干预。
　　h. 数据丢失的风险或不能访问所需要的数据。
　3）内部控制的人工成分在处理下列需要主观判断或酌情处理的情形时可能更为适当。
　　a. 存在大额、异常或偶发的交易。
　　b. 存在难以定义、防范或预见的错误。
　　c. 为应对情况的变化，需要对现有的自动化控制进行调整。
　　d. 监督自动化控制的有效性。
　4）审计人员应当从以下方面了解人工控制的特定风险。
　　a. 人工控制可能更容易被规避、忽视或凌驾。
　　b. 人工控制可能不具有一贯性。
　　c. 人工控制可能更容易产生简单错误或失误。
　5）审计人员应当考虑人工控制在下列情形中可能是不适当的。
　　a. 存在大量或重复发生的交易。
　　b. 事先可预见的错误能够通过自动化控制得以防范或发现。
　　c. 控制活动可得到适当设计和自动化处理。
　　在深入了解内部控制时，审计人员应当考虑被审计单位是否通过建立有效的控制，以恰当应对由于使用信息技术系统或人工系统而产生的风险。

（二）对内部控制进行初步评价，评估控制风险

　　审计人员在完成了对内部控制的调查了解之后，要对内部控制作出初步评价，以确定相应的审计应对措施。
　　（1）初步评价的内容包括健全性和合理性两个方面。
　1）健全性评价。它主要是评价应有的控制环节是否设置齐全。健全性评价的内容包括：①要分析在内部控制系统中的关键点上是否都设立了强有力的内部控制（内部控制的强点）；②要分析在内部控制中是否存在薄弱环节（内部控制的弱点）。
　2）合理性评价。它主要是分析内部控制的布局是否合理，有无多余的和不必要的控制；有无把一般控制点误作关键控制部位；控制职能是否划分清楚；人员间的分工和前置是否恰当，既不分工过细，又能起到牵制作用。此外，还要考虑内部控制的成本效益状况。
　　经过初步评价，如果认为控制系统正常，相关的内部控制能够防止或发现和纠正重大错报和漏报，则审计人员就应适当减低控制风险的评估水平，并根据所能确定的内部控制测试范围，转入内部控制测试阶段。如果认为内部控制设置为有限，或审计人员不宜进行内部控制测试时，则审计人员不再对内部控制进行测试，而是直接转入实质性测试阶段。
　　（2）审计人员认为存在下列情形之一的，应当测试相关内部控制的有效性。
　1）某项内部控制设计合理且预期运行有效，能够防止重要问题的发生）。
　2）仅实施实质性审查不足以为发现重要问题提供适当、充分的审计证据。
　　审计人员决定不依赖某项内部控制的，可以对审计事项直接进行实质性审查。被审计单

位规模较小、业务比较简单的，审计人员可以对审计事项直接进行实质性审查。

（三）如果决定依赖内部控制，实施内部控制测试

内部控制测试是为了确定内部控制的设计和执行是否有效而实施的审计程序。它是在调查了解内部控制设置状况的基础上，对其执行的有效性所进行的测试，因此也常被称为遵循性测试。

1. 内部控制测试的方式

内部控制测试可以采取两种方式：

（1）业务程序测试（以下简称业务测试），即选择若干具体的典型业务，沿着业务处理过程检查业务处理程序中的各项内部控制是否得到执行。这种测试常被看成是一种纵向的内部控制测试。

（2）功能测试，即针对某项控制的某个控制环节，选择若干时期的同类业务进行检查，查明该控制环节的处理程序在被审计期内是否按规定发挥了作用。这种测试常被看成是一种横向的内部控制测试。

2. 内部控制测试的范围

无论采用哪种方式的内部控制测试，在实施前，均需要恰当的确定内部控制测试的范围。理论上讲，范围越大，提供的证据就越充分。但在审计实务中，内部控制测试的范围并不是越大越好，它要受到审计效率和审计成本的制约。

确定抽查范围，可选择统计抽样法和经验估计法。

（1）统计抽样法，即根据总体规模、预计总体错误率、审计结果的精确程度和审计结果的可靠性程度等因素，运用统计抽样公式来计算（或查表来确定）应该抽查的业务量。

（2）经验估计法，即凭经验按业务活动执行的次数多少来估计应该抽查的业务量。通常情况下，某项业务活动执行的次数越多，则该项业务发生差错的概率就越大。

由于每个审计人员对应收集的证据在数量和质量上的要求不同，致使内部控制测试的范围，即抽样规模的确定常常带有一定程度的主观性。但是，一般情况下，内部控制测试的范围直接受审计人员对控制风险估计水平的影响。例如，当审计人员初步评价控制风险为较高水平时，则表明内部控制的可依赖程度很低或者根本不能依赖。因此，审计人员可执行很小范围的内部控制测试，而执行更大范围的实质性测试。但如果将控制风险评价为较低水平时，则表明内部控制的可依赖程度很高。因此，审计人员应执行更大范围的内部控制测试，并相应减少实质性测试的范围。

3. 内部控制测试的方法

审计人员可以通过检查、询问、观察及重新操作等方法来测试内部控制是否得到有效执行。

（四）对内部控制进行再评价

对内部控制进行再评价是指在初步评价的基础上，根据内部控制测试的结果对控制风险水平作出进一步地评价。由于内部控制测试只能查证内部控制的功能和可靠性，却不能直接查证由某项内部控制程序所产生的数据的真实性和正确性。因此，审计人员还需要根据内部控制测试的证据，对控制风险水平作出进一步评价，以确定完成审计工作所需执行的实质性审查的范围和重点。

控制风险的水平，可以用高、中、低的概念来表示，也可以将控制风险量化为百分比来表示。

1. 低控制风险

此种情况表明内部控制健全且执行情况良好。在测试检查有关的经济业务和会计资料时，未发现任何差错或差错的发生率很低。审计人员可以较多地依赖、利用内部控制,并相应减少实质性审查的数量和范围。

2. 中等控制风险

此种情况表明内部控制比较健全,尚存在一定的薄弱环节或缺陷,它们在某种程度上会影响经济业务和会计资料的真实性和正确性。在测试检查有关的业务活动时,发现有一定程度的差错。审计人员应有保留地信赖该企业的内部控制。为减少审计风险,应扩大实质性审查的深度和广度,适当增加财务报表项目检查的数量和范围。

3. 高控制风险

此种情况表明内部控制设置极不健全,或虽设计了良好的内部控制,但却未予有效执行,从而导致经济业务和会计资料大部分失控。在测试检查有关业务活动时,差错的发生非常频繁,差错发生率很高。审计人员无法信赖该单位的内部控制。此时,审计人员通常要对经济业务和财务报表项目实施较为详细的实质性审查,以获得支持审计结论的足够证据。

若审计人员认为内部控制完全不能预防或发现错误,就应将控制风险定为100%;内部控制越有效,控制风险就越低。

三、内部控制测评结果的应用

审计人员对被审计单位实施内部控制测评的结果在审计工作中的应用主要表现在两个方面。

(一)确定实质性测试的性质、范围、重点和方法

这是审计人员运用内部控制、实施内部控制的直接原因,也是制度基础审计模式的要求。

1. 确定实质性测试的性质

针对某项业务为了实现一个特定的具体审计目标,可以有多重不同的实质性测试措施可供选择,但究竟应采取何种实质性测试措施,需要视所审查业务的内部控制的情况而定。具有不同控制措施和控制水平的业务活动,可供审计人员采取的实质性测试措施是有差别的。审计人员在评价内部控制的基础上,可以选择最有效和节约的方法去收集所需要的证据。

2. 确定实质性测试的范围

通常情况下,在控制评价所认定的失去控制和控制薄弱的业务系统或业务环节,包括初步评价认为控制不完善或较不完善以及内部控制测试后认为控制未得到执行或执行不力的系统和环节,固有风险较大的经济业务都应当纳入实质性测试的范围。

3. 确定实质性测试的重点

通常情况下,确定实质性测试重点领域时应考虑以下3个方面:

(1)缺少内部控制的重要业务领域。

(2)内部控制设置不合理、控制目标不能实现的领域。

(3)内部控制没有发挥作用的领域。

4. 确定实质性测试的方法

对于列入审计重点的项目,一般应采用详细审计的方法;对于列入审计范围的非重点业务,一般应采用抽样审计方法,选择较大规模的样本进行审查;对于未列入审计重点和审计范围的业务,一般可以选择较小规模的样本进行略查,或者不作检查。确定实质性测试的具体方法时,应当针对内部控制缺陷和可能产生的后果提出对应的检查措施,以核实相关的财政收支、财务收支和会计处理是否真实、合法。

(二)提出改进内部控制的建议

审计不仅要监督企业的经济活动,而且应该结合审计中发现的问题,向被审计单位提出改进财政收支、财务收支管理,以及改善经营管理的建议。在测试和评价被审计单位内部控制的基础上,审计人员可以根据在内部控制测评中发现的失控环节和控制薄弱环节,提出改进内部控制的建议。

思考:如何确定实质性测试的范围?

【案例演示 7.3.1】存货内部控制的评价

某企业仓库保管员负责登记存货明细账,以便对仓库中的所有存货项目的收、发、存进行永续记录。当收到验收部门送交的存货和验收单后,根据验收单登记存货领料单。平时,各车间或其他部门如果需要领取原材料,都可以填写领料单,仓库保管员根据领料单发出原材料。公司辅助材料的用量很少,因此在领取辅助材料时,没有要求使用领料单。各车间经常有辅助材料剩余(根据每天特定工作购买而未消耗掉,但其实还可再为其他工作所用的),这些材料由车间自行保管,无须通知仓库。如果仓库保管员有时间,偶尔也会对存货进行实地盘点。

根据上述描述,回答以下问题:

(1)上述描述的内部控制有什么弱点?并简要说明该缺陷可能导致的错弊。

(2)针对该企业存货循环上的弱点。

分析指导:

存在的弱点和可能导致的弊端:

(1)存货的保管和记账职责未分离。这将可能导致存货保管人员监守自盗,并通过篡改存货明细账来掩饰舞弊行为,存货可能被高估。

(2)仓库保管员收到存货时不填制入库通知单,而是以验收单作为记账依据。这将可能导致一旦存货数量或质量上发生问题,无法明确是验收部门还是仓库保管人员的责任。

(3)领取原材料未进行审批控制。这将可能导致原材料的领用失控,造成原材料的浪费或被贪污,以及生产成本的虚增。

(4)领取辅助材料时未使用领料单和进行审批控制、对剩余的辅助材料缺乏控制。这将可能导致辅助材料的领用失控,造成辅助材料的浪费或被贪污,以及生产成本的虚增。

(5)未实行定期盘点制度。这将可能导致存货出现账实不符的现象,且不能及时发现,及计价不准确。

【案例演示 7.3.2】材料采购业务内部控制的评审

公司材料采购业务内部控制制度可表述如下:

(1)首先由仓库根据库存和生产需要提出材料采购业务申请,填写一份"请购单"。"请购单"交供销科批复。

(2)供销科根据之前制定的采购计划,对"请购单"进行审批。如符合计划,便组织采购;否则请示公司总经理批准。

(3)决定采购的材料,由供销科填写一式二联的"订购单",其中一联供销科留存;另一联由采购交供销单位。采购员凭"订购单"与供货单位签订供货合同。

(4)供货合同的正本留供销科并与"订购单"核对;供货合同的副本分别转交仓库和财务科,以备查。

(5)采购来的材料运抵仓库,由仓库保管员验收入库。验收时,将运抵的材料与采购合同副本,供货单位发来的"发运单"相互核对。然后填写一式三联的"验收单",其中一联仓库留存，作为登记材料明细账的依据；一联转送供销科；一联转送财务科。

（6）供销科收到"验收单"后，将验收单与采购合同的副本、供货单位发来的发票，其他银行结算凭证相核对，若相符或不符，以确定此采购业务的完成情况。

（7）财务科接到验收单后，有主管材料核算的会计，将验收单与采购合同副本，供货单位发来的发票，其他银行结算凭证相核对。以相符或不符作为是否支付货款的依据。

（8）应支付款的，由会计开出付款凭证，交出纳员办理付款手续。

（9）出纳员付款后，在进货发票盖"付讫"章。再转交会计记账。

（10）财务科的材料明细账，定期与仓库的材料明细账核对。

要求：针对该公司材料采购业务的内部控制制度进行评审，指出控制的缺点。

分析指导：

存在的弱点和可能导致的弊端：

（1）仓库只填一张"请购单"，无法核对供销科所订立的材料是否为本公司所需，也不易发现供销科未经公司领导批准前而自行定货的现象。

（2）虽然要求材料采购按计划执行，但无相应的检查措施，加上对采购业务的批准与执行均由一个部门来负责，因而缺乏必需的控制。

（3）供销科未设立材料明细账，不便于随时掌握材料的收发动态，不便于确定相适当的采购时间。

【课堂训练 7.3.1】描述内部控制制度的方法

1. 资料：某审计组于 2013 年 2 月对某公司 2012 年度财务收支情况进行审计。审计人员首先对内部控制进行了测评，然后对有关账户余额进行了实质性测试。有关情况和资料如下：

（1）以前年度未对存货实施盘点，仓库出库单未连续编号。

（2）2012 年 4～7 月，由于会计人员休产假，存货明细账由仓库保管员代记。

（3）每个月末，由日常负责到银行取送单据的出纳员编制银行存款余额调节表。

（4）2012 年 12 月 31 日，应收账款账面金额是 4200 万元，由 80 笔赊销业务形成，审计人员按照时间顺序将 80 笔赊销连续编号为 001～080，并随机抽取了其中 20 笔进行审查，这 20 笔赊销业务账面金额为 984 万元，经审定实际应为 1 020 万元。

2. 要求：根据上述资料，从下列问题的备选答案中选出正确答案。

审计人员对内部控制进行调查后，可以采用的描述内部控制的方法有：

A．文字说明法　　　　　　B．调查表法

C．流程图法　　　　　　　D．录像与录音法

【课堂训练 7.3.2】剧院售票与收款的内部控制

光明影剧院的出纳员在专设的售票室负责售票、收款工作。每天各场次所出售的戏票、电影票均事先连续编号。顾客一手交钱，出纳员一手交票。顾客购票后须交给入口处的收票员方能入场。收票员将票的副券撕下投入加锁的票箱中，正券交给顾客入场。请回答：

1. 在本例中，现金收入方面采取了哪些内部控制措施？
2. 若售票员与收票员串通窃取现金，他们会如何行动？
3. 剧院经理可采取哪些措施使现金内部控制达到最佳效果？

练习题

一、单项选择题

1. 下列有关内部控制的表述中,错误的是( )。
   A. 内部控制的设置和运行受制于成本效益原则
   B. 内部控制可以绝对保证会计信息的真实可靠
   C. 内部控制为实行制度基础审计提供了必要的条件
   D. 内部控制一般仅针对常规业务活动设置

2. 经过对内部控制的初步评价,如果认为控制系统健全,相关的内部控制能够防止或发现和纠正重大错报或漏报,审计人员应( )。
   A. 转入符合性测试阶段 B. 提高控制风险评估水平
   C. 提高固有风险评估水平 D. 直接转入实质性测试阶段

3. 确定符合性测试的抽查范围时,可选择的方法是( )。
   A. 实地观察法 B. 证据检查法
   C. 经验估计法 D. 重复执行法

4. 下列情况中,应当将相关账户或交易的控制风险评估为低水平的是( )。
   A. 相关内部控制失效 B. 难以评估内部控制的有效性
   C. 相关内部控制有效 D. 相关内部控制不健全

5. 建立适当的防范措施以限制非相关人员接近资产或记录的控制活动属于( )。
   A. 业务授权控制 B. 职责分工控制
   C. 凭证与记录控制 D. 实物控制

6. 下列各项中,可以用来调查了解内部控制的方法是( )。
   A. 计算 B. 监盘 C. 观察 D. 函证

7. 贯穿于单位的所有层次和各个职能部门,是内部控制的主要组成部分的是( )。
   A. 控制环境 B. 风险评估
   C. 控制活动 D. 信息与沟通

8. 下列各项中,不属于内部控制调查方法的是( )
   A. 查阅被审计单位的各项管理制度和相关文件
   B. 询问被审计单位的管理人员和其他相关人员
   C. 检查内部控制过程中生成的文件和记录
   D. 审查财务报表项目余额

9. 注册会计师在财务报表审计中对内部控制进行初评后,认为应该测试内部控制有效性的情况是( )。
   A. 内部控制风险较低 B. 内部控制风险很高
   C. 内部控制的设置极不健全 D. 难以对内部控制的健全性作出评价

10. 下列各项中,可用来测试内部控制运行有效性的方法是( )。
    A. 计算 B. 监盘 C. 重复执行 D. 函证

二、多项选择题

1. 审计人员对内部控制进行调查了解的方法有（　　）。
   A. 查阅相关文件　　　　　　　　B. 分析性复核
   C. 询问相关人员　　　　　　　　D. 观察业务活动
   E. 检查内部控制执行过程中生成的记录

2. 对内部控制进行初步评价的目的是确定内部控制的（　　）。
   A. 健全性　　　　　　　　　　　B. 合法性
   C. 合理性　　　　　　　　　　　D. 有效性
   E. 可靠性

3. 内部控制制度常用的描述方法有（　　）。
   A. 文字描述法　　　　　　　　　B. 观察法
   C. 调查表法　　　　　　　　　　D. 流程图法

4. 下列属于内部控制控制活动内容的有（　　）。
   A. 组织结构设置　　　　　　　　B. 业务授权控制
   C. 责权分配　　　　　　　　　　D. 职责分工控制
   E. 独立检查

5. 控制环境是内部控制的要素之一，其内容包括（　　）。
   A. 管理当局的观念和经营风格　　B. 组织结构的设置
   C. 员工的素质　　　　　　　　　D. 人事政策
   E. 审计风险的评估

6. 在（　　）情况下，审计人员直接实施实质性测试程序。
   A. 相关内部控制不存在
   B. 相关内部控制虽存在，但未有效运行
   C. 相关内部控制可能防止、发现或纠正重大错报或漏报
   D. 符合性测试的工作量可能大于进行符合性测试所减少的实质性测试的工作量

7. 可以不进行符合性测试的情况有（　　）。
   A. 企业规模小
   B. 相关内部控制不存在
   C. 内部控制存在但执行无效
   D. 符合性测试结果不能减少实施实质性测试的工作量

8. 在确定了解内部控制所应实施审计程序的性质、时间和范围时，审计人员应当考虑的主要因素包括（　　）。
   A. 被审计单位经营规模及业务复杂程度
   B. 被审计单位数据处理系统的类型及复杂程度
   C. 相关内部控制类型与记录方式
   D. 审计的重要性
   E. 固有风险的评估结果

9. 控制活动是指有助于确保管理层指令得以执行的政策和程序，包括（　　）。
   A. 授权与业绩评价　　　　　　　B. 信息处理

  C．实物控制   D．职责分离
 10．可以用作控制测试的程序类型包括（　　）
  A．检查文件记录   B．重新执行
  C．询问与观察   D．分析程序

三、判断题

1．审计人员在进行审计时，首先要研究与评价被审计单位的内部控制，这是现代审计的重要特征。（　　）
2．文字描述法简便易行，特别适用于内部控制比较简单、比较容易描述的企业。（　　）
3．内部控制的五个要素对任何一个主体的审计都是适用的。（　　）
4．控制环境因素包括正直性和道德水准。（　　）
5．控制环境是内部控制要素的基础。（　　）
6．审阅和询问是内部控制的调查方法。（　　）
7．如果内部控制是高信赖程度，审计人员可以较多地信赖、利用被审计单位的内部控制，在实施审计时可相应减少真实性检查的数量和范围。（　　）
8．只要内部控制健全，就可以减少错弊。（　　）
9．审计人员进驻被审计单位后可立即进行符合性测试。（　　）
10．对企业内部控制系统的评价就是对其健全性的评价。（　　）

四、思考题

1．什么是内部控制？它有哪些分类？
2．内部控制的要素有哪些？
3．简述文字描述法、调查表法和流程图法各自的要点、优缺点及其适用范围。
4．内部控制有哪些固有局限性？
5．如何应用内部控制测评结果？

五、综合实训

综合实训 7-1

1．资料：南方公司是一家生产机械产品的大型企业，该企业的原材料购进均通过采购、验收、记录、付款等机构环节。
2．要求：根据内部控制制度的一般原理，按照自己的理解，编制一张调查表，以问卷形式调查该企业原材料购进的内部控制制度。要求提出 10 个以上的问题，每个问题均可以用"是"和"否"回答。

综合实训 7-2

1．资料：ABC 会计师事务所的 A 和 B 注册会计师接受委派，对 Y 集团股份有限公司（以下简称 Y 公司）2013 年 12 月 31 日与会计报表相关的内部控制有效性的认定进行审核。Y 公司采用手工记账。A 和 B 注册会计师于 2014 年 3 月 1～5 日对甲公司的内部控制制度进行了了解和测试，并在相关审核工作底稿中记录了了解、评价和测试的事项，摘录如下：
（1）Y 公司产成品发出时，由销售部填制一式四联的出库单。仓库发出产成品后，将第一联出库单留存登记产品卡片,第二联交销售部留存,第三联、第四联交会计部会计乙登记产成品总账和明细账。

(2)会计人员戊负责开具销售发票。在开具销售发票之前,先核对装运凭证和相应的经批准的销售单,并根据已授权批准的商品价目表填写销售发票价格,根据装运凭证上的数量填写销售发票的数量。

(3)Y公司的材料采购需要经授权批准后方可进行。采购部根据经批准的请购单发出订购单。货物运达后,验收部根据订购单的要求验收货物并编制一式多联的未连续编号的验收单。仓库根据验收单验收货物,在验收单上签字后,将货物移入仓库加以保管。验收单上有数量、单价等要素。验收单一联交采购部登记采购明细账和编制付款凭单,付款凭单经批准后,月末交会计部;一联交会计部登记材料明细账;一联由仓库保留并登记材料明细账。会计部只根据附验收单的付款凭单登记有关账簿。

(4)会计部审核付款凭单后,支付采购款项。Y公司授权会计部的经理签署支票,经理将其授权给会计人员丁负责,但保留了支票印章。丁根据已适当批准的凭单,在确定支票收款人名称与凭单内容一致后签署支票,并在凭单上加盖"已支付"的印章。

(5)Y公司设立了内部审计部,并直接对董事长负责。每年对子公司和各业务部进行审计,并出具内部审计报告。

(6)Y公司设立现金出纳员和银行出纳员。银行出纳员负责到银行取送业务等票据,并登记银行存款日记账。月底银行出纳员取得银行对账单并编制银行存款余额调节表。

(7)Y公司员工根据公司的批准手续报销,会计部门对报销单据加以审核,现金出纳员见到加盖核准印章的支出凭据后付款。

2.要求:根据上述情况,假定未描述的其他内部控制不存在缺陷,请指出Y公司内部控制在设计和运行方面的缺陷。

综合实训7-3

1.资料:审计人员在审计大丰公司的工资奖金发放情况时,了解到加班费发放的处理程序如下:

(1)加班人员及加班时间由各车间主任决定,没有班组核算员,每月的加班情况由车间主任编制加班清单,直接交财务处,不经过劳动工资部门的审核。

(2)财务处未设专人进行审核,就直接根据车间主任送来的加班清单计算加班费,编制加班工资单,不需经过会计主管审核,就将工资单交给出纳。

(3)出纳员负责将各车间工人应得的加班工资用现金装入纸袋内,连同工资单交给各车间主任发放,工人在工资单上签收或者代签后,各车间主任将工资单交财务处入账。

2.要求:根据以上描述,说明该公司在加班费发放方面的内部控制存在的问题。

项目八　销售与收款循环审计

【知识能力目标】

通过学习和训练，明确营业收入和应收账款的审计目标，了解销售与收款循环的特性与主要账户；掌握销售与收款循环内部控制测试的方法，掌握销售与收款循环审计工作底稿的编制方法。掌握主营业务收入、应收账款、坏账准备、应收票据和销售费用等账户的实质性测试程序。

【案例导入】

HPL公司财务舞弊案

HPL技术公司（HPL Technologies, Inc.，以下简称HPL）是美国硅谷的一家软件制造商，创建于1989年，主营半导体软件的个性化开发、销售以及售后咨询和维护等业务。2001年7月31日，HPL以每股11美元的价格发售了690万股股票，筹措了7590万美元，并在纳斯达克上市交易。在此后的连续3次季报中，HPL均报告了优异的业绩，股价也一度攀升至每股17.85美元。然而，好景不长，HPL上市一年后便被钉在财务舞弊的耻辱柱上，其股票已于2002年7月29日被纳斯达克摘牌。

根据HPL审计委员会和美国证券交易委员会（SEC）的调查，在HPL首发股票的前后5个季度内，其创始人、董事会主席兼首席执行官DavidLepejian（以下简称Lepejian）虚构了逾2 800万美元的销售收入。HPL股票上市后，他又指使公司内部的高管人员借股价上扬之机抛售他们个人持有的85500股公司股票。

该案例的特殊之处在于：Lepejian在采用上述手法虚构销售收入时，运用了一系列高科技的舞弊手段。通过这些手段，在一年多的时间内，他一手遮天，既欺骗了公司的股东和董事，也愚弄了注册会计师和HPL的财务人员。

案例思考：类似HPL这样的案例在中国的上市公司中也可能会出现。上市公司的高管人员在发行新股（IPO）阶段，面对上市的种种业绩压力，迫切需要虚构销售收入来美化其经营业绩，而在IPO阶段，改制公司"检查与制衡"等内控制度的缺失，往往为其高管人员进行财务舞弊提供了机会。随着计算机技术的发展和普及运用，企业的经营业务和会计信息系统的无纸化运作日臻普及，或许有一天，这些企业的某些"高手"可能会做得比Lepejian更"周到"。针对这种审计环境的变化，注册会计师应当对可能存在的虚构销售收入行为保持高度警惕，本着谨慎执业的原则，执行更为详尽的审计程序，以防止审计失败。

任务一　销售与收款循环的特征

销售与收款循环是指企业将商品或劳务销售给购买方、收回货款等一系列经营活动，是企业的最主要的经营业务循环之一。

根据财务报表项目与业务循环的相关程度,销售与收款循环涉及的资产负债表项目主要有应收账款、坏账准备、应收票据、预收账款及应交税费,涉及的利润表项目主要有营业收入(主营业务收入和其他业务收入)、营业成本(主营业务成本和其他业务成本)、销售费用等。

销售与收款循环的特征主要包括两个部分的内容:一个部分是本业务循环中的主要业务活动;另一个部分是本业务循环所涉及的主要凭证和会计记录。

一、销售与收款循环的主要业务活动和内部控制

接受顾客订单→销售经理签字(销售单)→批准赊销信用(销售单)→供货→装运→向客户开具账单→记账→收款→销售退回/折扣/折让→注销坏账→计提坏账准备

(一)接受顾客订单

客户提出订货是整个销售与收款循环的起点。

(1)部门。销售单管理部门。

(2)凭证。客户订单和销售单。

(3)内部控制措施。客户的订购单只有在符合企业管理层的授权标准时,才能被接受。销售单管理部门在决定是否同意接受某客户的订购单时,应追查该客户是否被列入到这张名单。如果该客户未被列入,则通常需要由销售单管理部门的主管来决定是否同意销售,然后编制销售单。

(4)认定。销售单是此笔销售的交易轨迹的起点,是证明管理层有关销售交易的"发生"认定的凭据之一。

(二)批准赊销

(1)部门及职责。信用管理部门。信用管理部门负责确定信用额度,进行信用审批。

(2)凭证。销售单。无论批准赊销与否,信用管理部门的授权人员都要在销售单上签署意见,然后再将已签署意见的销售单(信用管理部门自留一联)送回销售部门。

(3)内部控制措施。执行人工赊销信用检查时,应合理划分工作职责,以避免销售人员为扩大销售而使企业承受不适当的信用风险。

(4)认定。设计信用批准控制的目的是为了降低坏账风险。因此,这些控制与应收账款账面余额的"计价和分摊"认定有关。

(三)供货

(1)部门。仓库部门。

(2)流程。销售部门向仓库送达一联已批准的销售单,作为按销售单供货和向装运部门发货的依据。防止仓库在未经授权的情况下擅自发货。仓库只有在收到经过批准的销售单时才能供货,并将销售单和实物一起交给发运部门。仓储部门应根据已授权审批的销售单发货,发货的品种和数量应记录在有关账册和销售单副联上,并将其中一联交会计部门入账。

(四)装运货物

(1)部门。运输部门。

(2)凭证。发运凭证。

(3)流程。在装运之前,必须进行独立验证,已确定仓储提取的商品都附有经批准的销售单。发运凭证(连续编号)根据销售部门的销售单编制,按顺序归档,由装运部门保管,装运凭证提供了商品确实已装运的证据。

(4)内部控制措施。将按经批准的销售单供货与按销售单装运货物职责相分离,有助于

避免负责装运货物的职员在未经授权的情况下装运产品。

在装运之前，装运部门职员进行独立验证，确定从仓库提取的商品附有经批准的销售单，所提取商品的内容与销售单一致。

发运凭证连续编号。

（5）发运凭证是证明收入"发生"认定的最关键的证据。

（五）给客户开具发票

（1）部门。开具账单部门。

（2）凭证。销售发票。开具账单部门根据已批准的销货单、出库单、发运单以及商品价目表编制销售发票。

（3）控制程序。

1）开具销售发票之前，独立检查是否存在装运凭证和经批准的销售单。

2）依据已授权批准的商品价目表开具销售发票。

3）独立检查销售发票计价和计算的正确性。

4）将装运凭证上的商品总数与相对应的销售发票上的商品总数进行比较。

（4）认定：以上这些控制与销售交易的"发生"、"完整性"以及"准确性"认定有关。

（六）记录销售业务

（1）部门。财务部门。

（2）凭证。会计账簿等。

（3）记录销售的控制程序。记录销售的控制程序包括以下内容：

1）只依据附有有效装运凭证和销售单的销售发票记录销售。

2）控制所有事先连续编号的销售发票。

3）独立检查已处理销售发票上的销售金额同会计记录金额的一致性。

4）记录销售的职责应与前面说明的处理销货交易的其他功能相分离。

5）对记录过程中所涉及的有关记录的接触予以限制，以减少未经授权批准的记录的发生。

6）定期独立检查应收账款的明细账同总账的一致性。

7）定期向客户寄送对账单，并要求客户将任何例外情况直接向指定的未执行或记录销售交易的会计主管报告。

（4）认定。以上这些控制与"发生"、"完整性"、"准确性"以及"计价和分摊"认定有关。

（七）办理和记录现金、银行存款收入

（1）部门。财务部门。

（2）凭证。汇款通知书等。汇款通知书是一种与销售发票一起寄给客户，由客户在付款时再寄回销售单位的凭证。这种凭证注明了客户的姓名、销售发票号码、销售单位开户银行账号以及金额等内容。汇款通知书有助于保证全部货币资金如数、及时记入日记账并存入银行。

（八）销货退回、销售折扣和折让

（1）部门。销售部门和财务部门等。

（2）凭证。贷项通知单等。贷项通知单是一种用来表示由于销售退回或经批准的折让而引起的应收销货款减少的凭证。这种凭证的格式通常与销售发票的格式相同，只不过它不是用来证明应收账款的增加，而是用来证明应收账款的减少。

（3）内部控制措施。发生此类事项时，必须经授权批准，一般为销售部门的经理，办理现金收入或记录应收账款明细账的人员不能同时办理给与客户折扣的业务。

折扣政策必须经有关授权人员的批准，折扣、折让的批准文件应记录在事先连续编号的折扣折让事项备忘录上，并由专人定期检查。

（4）流程。验收客户退回的货物，填制退货接收报告（事先编号），并由独立于发货人和收货人的第三人检查；调查退货，客服部门将调查结果和意见记录在退货接收报告上，并交信贷、会计、销售部门作最后的审核。核准退货，由销售部门在退货报告上签署意见。填制和邮寄贷项通知单。由销售部门的人员依据经核准的退货接收报告编制，贷项通知单应事先编号。贷项通知单和其他相应的资料附在有关会计凭证上，作为过入应收账款明细账的附件。

（九）计提坏账准备、核销坏账处理

某项货款无法收回，就必须注销这笔货款。处理方法是获取货款无法收回的确凿证据，经适当审批后及时作会计调整。

坏账审批表是一种用来批准将某些应收款项注销为坏账，仅在企业内部使用的凭证。

二、主要凭证与会计记录

（一）客户订购单

客户提出的书面购货要求（外部证据）。

（二）销售单

企业处理客户订购单的凭据。列示客户所订商品的名称、规格、数量及其他有关信息。

（三）发运凭证

发运货物时编制的凭据，用以反映发出商品的规格、数量和其他有关内容。

（四）销售发票

销售发票是一种用来表明已销售商品的名称、规格、数量、价格、销售金额、运费和保险费、开票日期、付款条件等内容的凭证。

（五）商品价目表

列示已经授权批准的、可供销售的各种商品的价格清单。

（六）贷项通知单

（七）应收账款账龄分析表

按月编制，反映月末尚未收回的应收账款总额和账龄，并详细反映每个客户月末尚未偿还的应收账款数额和账龄。

（八）应收账款明细账

用来记录每个客户各项赊销、还款、销售退回及折让的明细账。

（九）主营业务收入明细账

用来记录销售交易的明细账，记载和反映不同类别商品或劳务的销售总额。

（十）折扣与折让明细账

用来核算企业销售商品时，按销售合同规定为了及早收回货款而给予客户的销售折扣和因商品品种、质量等原因而给予客户的销售折让情况的明细账。

（十一）汇款通知书

汇款通知书是一种与销售发票一起寄给客户，由客户在付款时再寄回销售单位的凭证。注明了客户的姓名、销售发票号码、销售单位开户银行账号以及金额等内容。

如客户没有将汇款通知书随同货款一并寄回，一般应由收受邮件的人员在开拆邮件时再

代编一份汇款通知书。采用汇款通知书能使现金立即存入银行，可以提高对资产保管的控制。

（十二）库存现金日记账和银行存款日记账

（十三）坏账审批表

用来批准将某些应收款项注销为坏账，仅在企业内部使用的凭证。

（十四）客户月末对账单

按月寄送给客户的用于购销双方定期核对账目的凭证。注明应收账款的月初余额、本月各项销售交易的金额、本月已收到的货款、各贷项通知单的数额以及月末余额等内容。

（十五）转账凭证

根据有关转账业务（即不涉及现金、银行存款收付的各项业务）的原始凭证编制的。

（十六）收款凭证

收款凭证是指用来记录现金和银行存款收入业务的记账凭证。

三、销售与收款循环可能存在的风险

（一）故意虚构销售业务，以虚增收入和利润

（二）故意隐瞒销售收入，以少缴流转税和所得税

（三）信用政策不合理，盲目赊销，导致形成大量的应收账款甚至呆账

一些企业对客户信用评估不重视，为了占领市场盲目扩大客户源，为日后销售收款埋下了巨大的隐患。一些销售业务人员更是利用企业信用管理的漏洞，冒险向不该发货的"特殊客户"大量发货，导致企业出现巨额的坏账损失。

（四）长期不与客户核对应收账款，导致应收账款记录不准，甚至出现舞弊行为

一些企业对建立客户访问和应收账款对账制度并未引起关注，导致记账错误的出现，甚至其中有弄虚作假或舞弊行为。

（五）应收账款长期挂账，资金被长期占用，甚至导致了大量的呆账、坏账

商品、劳务的赊销在扩大产品销售、增加产品销售收入的同时又形成了大量的应收账款，不少企业应收账款占总资产的比重居高不下，严重影响了资金周转，甚至产生了大量的呆账、坏账。

（六）通过关联方交易转移巨额亏损或是杜撰复杂交易确认非法收入

有的上市公司通过关联方交易将巨额亏损转移到不需审计的关联企业，从而隐瞒其真实的财务状况。有的上市公司则与其关联企业杜撰一些复杂交易，单从会计方法来看，其利润的确认过程完全合法，但它却永远不会实现。

（七）销售业务截止期混乱，收入被人为推迟或提前确认

为了达到上市、增加贷款等目的，客户可能会通过虚构销售业务或将下期的销售收入提前至本期予以确认来粉饰其经营成果，从而虚增应收账款进而虚增资产总额等。

任务二　销售与收款循环的内部控制测试

一、销售业务的内部控制及控制测试

审计人员一般可以通过查阅被审计单位的有关规章制度和文件资料，向有关人员口头查询或现场调查等方式，了解被审计单位销售业务的内部控制，并用适当的方法将了解的情况记

录于审计工作底稿。常用的方法有编写内部控制说明、设计内部控制调查表和绘制内部控制流程图。如表 8.1 所示为销售业务的内部控制和控制测试表，表 8.2 所示为销售与收款业务内部控制调查表。

表 8.1 销售业务的内部控制和控制测试

关键内部控制点	重要控制程序	主要控制测试
1．适当的职责分离 （有助于防止各种有意或无意的错误）	1．收入账与应收账款账记账职员相分离，由另一位定期调节总账和明细账。 2．收入账与应收账款记账职员不得经手货币资金。 3．赊销批准职能与销货职能分离	观察有关人员的活动，及与这些人讨论
2．正确的授权审批 （防止向虚构的或者无力付款的顾客发货；保证按照规定的价格开票收款）	1．销货前，赊销已经正确审批。 2．非经正当审批，不得发出货物。 3．销售价格、销售条件、运费及折扣等必须经过审批	检查凭证有无在 3 个关键点上经过审批
3．充分的凭证和记录 （只有具备充分的记录手续，才有可能实现其他各项控制目标）	例如，在收到顾客订货单后，立即编制一份预先编号的一式多联销售单，分别用于批准赊销、审批发货、记录发货数量以及向顾客开具账单等，以避免漏开账单	检查凭证和记录
4．凭证的预先编号 （旨在防止销货以后忘记向顾客开具账单或登记入账，也可防止重复开具账单或重复记账）	由收款员对每笔发货开具账单后，将发运凭证按顺序归档，而由另一位职员定期检查全部凭证的编号，并调查凭证缺号的原因	清点各种凭证，这种测试程序可同时提供有关真实性和完整性目标的证据
5．按月寄出对账单	由不负责现金出纳和销货及应收账款记账的人员按月向顾客寄发对账单，能促使顾客在发现应付账款余额不正确后及时作出说明	观察指定人员寄送对账单和审查顾客复函档案
6．内部核查程序	检查开票员所保管的未开票发运凭证，确定是否包括所有应开票的发运凭证在内	审查内部审计人员的报告，或其他独立人员在他们核查的凭证上的签字

表 8.2 销售与收款业务内部控制调查表

索引号：
被审计单位：　　　　　　　　　　　　　　　　　审计期间：

控制活动	执行情况		
	是	否	不适用
一、岗位分工与授权批准 1．不兼容岗位是否分离？即是否由同一部门或个人办理销售、发货和收款记账的全过程？ 2．办理销售和收款业务的人员是否定期岗位轮换？ 二、销售与发货控制 1．销售业务是否纳入预算管理？ 2．是否建立了销售定价制度？如价目表、折扣政策、付款政策等？ 3．价格变动是否经过一定层次的管理人员审批并有书面记录？ 4．金额重大的销售合同有否征询法律顾问的意见？			

控制活动	执行情况		
	是	否	不适用
5. 编制销售发票通知单的人员是否与开具销售发票的人员相分离？			
6. 发货部门是否按照销售通知单所列的发货品种和规格、发货数量、发货时间、发货方式等办理出库和发运？			
7. 是否建立了销售退回管理制度？			
8. 销售退回的货物是否由质检部门检验和仓储部门清点后入库？			
9. 财会部门是否在收到检验证明、退货验收报告和退货凭证，并审核后才办理退款事宜？			
10. 是否存在销售失货的情况？是否有相应的控制措施？趋势如何？			
三、收款控制			
1. 销售收入是否及时入账？			
2. 有否设立账外账？或坐支现金？			
3. 是否建立应收账款账龄分析制度和逾期账款催收制度？			
4. 是否定期与往来客户核对往来款项？			
5. 是否有专门的人员负责应收账款的记录和核算？			
6. 是否与现金收支的岗位分离？			

审计人员：　　审计日期：　　复核人员：　　复核日期：　　被询问人员：

只有企业销售过程的各项业务都有健全的内部控制程序和内部控制目标，才能正确处理销售收入和应收账款，保证有关记录的真实可靠。审计人员应通过对内部控制的了解，来确定销售过程的各项业务存在哪些关键的内部控制及控制目标，并对每一控制目标的审计风险作出初步评估，以便制定对哪些控制实施控制测试的计划。而对与这些控制目标有关的金额错误方面的交易实质性测试程序，则大体上应根据对审计风险的初步评估和计划实施的符合性控制测试加以确定。

销售业务内部控制的测试包括存在或发生测试、完整性测试、估价测试、分类测试和截止测试5种形式。

二、收款业务的内部控制及控制测试

（一）收款交易的内部控制

（1）企业应当按照《现金管理暂行条例》《支付结算办法》等规定，及时办理销售收款业务。

（2）企业应将销售收入及时入账，不得擅自坐支现金。销售人员应当避免接触销售现款。

（3）建立应收账款账龄分析制度和逾期应收账款催收制度。

1）销售部门应当负责应收账款的催收。

2）财会部门应当督促销售部门加紧催收。

3）对催收无效的逾期应收账款可通过法律程序予以解决。

（4）企业应当按客户设置应收账款台账。

（5）企业对于可能成为坏账的应收账款应当报告有关决策机构，由其进行审查，确定是否确认为坏账，并在履行规定的审批程序后作出会计处理。

（6）企业注销的坏账应当进行备查登记，做到账销案存。已注销的坏账又收回时应当及时入账，防止形成账外款。

（7）企业应收票据的取得和贴现必须经由保管票据以外的主管人员的书面批准。

（8）企业应当定期与往来客户通过函证等方式核对应收账款、应收票据和预收款项等往来款项。

（二）收款业务的内部控制测试

如表8.3所示为收款业务的内部控制及测试表。

表8.3　收款业务的内部控制及测试表

内部控制目标	关键内部控制	常用控制测试
登记入账的现金收入确实为企业已经实际收到的现金（存在或发生）	现金折扣必须经过适当的审批手续	观察
		检查现金折扣是否经过恰当的审批
收到的现金收入已全部登记入账（完整性）	现金出纳与现金记账的职务分离	观察
	每日及时记录现金收入	检查是否存在未入账的现金收入
	定期向客户寄送对账单	检查是否向客户寄送对账单，了解是否定期进行
	现金收入记录的内部复核	检查复核标记
已经收到的现金确实为企业所有（权利和义务）	定期盘点现金并与账面余额核对	检查是否定期盘点，检查盘点记录
每月核对实际收到的现金和登记入账的现金是否相符（计价与分摊）	定期取得银行对账单	检查银行对账单
	编制银行存款余额调节表	检查银行存款余额调节表
现金收入在资产负债表上的披露正确（列报）	现金日记账与总账的登记职责分离	观察

【案例演示8.2.1】销售与收款内部控制制度审计

1. 资料：德州新华会计师事务所注册会计师在对德州昆仑有限责任公司的内部控制进行了解和测试，注意到下列情况：

（1）根据批准的顾客订单，销售部编制预先连续编号的一式三联的现销或赊销销售单。经销售部被授权人员批准后，所有销售单的第一联直接送仓库作为按销售单供货和发货给装运部门的授权依据，第二联交开具账单部门，第三联由销售部留存。

（2）仓库部门根据批准的销售单供货，装运部门将从仓库提取的商品与销售单核对无误后装运，并编制一式四联预先连续编号的发运单，其中三联及时分送开具账单部门、仓库和顾客，一联留存装运部门。

（3）开具账单部门在收到发运单并与销售单核对无误后，编制预先连续编号的销售发票，并将其连同发运单和销售单及时送交会计部门。会计部门在核对无误后由财务部门职员王某据以登记销售收入和应收账款明细账。

（4）由负责登记应收账款明细账的人员在每月末定期给顾客寄送对账单，并对顾客提出的异议进行专门追查。

2. 要求：指出上述4项中，内部控制是否存在缺陷，如存在缺陷请指出，并说明理由及提出改进建议。

分析:

第(1)项存在缺陷。理由:对于赊销的则应当由信用审批部门根据管理层的赊销政策进行确定,以及对每个顾客的已经授权的信用额度进行调查。

建议:在由销售部授权人员签字批准后,涉及赊销业务的销售单将先被送交信用管理部门。由信用管理部门将销售单与该顾客的可用信用额度进行比较,在签署信用审阅意见后将销售单送回销售部。对于可用信用额度不足的赊销业务销售单,需要经过公司授权人员的批准后才能发出。然后,经批准的销售单才能送交仓库作为按销售单供货和发货给装运部门的授权依据。

第(2)项不存在缺陷。

第(3)项存在缺陷。理由:登记收入明细账和应收账款明细账的职员应当是两个人。

第(4)项存在缺陷。理由:登记应收账款明细账的人员不能寄发对账单。

建议:由不负责现金出纳和销售及应收账款记账的人员寄发对账单。

任务三 销售与收款循环主要账户的审计

一、主营业务收入的审计

收入审计主要是指对主营业务收入和其他业务收入的审计。主营业务收入是指企业的主要业务活动所产生的收入,包括销售商品、提供劳务及让渡资产使用权等日常活动中所产生的收入。其他业务收入是指除主营业务以外的其他业务所产生的收入,即除主营业务收入以外的其他销售或其他业务的收入,主要包括材料销售、技术转让、固定资产出租等收入。

(一)主营业务收入的审计目标

根据美国审计总署对美国上市公司重编报表原因的调查分析:导致报表重编的原因主要有收入确认、成本费用的确认(如不适当的期间费用资本化)、随意计提资产减值准备、收购兼并、关联交易等问题,但收入确认问题居于第一位,占38%,远高于成本费用问题15.7%的比例。因此,审计人员对收入的审计应保持高度的职业谨慎态度。

主营业务收入的审计目标主要有:

(1)确定主营业务收入的内容、数量是否合理、正确、完整。

(2)确定对销售退回、销售折扣与折让的处理是否适当。

(3)确定主营业务收入的会计处理是否正确。

(4)确定主营业务收入的披露是否恰当。

(二)主营业务收入内部控制制度的符合性测试

主营业务收入的审计,首先要对其进行内部控制制度测试,从而找出薄弱环节,确定实质性测试的范围和重点。主营业务收入的内部控制制度主要有:销售业务计划控制、销售合同授权控制、岗位职责分工控制、销货发票的管理和开票控制、发货控制、结算控制和账务处理控制等。内控测试就是对上述内容进行测试和评价,测试时需注意以下几个要点:

(1)收集和审阅企业主营业务的有关文件,结合实地观察、询问等方法了解其业务流程和内部控制环节。

(2)抽查销售合同,看其内容是否完整、明确,签订程序和方式是否合法,并评价履行情况。

(3)采用实地观察和询问了解各岗位人员责任制的执行情况和协调配合情况。

（4）通过观察和抽查相关的凭证，查看发票制度、发货制度的执行情况。

（5）对主营业务收入的内部控制作出评价。

如表8.4所示为主营业务收入内部控制调查表。

表8.4　主营业务收入内部控制调查表

被审计单位名称：　　　　　　　　　　　　　　　索引号_____页次_____
编制人_____日期_____　　　　　　　　　　　复核人_____日期_____
被审计时间：

问题	回答			取得方式	备注
	是	否	不适用		
1. 销售产品时业务部门是否根据相关程序开具销货发票？					
2. 仓库部门是否根据业务部门开具的销货发票填制出库单？					
3. 仓库部门是否根据出库单点验产品？并连同销货发票的随货同行联转交发运部门。					
4. 发运部门于发运后填制或取得运单，是否将结算联交财会部门？					
5. 是否定期进行业务账、保管账与会计账的核对？					
6. 主营业务收入是否根据相关的销售单据登记入账？					
7. 主营业务收入明细账是否与销售业务的明细账进行核对？					
8. 主营业务收入总账与明细账核对是否相符？					
9. 仓库部门是否对库内实物进行巡视检查？					
10. 财务科是否将银行日记账与银行对账单进行核对？					
问题与评价					

（三）主营业务收入的审计范围

（1）计划和合同。企业的销售业务必须实行计划管理并签订销售合同。

（2）销售业务程序。销售业务程序中设立了一系列的控制，主要包括以下5项：

1）业务部门应根据合同和有关主管人员的批准开具销货发票。

2）仓库部门应根据业务部门开具的销货发票填制产品出库单，并据以点验产品，连同销货发票的随货同行联转交发运部门。

3）发运部门于发运后填制或取得运单，并将结算联送交财会部门。

4）财会部门根据业务部门转来的销货发票结算联和发运部门转来的运单，与合同副本核对后，向银行办理货款结算，并据以记账。

5）定期进行业务账、保管账和会计账的核对。

（3）销货退回。销货退回主要包括对退货原因的确认、退货批准、业务部门开具退货凭单、仓库据以验收退货并开具入库单、财会部门依据退货凭证和入库单办理退款和记账等的审计。

（4）主营业务收入明细账。主营业务收入明细账是用来记录销货业务的明细账。它通常记载和反映不同类别的销货总额。

（5）折扣与折让明细账。折扣与折让明细账是一种用来核算企业销售商品时，按销售合同规定为了及早收回货款而给予顾客的销货折扣和因商品品种、质量等原因而给予顾客的销货折让明细账。

（6）汇款通知书。汇款通知书是一种与销售发票一起寄给顾客，由顾客在付款时再寄回销货单位的凭证。这种凭证注明顾客的姓名、销售发票号码、销售单位开户银行账号及金额等内容。采用汇款通知书能使现金立即存入银行，可以改善资产保管的控制。

（7）现金日记账和银行存款日记账。现金日记账和银行存款日记账是用来记录应收账款的收回或现销收入以及其他各种现金、银行存款收入和支出的日记账。

（四）实质性程序

（1）取得或编制主营业务收入项目明细表，复核加计正确，并与报表数、总账数和明细账合计数核对相符。（账表核对）

（2）查明主营业务收入的确认原则、方法，注意其是否符合会计准则和会计制度规定的收入实现条件，前后期是否一致。（会计政策）

（3）运用分析性程序，作比较分析。（分析异常和重大波动的原因）

1）主营收入的本期与上期的比较。

2）各月主营业务收入的波动情况。

3）计算重要产品的毛利率，将本期与上期进行比较，收入与成本是否配比。

4）计算重要客户的销售额及其产品毛利率。

（4）获取产品价格目录，抽查售价是否符合价格政策，并注意销售给关联方或关系密切的重要客户的产品价格是否合理，有无低价或高价结算以转移收入的现象。

（5）抽取企业被审计期间内一定数量的销售发票，审查开票、记账、发货日期是否相符，品名、数量、单价、金额等是否与发运凭证、销售合同等一致，并编制测试表。

（6）实施销售的截止期测试。（完整性）

1）目的。主要在于确定被审计单位主营业务收入业务的会计记录归属期是否正确；应计入本期或下期的主营业务收入有否被推迟至下期或提前至本期。

2）3个与主营业务收入确认有着密切关系的日期。

a. 发票开具日期或者收款日期。

b. 记账日期。

c. 发货日期（服务业则是提供劳务的日期）。

检查三者是否归属于同一适当会计期间是营业收入截止期测试的关键所在。

3）3条实施营业收入的截止期测试的审计路线。

a. 以账簿记录为起点（逆向）。从资产负债表日前后若干天的账簿记录查至记账凭证，检查发票存根与发运凭证，目的是证实已入账收入是否在同一期间已开具发票并发货，有无多记收入。此种审计路线的优点是比较直观，容易追查至相关凭证记录，以确定其是否应在本期确认收入，特别是在连续审计两个以上会计期间时，检查跨期收入十分便捷，可以提高审计效率；

其缺点是缺乏全面性和连贯性，只能查多记，无法查漏记，尤其是当本期漏记收入延至下期，而审计时被审计单位尚未登账，不易发现应记入而未记入报告期收入的情况。

此种审计路线主要是为了防止多计收入。

b. 以销售发票为起点。从资产负债表日前后若干天的发票存根查至发运凭证与账簿记录，确定已开具发票的货物是否已发货并于同一会计期间确认收入。

具体做法是抽取若干张在资产负债表日前后开具的销售发票的存根，追查至发运凭证和账簿记录，查明有无漏记收入的现象。此种审计路线的优点是较全面、连贯，容易发现漏记的收入；其缺点是费时费力，难以查找到与发票相应的发货及账簿记录，而且不易发现多记的收入；其难点是隐瞒发票、多计收入的业务难以发现。

使用该方法时应注意以下两点：①相应的发运凭证是否齐全，特别应注意有无报告期内已作收入而下期初用红字冲回，并且无发货、收货记录，以此来调节前后期利润的情况；②被审计单位的发票存根是否已全部提供，有无隐瞒。因此，使用这种方法主要是为了防止少计收入。

c. 以发运凭证为起点。从资产负债表日前后若干天的发运凭证查至发票开具情况与账簿记录，确定主营业务收入是否已记入恰当的会计期间。

该方法的优缺点与方法 b 类似，具体操作中还应考虑被审计单位的会计政策才能作出恰如其分的处理。使用这种方法主要也是为了防止少计收入。

上述 3 条审计路线可以在同一被审计单位会计报表审计中运用，甚至可以在同一主营业务收入项目审计中并用。

（7）结合对决算日应收账款的函证程序，观察有无未经认可的巨额销售。

（8）检查销售折扣、销售退回与折让业务是否真实，内容是否完整，相关手续是否符合规定，折扣与折让的计算和会计处理是否正确。

（9）检查外币收入折算汇率是否正确。

（10）检查有无特殊的销售行为，如委托代销、分期收款销售、售后回购、以旧换新、出口销售等，确定恰当的审计程序并进行审核。

（11）调查集团内部销售的情况，记录其交易价格、数量和金额，并追查在编制合并会计报表时是否已予以抵消。

（12）检查主营业务收入在利润表上的披露是否恰当。

二、其他业务收入的审计

其他业务收入包括材料销售收入、固定资产出租收入、包装物出租收入等。其他业务收入数额虽然不大，但在管理上容易出问题，因此也要对其进行认真的审计，其审计的内容和方法与主营业务收入的审计基本相同，审计时除需审计上述对主营业务收入的各个方面外，主要应审查其收入的真实性、正确性，有无隐瞒收入、私设小金库等现象。下面分别对几个分项目的审计予以简要说明。

（一）材料销售收入的审计

材料销售收入的审计的主要内容有以下 4 个方面：

（1）审查材料销售的原因是否合法，是否正常，是否属于超储积压物资或边角废料，有无同一材料一面大量出售，而另一面又大量购入的情况，有无通过转手出售牟利或套取外汇进口材料等违纪行为。

(2) 审查材料销售的手续是否健全，是否经过了授权批准，是否按规定签订销售合同、开具销售发票、填制出库单。

(3) 审查材料销售价格是否合理，货币资金是否及时收回，有无擅自削价、价格偏低、个人从中吃回扣、贪污作弊等情况。

(4) 审查材料销售会计核算是否合规，有无收款不入账，私设"小金库"的现象，或虽然收款入账，却列入"营业外收入"账户等情况。

（二）固定资产出租收入的审计

固定资产出租收入的审计的主要内容有以下5个方面：

(1) 审查固定资产出租手续是否健全，是否经过授权批准，是否签订了租赁合同。应重点查明：合同中约定的租金是否合理，有无低价出租给亲朋好友，或转利于关系单位等情况；租赁期限；租金计算和收取租金的期间；租赁期间维修费用的处理等。

(2) 审查出租的固定资产是否属于不需用，通过出租固定资产，能否增加企业的经济效益。

(3) 审查出租的固定资产是否有专人负责和登记管理，是否经过审批并办理移交手续，是否在会计记录上从"不需用固定资产"转入"出租固定资产"。

(4) 审查"其他业务收入"明细记录，检查租金收入是否与合同相符，是否全部、及时入账，有无转移财产或账外设账的情况，其账务处理是否正确。

(5) 审查到期的出租的固定资产是否收回或办理了续租合同。

（三）技术转让收入的审计

(1) 审查技术转让是否签订合同或协议，合同或协议的内容是否齐备、合理，程序和形式是否合法。

(2) 审查技术转让商品是否经过国家有关机构认定，所享受的国家优惠政策是否符合规定。

(3) 审查转让收入是否属实，入账是否及时，金额是否完整正确。应查明是否按合同规定足额收款，是否有无偿转让或擅自出卖企业保密技术或侵犯他人知识产权的行为，是否经过价格鉴定等。

（四）企业可能虚构收入的动因

注册会计师在审计中应当高度关注如下管理层可能虚构交易的动因：

(1) 使公司的业绩看起来更具有吸引力，以便鼓励投资。
(2) 增加每股盈余，以便增发或配股。
(3) 获取融资或较好的融资条件，或符合融资协议的规定。
(4) 购并或重组时可以增加谈判的砝码。
(5) 实现总公司下达的目标和任务。
(6) 获得绩效奖金。
(7) 公司或产业面临着收益或市场占有率的突然减少。
(8) 不切实际的预算压力。
(9) 公司的发展关乎当地政府的政绩等，并针对某一诱发虚构交易的动因设计一些对应的审计程序来收集证据，以充分披露发现的事实。

【案例演示8.3.1】主营业务收入的分析性复核

1. 资料：昆仑公司2016年度1~12月份未审主营业务收入、主营业务成本如表8.5所示。

表 8.5　昆仑公司 2016 年度 1～12 月份未审主营业务收入、主营业务成本表　　（单位：万元）

月份	主营业务收入	主营业务成本	比重/%	毛利率/%
1	7800	7566	7.48	3
2	7600	6764	7.29	11
3	7400	6512	7.09	12
4	7700	6768	7.38	12.10
5	7800	6981	7.48	10.50
6	7850	6947	7.53	11.50
7	7950	7115	7.62	10.50
8	7700	6830	7.38	11.30
9	7600	6832	7.29	10.11
10	7900	7111	7.58	9.99
11	8100	7280	7.77	10.12
12	18900	15139	18.12	19.90
合计	104300	91845	100	11

2. 要求：为确定重点审计领域，注册会计师拟实施分析性复核程序。请指出主营业务收入和主营业务成本的重点审计领域，并简要说明理由。（不要求列示分析过程）

分析：在实施分析性复核程序后，应将以下月份主营业务收入和主营业务成本作为重点审计领域：

（1）1 月份。该月份毛利率为 3%，远远低于全年平均毛利率 11% 和其他各月毛利率。

（2）12 月份。该月份主营业务收入占全年主营业务收入比例较高；毛利率达到 19.9%，远高于全年平均毛利率 11%。

【课堂训练 8.3.1】主营业务收入审计

1. 资料：A 注册会计师正在对 C 股份有限公司（以下简称 C 公司）2014 年度财务报表进行审计。C 公司为增值税一般纳税人，增值税税率 17%。为了确定 C 公司的销售业务是否记录在恰当的会计期间，决定对销售进行截止测试。截止测试的简化审计工作底稿如下：

2. 要求：（1）根据上述资料请指出 A 注册会计师所执行的截止测试的具体方法及其目的。

（2）根据上述资料请分析 C 公司是否存在提前入账的问题。如果有，请编制调整分录。

（3）根据上述资料请分析 C 公司是否存在拖后入账的问题，并简要说明理由。

如表 8.6 所示为销售收入明细表。

表 8.6　销售收入明细表　　（单位：万元）

发票号	销售收入	计入销售明细账日期	发运日	发票日	销售成本
7891	10	2014-12-3	2014-12-27	2014-12-27	6
7892	15	2014-12-30	2015-1-2	2015-1-3	9
7893	8	2014-12-31	2015-1-5	2015-1-6	4.8
7894	20	2015-1-2	2014-12-31	2014-12-31	12
7895	10	2015-1-3	2015-1-2	2015-1-3	6
7896	5	2015-1-8	2015-1-7	2015-1-8	3

三、应收账款的审计

应收账款是企业在正常经营过程中,因销售商品、产品和提供劳务等,应向购货单位或接受劳务单位收取的款项。主要包括企业出售的商品、产品、提供劳务等应向债务人收取的价款及代购货方垫付的运杂费等,是企业在信用活动中所形成的各种债权性资产。它代表企业能获得的未来的现金流入。

企业的应收账款是在销售交易或提供劳务过程中产生的。企业的销售如果属于赊销,即销售实现时没有立即收取现款,而是获得了要求客户在一定条件下和一定时间内支付货款的权利,就产生了应收账款。因此,应收账款的审计应结合销售交易来进行。

企业通常采用备抵法按期估计坏账损失,形成坏账准备。与直接转销法相比,备抵法将预计不能收回的应收账款作为坏账损失及时计入费用,能够避免企业虚增利润;在财务报表中列示应收款项的净额,有助于财务报表的使用者了解企业真实的财务状况;并且使得应收账款实际占用资金更接近实际,消除了虚列的应收账款,比较准确地反映了企业资金周转的情况。

(一)测评应收账款内部控制

应收账款的业务流程和内部控制主要包括:审核订单和合同,编制销货通知单;调查了解信用状况,批准赊销;以核准的销货通知单发货;核对货运文件、销货通知单和销售订单,并开票记账;收款并登记有关账户;处理坏账;内部审计等。对应收账款内部控制的符合性测试的主要步骤与方法有:

(1)通过查阅资料、调查询问等方法了解并描述有关应收账款的内部控制。

(2)抽样审查销售发票及其他凭证,检查发票内容与合同、订单是否一致,合同及赊销是否经过核准,发票日期与货运日期是否一致,发票与账户记录是否一致。

(3)核对货运文件样本与相关的销售发票,看发货的数量及时间与开票入账的数量及时间是否一致。

(4)审查销售退回、折让及折扣文件,看贷项通知单及退货验收单是否已经核准,批准与签发贷项通知单的职责是否分离,现金折扣是否经过适当授权。

(5)审查已作坏账转销的应收账款,看是否经过批准,是否符合规定的条件等。

(二)取得或编制应收账款明细表,复核加计正确,并与报表数、总账数和明细账合计数核对相符(账表核对)

被审计单位提供的应收账款明细表应包括客户名称、欠款金额、拖欠时期等内容。审计人员应抽查明细表是否与明细账相符,核对应收账款明细账与总账的余额是否相等。应当注意,应收账款报表数反映企业因销售商品、提供劳务等应向购买单位收取的各种款项,减去已计提的相应的坏账准备后的净额。因此,其报表数应同应收账款总账数和明细账数分别减去与应收账款相应的坏账准备总账数和明细账数后的余额核对相符。分析有贷方余额的项目,查明原因,必要时,建议做重分类调整;标识重要的欠款单位,计算其欠款合计数占应收账款余额的比例。复核应收账款借方累计发生额与主营收入是否配比,并将当期应收账款借方发生额占销售收入净额的百分比与管理层考核指标比较,如存在差异应查明原因;计算应收账款周转率、应收账款周转天数等指标,并与被审计以前的年度指标、同行业同期相关指标作对比分析,检查是否存在重大异常。

(三)分析应收账款账龄

通过分析,判断应收账款的可收回性或可实现价值,以确定资产计价的正确性。应收账款账龄是指资产负债表中的应收账款从销售实现形成应收账款之日起,至资产负债表日(或审计日)止所经历的时间。审计人员应向财会部门索取或自己编制应收账款账龄分析表。编制应收账款账龄分析表时,要对重要的客户及其余额单独进行列示,对于不重要的或余额较小的客户可以合并列示。账龄分析的目的是为了帮助审计人员和会计报表的使用者分析其应收账款的可收回性。对于账龄较长的,一方面要加以催收,另一方面经确认无法收回的,要及时转坏账处理。应收账款账龄分析表如表 8.7 所示。

表 8.7 应收账款账龄分析表

索引:G-3

客户:德州 XX 有限公司　　　　编制:刘某　　　　　　日期:2015.1.23
结账日:2014.12.31　　　　　　复核:王某　　　　　　日期:2015.1.24

账龄	金额	比例(%)
1 年以内	9,096,091	67
1～2 年	2,338,880	17
2～3 年	1,908,415	14
3 年以上	235,814	2
合　计	13,579,200	100

(四)向债务人函证应收账款

应收账款函证就是直接发函给被审计单位的债务人,要求核实被审计单位应收账款的记录是否正确的一种审计方法。函证的目的在于证实应收账款账户余额的真实性和正确性,防止或发现被审计单位及其有关人员在销售业务中发生的差错或弄虚作假、营私舞弊行为。通过函证,就可以较有力地证明债务人的存在和被审计单位记录的可靠性。因此,尽管函证要花费大量的时间和精力,审计人员必须执行这一程序。询证函由审计人员利用被审计单位提供的应收账款明细账户名称及地址编制,但询证函的寄发一定要由审计人员亲自进行。

1. 函证的范围和对象

审计人员不需要对被审计单位所有的应收账款都进行函证。函证数量的大小、范围是由诸多因素决定。

(1) 应收账款在全部资产中的重要性。如果应收账款在全部资产中的比重较大,则函证的范围相应要大一些。

(2) 被审计单位内部控制的强弱。如果内部控制制度较健全,则可以相应减少函证量;反之,则应相应扩大函证范围。

(3) 以前年度的函证结果。若以前年度函证中发现重大差异或欠款纠纷较多,则函证范围应相应扩大一些。

(4) 函证方式的选择。若执行肯定式函证,则可以相应减少函证量;若执行否定式函证,则要相应增加函证量。

一般情况下,账龄长、金额大的应收账款是审计人员必须向债务人函证的对象。

2. 函证的方式

函证的方式分为肯定式函证和否定式函证两种。

(1) 肯定式函证,又称正面式、积极式函证。肯定式函证就是向债务人发出询证函,要求他证实所函证的欠款是否正确，无论对错都要求复函。需要肯定式函证的债务人通常包括：①欠款金额大；②有理由相信欠款可能会存在争议、差错或问题；③以往年度的肯定式函证回复率很低的；④关联方［包括持股5%（含）以上的股东］项目。

肯定式函证的企业询证函参考格式如表8.8所示。

表8.8 询证函（肯定式函证）

企业询证函

致：_____

本公司聘请的德州XX会计师有限责任公司正在对本公司会计报表进行审计，按照《中国注册会计师执业准则》的要求，应当询证本公司与贵公司的往来账项等事项。下列数据出自本公司账簿记录（截止到___年___月___日），如与贵公司记录相符，请在本函"回复意见"栏打"√"并签章证明；如有不符，请在"回复意见"栏填入正确数字并说明正确原因。回函请直接寄至德州XX会计师有限责任公司。

地址：德州XX师有限责任公司

邮编：　　　　传真：　　　　电话：　　　　联系人：

1. 本公司与贵公司的往来账项列示如下：　　　　　　　　　　　　　　　　单位：元

截止日期	贵公司欠	欠贵公司	备注

2. 其他事项

本函仅为复核账目之用，并非催款结算。若款项在上述日期之后已经付清，仍请及时函复为盼。

（公司签章）

年　　月　　日

回复意见	
1. 上述数据正确无误（　　）（如正确请在括弧内打√）	2. 上述数据不符，正确数据为：　　　元。
说明：	说明：
公司　签章：　　　年　　月　　日	公司　签章：　　　年　　月　　日

注：请将此函证整页寄回。

（2）否定式函证，又称反面式、消极式函证。它也是向债务人发出询证函，但所函证的款项相符时不必复函，只有在所函证的款项不符时才要求债务人向审计人员复函。需要否定式函证的债务人通常包括：①相关的内部控制是健全、有效的；②预计差错率较低；③欠款余额小；④有理由确信大多数被函证者都能认真对待函证，并对不正确的情况作出反应。

肯定式函证的优点在于较为可靠，因为在债务人没有复函时，审计人员可以采取进一步的审计手续。而采取否定式函证，债务人没复函，就视同账目真实、正确。因此，它的可靠性就差些，但花费较少。审计人员应根据具体情况而定，一般宜将两者结合起来使用。

3. 函证时间的选择

为了充分发挥函证的作用，应选择好函证发送的时间。最佳时间应是与资产负债表日或审计日接近的时间，同时也可考虑对方复函的时间，尽可能做到在审计工作结束前取得函证的全部资料。

4. 函证的控制

审计人员应当直接控制询证函的发送和回收。对于无法投递退回的信函要进行分析、研究、处理，查明是由于被函证者地址迁移、差错，还是一笔假账。对于采用肯定式函证方式而没有得到答复的，应采用追查程序，一般说来应发送第二次乃至第三次询证函，如果仍得不到答复，则应考虑采用必要的替代审计程序。例如，检查与销售有关的文件，包括销售合同、销售订单、销售发票副本及发货凭证等，以验证这些应收账款的真实性。注册会计师可通过函证结果汇总表来加以控制。

5. 函证结果差异的分析

收回的询证函若有差异，审计人员应对此进行分析，寻找差异的原因。必要时应与债务人直接联系，进一步核实，并要求被审计单位进行必要的调整。产生差异的原因可能是由于购销双方记录入账的时间不同，可能是由于一方或双方记录错误，也可能是其中有弄虚作假或舞弊行为。由于记录的时间不同而产生的差异，主要表现为：询证函发出时，债务人已经付款，而被审计单位尚未收到货款；询证函发出时被审计单位的货物已经发出并已作销售记录，但货物仍在途中，债务人尚未收到货物；债务人由于种种原因退货，而被审计单位尚未收到；债务人对收到货物的数量、质量或价格有争议而全部或部分拒付等。

6. 提出函证结论

在收到了预期的复函后，审计人员应将函证的过程、函证的结果记入工作底稿。如果函证结果表明没有出现重大差错，审计人员可以合理推断应收账款在总体上是真实的、正确的。需要注意的是，应收账款函证取得肯定的复函，只能说明债务人承认此项债务，但不能证明此项债务是否良好。因此，对一些数额较大的应收账款，还需对欠款客户的信誉和经济实力进行追踪调查，了解其有无偿债的实力，作为证明应收账款存在性的辅助证据。

（五）验证未函证应收账款的真实性

抽查未函证应收账款的有关凭证，以验证其真实性。审计时应抽查有关原始凭证，如销售合同、销售订单、销售发票存根及发货凭证等，看相关的业务是否真实发生，应收账款是否已经形成，以审查有无虚列应收账款、虚增利润的现象。对应收账款明细账的贷方余额要引起注意，应抽查原始凭证，查明原因。同时，对不应在应收账款中进行核算的非结算业务债权，应作出记录或进行相应的调整。

（六）审查坏账的确认和处理

审查坏账是否符合确认条件，是否经过授权批准，会计处理是否正确。审计时要检查有关凭证，看所确认的坏账其债务人是否破产或死亡，或者是长期未履行偿还义务，有关的批准授权文件是否存在。企业如采用提取坏账准备金的制度，还应查明计提金额计算是否正确，会计处理是否符合制度规定，坏账准备的使用是否合理。

（七）抽查有无不属于结算业务的债权

（八）检查外币应收账款的折算

（九）分析应收账款明细账余额

如果发现出现贷方明细余额的情形，应查明原因，必要时建议重分类调整。

（十）检查应收账款在资产负债表上是否已恰当披露

【案例演示 8.3.2】应收账款审计

1. 资料：注册会计师李某负责审计昆仑公司应收账款，审计中发现昆仑公司欠款 2000 万元，其经济内容为货款，账龄已超过 2 年。由于昆仑公司是中兴公司的投资方（昆仑公司投资为 4000 万元），李某认为需要加倍关注。为此李某实施了以下审计程序：

（1）向昆仑公司发出询证函。

（2）查阅中兴公司和昆仑公司签章确认的购货合同、经中兴公司管理当局批准的发货凭证和昆仑公司的收货验收证明等。

（3）评价昆仑公司偿付货款的能力。

分析：

（1）在确认这项 2000 万元的应收账款时，由于昆仑公司是投资方，首先要确认昆仑公司所欠中兴公司的款项是否为正常商业信用。如果昆仑公司确实与中兴公司有货款往来关系，下一步需要对应收账款项目的存在性和所有权归属予以确认，设计函证程序或替代性审计程序确认其存在性，如查验有无对方出具的具有法律效力的书面文件或对方的收货验收证明、运输部门出具的合法运输凭证或近期的双方对账记录等；最后，还要通过观察近期还款情况和了解对方现金流量及财务状况，确认其可收回性。即使注册会计师确认了昆仑公司与中兴公司之间的往来款项属于正常结算债权债务关系，也要注意中兴公司是否在财务报表附注中适当披露此关联业务。

（2）李某如果不能取得被审计单位提供的昆仑公司正常偿付货款的有效文件，根据职业判断，应考虑中兴公司与昆仑公司之间是否已有抽走投资资金的默契。审计人员应根据其具体情况和数额的大小，选择发表适当的审计意见。

【课堂训练 8.3.2】应收账款的函证

1. 资料：注册会计师李某在对甲公司应收账款进行审计时了解到，该公司年末应收账款有 220 个明细账，余额共计 3000 万元，总资产 8000 万元。上年审计中发现函证的差异较大，有关内部控制也不够健全，而且，上年虽提交了管理建议书，但甲公司并未按照建议对内部控制进行改进和完善。应收账款明细账中的部分情况如下：

A 客户：余额 185 万元，账龄 2 个月；

B 客户：余额 30 万元，账龄 9 个月；

C 客户：余额 4 万元，账龄 3 个月；

D 客户：余额 1 万元，账龄 2 年零 3 个月。

2. 要求：（1）对应收账款进行函证有两种方案：一种方案是函证 22 个客户；另一种方案是函证 100 个客户，你认为选哪个？为什么？

（2）你认为对 A、B、C、D 4 个客户应分别对他们采用何种方式函证？为什么？

（3）若 B 客户回函表示该笔款项已于 10 月 24 日付讫，你认为甲公司账上尚有 30 万元余额的原因是什么？注册会计师李某应如何对此进行处理？

四、坏账准备的实质性测试

（1）取得或编制坏账准备明细表，符合加计是否正确，与坏账准备总账数、明细账合计数核对是否相符。

（2）将应收账款坏账准备本期计提数与资产减值损失相应明细项目的发生额核对是否相符。

（3）检查应收账款坏账准备计提和核销的批准程序，取得书面报告等证明文件，评价计提坏账准备所依据的资料、假设及方法。

（4）实际发生坏账损失的，检查转销依据是否符合有关规定，会计处理是否正确。

（5）已经确认并转销的坏账重新收回的，检查其会计处理是否正确。

(6) 实施分析程序。通过比较前期坏账准备计提数和实际发生数,以及检查期后事项,评价应收账款坏账准备计提的合理性。

(7) 检查应收账款坏账准备的披露是否恰当。企业应当在财务报表附注中清晰地说明坏账的确认标准、坏账准备的计提方法和计提比例。

【案例演示 8.3.3】坏账准备审计

1. 资料:X 公司会计政策规定,对应收款项采用账龄分析法计提坏账准备。根据债务单位的财务状况、现金流量等情况,确定坏账准备计提比例分别为:账龄 1 年以内的(含 1 年,以下类推),按其余额的 10%计提;账龄 1~2 年的,按其余额的 30%计提;账龄 2~3 年的,按其余额的 50%计提;账龄 3 年以上的,按其余额的 80%计提。X 公司 2014 年 12 月 31 日未经审计的应收账款账面余额为 51 929 000 元,相应的坏账准备余额为 6 364 900 元。应收账款账面余额明细情况如表 8.9 所示。

表 8.9　X 公司应收账款账面余额明细情况　　　　　　　　　　　　　　　　（单位:元）

	1 年以内	1~2 年	2~3 年	3 年以上
应收账款-A 公司	35 150 000	500 000	932 000	
应收账款-B 公司	2 000 000	15 100 000	54 000	
应收账款-C 公司	600 000		25 000	
应收账款-D 公司	9 500 000	-12 000 000		
应收账款-E 公司				68 000
小计	47 250 000	3 600 000	1 011 000	68 000

2. 要求:根据上述资料,A 和 B 注册会计师对应收账款的坏账准备应提出何种审计处理建议?

审计调整分录如下:

借:应收账款 - D 公司　　　1200
　　贷:预收账款 - D 公司　　　1200

对上述事项,A 和 B 注册会计师还应提请 X 公司做以下审计调整分录:

借:资产减值损失 - 计提的坏账准备　　360
　　贷:坏账准备　　　　　　　　　360

【课堂训练 8.3.3】坏账准备审计

1. 资料:某企业资产负债表年末"应收账款"借方余额为 2 000 000 元。其所属明细账有借方余额的合计数为 3 000 000 元,有贷方余额的合计数为 1 000 000 元。该企业年末"预收账款"贷方余额 1 000 000 元,其所属明细账有贷方余额的合计数为 1 500 000 元,有借方余额的合计数为 500 000 元。该企业根据"应收账款"总账年末余额的 2 000 000 元×3%=60000元计提坏账准备,坏账准备账户无余额。

2. 要求:对坏账准备的计提数予以审计。

五、应收票据的审计

应收票据是指企业因销售产品而收到了客户的商业汇票,包括商业承兑汇票和银行承兑汇票。商业承兑汇票是一种赊销的商业信用形式,由购销双方通过签订发运商品和承付货款期限的合同，销方将商品所有权转给购方，购方将承兑的汇票交给销方，货票两清，交易结束。商业承兑汇票全凭购销双方的商业信用，如承兑期已到不能按期兑付货款时，银行不负任何责任，只将汇票退回。银行承兑汇票是由收款人或承兑申请人签发，并由承兑申请人向开户银行申请，经银行审查同意承兑的票据，承兑期已到期则由银行负责清偿。应收票据是以书面形式表现的债权资产，其款项具有一定的保证，经持有人背书后可以提交银行贴现，具有较大的灵活性。由于应收票据是在企业赊销业务中产生的，因此对应收票据的审计也必须结合赊销业务一起进行。

企业以收取客户商业汇票方式进行赊销时，一般要进行销货、收取票据、计息、贴现、收款等活动，在此过程中，要涉及一些凭证和账簿，这些都是应收账款的审计范围。

（一）应收票据的审计目标

应收票据的审计目标一般包括：确定资产负债表中记录的应收票据是否存在；确定所有应当记录的应收票据是否均已记录；确定记录的应收票据是否由被审计单位拥有或控制；确定应收票据及其坏账准备增减变动的记录是否完整；确定应收票据是否可收回，坏账准备的计提方法和比例是否恰当，计提是否充分；确定应收票据及其坏账准备期末余额是否正确；确定应收票据及其坏账准备是否已按照企业会计准则的规定在财务报表中作出恰当说明。

（二）应收票据的实质性程序

（1）向被审计单位索取应收票据的有关资料，审查"应收票据"账户，编制"应收票据明细表"。应收票据明细表须详细记载票据的种类、出票人姓名、票据到期日、金额及其他必要事项。将应收票据明细表的合计数与总账应收票据账户的数额相核对，看其是否一致。在应收票据明细表中应收票据的实有数与应收票据总分类账户余额核对相符的基础上，向被审计单位应收票据客户发函查询，核实双方余额是否一致，如不一致，应查明原因。如表 8.10 所示为应收票据余额明细表。

表 8.10 应收票据余额明细表

被审单位：　　　　　　　　　截止到　　年　　月　　日　　　　　　　页次

种类及编号	被审单位提供					期后收款情况	查验索引	调整数		调整索引	审定金额
	票据内容										
	出票者	出票日	收款日	是否带息	金额			借	贷		
1. 银行承兑汇票											
小计											
2. 商业承兑汇票											
小计											
合计											

审计说明：明细合计与总账、报表数一致（　　）　不一致（　　）。

资料提供人：　　　　审核员：　　　　日期：　　　　复核员：　　　　日期：

（2）取得被审计单位"应收票据备查簿"，核对其是否与账面记录一致。在应收票据明细表上标出至审计时已兑现或已贴现的应收票据，检查相关收款凭证等资料，以确认其在资产负债表日的真实性。

（3）监盘库存票据，并与"应收票据备查簿"的有关内容核对；检查库存票据，注意票据的种类、号数、签收的日期、到期日、票面金额、合同交易号、付款人、承兑人、背书人姓名或单位名称，以及利率、贴现率、收款日期、收回金额等是否与"应收票据备查簿"的记录相符；关注是否对背书转让或贴现的票据负有连带责任；注意是否存在已作质押的票据和银行退回的票据。

（4）必要时选取部分票据（特别关注有疑问的商业承兑汇票）实施函证，证实其存在性和可收回性，并对函证结果进行汇总、分析，对不符合事项作出适当处理。

（5）对于大额票据，应取得相应的销售合同或协议、销售发票和出库单等原始交易资料进行核对，以证实是否存在真实交易。

（6）复核带息票据的利息计算是否正确，并检查其会计处理是否正确。关注逾期应收票据是否已按照规定计提利息。

（7）审查已贴现的应收票据是否真实，其贴现额、贴现息的计算是否正确，会计处理方法是否适当。

（8）审查逾期未兑现的应收票据是否真实，所作的账务处理是否正确。企业收到的应收票据到期时，如果出票人或付款人或承兑人无力付款或拒绝付款，就应该将这些票据从"应收票据"账户转至"应收账款"账户。经过背书的应收票据，可以根据法律规定向背书人追索，追索的金额应包括票据上所列本金及其应得的利息两部分。

（9）请被审计单位协助，在应收票据明细表中标注出至外勤审计时已兑现或已贴现的应收票据，核对收款凭证等资料，以确认其在资产负债表日的真实性。

（10）检查应收票据的列报是否恰当。

六、应交税费的审计

（一）应交税费的审计范围

应交税费包括增值税、消费税、所得税、资源税、土地增值税、城市维护建设税、房产税、土地使用税、车船使用税、教育费附加、矿产资源补偿费、以及企业代扣代交的个人所得税。应交税费涉及应纳税申报表、完税凭证、应交税费总账及明细账、银行存款等。其中，消费税、城市维护建设税、资源税、教育费附加及房产税、土地使用税、车船使用税、印花税等相关税费涉及税金及附加账户；增值税涉及应收账款、材料采购、在途物资、应付票据、应付账款、固定资产等账户；土地增值税涉及固定资产、无形资产等账户；所得税涉及所得税费用账户。这些账户及相应事项构成了应交税费的审计范围。相应的税法规定、会计准则及相关会计制度，构成了应交税费的审计依据。

（二）应交税费的审计目标

审计时应查明：应计和已交税费的确认和计量是否符合税法及会计准则的规定，记录是否完整，有无遗漏；应交税费的年末余额是否正确，披露是否充分。

（三）应交税费的审计程序

（1）查阅了解被审计单位年度内适用的税种、计税依据、适用税率等内容，并确认其征、免、减税的产品或项目的范围和期限是否符合规定，有无批准文件。

（2）获取和编制未交税费明细表，复核其加计数是否正确，是否与明细账及总账余额核对相符。

(3) 审查各种税费的金额计算是否正确,纳税依据是否真实,税率选用是否合规,会计处理是否正确。

(4) 核对年初未交税费是否与税务机关的认定数一致,若有差异,应查明原因,并作出记录,进行适当的调整。

(5) 审查本年度的交税凭证及有关账簿记录,确定本年度已交税款和年末未交税款。

(6) 确定未交税费在资产负债表上的披露是否恰当。

【案例演示 8.3.4】应交税费审计

1. 资料:审计人员审查某企业时发现该企业将105吨自制甲产品用于本厂在建工程项目。企业所作会计分录为:

借:在建工程　　　　　　　　　　　　　257 985
　　贷:库存商品——甲产品　　　　　　　　220 500
　　　　应交税费——应交增值税(销项税额)　37 485

记账凭证后附的领料单载明:领料数量105吨,单价2 100元,总计220 500元。经与甲产品明细账核对,完全相符。但以记入"应交税费"账户的销项税额除以17%的增值税率,计算求得的销售收入却为220 500元,恰为领用甲产品的成本金额。甲产品是一种新产品,尚未上市,没有同类产品售价可参考。

2. 要求:分析上述会计处理是否存在问题。

解析:在建工程领用自产产品属于视同销售行为,视同销售货物行为而无销售额者,按下列顺序确定销售额:

(1) 按纳税人当月同类货物的平均销售价格确定。

(2) 按纳税人最近时期同类货物的平均销售价格确定。

(3) 按组成计税价格确定。组成计税价格的公式为:组成计税价格=成本×(1+成本利润率)。

可见,企业所提出的理由不能成立。企业应按组成价格重新计算后确定应补纳的增值税。

组成计税价格=220 500×(1+10%)=242 550元

应纳增值税=242 550×17%=41 233.5元

应补纳增值税=41 233.5–37 485=3 748.5元

调整如下:

借:在建工程　　　　　　　　　　　　　3 748.5
　　贷:应交税费——应交增值税(销项税额)　3 748.5

七、销售费用的审计

销售费用是指企业在销售产品、提供劳务等日常经营过程中发生的各项费用。包括在销售商品过程中发生的运输费、装卸费、保险费、展览费、广告费、商品维修费、预计产品质量保证损失等费用,以及专设销售机构的职工薪酬、业务费、折旧费、固定资产修理费等经常性费用。

(一)销售费用的审计目标

(1) 确定销售费用的记录是否完整。

(2) 确定销售费用的分类、归属及会计处理是否正确。

(3) 确定销售费用在会计报表上的披露是否恰当。

(二)销售费用的实质性测试程序

销售费用的实质性测试程序如下:

（1）获取或编制销售费用明细表，复核加计正确，与总账、明细账核对相符。还应审查其明细项目的设置是否符合规定的核算内容及范围，是否划清销售费用与其他费用的界限。

（2）审查销售费用各项目开支标准是否符合有关规定，开支内容是否与被审计单位的产品销售活动有关，计算是否正确。随着新会计准则的实施，应关注管理费用列支范围发生的变化。

（3）将本年度销售费用与上年度销售费用进行比较，并将本期各月的销售费用进行比较，如有重大波动和异常变动应查明原因，并做适当处理。

（4）选择重要或异常的销售费用，审查其原始凭证是否合法，会计处理是否正确。必要时，对销售费用实施截止测试，审查有无跨期入账的现象，对于重大跨期项目应建议做必要调整。

（5）核对销售费用有关项目金额与累计折旧、应付职工薪酬等项目相关金额的勾稽关系，如有不符，应查明原因，并进行适当处理。

（6）审查销售费用的结转是否正确、合规，查明有无多转、少转或不转销售费用，人为调节利润的情况。

（7）审查销售费用是否已在损益表上恰当披露。

【案例演示 8.3.5】销售费用审计

1. 资料：2013 年 2 月审计人员张某和刘某对嘉利公司 2012 年度报表中的销售费用进行审计时，发现被审计单位 12 月份销售费用增幅较大，于是详细审查了该公司 12 月份的销售费用，发现：

（1）该公司 12 月 31 日一次性支付以后 3 个年度的销售机构的房屋租赁费 180 000 元全部作为当期销售费用处理。

（2）该公司下设的 5 个销售机构的职工工资、福利费开支 120 万元，处理如下：

借：销售费用　　　　　1 200 000
　　贷：银行存款　　　　1 200 000

2. 要求：说明上述事项存在的问题，并提出处理意见。

分析与调整：

（1）根据权责发生制原则，一次性支付以后 3 个年度的销售机构的房屋租赁费不能作为当期销售费用处理。

借：长期待摊费用　　　180 000
　　贷：销售费用　　　　180 000

（2）专设的销售机构的职工工资、福利费，是可以计入销售费用，但其会计处理应通过"应付职工薪酬"科目核算，审计时应作出记录，以便与应付职工薪酬相关内容进行索引核对。

八、其他相关账户审计

（一）预收账款审计

在审计实务中，注册会计师应结合销货业务对预收账款进行审计。预收账款审计的目标一般包括确定预收账款的发生及偿还记录是否完整、期末余额是否正确以及在会计报表上的披露是否恰当等。

预收账款的实质性测试程序一般有以下几个方面：

（1）获取或编制预收账款明细表。

1）复核加计是否正确，并与报表数、总账数和明细账合计数核对是否相符。

2）以非记账本位币结算的预收账款，检查其采用的折算汇率及折算是否正确。

3）检查是否存在借方余额，必要时进行重分类调整。

4）结合应收账款等往来款项目的明细余额，检查是否存在应收、预收两方挂账的项目，必要时作出调整。

5）标识重要客户。

（2）账龄分析并检查预收账款长期挂账的原因，并作出记录，必要时提请被审计单位予以调整。

（3）对预收账款进行函证。

（4）检查预收款项是否已按照企业会计准则的规定在财务报表中作出恰当列报。

（5）根据评估的舞弊风险等因素增加审计程序。

【案例演示 8.3.6】预收账款审计

注册会计师张某审计 A 公司预收账款项目时，发现以下审计线索：

（1）A 公司 3 年前预收 W 公司款项 800 万元，当年根据 W 公司的委托支付给 A 公司 200 万元，剩余 600 万元，截至 2000 年度资产负债表日账面余额为 600 万元。

（2）2000 年 12 月 25 日 A 公司根据银行存款未达账项调整 1000 万元记入"预收账款"。张某逐笔核对了记账凭证及其后附的销售合同等，随后又根据合同所列的产品名称及数量，到仓库审查了产品库存明细账，证实了以上各批产品已发货，有关原始凭证已传递到会计部门。

分析：

（1）一般情况下，预收账款供货单位应按合同或约定及时向购货方提供货物，结算货款。A 公司的上述经济业务预收 W 公司账款余额为 600 万元，时间较长，数额较大。A 公司在长时间内无供货行为，应引起注册会计师的充分关注。对此，注册会计师应采取以下审计程序：

1）取得并审阅业务发生时会计处理的原始凭证，获取确认经济性质的审计证据，据以判定负债的存在性。

2）通过函证取得 W 公司的数额确认情况说明。

3）如果经以上程序，审计人员证实此事项属非正常的事项，审计人员应根据其性质及对财务状况的影响程度，按照《中国注册会计师独立审计准则》的要求，发表适当的审计意见。

（2）根据会计制度的规定，上述预收账款 1000 万元的经济事项已表明销售收入的成立，应该做销售收入处理。因此，注册会计师要在审查取得充分、适当的审计证据的基础上，提请被审计单位进行账务调整，并把查证的情况客观地记录在审计工作底稿中。如果 A 公司拒绝调整，注册会计师可考虑发表保留或否定意见的审计报告。

（3）注册会计师审计预收账款时，要关注被审计单位以下项目：①是否与预收租金、预收利息等相混淆；②是否将预收账款作为销售收入入账；③是否利用"预收账款"截留收入；④是否利用"预收账款"账户进行舞弊行为。

（二）税金及附加审计

应查明被审计单位应交纳的税金，以及应对与该账户对应的"应交税费"、"其他应交款"等账户进行检查。

（1）获取或编制税金及附加明细表，复核加计是否正确，并与报表数、总账数和明细账合计数核对是否相符。

（2）根据审定的本期应税消费品销售额（或数量），按规定适用的税率，分项计算、复核本期应纳消费税税额，检查会计处理是否正确。

（3）根据审定的本期应纳资源税产品的课税数量，按规定适用的单位税额，计算、复核本期应纳资源税税额，检查会计处理是否正确。

（4）检查城市维护建设税、教育费附加等项目的计算依据是否和本期应纳增值税、消费税合计数一致，并按规定适用的税率或费率计算、复核本期应纳城市维护建设税、教育费附加等，检查会计处理是否正确。

（5）结合应交税费科目的审计，复核其勾稽关系。

（6）根据评估的舞弊风险等因素增加的审计程序。

（7）检查税金及附加是否已按照企业会计准则的规定在财务报表中作出恰当列报。

【课堂训练 8.3.4】税金及附加审计

某炼油厂本月销售汽油 2000 吨（每吨 1388 升），不含增值税价格为每吨 3000 元，则应纳消费税金和增值税销项税金为多少？应该做怎样的会计处理？（汽油的消费税税率 0.2 元/升，增值税税率为 17%）

（三）其他应交款的审计

其他应交款是指企业需要向国家缴纳的各项款项中除了税金以外的各种应交款项，其他应交款包括教育费及附加、地方教育费及附加、养老保险、工伤保险等。

（1）实施其他应交款的起步审计程序。（获取明细表、账账核对和账表核对等）

（2）实施其他应交款的实质性分析程序。

（3）核算教育费附加等地方税费的计算与缴纳，以及会计处理。

（4）取得地方税费的减免文件。

（5）检查其他应交款明细账借方金额或长期挂账项目，如有，应作出记录并进行调整。

（6）验明其他应交款列报的恰当性。

（四）其他业务利润审计

（1）审查其他业务支出是否与其他业务收入相配比，其计算口径是否一致，确认时间是否对应，有无拖延不计或不及时入账的情况等。

（2）审查其他业务支出列支项目是否合法，是否符合财务制度的规定，有无擅自增加项目或漏记项目。

（3）审查其他业务支出发生额是否真实、正确。如材料销售，应检查销售成本和费用计算是否正确，是否按规定分摊了材料成本差异，是否按规定计算应缴纳的税金，有无多提、少提或漏交税金的现象；固定资产出租是否按规定计提折旧费用等。

练习题

一、单项选择题

1．审计人员在审查其他业务收入时，如果发现把（　　）列入该账户，应提请被审计单位调整。
  A．材料销售收入　　　　　　　　B．无形资产转让收入
  C．固定资产出租收入　　　　　　D．固定资产清理收入

2．应收账款的询证函应由（　　）盖章签发。
  A．会计师事务所　　　　　　　　B．注册会计师
  C．客户　　　　　　　　　　　　D．客户或会计师事务所

3. 下列情况，对应收账款采用肯定式函证较好的是（　　）。
   A. 个别账户的欠款余额较大　　B. 被审计单位相关内部控制有效
   C. 欠款余额小的债务人较多　　D. 预计差错率较低

4. 在确定应收账款函证对象时，以下项目中，应当进行函证的是（　　）。
   A. 函证很可能无效的应收款项
   B. 交易频繁但期末余额较小的应收款项
   C. 执行其他审计程序可以确认的应收款项
   D. 应收纳入审计范围内子公司的款项

5. 从减少审计风险的角度看，审计人员衡量收入和费用时，希望（　　）。
   A. 不采用稳健原则　　B. 尽量少采用稳健原则
   C. 尽量多采用稳健原则　　D. 采用收付实现制原则

6. 注册会计师核对资产负债表日前后的销货发票的日期与登记入账的日期是否一致，其主要目的是为了（　　）。
   A. 实现发生目标　　B. 实现完整性目标
   C. 实现分类和可理解性目标　　D. 确认收入入账时间是否正确

7. 注册会计师计划测试 M 公司 2014 年度主营业务收入的完整性。以下各项审计程序中，通常难以实现上述审计目标的是（　　）。
   A. 抽取 2014 年 12 月 31 日开具的销售发票，检查相应的发运单和账簿记录
   B. 抽取 2014 年 12 月 31 日的发运单，检查相应的销售发票和账簿记录
   C. 从主营业务收入明细账中抽取 2014 年 12 月 31 日的明细记录，检查相应的记账凭证、发运单和销售发票
   D. 从主营业务收入明细账中抽取 2015 年 1 月 1 日的明细记录，检查相应的记账凭证、发运单和销售发票

8. 被审计单位销售时采用了现金折扣的方式，如果购货方实际享受了现金折扣，被审计单位对现金折扣应作的正确会计处理是（　　）。
   A. 冲减当期主营业务收入　　B. 增加当期财务费用
   C. 增加当期主营业务成本　　D. 增加当期销售费用

9. 属于外部证据的销售和收款循环所涉及的主要凭证或会计记录是（　　）。
   A. 顾客订货单　　B. 销售单
   C. 顾客月末对账单　　D. 商品价目表

10. 注册会计师在审计 2005 年的财务报表，发现 Y 公司 2006 年 1 月 15 日主营业务收入明细账中有一笔红字记录，系冲销 2005 年 12 月 26 日记录的一笔大额收入，对此 A 注册会计师应采取的措施最不恰当的是（　　）。
    A. 应检查相关的凭证确认退货的真实性
    B. 如果认为退货是真实的，应提请 Y 公司调整 2005 年度的收入
    C. 如果认为退货是真实的，可作为 2006 年度收入的抵减，无需调整
    D. 如果没有发现退货的原始凭证，应实施追加审计程序判断是否属于虚构收入

二、多项选择题

1. 主营业务收入的审计目标有（　　）。

  A．确定主营业务收入的内容、数量是否合理、正确、完整
  B．确定对销售退回、销售折扣与折让的处理是否适当
  C．确定主营业务收入的会计处理是否正确
  D．确定主营业务收入的披露是否恰当

2．注册会计师收回的应收账款询证函存在差异，应当查明原因，有可能是登记入账的时间不同而产生的不符事项的有（　　）。
  A．债务人由于某种原因将货物退回，而被审计单位尚未收到
  B．债务人对收到的货物的数量、质量及价格等方面有异议而全部或部分拒付货款
  C．询证函发出时，债务人已经付款，而被审计单位尚未收到货款
  D．询证函发出时，被审计单位的货物已经发出并已作销售记录，但货物仍在途中，债务人尚未收到货物

3．销售与收款的内部控制所检查的主要内容包括（　　）。
  A．销售与收款交易相关岗位及人员的设置情况
  B．销售和收款的管理情况
  C．销售退回的管理情况
  D．销售与收款交易授权批准制度的执行情况

4．下列关于W公司收入确认的表述中，注册会计师认为正确的有（　　）。
  A．销售商品涉及商业折扣的，应当按照扣除商业折扣后的金额确定销售商品收入金额
  B．合同或协议价款的收取采用递延方式，如分期收款销售商品，实质上具有融资性质的，应当按照应收的合同或协议价款确定销售商品收入金额
  C．根据收入和费用配比原则，与同一项销售有关的收入和成本应在同一会计期间予以确认。成本不能可靠计量，相关的收入也不能确认
  D．卖方仅仅为了到期收回货款而保留商品的法定产权，则销售成立，相应的收入应予以确认

5．在采用肯定式询证方法时，如未能收到对方的回函，审计人员应采取的审计程序是（　　）。
  A．对已发过询证函 并有存根证明的，虽未回复，也可以作出结论
  B．继续发函
  C．在条件允许的条件下派专人前往调查
  D．以应收账款明细账与销售收入明细账核对

6．注册会计师在确定应收账款函证数量的大小、范围时，应考虑的主要因素有（　　）。
  A．应收账款在全部资产中的重要性
  B．被审计单位内部控制的强弱
  C．以前年度的函证结果
  D．函证方式的选择

7．企业存在多提坏账准备的错弊，必然导致当期（　　）。
  A．资产虚增　　　B．资产虚减　　　C．费用虚增　　　D．费用虚减

8．在主营业务收入审计中，运用分析性复核时，常用的比率分析有（　　）。
  A．将审核年度各个时期的收入情况与以前年度进行比较

B. 审核年度各月各种主营业务收入的波动情况
　　C. 计算本期重要产品的毛利率
　　D. 计算重要客户销售额及其产品毛利率

9. 其他业务收入审计包括（　　）。
　　A. 材料销售收入的审计　　　　B. 固定资产出租收入的审计
　　C. 包装物出租收入的审计　　　D. 运输劳务收入的审查

10. L注册会计师计划测试M公司2014年度营业收入的完整性。以下各项审计程序中，可实现上述审计目标的有（　　）。
　　A. 抽取2014年开具的销售发票，检查相应的发运单和账簿记录
　　B. 从主营业务收入明细账中抽取业务，检查相应的记账凭证、发运单和销售发票
　　C. 抽取2014年的发运单，检查相应的销售发票和账簿记录
　　D. 从主营业务收入明细账中抽取2015年1月1日～10日的明细记录，检查相应的记账凭证、发运单和销售发票。

三、判断题

1. 实施主营业务收入截至测试应当以该年度的销售发票为起点，以检查主营业务收入是否多计。（　　）
2. 如果劳务的开始和完成分属不同的会计年度，在提供劳务交易的结果不能可靠估计的情况下，企业应在资产负债表日按完工百分比法确认相关的劳务收入。（　　）
3. 采用分期收款结算方式销售的，收入确认的时间是产品的发出时间当天。（　　）
4. 在通常情况下，注册会计师应在核实应收票据明细表实有数与总账余额相符的基础上，函证应收票据余额，以避免不必要的重复审计。（　　）
5. 注册会计师在编制被审计单位的应收账款账龄分析表时，可以选择重要的客户及其余额单独列示，对于不重要的或余额较小的可以汇总列示。（　　）
6. 如果应收账款函证结果表明存在审计差异，注册会计师不仅应当合理估算未被抽取进行函证的应收账款项目中的差异，而且要合理估算全部应收账款总额中存在的差异。（　　）
7. 确认了被审计单位的大多数客户均能认真对待询证函，并对询证函中不正确的情况予以及时反馈后，注册会计师就可采用消极式函证。（　　）
8. 如果应收账款最终收回或收到退货，说明当时入账的销售业务是真实的；如果应收账款贷方发生额是注销坏账或长期挂账，说明当时入账的销售业务是虚构的。（　　）
9. 在对主营业务收入进行截止测试时，若以销售发票的日期为起点，既可以按照会计处理的顺序追查账簿记录，从而防止少计收入，又可以逆着会计处理顺序追查发运凭证的日期，从而防止多计收入。（　　）
10. 如果被审计单位委托其他单位代销商品的，无论代销单位是按视同买断方式，还是按照收取手续费的方式，被审计单位都应在代销商品已销售、企业收到代销单位代销清单时确认销售收入的实现。（　　）

四、思考题

1. 主营业务收入的审计目标是什么？

2. 其他业务收入的审计范围？
3. 应交税费的实质性测试程序包括哪些？
4. 如何利用应收账款账龄分析表来分析应收账款的可回收性？
5. 审计人员在确定应收账款函证的范围和对象时应考虑哪些因素？

五、综合实训

综合实训 8-1

1. 资料：大明会计师事务所接受委托，审计 W 公司 2014 年度的财务报表。注册会计师了解和测试了与应收账款相关的内部控制，并将重大错报风险评估为高水平。注册会计师取得了 2014 年 12 月 31 日的应收账款明细表，并于 2015 年 1 月 15 日采用积极式函证方式对所有重要客户寄发了询证函。见表 8.11 所示为函证结果重要异常情况汇总表。

表 8.11 函证结果重要异常情况汇总表

序号	函证编号	客户名称	询证金额/元	回函日期	回函内容
（1）	22	甲	300000	2015-1-22	购买 Y 公司 300000 元货物属实，但款项已于 2014 年 12 月 25 日用支票支付
（2）	56	乙	500000	2015-1-19	因产品质量不符合要求，根据购货合同，于 2014 年 12 月 28 日将货物退回
（3）	64	丙	640000	2015-1-19	2014 年 12 月 10 日收到 Y 公司委托本公司代销的货物 640000 元，尚未销售
（4）	82	丁	900000	2015-1-18	采用分期付款方式购货 90 万元。已根据购货合同于 2014 年 12 月 25 日首付 20 万元
（5）	134	戊	600000	因地址错误被退回	—

2. 要求：针对上述异常情况，指出注册会计师应分别实施的重要审计程序。

综合实训 8-2

1. 资料：注册会计师审查宏兴公司 2014 年度会计报表时了解到，该公司应收账款的坏账准备是采用应收款项百分比法计提。该公司确定的计提率为 5‰，本年度应收账款余额为 800 000 元。审查"坏账准备"账户时注册会计师得知，坏账准备账户年初贷方余额 5 300 元，本年度业务发生情况如下：

10 月 15 日，因 D 公司破产，3 300 元应收债权无法收回，经领导批准，确认为坏账损失，其会计处理为：

借：坏账准备　　　　　　　　3 300
　　贷：应收账款　　　　　　　　3 300

2013 年已注销的坏账 2014 年 12 月 3 日收回 1 500 元，其会计处理为：

借：银行存款　　　　　　　　1 500
　　贷：其他应收款　　　　　　　1 500

年末会计人员计提坏账准备，其会计处理为：

借：资产减值损失　　　　　　4 000

　　　　贷：坏账准备　　　　　　　　　　4 000

2. 要求：假如你是注册会计师，请分析该公司的账务处理中是否存在问题。如有，请指出并作出调整分录。

综合实训 8-3

1. 资料：审计人员张某负责审计红光公司"应收账款"项目，在审阅应收账款明细账时发现应收账款项目中有 A 公司欠款 3 000 万元，经查账龄已在 3 年以上，且了解到 A 公司已经法院履行法定程序宣布破产，并取得 A 公司确已破产清算的有效法律文件，证实了红光公司的 3 000 万元债权已不可能收回，红光公司未及时申请债权权益。

2. 要求：分析该公司的账务处理中是否存在问题，并作出调整分录。

综合实训 8-4

1. 资料：审计人员审查某日用化工厂时，发现下列情况：该厂生产、销售化妆品和护肤护发品，并且将一部分化妆品和护肤护发品组成成套产品出售。成套产品销售额中，化妆品占 70%（税率 30%），护肤护发品占 30%（税率 17%）。税务人员对该企业消费税纳税情况进行检查时发现：上月份销售成套产品共取得产品销售收入 20 万元，收取增值税税金 34,000 元。企业会计处理：

（1）借：应收账款　　　　234 000
　　　　贷：主营业务收入——化妆品　　　　140 000
　　　　　　　　　　　　——护肤护发品　　60 000
　　　　应交税费——应交增值税（销项税额）　　34 000

（2）借：税金及附加　　　52 200
　　　　贷：应交税费——应交消费税　　52 200

2. 要求：指出上述情况存在的问题，提出审计意见并作账务调整。

项目九　采购与付款循环审计

【知识能力目标】

通过学习和训练，引导学生明确应付账款和固定资产审计的目标，了解采购与付款循环所涉及的主要业务活动，了解对采购与付款循环进行内部控制测试的要点；掌握应付账款、应付票据、固定资产账面余额、固定资产累计折旧、固定资产减值准备的实质性程序。

【案例导入】

应付账款核销隐藏的秘密

在对某公司应付账款进行审计时，审计小组发现了这样两笔业务：

2015年4月份60号记账凭证

借：应付账款——甲公司　　　　　　20 000
　　　　　　　——乙公司　　　　　　19 000
　　贷：营业外收入——无法支付的账款　　39 000

摘要：无法支付的账款转营业外收入；

附件：应付账款核销明细表（由总经理和财务经理签字批示）

2015年4月份61号记账凭证

借：营业外支出——无法收回的账款　　18 000
　　贷：应收账款——丙公司　　　　　　18 000

摘要：无法收回的账款转营业外支出；

附件：应收账款核销明细表（由总经理和财务经理签字批示）

从公司提供的相关资料上看，公司对这部分无法收回的账款由于没有聘请中介机构做财产损失鉴定，但已经做了所得税纳税调增项目，从这里看，这样处理也是正确的。

审计人员初看这两笔记账凭证分录，感觉这家公司财务处理很及时，初步感觉挺正规，因为，在实务工作中鲜有企业会及时的对无法支付的账款和无法收回的账款做核销处理。

然而，审计人员在接下来审计工作中又发现了两次，这家公司怎么这么多的往来款收不回来、付不出去呢？这有点儿不合常理。

再看企业每个月的销售额和所交的增值税款，每个月都比较均衡，一般在1000~1200元之间，每个季度的增值税税负也达到正常水平。从这里也看不出公司存在异常情况。

那问题到底出现在哪里？要追本溯源，查这两笔应付账款是怎样形成的。

接下来，先查应付账款明细账，查到这笔应付账款是在去年形成的，通过查询去年的账册，得知2014年12月24日和25日分别购入甲公司和乙公司库存商品150 000元（含税价）和182 000元（含税价）未支付货款，形成了这两笔应付账款。从发票来看，发票上开具的数量分别为59.09吨和74.09吨，和入库单数量也完全相符，再看价格，发现了疑点，发票上的开票不含税价格分别为2 169.66元/吨、2 099.55元/吨，明显高于当期销售的平均单价和最高单价，从销售给其他客户所开具的发票来看，加权平均单价经计算核实为1 876.98元/吨，价格最高的为 1 890.20 元/吨，从这里看，有可能对方开具的发票数量是正确的，金额却是虚增的。按平均单价来计算，甲公司价税合计为：1 876.98×59.09×1.17=129 765.56（元），乙公司价税合计为：1 876.98×74.09×1.17=162 706.56（元），与发票价款 150 000 元和 182 000 元分别相差 20 234.44 元和 19 293.44 元左右。

据此，审计小组推断，甲公司和乙公司开具的发票金额很可能是不实的。可能虚增的金额分别为 20 000 元和 19 000 元，如果按这两个数推算，甲、乙公司的含税价款应该分别为 130 000 元和 163 000 元，再推算甲乙公司的不含税单价应该分别为 130 000÷59.09÷1.17=1 880.3708（元/吨）、163 000÷74.09÷1.17=1 880.365（元/吨），考虑开具发票小数位数进位的问题，含税单价应该相同，均为 1 880.37×1.17=2 200.033（元/吨），一般开具发票时根据销售人员提供的单价应该为整数，即此两笔业务的含税单价应该都为 2 200 元，两笔业务发生日期相邻，价格是由对方销售人员和该方购货人员商谈的结果，价格相同也在情理之中。

分析到这里，再看该公司每个季度的税负基本相等，这表面正常的背后是不是隐藏着内在的异常呢？审计人员认为，该企业的应交增值税额也有可能是人为操纵的结果，而并非企业真实的购销业务反映的结果，之所以让对方虚开金额是为了抵扣进项税额，以调节应交增值税额。而第二笔分录也可能是该公司给客户虚增的金额，以使对方调节应交增值税，这种情况发生在当月该企业没有开具多少销项发票而又想达到税负的情况下。可以初步断定，为了调节增值税款，这几家企业可能存在相互对开增值税专用发票的问题。

那推断是否正确呢？这种情况和对方核实肯定难度比较大，对方也肯定不会承认。仓库的入库单据数量又完全和发票一致，上面也没有划价，该公司入库出库单仓库只负责登记数量，财务部负责划价。寻找直接证据遇到了难度。

为了证实审计人员的推断，避免引起企业财务人员警觉，使核实此笔逃避纳税的业务更加困难，审计人员决定不露声色，和公司财务人员座谈，首先称赞该公司财务处理非常正规，账表一致，凭证、账簿、报表装订整理很整齐统一，财务处理基本没有什么明显的问题，公司会计听到这里，非常高兴，以为审计小组没有发现问题，马上就要收兵了，放松了对审计小组的警惕。慢慢的谈到公司的产品，审计小组说去年产品销路好，价格一直都在涨，公司盈利却不是很多，是因为公司没有抓住机会，还是什么别的原因，挺可惜。听到这里，公司会计误以为审计小组怀疑去年公司的盈利太少，所得税交的不够，于是接着告诉审计小组，去年产品销路并不好，价格一路下跌，9 月份 2 520 元/吨，10 月份 2 440 元/吨，11 月就成了 2 350 元/吨，去年年底才 2 200 元/吨，为了证实公司产品销售价格情况，会计还从电脑里调出了公司销售部门编制报送的去年销售产品价格变动表。看到这份销售价格报表，审计人员真是如获至宝，真可谓："踏破铁鞋无觅处，得来全不费功夫"。

趁此机会，审计小组问起去年 12 月那笔业务，会计人员解释不清，最终不得不承认：由于当期进项税额较少，需要交增值税 6800 多元，当时效益并不太好，老板不想交这么多税，于是利用几个同行开具了这几份金额不实的发票。

任务一　采购与付款循环的特征

采购与付款循环包括购买商品、劳务和固定资产，以及企业在经营活动中为获取收入而发生的直接或间接的支出。

根据财务报表项目与业务循环的相关程度，采购与付款循环涉及的资产负债表项目主要有应付账款、应付票据、固定资产、在建工程、工程物资、固定资产清理、无形资产、研发支出、长期待摊费用和长期应付款等，涉及的利润表项目通常为管理费用。

一、采购与付款循环的主要业务活动和内部控制

请购（请购单——发生）→报批→订货（订购单——完整性）→验收（验收单——存在或发生、完整性）→入库单（——存在）→编制付款凭单→记账→付款。

（一）请购商品和劳务

（1）环节。请购单是证明有关采购交易的"发生"认定的凭据之一，也是采购交易轨迹的起点。

（2）部门。请购部门（仓库或其他职能部门）。

仓库负责对需要购买的已列入存货清单的项目填写请购单，其他部门也可以对所需要购买的未列入存货清单的项目编制请购单。请购单可由手工或计算机编制。

（3）凭证。请购单。

（4）内部控制制度：

1）由于企业内不少部门都可以填列请购单，不便事先编号。

2）大多数企业对正常经营所需物资的购买均作一般授权，但对资本支出和租赁合同，企业则通常要求作特别授权，只允许指定人员提出请购。

3）为加强控制，每张请购单必须经过对这类支出预算负责的主管人员签字批准。

（二）编制订购单

（1）流程。采购部门在收到请购单后，只能对经过批准的请购单发出订购单。

（2）部门。采购部门。

（3）凭证。订购单对每张订购单，采购部门应确定最佳的供应来源。订购单应正确填写所需要的商品品名、数量、价格、厂商名称和地址等。

（4）内部控制制度。订购单预先予以顺序编号并经过被授权的采购人员签名。

订购单正联应送交供应商，副联送至验收部门、应付凭单部门和编制请购单的部门。

随后，应独立检查订购单的处理，以确定是否确实收到商品并正确入账。

（5）认定。这项检查与采购交易的"完整性"认定有关。

（三）验收商品

（1）部门。验收部门。

（2）凭证。验收单。

（3）内部控制制度。验收部门验收后，应对已收货的每张订购单编制一式多联、预先按顺序编号的验收单，作为验收和检验商品的依据。

验收人员将商品送交仓库或其他请购部门时，应取得经过签字的收据，或要求其在验收单的副联上签收，以确认他们对所采购的资产应负的保管责任。验收人员还应将其中的一联验收单送交应付凭单部门。

（4）认定。验收单本身是支持资产或费用以及与采购有关的负债的"存在或发生"认定的重要凭证。

定期独立检查验收单的顺序以确定每笔采购交易都已编制凭单，与采购交易的"完整性"认定有关。

（四）储存已验收的商品

（1）部门。仓库等部门。

（2）内部控制制度。将已验收商品的保管与采购的其他职责相分离，可减少未经授权的采购和盗用商品的风险。存放商品的仓储区应相对独立，限制无关人员接近。

（五）编制付款凭单

（1）部门。应付凭单部门。

（2）凭证。付款凭单。

（3）内部控制制度。记录采购交易之前，应付凭单部门编制付款凭单。这项功能的控制包括：

1）确定供应商发票的内容与相关的验收单、订购单的一致性。

2）确定供应商发票计算的正确性（计价）。

3）编制有预先顺序编号（存在、完整性）的付款凭单，并附上支持性凭证，如订购单、验收单和供应商发票等（存在）。这些支持性凭证的种类，因交易对象的不同而不同。

4）独立检查付款凭单计算的正确性（计价）。

5）在付款凭单上填入应借记的资产或费用账户名称（分类）。

6）由被授权人员在凭单上签字，以示批准照此凭单要求付款（存在）。

（4）认定。这些控制与"存在"、"发生"、"完整性"、"权利和义务"和"计价和分摊"等认定有关。

（六）确认与记录负债

（1）记账的前提。确认和记录应付账款的部门一般有责任核查购置的财产，并在应付凭单登记簿或应付账款明细账中加以记录。在收到供应商发票时，应付账款部门应将发票上所记载的品名、规格、价格、数量、条件及运费与订购单上的有关资料核对，如有可能，还应与验收单上的资料进行比较。

（2）凭证的流转。在手工系统下，应将已批准的未付款凭单送达会计部门，据此编制有关记账凭证和登记有关账簿。

（3）监督分类。会计主管应监督为采购交易而编制的记账凭证中账户分类（原材料、固定资产、管理费用）的适当性。

（4）监督的及时性。通过定期核对编制记账凭证的日期与凭单副联的日期，监督入账的及时性。

（5）防止重复登记或漏记。独立检查会计人员应核对所记录的凭单总数与应付凭单部门送来的每日凭单汇总表是否一致。

（6）监督的准确性。定期独立检查应付账款总账余额与应付凭单部门未付款凭单档案中的总金额是否一致。

（七）付款

（1）部门。财务部门。

（2）内部控制制度。通常是由应付凭单部门负责确定未付凭单在到期日付款。以支票结算方式为例，编制和签署支票的有关控制包括：

1）独立检查已签发支票的总额与所处理的付款凭单总额的一致性。

2）应由被授权的财务部门的人员负责签署支票。

3）被授权签署支票的人员应确定每张支票都附有一张已经批准的未付款凭单，并确定支票收款人姓名和金额与凭单内容的一致性。

4）支票一经签署就应在其凭单和支持性凭证上加盖印戳或打洞将其注销，以免重复付款。

5）支票签署人不应签发无记名甚至是空白的支票。

6）支票预先顺序编号，保证支出支票存根的完整性和作废支票处理的恰当性。

（八）记录现金、银行存款支出

以支票结算方式为例，在手工系统下，会计部门应根据已签发的支票编制付款记账凭证，登记银行存款日记账及其他相关账簿。记录银行存款支出的控制包括：

（1）会计主管独立检查记入银行存款日记账和应付账款明细账的金额的一致性，以及与支票汇总记录的一致性。

（2）通过定期比较银行存款日记账记录的日期与支票副本的日期，独立检查入账的及时性。

（3）独立编制银行存款余额调节表。

二、采购与付款循环所涉及的主要凭证与会计记录

（一）请购单

请购单由产品制造、资产使用等部门的有关人员填写，送交采购部门，申请购买商品、劳务或其他资产的书面凭证。

（二）订购单

订购单由采购部门填写（事先连续编号），向另一企业购买订购单上指定的商品、劳务或其他资产的书面凭证。

（三）验收单

验收单是收到商品、资产时编制（事先连续编号）的凭证，列示从供应商处收到的商品、资产的种类和数量等内容。

（四）卖方发票

卖方发票由供应商开具，载明发运的货物或提供的劳务、应付款金额和付款条件等。

（五）付款凭单

付款凭单是采购方应付凭单部门编制的，载明已收到的商品、资产或接受的劳务、应付款金额和付款日期，是采购方企业内部记录和支付负债的授权证明文件。

（六）转账凭证

转账凭证是指记录转账交易的记账凭证，它是根据有关转账交易（即不涉及库存现金、银行存款收付的各项交易）的原始凭证编制的。

（七）付款凭证

付款凭证包括现金付款凭证和银行存款付款凭证，它是指用来记录库存现金和银行存款支出交易的记账凭证。

（八）应付账款明细账

（九）库存现金日记账和银行存款日记账

（十）供应商对账单

供应商对账单是由供应商按月编制的，标明期初余额、本期购买、本期支付给供应商的款项和期末余额的凭证。

供应商对账单是供应商对有关交易的陈述，如果不考虑买卖双方在收发货物上可能存在的时间差等因素，其期末余额通常应与采购方相应的应付账款期末余额一致。

三、采购与付款循环可能存在的风险

（1）需求或采购计划不合理、不按实际需求安排采购或随意超计划采购，甚至与企业生产经营计划不协调等。

（2）缺乏采购申请制度，采购未经适当审批或超越授权审批，可能导致采购物资过量或短缺，影响企业正常生产经营。

（3）供应商选择不当，可能导致采购物资质次价高，甚至出现舞弊行为。

（4）框架协议签订不当，可能导致物资采购不顺畅；未经授权对外订立采购合同，合同对方主体资格、履约能力等未达要求、合同内容存在重大疏漏和欺诈，可能导致企业合法权益受到侵害。

（5）采购定价机制不科学，采购定价方式选择不当，缺乏对重要物资品种价格的跟踪监控，引起采购价格不合理，可能造成企业资金损失。

（6）验收标准不明确、验收程序不规范，对验收中存在的异常情况不作处理，可能造成账实不符、采购物资损失。

（7）付款审核不严格、付款方式不恰当、付款金额控制不严，可能导致企业资金损失或信用受损。

任务二　采购与付款循环的内部控制测试

一、采购与付款交易的控制测试

审计人员一般可以通过编写内部控制说明、设计内部控制调查表和绘制内部控制流程图等方式，采用查阅资料、口头查询或现场调查等程序，来了解被审计单位购货业务的内部控制，并确定其存在哪些关键的内部控制及控制目标。表 9.1 列出了购货业务内部控制的典型调查问题。审计人员一旦确认了每一目标的有效控制和薄弱环节，就要对每一控制目标的控制风险作出初步评估，并制定对哪些控制实施符合性测试的计划。对于交易的实质性测试程序，应根据对控制风险的初步评估和计划实施的符合性测试来加以确定。

（一）请购商品或劳务内部控制的测试

请购制度有助于对订货单和购货发票的控制，从而使得符合性测试的结果为进一步信赖该制度提供有力的证据。注册会计师尤其关注请购单的提出和核准的控制程序。对其进行符合性测试时，应选择若干张请购单，检查摘要、数量、日期和相应文件的完整性，审核核准的证据手续是否完整，有无核准人签字等。

（二）订购商品或劳务内部控制的测试

订货单是经核准的采购业务的执行凭证，注册会计师通常更注意对订货单的填制和处理的控制，关注订货单是否准确处理和全部有效。进行测试时，应注意审查订货单的完整性，如编号、日期、摘要、数量、价格、规格、质量及运输要求等是否齐全，审查订货单是否附有请购单或其他授权文件。

（三）货物验收内部控制的测试

注册会计师应确定购货发票是否与验收单一致，验收部门是否独立行使职责，并编制正确的验收单，查询并观察验收部门在收货时对货物的检查情况，检查按编号顺序处理的验收单

的完整性，即验收单的内容填写是否完整，查阅货物质量检验单的内容和处理程序。

（四）应付账款内部控制的测试

注册会计师应检查购货业务的原始凭证，包括每一张记录负债增加的记账凭证是否均附有订货单、验收单、购货发票，审核这些原始凭证的数量、单价、金额是否一致，原始凭证上的各项手续是否齐全。应注意现金折扣的处理是否由经授权的经办人按规定处理，测试中可抽查部分购货发票，注意有关人员是否在现金折扣期限内按原发票价格支付货款，然后从供货方取得退款支票或现金，有无丧失了本应获得的折扣的问题。注册会计师还应根据付款凭证记录的内容，分别追查应付账款和存货明细账与总账是否进行平行登记，金额是否一致。

（五）付款业务内部控制的测试

注册会计师可通过查询、观察、检查以及重复执行内部控制等措施对资金支出进行测试，其步骤与方法是：检查支票样本，审核付款是否经过批准，支票是否与应付凭单一致，付款后是否注销凭单，支票是否由经过授权批准的人员签发；检查支票登记簿的编号次序，与相应的应付账款明细账和银行存款日记账核对，审查其金额是否一致；观察编制凭证和签发支票、签发支票与保管支票的职责分配是否符合内部控制原则；检查付款支票样本，确定资金支付是否完整地记录在适当的会计期间。如表 9.1 所示为采购与验收业务内部控制调查表。

表 9.1　采购与验收业务内部控制调查表

被审计单位：　　　　　　　　　　　　　　　　审计期间：

控制活动	执行情况		
	是	否	不适用
一、岗位分工与授权批准			
1. 以下不兼容岗位是否分离？			
1.1　请购与审批			
1.2　询价与确定供货商			
1.3　采购合同的订立与审核			
1.4　采购与验收			
1.5　采购、验收与相关会计记录			
1.6　采购与运输			
2. 是否建立了对采购与付款业务的授权批准制度？（包括职责范围和工作要求）			
3. 审批人是否在授权范围内进行审批？			
二、请购与审批控制			
1. 是否建立了采购申请制度？			
2. 采购业务是否纳入预算管理？			
三、采购与验收控制			
1. 是否建立了采购与验收环节的管理制度？			
2. 采购方式确定、供货商选择、验收程序等采购过程是否透明化？			
3. 发生部分到货，是否予以记录？未到货有无资料可以跟进？			
4. 是否将发票同购货订单及验收报告、应付账款核对？			
5. 是否建立了退货管理制度？			
6. 对退货条件、退货手续、货物出库、退货货款等均有明确规定？			

审计人员：　　　审计日期：　　　复核人员：　　　复核日期：　　　被询问人员：

对购货与付款内部控制进行评价，是为了对购货与付款业务进行实质性测试前，确定对购货与付款内部控制的可依赖程度。注册会计师在评价时应注意分析购货与付款业务中认定可能发生哪些潜在的错报或漏报，哪些控制可以防止或者发现并更正这些错报或漏报。通过比较必要的控制和现有控制，评价计划依赖的购货与付款业务内部控制的健全性与有效性。

【案例演示9.2.1】购货与付款循环的内部控制测试

1. 资料：注册会计师张强和李宏于2013年12月10日至13日对甲公司购货与付款循环的内部控制进行了了解和测试，并在相关审计工作底稿中记录了了解和测试的事项，摘录如下：

（1）甲公司的材料采购需要经授权批准后方可进行。采购部根据经批准的请购单发出订购单。货物运达后，验收部根据订购单的要求验收货物，并编制一式多联的未连续编号的验收单。仓库根据验收单验收货物，在验收单上签字后，将货物移入仓库加以保管。验收单上有数量、品名、单价等要素。验收单一联交采购部登记采购明细账和编制付款凭单，付款凭单经批准后，月末交会计部；一联交会计部登记材料明细账；一联由仓库保留并登记材料明细账。会计部根据只附验收单的付款凭单登记有关账簿。

（2）会计部审核付款凭单后，支付采购款项。甲公司授权会计部的经理签署支票，经理将其授权给会计人员丁负责，但保留了支票印章。丁根据已适当批准的凭单，在确定支票受款人名称与凭单内容一致后签署支票，并在凭单上加盖"已支付"的印章。对付款控制程序的穿行测试表明，注册会计师张强和李宏未发现与公司规定有不一致之处。

2. 要求：根据上述摘录，请代注册会计师张强和李宏指出购货与付款循环内部控制方面的缺陷，并提出改进建议。

分析：甲公司采购与付款循环内部控制方面的缺陷有：

（1）验收单未连续编号，不能保证所有的采购都已记录或不被重复记录。应建议甲公司对验收单进行连续编号。

（2）付款凭单未附订购单及供应商的发票等，会计部无法核对采购事项是否真实，登记有关账簿时金额或数量可能就会出现差错。应建议甲公司将订购单和发票等与付款凭单一起交会计部。

（3）会计部月末审核付款凭单后才付款，未能及时将材料采购和债务登账并按约定时间付款。应建议甲公司采购部及时将付款凭单交会计部，按约定时间付款。

任务三 采购与付款循环主要账户的审计

一、应付账款的审计

应付账款是企业在正常生产经营过程中，因赊销商品、劳务和服务而引起的短期债务。应付账款与购销业务有关，审计时应结合购货业务一起进行。购货业务一般要经过请购、订货、验收、付款等过程，涉及的凭证资料主要有：请购单、订货单、验收单、购货发票、付款凭证、银行对账单、供应商对账单等；涉及的账户主要有现金日记账、银行存款日记账、应付账款明细账及总账、存货及有关费用账户等。应付账款的审计程序如下所列。

（一）调查了解应付账款的内部控制

应付账款的内部控制主要有：

（1）建立应付账款的职责分工制度。

(2) 建立应付账款的登记簿管理制度。

(3) 定期与供货商对账，保证应付账款明细账与供货商对账单余额一致。

(4) 建立应付账款明细账与总账定期核对制度，并在会计期末编制应付账款试算表，同总账金额核对一致。

(5) 应付账款的偿还支付，必须有授权人批准的付款凭证，防止未经核准的款项被支付。

（二）应付账款内部控制的控制测试

(1) 抽取一定数量的应付账款明细账，从会计分录追查至请购单、验收单、供应商发票、付款支票等原始凭证，以及现金日记账及购货日记账，查明其内部控制是否运行有效，原始凭证是否合法，是否与相关明细账一致，其过账、记录和汇总是否正确。

(2) 审查采购合同、请购单、验收报告等原始凭证、记账凭证和相应的账户记录等内容，查明商品采购业务及其结算的处理是否合法，有无违法乱纪行为。

(3) 审查现金折扣的内部控制执行效果，查明有无舞弊行为。审计时应注意被审计单位是否获得现金折扣，如获得现金折扣，其金额是否正确，是否收到等，查明有无有关人员在折扣期内支付了货款，却从对方取得了退款支票或现金的问题。

(4) 对内部控制进行再评价。评价结果是"高信赖度"，可最大限度地减少实质性测试。评价结果是"低信赖度"，则必须进行详细的实质性测试。评价结果是"中信赖度"，则需适当扩大实质性测试的范围。

（三）应付账款实质性测试

(1) 获取和编制应付账款明细表。复核加计数是否准确，并与明细账和总账余额核对相符。若出现差异，应查明原因，并作出相应调整。

(2) 函证应付账款。一般情况下应付账款不需要函证，因为函证不能保证查出未作记录的应付账款，况且审计人员能够取得购货发票等外部凭证来证实应付账款余额。因此，应付账款函证不是实质性测试的必须程序。如果审计人员认为控制风险过大，或者被审计单位处于经济困难期以及某应付账款余额金额较大，也应进行应付账款的函证。

函证时，主要针对的对象有：年度内有大额交易的，包括账面为零的应付账款明细账余额；期末账面余额较大的重要供应商；未寄账单的供应商；异常交易账户等。函证方式一般采用肯定式，并具体说明应付金额。如果存在未回函的重大项目，审计人员应采用替代程序，通常可以审查决算日后的应付账款明细账及现金和银行存款日记账，核实其是否支付，同时检查该笔债务的相关凭证，核实交易事项的真实性，从而确定应付账款是否真实。

(3) 审查应付账款业务的会计处理是否合规、合法。主要应查明记账科目、记账凭证等有无差错，并特别注意现金折扣、销售折让或退货的会计处理是否正确。现金折扣是销货单位为尽早收回款项而允许购货单位在一定的还款期限内给予规定的折扣优惠。审查时需主要注意两个方面的问题，一个问题是有关人员在现金折扣期限内按发票原价支付货款，然后从债权人处取得退款支票或现金；另一个问题是企业丧失本应得的折扣。

(4) 查找未入账的应付账款。审计人员应查找被审计单位是否存在故意漏记的应付账款，以防止被审计单位低估债务。审查时主要注意的内容有：

1) 资产负债表日尚未处理的不相符的购货发票（如抬头不符，与合同中的某些规定不符等），以及有材料入库凭证但未收到购货发票的采购业务，应查明这些发票及到货是否按规定记入应付账款。

2）资产负债表日后收到的购货发票，查明其入账时间是否正确，是否应在决算日之前入账。

3）资产负债表日后一段时间内的应付账款贷方发生额及相关凭证，查明其入账时间是否正确。

4）资产负债表日后一段时间内的应付账款明细账及现金日记账，查明有无应在资产负债表日前确认的应付账款，在支付日直接过入费用账户，而未过入应付账款的问题。

审计人员发现未入账的应付账款，应将其有关情况详细记入审计工作底稿中，并根据其重要性，确定是否提请被审计单位调整。

（5）审查应付账款是否存在借方发生额。被审单位可能因为重复付款、付款后退货、预付账款等业务导致某些应付账款明细账出现较大金额的借方余额，审计人员应作重分类分录进行调整，以便在资产负债表上将这些借方余额列示为资产项目，而不是用以抵消其他应付账款明细账的贷方余额。

（6）审查长期挂账的应付账款。对于长期挂账的应付账款应查明原因，并做好记录和处理，确认无法支付的应付账款，应转为营业外收入。

（7）确定应付账款在资产负债表上是否恰当披露。资产负债表上"应付账款"项目应根据"应付账款"和"预付账款"账户的贷方余额合计填列。

【案例演示 9.3.1】应付账款审计

1. 资料：某审计组长让两位审计人员审查应付账款，这两位审计人员查阅了所有应付账款的会计记录，并向被审单位索取了有关应付账款的无漏记债务说明书，进而作出如下结论：被审计单位的应付账款已全部入账，且入账的应付账款均存在。

2. 案例思考：（1）上述结论是否正确？

（2）审计组长应让两位审计人员补充执行哪些审计程序？

分析：

（1）上述结论中被审计单位的应付账款已全部入账的结论不正确。因为审计人员对此除了索取有关应付账款的无漏记债务说明书外，未采取任何其他审计程序，而被审计单位的无漏记债务说明书是出自被审计单位的承诺书，是内部证据，证明力较弱，不能替代、减轻审计人员的审计责任，审计人员不能因此而减少相应的审计查证。

（2）审计组长应安排两位审计人员补充执行的审计程序包括：

1）审阅结账日之前签发的验收单，追查到应付账款明细账，检查是否有货物已收，而负债未入账的应付账款。

2）检查被审计单位决算日后收到的购货发票，确定这些发票记录的负债是否应记入所审计的会计期间。

3）检查被审计单位决算日后应付账款明细账贷方发生额的相应凭证，确定其入账时间是否正确。

4）其他如询问被审计单位会计和采购人员等。

【案例演示 9.3.2】应付账款的函证

1. 资料：注册会计师刘某正在对昆仑公司的应付账款项目进行审计。根据需要，刘某决定对昆仑公司下列 4 个明细账户的两个进行函证，见表 9.2 所示。

表 9.2　昆仑公司应付账款项目中 4 个明细账户　　　　　　　　　　　　　　单位：元

供货人	应付账款年末余额	本年度购货总额	备注
甲公司	23 080	52 300	
乙公司		2 250 000	
丙公司	56 800	85 600	
丁公司	250 000	3 562 000	

2. 要求：注册会计师刘某应选择哪两个公司进行函证，为什么？

分析：函证应付账款的对象应为乙、丁公司。因为应付账款函证的目的不仅验证具有较大比重的账户余额，而且要寻找未入账的负债。因此函证应付账款时，应选择金额较大的账户，在资产负债表日金额不大甚至为零的重要供应商的账户。

【课堂训练 9.3.1】应付账款的函证

注册会计师李某在对甲公司的应付账款项目进行审计。根据需要，该注册会计师决定对表 9.3 中的 4 个明细账户中的两个进行函证。

表 9.3　甲公司应付账款项目中 4 个明细账户　　　　　　　　　　　　　　单位：元

供货人	应付账款年末余额	本年度进货总额	备注
A 公司	22 650	46 100	
B 公司	190 000	2 123 000	
C 公司	—	1 980 000	
D 公司	65 000	75 000	

试问该注册会计师应该选择哪两位供货商进行函证，为什么？

二、应付票据的审计

应付票据是指企业开具或承兑的在短期内兑付的各种票据，包括银行承兑汇票和商业承兑汇票。其审计内容主要包括：应付票据内部控制是否健全有效；应付票据发生及偿还记录是否完整；应付票据年末余额是否正确；应付票据在报表上的披露是否充分。具体内容如下。

（一）调查了解应付票据的内部控制

（1）签发票据必须经过适当的授权批准手续，审批内容有票据的金额、利率、偿付条件等。

（2）票据的经办人、记账人、署名人应分别负责。

（3）对本金和利息的偿付应适当控制。签发票据时，应将票据副本、购货发票和验收入库单送交会计部门。票据到期时，应由会计部门签发支票，支票副本作为付款凭证。

（4）应付票据业务应加强凭证保管、记录。领用空白票据和已付票据应有专人负责；应建立"应付票据备查簿"，由不经管票据的人员记账；带息和不带息票据应实行不同的会计处理方法。

（5）应付票据应进行定期的独立内部检查。由不记账的人员，定期核对明细账和总账，并与票据持有者的记录核对。

（二）应付票据的内部控制的控制测试

对准备信赖的内部控制进行测试，以确定可信赖程度。其审计程序与应付账款基本相同，此外，还应针对其内部控制的特点，采用如下程序测试：

(1)向有关人员询问其工作程序和职责范围,查阅相关制度,查明其职责是否合理,签发应付票据是否经过授权批准。

(2)查阅应付票据备查簿,查明所记载的每笔业务的票据种类期限和范围是否符合企业的实际情况,特别注意编号是否连续,有无断号等问题。

(3)查明应付票据的凭证保管是否完善,会计记录是否正确,偿付是否及时等。

(三)应付票据的实质性测试

(1)获取或编制应付票据明细表。将应付票据明细表与明细账和总账核对,以审查复核其金额是否正确,有无遗漏和错报。

(2)函证应付票据。审计人员可分票据种类,对于重要的票据向银行或其他债权人进行函证,以确定应付票据余额是否正确。

(3)复核票据利息。对带息票据复核其利息,确定其计算是否正确,会计处理是否合理。

(4)审查逾期未付的票据。若存在逾期未付的票据应查明其原因,如系抵押票据,应作出适当记录,并提请被审单位进行适当披露。

(5)确定应付票据在资产负债表上的披露是否恰当。应付票据的金额、利息率、到期日、担保抵押资产是否在资产负债表附注中予以详细说明。

【案例演示 9.3.3】应付票据的审计

审计人员对新泰公司 2014 年度会计报表进行审计,张强负责应付票据项目,进行应付票据的实质性测试时,全面审查应付票据明细账户的借方记录,发现 2014 年 10 月 20 日有一笔应付票据逾期未支付,转为应付账款。该票据开具日期为 2014 年 3 月 10 日,到期日为 9 月 10 日,票面利率为 5%,票面金额为 1 000 000 元。进一步了解得知由于双方对货物的质量存在争议,尚未协商解决。其会计处理为:

借:应付票据　　　　1 000 000
　　贷:应付账款　　　　1 000 000

会计处理不符合会计制度规定,没有计算应付利息。审计人员编制审计记录。

审计人员在取得上述审计证据之后,与被审计单位交换意见。被审计单位认为:公司应付票据交易比较少,而且金额不大,因此没有安排独立人员进行核对;出现没有计算应付利息问题是由于岗位轮换时间不长、业务不熟悉所致。审计人员认为,公司应付票据内部控制不健全,容易产生错弊,会计人员业务不熟悉,说明公司任用了不胜任的会计人员。会计制度规定:逾期未支付的应付票据,连同应付利息一并结转;到会计期末,对带息应付票据的应付利息应当在会计报表上披露。

针对上述已审事项,审计人员以书面形式向被审计单位提出了管理建议书及审计建议:调增财务费用和应付账款项目的金额为 25 000 元[(1 000 000×5%×6)/12],会计分录为:

借:以前年度损益调整　　25 000
　　贷:应付账款　　　　　25 000

同时调整所得税、盈余公积等相关项目。

如果被审计单位拒绝调整,审计人员应当根据这一事项对当年利润的影响程度发表审计意见。

【课堂训练 9.3.2】应付票据的审计

1. 资料:审计人员审计某单位"应付票据"项目,在逐份审验确认应付票据的数额、日期和是否属于带息票据时,发现其中有两份是带息票据,一份是 2014 年 11 月 1 日开具应付 A

单位 12 000 000 元，付款日期为 2015 年 2 月 1 日，票面利率为月息 5‰；另一份是 2014 年 10 月 1 日开具应付 B 单位 8 000 000 元，付款日期为 2015 年 3 月 1 日，票面利率为月息 5‰，未按规定计提应计利息。

2. 要求：指出该单位业务处理有什么问题？请作出调整分录。

三、固定资产的审计

固定资产是指使用期限在一年以上，单位价值在规定的标准以上，并在使用过程保持原来物质形态的资产，包括房屋及建筑物、机器设备、运输设备、工具器具等。

固定资产是指同时具有下列特征的有形资产：

（1）为生产商品、提供劳务、出租或经营管理而持有。

（2）使用寿命超过一个会计年度。

使用寿命是指企业使用固定资产的预计期间，或者该固定资产所能生产产品或提供劳务的数量。由于固定资产在企业生产经营中具有特殊地位和作用及对财务报表产生重大的影响，因此注册会计师应高度重视固定资产审计。

（一）固定资产内部控制

1. 固定资产的预算制度

预算制度是固定资产内部控制中最重要的部分。通常，大中型企业应编制旨在预测与控制固定资产增减和合理运用资金的年度预算；小规模企业即使没有正规的预算，对固定资产的购建也要事先加以计划。注册会计师应注意检查固定资产的取得与处置是否依据预算，对实际支出与预算之间的差异以及未列入预算的特殊事项，检查其是否履行特别的审批手续。如果固定资产增减均能处于良好的经批准的预算之内，注册会计师即可减少针对固定资产增加、减少实施的实质性程序的样本量。

2. 授权批准制度

完善的授权批准制度包括：企业的资本性支出预算只有经过董事会等高层管理机构批准方可生效；所有固定资产的取得和处置均需经企业管理当局的书面认可。注册会计师不仅要检查授权批准制度本身是否完善，还要关注授权批准制度是否得到切实执行。

3. 账簿记录制度

除固定资产总账外，被审计单位还需设置固定资产明细分类账和固定资产登记卡，按固定资产类别、使用部门和每项固定资产进行明细分类核算。固定资产增减变化均有原始凭证。一套设置完善的固定资产进行明细分类账和登记卡，将为注册会计师分析固定资产的取得和处置、复核折旧费用和修理支出的列支带来帮助。

4. 职责分工制度

对固定资产的取得、记录、保管、使用、维修、处置等，均应明确划分责任。由专门部门和专人负责。明确的职责分工制度，有利于防止舞弊，降低注册会计师的审计风险。

5. 资本性支出和收益性支出的区分制度

企业应制定区分资本性支出和收益性支出的书面标准。通常需明确资本性支出的范围和最低金额，凡不属于资本性支出的范围、金额低于下限的任何支出，均应列为费用并抵减当期收益。

6. 固定资产的处置制度

固定资产的处置。包括投资转出、报废、出售等，均要有一定的申请报批程序。

7. 固定资产的定期盘点制度

对固定资产的定期盘点,是验证账面各项固定资产是否真实存在、了解固定资产放置地点和使用状况以及发现是否存在未入账固定资产的必要手段。注册会计师应了解和评价企业固定资产盘点制度,并应注意查询盘盈、盘亏固定资产的处理情况。

8. 固定资产的维护保养制度

固定资产应有严密的维护保养制度,防止其因各种自然和人为的因素而遭受损失,并应建立日常维护和定期检修制度,以延长其使用寿命。

(二)固定资产内部控制制度的测试

1. 了解和描述固定资产的内部控制

收集和审阅与固定资产有关的资料、文件。结合实地观察并采用适当的方法加以描述。

2. 验证固定资产的新增手续

验证固定资产的各种手续是否齐全。审批文件上授权签章是否符合制度规定的级别。核对明细账记录与有关部门提供清单是否一致;固定资产取得成本是否与预算相符,有无重大差异。

3. 验证固定资产退废手续

索取固定资产报废、出售、对外投资、调出等文件,检查这些文件上的各种审批手续是否齐全,同时抽查固定资产利用记录,确定报废、出售、调出以及对外投资的适当性。

4. 抽验固定资产验收报告

索取固定资产验收报告,验证其验收部门是否确属独立的部门,验收报告填写的内容是否全面,必要时抽查实物加以核对。

5. 检查固定资产账、卡的设置情况

检查固定资产管理部门、使用部门有无明细账和卡片,是否一物一卡,随时登记增减变动并定期与财会部门的账簿记录相核对。如表9.4所示为固定资产内部控制调查表。

表9.4 固定资产内部控制调查表

被审计单位: 审计期间:

控制活动	执行情况		
	是	否	不适用
一、岗位分工与授权批准			
1. 以下不兼容岗位是否分离?			
1.1 固定资产投资预算的编制与审批、审批与执行			
1.2 固定资产采购、验收与款项支付			
1.3 固定资产投保的申请与审批			
1.4 固定资产处置的申请与审批、审批与执行			
1.5 固定资产取得与处置业务的执行及相关会计记录			
二、取得与验收控制			
1. 是否纳入固定资产投资预算管理?			
2. 是否按照请购与审批程序执行?			
3. 是否执行交付使用验收程序?			
4. 是否有固定资产标签管理?			
5. 是否及时将在建工程转入固定资产管理?			

续表

控制活动	执行情况		
	是	否	不适用
6. 是否及时办理产权登记手续？			
三、使用与维护控制			
1. 是否设立固定资产目录？			
2. 固定资产折旧方式有无随意变更？			
3. 固定资产大修理和改造是否经过审批？是否按照相关的会计规范入账？			
4. 是否投保？			
5. 固定资产变动时是否及时办理保单变更手续？			
6. 是否定期盘点？			
7. 发生减值迹象的是否计提减值准备？			
四、处置与转移控制			
1. 固定资产的处置是否由独立于其管理部门和使用部门的其他部门人员办理？			
2. 涉及产权变更的是否及时办理手续？			
3. 固定资产的内部调拨是否办理有内部调拨单，以及相关批准手续？			
4. 是否及时、准确地进行会计记录？			

审计人员：　　　审计日期：　　　复核人员：　　　复核日期：　　　被询问人员：

（三）固定资产的审计目标

（1）确定固定资产是否存在。

（2）确定固定资产是否归被审计单位所有。

（3）确定固定资产增减变动的记录是否完整。

（4）确定固定资产的计价是否恰当。

（5）确定固定资产的期末余额是否正确。

（6）确定固定资产在财务报表上的披露是否恰当。

（四）固定资产的实质性程序

（1）获取或编制固定资产及其累计折旧分类汇总表。固定资产及其累计折旧分类汇总表是固定资产审计的重要工作底稿，是分析固定资产账户余额变动情况的重要依据。注册会计师应当注意复核固定资产及其累计折旧分类汇总表的加计数是否正确，并与明细账合计余额合总账的余额核对相符。固定资产及其累计折旧分类汇总表格式如表 9.5 所示。

表 9.5　固定资产及累计折旧分类汇总表

被审计单位：　　　编制人：　　　日期：　　　索引号：
截止日：　　　　　复核人：　　　日期：　　　页次：

固定资产类别	固定资产				累计折旧					
	期初余额	本期增加	本期减少	期末余额	折旧方法	折旧率	期初余额	本期增加	本期减少	期末余额
合计										

(2) 分析程序。注册会计师对固定资产进行分析程序，其目的主要在于确定固定资产账户可能出现的问题。比如，通过计算固定资产原值与本期产品产量的比率，并与前期比较，可能发现闲置固定资产或已减少固定资产未在账户上注销的问题；通过计算本期计提折旧额与固定资产总成本的比率，并同上期比较，可能发现本期折旧额计算上的错误；通过计算累计折旧与固定资产总成本的比率，将此比率同上期比较，以发现累计折旧核算上的错误；通过比较本期各月之间、本期与以前各期之间的修理及维护费用，可能发现资本性支出和收益性支出区分上可能存在的错误；通过比较本期与以前各期的固定资产增加和减少，判断固定资产增加和减少的合理性；通过分析固定资产的构成及其增减变动情况，与在建工程、现金流量表、生产能力等相关信息交叉复核，以检查固定资产相关金额的合理性和准确性。

(3) 审查固定资产的增加。固定资产增加审查主要应审查固定资产增加的合规性、固定资产计价的正确性及会计处理的适当性。固定资产的增加有购置、自制自建、投资者投入、更新改造增加、债务人抵债等多种增加方式，不同增加方式的具体审计方法各有不同。

1) 对于外购固定资产，通过核对购货合同、发票、保险单、发运凭证等文件，抽查测试其计价是否正确，授权批准手续是否齐备，会计处理是否正确。如果是房屋，还应检查契税的会计处理是否正确。

2) 对于在建工程转入的固定资产，应检查竣工决算、验收和移交报告是否正确，与在建工程相关的记录是否核对相符，借款费用资本化金额是否恰当；对已经在用或已经达到预定可使用状态但尚未办理竣工决算的固定资产，检查其是否已经暂估入账，并按规定计提折旧；竣工决算完成后，是否及时调整。

3) 对于投资者投入的固定资产，应检查其入账价值与投资合同或协议约定的价值是否一致，合同或协议约定价值是否公允，交接手续是否齐全；须经评估确认的是否有评估报告并经国有资产管理部门等确认。

4) 对于更新改造增加的固定资产，应检查通过更新改造而增加的固定资产原值是否符合资本化条件，是否真实，会计处理是否正确，重新确定的剩余折旧年限是否恰当等。

5) 对于因债务人抵债而获得的固定资产，应检查产权过户手续是否齐备，固定资产计价及确认的损益是否符合相关规定。

6) 检查固定资产的后续支出是否符合资本化条件，会计处理是否正确。

7) 对于因其他原因增加的，应检查相关的原始凭证；核对其计价及会计处理是否正确，法律手续是否齐全。

(4) 验证固定资产的所有权。注册会计师应当抽查有关所有权的证明文件，确定固定资产的所有权是否属于被审计单位。固定资产的类型、来源不同，证明其所有权的文件也不同。对外购的机器设备等固定资产，通过审查采购发票、购货合同来确认其所有权；房地产类固定资产，通过查阅有关的合同、产权证明、财产税单等来确认其所有权；汽车等运输设备，通过验证有关运营证件等来确认其所有权；融资租入固定资产，通过验证租赁合同来确认其风险和报酬实质上是否发生转移。

(5) 审计固定资产的减少。固定资产的减少主要包括出售、向其他单位投资转出、向债权人抵债转出、报废、毁损、盘亏等方式。固定资产减少的审计程序主要有：审查本年度减少的固定资产是否经授权批准；审查已减少的固定资产是否已作适当的会计处理，是否存在账存实亡的现象；审查出售和报废处置固定资产的净损益，验证其真实性与准确性，并与银行存款、营业外收支等有关账户相核对。

（6）实地观察固定资产。注册会计师实地观察固定资产的目的在于确定有无入账的固定资产或所记录的固定资产是否存在。实地观察固定资产主要有两种程序：一是注册会计师从固定资产明细账或固定资产卡片中抽取一定量的固定资产，进行实地观察，以证明会计记录中所列固定资产是否确实存在，并了解其目前的使用状况；二是以实地为起点，选取一定的实物查证对应的固定资产明细分类账，以获取实际存在的固定资产均已入账的证据。注册会计师实地观察的重点是本期新增加的重要固定资产，必要时也可以扩大到以前年度增加的固定资产。

（7）检查固定资产后续支出的核算是否符合规定。固定资产的后续支出是指固定资产在使用过程中发生的更新改造支出、修理费用等。根据企业会计准则规定，与固定资产有关的后续支出，如果同时满足与该固定资产有关的经济利益很可能流入企业，以及该固定资产的成本能够可靠地计量等两个确认条件，应当将其资本化计入固定资产成本，如有被替换的部分，应扣除其账面价值；不满足确认条件的后续支出（修理费用），应当在发生时将其费用化计入当期损益。

（8）审查固定资产的租赁。注册会计师应当获取租入、租出固定资产相关的证明文件，并检查其会计处理是否正确。重点审查经营租赁和融资租赁划分是否正确。

（9）调查未使用和不需用固定资产。注册会计师应调查被审计单位有无已完工或已购建的尚未交付使用的新增固定资产、因改扩建等原因暂停使用的固定资产，以及企业多余或不适用的需要进行处理的固定资产，如有则应作彻底调查，以确定其真实性。同时，还应调查未使用、不需用的固定资产的起用及停用时间，并作出记录。

（10）检查固定资产购置情况。注册会计师应当检查固定资产的购置是否符合资本性支出标准，有无资本性支出与收益性支出不分的情况，如有，注册会计师应当提请被审计单位作必要的调整。

（11）检查固定资产的抵押、担保情况。注册会计师应结合银行借款等的审计，了解固定资产是否存在重大的抵押、担保情况，如存在，应作必要的记录，并提请被审计单位作必要的披露。

（12）审查固定资产减值准备。注册会计师对固定资产减值准备进行审计时，主要检查固定资产减值准备的计提方法是否合规、计提依据是否充分、计提金额是否正确、相关的会计处理是否恰当；检查已计提减值准备是否转回，如有则应提请被审计单位调整。

（13）检查固定资产是否已在资产负债表上恰当披露。注册会计师应当根据前述各项审计内容，结合累计折旧的审计，确定资产负债表上有关固定资产数据的正确性，并注意固定资产的确认条件、分类、计价方法和折旧方法等是否已在财务报表附注中作恰当披露。

【案例演示 9.3.4】固定资产内部控制及有关交易、事项的审计

1. 资料：审计人员刘丽接受委托于 2011 年年底对德州昌盛有限责任公司进行预审，包括对部分业务的内部控制测试和对部分交易、活动进行实质性程序。在预审中，刘丽发现以下情况：

（1）为使采购业务的不相容职务彻底分离，规定采购人员不得参与验收。收到供应商发来的货物后，必须由财会部门负责采购业务会计记录的人员进行验收登记，只有当所收货物与订购单一致后，采购部门方能开具付款凭单。

（2）采购部门在办理付款业务时，对请购单、采购发票、结算凭证的签字、盖章、日期、数量、金额等进行严格审核。

（3）按照被审计单位与 W 公司签署的购货合同，自被审计单位收到材料起 10 日内付款

者，昌盛公司可获得10%的现金折扣。昌盛公司在2011年10月16日收到所购材料后，于18日按照购货发票所列金额30万元的90%向W公司支付了材料款。为保证会计信息的真实性和可靠性，昌盛公司对此笔付款作了借记应付账款27万元、贷记银行存款27万元的会计处理。

（4）7月1日购入并安装价值50万元的生产用电子设备一台，当日投入生产。由于设备的特殊性质，需要3个月的试运行。在此期间内，随时可能需要进行调试，根据这一情况，昌盛公司从2011年10月1日起对该设备开始计提折旧。

（5）昌盛公司于2011年初开始建造一生产车间，10月份完工后投入使用，但由于种种原因，尚未办理完竣工手续，编制财务报表时，昌盛公司对此车间仍在在建工程中反映。

（6）昌盛公司于2004年起采用融资租赁方式租入乙公司一座2006年完工、预计使用年限为70年的办公楼，相关合同显示的融资租赁期限为2006年1月至2013年12月，2011年1月昌盛公司对此办公楼进行了装修，相关的装修费用为1 200万元，预计在未来10年内无须再进行装修，昌盛公司对此次装修计提折旧时，确定计提折旧的年限为10年。

（7）昌盛公司于2011年初以经营租赁方式租入丙公司的尚可使用年限为20年的成品仓库一座，租赁期限到2018年为止，昌盛公司在租入该仓库后，立即按照8年使用年限的标准进行了装修，支付的装修费用为80万元，对此项固定资产装修，昌盛公司当年采用直线法计提了10万元的折旧。

（8）昌盛公司2011年因为一项债务重组事项，导致了20万元固定资产清理净收益，计入资本公积科目。

2. 要求：请代为逐一判断被审计单位的相关内部控制是否存在缺陷，相关的经营活动及其会计处理是否符合企业会计准则的规定，并简要说明原因。

分析指导：

（1）按照内部会计控制规范的规定，采购、验收、记录三项职务属于不相容职务。昌盛公司将验收业务交由记录人员办理，不符合不相容职务分离的要求。

（2）按照内部会计控制规范的规定，在办理付款业务时，应对采购发票、验收凭证和结算凭证进行严格审核，昌盛公司在相关规定中，没有包括对验收单的审核，大大增加了付款的风险；另外付款业务应该是由财会部门办理而不是采购部门。

（3）按照企业会计准则的规定，对于带有现金折扣的应付账款，应按购货发票的金额入账，待实际取得现金折扣时，再冲减财务费用，据此，昌盛公司应做的会计分录为借记应付账款30万元，贷记银行存款27万元，贷记财务费用3万元。

（4）按照会计制度的规定，昌盛公司对此电子设备应从增加当月的下月起计提折旧。

（5）按照企业会计准则的规定，在建工程应在投入使用后按照暂估价值计入固定资产，待办理完竣工决算手续后再调整固定资产科目，不调整已经计提的累计折旧金额。

（6）融资租赁固定资产的装修费用应在两次装修期间（10年）、剩余租赁期（4年）和固定资产的尚可使用年限（65年）三者较短的期限计提折旧。

（7）按照新企业会计准则的规定，经营租赁的固定资产装修费用计入长期待摊费用，并在两次装修期间、剩余租赁期与租赁资产尚可使用年限中较短的期间内，采用合理的方法进行摊销，而不是计提折旧。

（8）按照企业会计准则的规定，在债务重组中，固定资产清理发生的净收益计入到营业外收入，发生的净损失计入到营业外支出，而不是计入到资本公积。

【案例演示 9.3.5】固定资产盘点

1. 资料：审计人员在对昆仑公司 2016 年 12 月 31 日的固定资产进行清点时，发现表 9.6 所示的情况。

表 9.6　昆仑公司固定资产清点明细　　　　　　　　　　　　　　　　　单位：元

固定资产名称	固定资产明细账	固定资产卡片	实存价值	每台单价
甲	80 000	80 000	78 000	2 000
乙	70 000	70 000	80 000	10 000
丙	100 000	90 000	100 000	10 000
丁	29 500	28 000	28 000	500

2. 要求：根据上述清点的情况，分析可能存在的问题，并提出审计意见。

分析：

（1）甲种设备账卡相符，实物短缺一台，有可能是该设备已报废处理，但是账卡未注销，查明后应注销账卡；也可能因保管不善，设备被盗，查明后要追究保管者的责任；也可能是设备出租，但没有记入"出租固定资产"账户，应补记。

（2）乙种设备账卡相符，实物多出一台，有可能是该设备已报废处理，账卡已注销，但实物仍在使用；也可能是购进时未作固定资产入账而作低值易耗品入账，但盘点时作为固定资产；查明后，应对照其价值和使用年限，确认其符合标准，则补记固定资产明细账和卡片账；若不符合标准，则不作盘盈，不记入固定资产账簿；也有可能是将租入固定资产误作为盘盈，查明后应将设备在备查簿上登记。

（3）丙种设备明细账与实物相符，但卡片少一台，有可能是购进时，有一台没有在卡片上登记，查明后要补记卡片。

（4）丁种设备卡片和实物相符，但固定资产明细账多出 3 台，有可能是该三台设备已出售，但明细账没有注销，查明后应予注销。

【课堂训练 9.3.3】固定资产折旧审计

注册会计师对长城公司 2013 年度会计报表进行审计过程中，发现该公司的固定资产业务存在下列问题：

（1）在建工程成本中包含有与在建工程无关的行政管理人员工资 200 000 元。

（2）2013 年 2 月，公司更换了行政办公楼的电梯，共发生相关支出 600 000 元，全部计入当期管理费用。该电梯的预计使用寿命为 6 年，预计净残值率为 10%，公司采用直线法计提折旧。

（3）在审计折旧费用的合理性时，注册会计师发现由于财务人员工作疏忽，2013 年度对两台已过预计使用年限、折旧计提完毕但仍在使用的生产设备计提了折旧，涉及金额 30000 元。

要求：分别指出上述处理存在的问题，并给出相应的调整分录。（注：需要计算的需列出计算过程）

四、累计折旧的审计

固定资产可以长期参加生产经营而保持原有的形态，但其价值将随着固定资产的使用而逐渐转移到所生产的产品中，或构成了企业的费用。这部分随着固定资产的磨损而逐渐转移的价值就是固定资产的累计折旧。累计折旧与成本费用相关，因此在对固定资产审计时，应关注这些相关项目。

（一）累计折旧的审计目标

（1）确定折旧政策和方法是否符合规定，是否一贯遵循。

（2）确定累计折旧增减变动的记录是否完整。

（3）确定折旧费用的计算、分摊是否正确、合理和一贯。

（4）确定累计折旧的期末余额是否正确。

（5）确定累计折旧在财务报表上的披露是否恰当。

（二）累计折旧的实质性程序

（1）获取或编制固定资产及累计折旧分类汇总表。注册会计师应获取或编制固定资产及累计折旧分类汇总表，复核加计正确，并与报表数、总账数和明细账合计数核对相符。

（2）检查被审计单位制定的折旧政策和方法。检查被审计单位制定的折旧政策和方法是否符合《企业会计准则》的规定，确定其所采用的折旧方法能否在固定资产使用寿命内合理分摊其成本，前后期是否一致。

（3）实施分析程序。注册会计师首先应将应计提折旧的固定资产乘以本期的折旧率，将计算结果和被审计单位的折旧总额比较，以判断本期计提折旧的总体合理性。如果两者相近，且固定资产及累计折旧的内部控制较健全时，就可以适当减少累计折旧的其他实质性程序工作量。值得注意的是，在计算之前，注册会计师应对本期增加和减少固定资产、使用寿命长短不一的和折旧方法不同的固定资产作适当调整。此外，注册会计师还可以通过计算本期计提折旧额占固定资产原值的比率，并与上期比较，分析本期折旧计提额的合理性和准确性；通过计算累计折旧占固定资产原值的比率，评估固定资产的老化率，并估计因闲置、报废等原因可能发生的固定资产损失，结合固定资产减值准备，分析其合理性。

（4）检查本期折旧的计提。注册会计师主要从以下3个方面对本期计提的折旧进行检查：

1）计算复核本期折旧费用的计提是否正确。注册会计师应特别注意已计提减值准备的固定资产计提的折旧是否正确，已全额计提减值准备的固定资产是否已停止计提折旧，未使用、不需使用的固定资产是否按规定计提折旧，因更新改造而停止使用的固定资产是否已停止计提折旧，因大修理而停止使用的固定资产是否仍计提折旧。

2）结合固定资产审计，检查其折旧的计提是否正确无误，并追查至固定资产登记卡。特别应注意有无已提足折旧的固定资产继续计提折旧的情况，以及在用固定资产不提或少提折旧的情况。

3）检查本期固定资产增减变动时有关折旧的会计处理是否符合规定，折旧费用的计算是否正确。

（5）检查本期折旧的分配。注册会计师主要检查本期折旧费用的分配是否合理、合规，与上期分配方法是否一致。

（6）检查本期计提折旧摊入成本或费用情况。其方法为将"累计折旧"账户贷方的本期计提折旧额与相应的成本费用中折旧费用明细账户的借方相比较，以查明所计提折旧金额是否已全部摊入本期产品成本或费用。一旦发现差异，应及时追查原因，并考虑是否建议作适当调整。

（7）检查累计折旧的披露是否恰当。财务报表附注中通常应按固定资产类别分别列示累计折旧的期初金额、本期计提额、本期减少披露额及期末余额。

【案例演示 9.3.6】固定资产折旧审计

审计人员对昆仑公司 2016 年度固定资产折旧进行审查时发现，公司于上年度 12 月份新增已投入生产使用机器设备一台，原价为 300 000 元，估计净残值为 12 000 元，预计使用年限为 8 年，使用年数总和法对该项固定资产计提折旧。又调查发现该公司其余固定资产均用直线法计提折旧。该公司对这一事项未在财务报表附注资料中予以揭示。根据以上情况，审计人员如何确定该事项对该公司资产负债表和利润表的影响，对被审计单位提出何种要求？

分析：审计人员认为该公司的固定资产折旧方法在本期出现了不一致，且未做充分揭示，这是违反会计原则和会计制度的。

该项固定资产折旧对资产负债表和利润表的影响计算如下：

该机器设备用年数总和法计算的年折旧额=(300 000-12 000)×8/36=64 000（元）

该机器设备用直线法计算的年折旧额=(300 000-12 000)/8=36 000（元）

由于折旧方法的改变，使本年度多提折旧额 28 000 元（64 000-36 000），使资产负债表中的"累计折旧"项目增加 28 000 元，损益表中"利润总额"项目减少 28 000 元。

【课堂训练 9.3.4】固定资产折旧审计

1. 资料：审计人员刘丽接受委托对德州昆仑有限责任公司基本生产车间 6 月份设备计提折旧业务进行审计，在审阅固定资产明细账和制造费用明细账时，发现如下记录：

（1）该企业年折旧率为 6%，5 月末该车间设备计提折旧额为 10 200 元。

（2）5 月份购入不需安装设备一台，原值 20 000 元，已交付生产使用。

（3）5 月份将原来未使用的一台设备投入车间使用，原值 10 000 元。

（4）5 月份交外单位大修理设备一台，当月交付使用，该设备原值为 200 000 元，技改支出为 50 000 元，变价收入为 20 000 元。

（5）6 月份该车间设备计提折旧额为 21 240 元。

2. 要求：就上述问题，验算该车间设备 6 月份应提折旧额，并提出相应审计建议。

五、在建工程的审计

根据财政部于 2003 年 10 月发布的《内部会计控制规范——工程项目（试行）》，在建工程的内部控制包括下述内容。

（一）在建工程的内部控制制度

1. 岗位分工与授权批准

（1）单位应当建立工程项目业务的岗位责任制，明确相关部门和岗位的职责、权限，确保办理工程项目业务的不相容岗位相互分离、制约和监督。工程项目业务不相容岗位一般包括：项目建议、可行性研究与项目决策；概预算编制与审核；项目实施与价款支付；竣工决算与竣工审计。

（2）单位应当对工程项目相关业务建立严格的授权批准制度；明确审批人的授权批准方式、权限、程序、责任及相关控制措施，规定经办人的职责范围和工作要求。审批人应当根据工程项目相关业务授权批准制度的规定，在授权范围内进行审批，不得超越审批权限。经办人应当在职责范围内，按照审批人的批准意见办理工程项目业务。对于审批人超越授权范围审批的工程项目业务，经办人有权拒绝办理，并及时向审批人的上级授权部门报告。

（3）单位应当制定工程项目业务流程，明确项目决策、概预算编制、价款支付、竣工决算等环节的控制要求，并设置相应的记录或凭证。如实记载各环节业务的开展情况，确保工程项目全过程得到有效控制。

2. 项目决策控制

单位应当建立工程项目决策环节的控制制度,对项目建议书和可行性研究报告的编制、项目决策程序等作出明确规定,确保项目决策科学、合理。

3. 概预算控制

单位应当建立工程项目概预算环节的控制制度,对概预算的编制、审核等作出明确规定,确保概预算编制科学、合理。

4. 价款支付控制

单位应当建立工程进度价款支付环节的控制制度,对价款支付的条件、方式以及会计核算程序作出明确规定,确保价款支付及时、正确。

5. 竣工决算控制

单位应当建立竣工决算环节的控制制度,对竣工清理、竣工决算、竣工审计、竣工验收等作出明确规定,确保竣工决算真实、完整、及时。

6. 监督检查

单位应当建立对工程项目内部控制的监督检查制度,明确监督机构或人员的职责权限,定期或不定期地进行检查,内容主要包括:

(1) 工程项目业务相关岗位及人员的设置情况。重点检查是否存在不相容职务混岗的现象。

(2) 工程项目业务授权批准制度的执行情况。重点检查重要业务的授权批准手续是否健全,是否存在越权审批行为。

(3) 工程项目决策责任制的建立及执行情况。重点检查责任制度是否健全,奖惩措施是否落实到位。

(4) 概预算控制制度的执行情况。重点检查概预算编制的依据是否真实、是否按规定对概预算进行审核。

(5) 各类款项支付制度的执行情况。重点检查工程款、材料设备款及其他费用的支付是否符合相关法规、制度和合同的要求。

(二) 在建工程的审计目标

在建工程核算企业基建、更新改造等在建工程发生的支出。其审计目标主要有:

(1) 确定在建工程是否存在。

(2) 确定在建工程是否归被审计单位所有。

(3) 确定在建工程增减变动的记录是否完整。

(4) 确定在建工程减值准备的计提是否充分,计提方法是否正确,会计处理是否正确。

(5) 确定在建工程及减值准备的期末余额是否正确。

(6) 确定在建工程及减值准备的披露是否恰当。

(三) 在建工程的实质性程序

(1) 获取或编制在建工程明细表。注册会计师首先应获取或编制在建工程明细表,复核加计正确,并与报表数、总账数和明细账合计数核对相符。

(2) 审计本期在建工程的增加数。引起在建工程增加的原因很多,主要工程款的支出、工程物资的领用、借款费用和工程管理费用的资本化以及相关税费的缴纳等。对在建工程增加的审计,主要审查本期增加在建工程的合规性、计价的正确性及会计处理的适当性。

(3) 审查本期在建工程的减少数。在建工程完工转为固定资产引起在建工程的减少。注册会计师应结合固定资产审计,检查在建工程转销数是否正确、及时,是否存在已交付使用的固定资产未转销而少提折旧的情况;检查已完工的工程项目的竣工决算报告、验收交接单等相关凭证及其他转出数的原始凭证,检查其会计处理是否正确。

(4)审查在建工程期末余额的构成。审查在建工程期末余额的构成内容,并实地观察工程现场,确定在建工程是否存在;了解工程项目的实际完工进度;检查是否存在实际已使用,但未办理竣工决算手续、未及时进行会计处理的项目。

(5)审查在建工程减值准备的计提。主要应查明在建工程减值准备的计提方法是否符合制度规定,计提的依据是否充分,计提的数额是否恰当,相关会计处理是否正确,前后期是否一致。已计提减值准备的在建工程价值又得以恢复时,是否转回,是否作出记录,必要时应提请被审计单位调整。

(6)审查在建工程在资产负债表上的披露。

【案例演示 9.3.7】在建工程审计

审计人员审查德隆有限公司自营建造的一幢办公楼时,发现其实际投资额同现实状况极不相符,怀疑可能存在将工程支出挤入生产成本或费用的情况。鉴于此,审计人员审查了同年度的产品成本,发现某产品 1~6 月单位成本水平高于以往任何时期,而且同时期的管理费用也高于正常情况。根据这一线索,审计人员详细审阅了该期间的生产领料单,发现领料单中所载原材料 50 吨,总额 1 000 000 元,是该工程急需用料,并非生产所用。另外,审计人员通过调查,确定了在建工程管理人员名单,对照工资分配表中所列姓名,确认了在建工程人员的工资列入了同期管理费用,共计 30 000 元。

根据上述情况,审计人员指出在建工程上存在的问题,并提出相应的改进意见。

审计人员认为,该企业将在建工程支出列入生产成本和管理费用,混淆了资本性支出与收益性支出的界线,虚增费用,影响了当期收益的恰当披露,同时也造成了在建工程成本计算的错误。对此,审计人员建议被审计单位冲回多计的生产成本,调整在建工程成本。调整分录为:

借:在建工程　　　　1 030 000
　　贷:库存商品　　　　1 000 000
　　　　管理费用　　　　　 30 000

【课堂训练 9.3.5】固定资产审计

1. 资料:审计人员审查德信有限公司用技术改造借款进行的扩建工程,项目完工交付使用时,确定工程价值 2 000 000 元,转入固定资产账户。审查时发现以下情况:

(1)该项目竣工前的借款利息 240 000 元,在"财务费用"中列支。

(2)扩建工程中领用本企业产品 80 000 元(售价),企业按生产成本 60 000 元转入工程价值。

(3)工程中发生的运输费 5 000 元,计入"管理费用"。

(4)工程余料变价收入 5 000 元,直接用于招待支出。

2. 要求:(1)分别指出存在的问题。
　　　　　(2)核实该工程固定资产的实际价值。

六、工程物资的审计

(一)工程物资的审计目标

工程物资是企业为在建工程准备的各种物资的成本,包括工程用材料、尚未安装的设备以及为生产准备的工作器具等。其审计目标主要有:

(1) 确定工程物资是否存在。
(2) 确定工程物资是否归被审计单位所有。
(3) 确定工程物资增减变动的记录是否完整。
(4) 确定工程物资减值准备的计提是否充分，计提方法是否正确，会计处理是否正确。
(5) 确定工程物资及减值准备的期末余额是否正确。
(6) 确定工程物资及减值准备的披露是否恰当。

（二）工程物资的实质性程序

(1) 获取或编制工程物资明细表，对有关数字进行复核，并将其与报表数、总账数和明细账合计数进行核对，若不相符，应查明原因并进行调整。

(2) 监督盘点工程物资，确定其是否存在，账实是否相符，并观察有无呆滞、积压工程物资。

(3) 抽查工程物资采购合同、发票、货物验收单等原始凭证，检查其内容是否齐全，有无得到授权批准，会计处理是否正确。

(4) 检查工程物资领用手续是否齐全，使用是否合理，会计处理是否正确。

(5) 检查被审计单位对工程物资有无定期盘点制度，对盘盈、盘亏、报废、毁损的，是否将减去保险公司和过失人的赔偿部分后的净额，正确地冲减了在建工程成本或计入营业外支出。

(6) 检查工程完工后剩余工程物资转入存货时，是否将其所含增值税进项税额进行了正确的分离。

(7) 检查工程物资减值计提依据是否充分，计提方法和会计处理是否正确。

(8) 检查工程物资在资产负债表上的披露是否恰当。

【课堂训练9.3.6】材料采购的审计

审计人员对企业材料采购业务进行审查时发现本年内一笔业务：企业从外地购入原材料4 000千克，单价20元，计价款80 000元，外地运杂费1 200元。财会部门把材料价款计入原材料成本，外地运杂费计入管理费用。待材料验收入库后，业务部门转来材料入库验收单，发现材料短缺20千克，查明是运输途中的合理损耗，财会部门将其计入管理费用。

要求：指出企业财会部门的会计处理是否正确，如有错误如何进行调整，并指出企业在材料采购管理工作中存在的问题。

七、固定资产清理的审计

（一）固定资产清理审计的目标

固定资产清理审计的目标一般包括：确定资产负债表中记录的固定资产清理是否实际存在；确定被审计单位所有应当记录的固定资产清理是否均已记录；确定资产负债表中记录的固定资产清理是否为被审计单位拥有或控制；确定固定资产清理是否以恰当的金额包含在财务报表中，与之相关的计价调整是否已恰当记录；确定固定资产清理是否已按照企业会计准则的规定在财务报表中作出恰当列报。

（二）固定资产清理的实质性程序

(1) 获取或编制固定资产清理明细表，复核加计是否正确，并与报表数、总账数和明细账合计数核对是否相符。

(2) 检查固定资产清理的发生是否有正当理由，是否经有关技术部门鉴定，固定资产清理的发生和转销是否经授权批准，相应的会计处理是否正确。

1）结合固定资产等账项的审计，检查固定资产、累计折旧和固定资产减值准备等账面转入额是否正确。

2）检查固定资产清理收入和清理费用的发生是否真实，清理净损益的计算是否正确，会计处理是否正确。

（3）由对外投资、非货币性资产交换、债务重组等原因转出产生固定资产清理的，检查相关的合同协议以及股东（大）会、董事会的决议，确定合同或协议约定的价值是否公允，检出其会计处理是否正确。

（4）检查固定资产清理是否长期挂账，如有则应作出记录，必要时建议作适当调整。

（5）检查固定资产清理是否已按照企业会计准则的规定在财务报表中作出恰当列报。

【案例演示 9.3.8】固定资产清理审计

1. 资料：审计人员对某公司固定资产进行审查时，发现下列问题：

2016 年度经批准出售车床一台，原价 57 000 元，已提折旧 12 840 元，净值 44 160 元，出售所得价款 35 560 元，会计处理为：

借：银行存款　　　　　35 560
　　贷：营业外收入　　　　35 560
借：累计折旧　　　　　12 840
　　营业外支出　　　　　44 160
　　贷：固定资产　　　　　57 000

2. 要求：根据上述资料，分析所存在的问题，并根据审计结果编制调整分录。

分析指导：固定资产会计处理错误，出售固定资产业务均应通过"固定资产清理"账户核算，正确的会计分录为：

（1）将出售固定资产转入清理时：

借：固定资产清理　　　44160
　　累计折旧　　　　　12840
　　贷：固定资产　　　　57000

（2）收到出售固定资产的价款时：

借：银行存款　　　　　35560
　　贷：固定资产清理　　　35560

（3）结转出售固定资产发生的损失时：

借：营业外支出　　　　8600
　　贷：固定资产清理　　　8600

该公司会计处理错误，但不影响资产和收益，不必进行调整。

练习题

一、单项选择题

1. 注册会计师对采购与付款循环的内部控制进行了解和测试，认为可能构成重大缺陷的是（　　）。

A. 仓库负责根据需要填写请购单，并经预算主管人员签字批准

B. 采购部门根据经批准的请购单编制订购单采购货物

C. 货物到达，由独立的验收部门验收，并填制一式多联未连续编号的验收单

D. 记录采购交易之前，由应付凭单部门编制付款凭单

2. 对应付账款进行函证时，审计人员最好应（ ）。

　　A. 采用否定式函证，无需具体说明应付金额

　　B. 采用否定式函证，应具体说明应付金额

　　C. 采用肯定式函证，应具体说明应付金额

　　D. 通过被审单位确定函证对象，以确定那些最有可能漏记的付款对象

3. 如果应付账款所属明细账出现借方余额，审计人员应提请被审单位在资产负债表（ ）项目列示。

　　A. 应收账款　　B. 应付账款　　C. 预收账款　　D. 预付账款

4. 被审计单位资产负债表上，"应付账款"项目应根据"应付账款"和（ ）科目所属明细科目的期末贷方余额填列。

　　A. 应收账款　　B. 其他应付款　　C. 预收账款　　D. 预付账款

5. 在企业内部控制制度比较健全的情况下，下列可以证明有关采购交易的"发生"认定的凭据之一，同时也是采购交易轨迹的起点的是（ ）。

　　A. 订购单　　B. 请购单　　C. 验收单　　D. 付款凭单

6. 注册会计师 X 为审查宏丽公司未入账负债而实施的下列审计程序中，最为有效的是（ ）。

　　A. 审查债权人名单

　　B. 审查应付账款、应收票据明细账

　　C. 审查应付账款、应付票据的函证回函

　　D. 审查资产负债表日后货币资金支出情况

7. 注册会计师如果对应付账款进行函证，通常采用的函证方式（ ）。

　　A. 积极式　　　　　　　　B. 消极式

　　C. 积极式和消极式的结合　　D. 积极式或消极式均可

8. 以下审计程序中，C 注册会计师最有可能获取固定资产存在的审计证据的是（ ）。

　　A. 观察经营活动，并将固定资产本期余额与上期余额进行比较

　　B. 询问被审计单位的管理层和生产部门

　　C. 以检查固定资产实物为起点，检查固定资产明细账和相关凭证

　　D. 以检查固定资产明细账为起点，检查固定资产实物和相关凭证

9. 在复核本期折旧费用的计提是否正确时，被审计单位下列做法中不恰当的是（ ）。

　　A. 对上期已计提减值准备的固定资产，本期按新的账面价值计提折旧

　　B. 固定资产减值迹象在本期已经全部消失，对原已计提的固定资产减值准备没有作转回处理

　　C. 因更新改造而停止使用的固定资产未停止计提折旧

　　D. 因进行大修理而停用的固定资产，照提折旧，并将计提的折旧额计入了相关的资产成本或是当期损益

10. 固定资产审计的目标不应包括（ ）。

　　A. 确定固定资产的增加及减少　　B. 确定固定资产折旧方法是否符合相关规定

C. 确定折旧数额计提的是否准确　　D. 确定固定资产的计价是否正确

二、多项选择题

1. 应付账款一般不需函证，但出现（　　）时审计人员还应实施函证程序。
   A. 相关内部控制薄弱，控制风险高　　B. 应付账款余额较大
   C. 被审单位处于经济困难　　D. 应付账款长期挂账
2. 应付票据进行函证时，通常函证的对象包括（　　）。
   A. 所有应付票据的付款对象　　B. 相关的银行
   C. 期末余额为零的付款对象　　D. 除银行以外的其他重要票据的付款对象
3. 注册会计师在对被审计单位的应付账款进行审计时，一般应选择的函证对象有（　　）。
   A. 较大金额的债权人
   B. 所有的债权人
   C. 在资产负债表日金额不大、甚至为零的债权人，而且不是企业重要供货人的债权人
   D. 在资产负债表日金额不大、甚至为零，但为企业重要供货人的债权人
4. 在对被审计单位计提的固定资产减值准备进行审计时，下列各项中，注册会计师应当确定为审计目标的有（　　）。
   A. 固定资产减值准备的计提是否充分、完整
   B. 固定资产减值准备的计提方法是否恰当
   C. 固定资产减值准备是否已按照企业会计准则的规定在财务报表中作出恰当的列报
   D. 固定资产减值准备期末余额是否正确
5. 下列各项中，注册会计师认为需要对固定资产账面价值进行调整的有（　　）。
   A. 对固定资产进行修理发生的费用
   B. 对办公楼进行装修符合资本化的部分
   C. 对融资租赁租入固定资产进行改良发生的费用
   D. 计提固定资产减值准备
6. 下列项目中，注册会计师认为应计提折旧的固定资产有（　　）。
   A. 因季节性等原因而暂停使用的固定资产
   B. 因改扩建等原因而暂停使用的固定资产
   C. 企业临时性出租给其他企业使用的固定资产
   D. 融资租入的固定资产
7. 审查被审单位是否存在高估固定资产价值时，注册会计师应采取的主要程序是（　　）。
   A. 审阅购货发票　　B. 向供货方函证
   C. 聘请相关专家　　D. 重新执行
8. 证明应付账款的可靠证据主要有（　　）。
   A. 购货方对账单　　B. 销货方发票
   C. 债权人对账单　　D. 应付账款询证函
9. 审查无形资产摊销时，主要应该注意摊销的（　　）。
   A. 程序是否合理　　B. 会计处理是否正确
   C. 金额计算是否准确　　D. 方法是否合理

10．根据下列所列示的某公司年末应付款余额及购货情况，应选择（   ）函证。
   A．0.00，4000000   B．300000，280000
   C．500000，600000   D．900000，890000

三、判断题

1．如果某一应付账款明细账户年末余额为零，注册会计师可以考虑不必将其列为函证对象。（   ）
2．应付账款明细表必须由审计人员亲自编制。（   ）
3．对固定资产实地观察的范围，需要依据被审计单位内部控制的强弱、固定资产的重要性和注册会计师的经验来判断。（   ）
4．由于固定资产已经退出使用，所以本月报废设备不再计提折旧。（   ）
5．固定资产相关的账、证、卡、实、表均相一致，则可说明被审计单位固定资产方面不会存在问题。（   ）
6．对上市公司来说，应付金额隐瞒的情况多于虚列的情况。（   ）
7．为保证采购业务的真实性和准确性，采购单应事先由采购部门连续编号，有关部门按编号领用。（   ）
8．如果被审单位应付账款余额较小，可不必对其实施函证程序。（   ）
9．注册会计师实地观察固定资产时，应关注当期增加的固定资产情况。（   ）
10．应付账款和应收账款均需要采用函证法，但函证的必要性、方式和函证对象的选择不同。（   ）

四、思考题

1．审计人员如何查找未入账的应付账款？
2．调查购货与付款内部控制时应注意哪些问题？
3．固定资产内部控制制度的评价重点是什么？
4．对在建工程的内部控制制度进行检查，主要审查哪些内容？
5．试述累计折旧审计的实质性程序？

五、综合实训

综合实训 9-1

1．资料：德州新华会计师事务所的注册会计师张强按照审计小组的人员分工，专门负责审查昆仑公司 2016 年度财务报表中的固定资产及累计折旧项目。在审计开始时，张强通过实施实质性分析程序，发现昆仑公司的固定资产原值与上年相比有显著上升。根据在其他企业固定资产项目的经验，张强确定了以下两个重要的项目审计目标：
（1）本年度新增的固定资产是否真实，计价是否正确。
（2）本年度减少的固定资产是否均已进行会计记录。
2．要求：
（1）对于以一笔款项同时购入多项没有单独标价的固定资产，张强应当检查哪些文件与凭证，以证实其真实性；昆仑公司应如何进行会计处理，张强方可确认其计价的正确性。
（2）为检查昆仑公司是否存在未作会计记录的股东资产减少业务，张强应当实施哪些具体的实质性程序。

综合实训 9-2

1. 资料：甲注册会计师审计 X 公司 2014 年度财务报表的"固定资产"和"累计折旧"项目时，发现下列情况：

（1）"生产用固定资产"中有固定资产——A 设备已于 2014 年 1 月份停用，并转入"未使用固定资产"。

（2）公司所使用的单冷空调，当年计提折旧仅按实际使用的月份（5～9 月）提取。

（3）5 月份购入设备一台，价值 65 万元，当月达到预定可使用状态，8 月份交付使用，X 公司从 9 月份起开始计提折旧。

（4）公司对设备 B 采用平均年限法计提折旧。该设备预计可使用年限 10 年，预计净残值率为 5%，公司确定的该设备的年折旧率为 10%。

2. 要求：针对上述情况，分别指出注册会计师应关注的可能存在或存在的问题。

综合实训 9-3

1. 资料：德州德恒会计师事务所的注册会计师于 2014 年 3 月对昆仑公司 2013 年度的财务报表进行审计，发现该年度发生以下交易和事项及其会计处理：

昆仑公司会计政策规定，采用平均年限法计提固定资产折旧，每年年度终了对固定资产进行逐项检查，考虑是否计提固定资产减值准备。昆仑公司的办公大楼于 2012 年 1 月启用，原值 4 000 万元，预计使用年限为 20 年，预计净残值为 400 万元。2012 年 12 月 31 日经审计的该项固定资产的净值为 3 835 万元，该项固定资产的减值准备余额为 458 万元。由于自 2013 年 1 月起该项固定资产因故停用，该公司因此未计提其 2013 年度的折旧，但已按规定计提了该项固定资产 2013 年度的减值准备并做了相应的会计处理。

2. 要求：假定不考虑昆仑公司财务报表层次的重要性水平，针对上述交易事项，注册会计师应按年度提出何种审计处理建议？

综合实训 9-4

1. 资料：审计人员在审查华润股份有限公司 2008 年度固定资产折旧时，发现上年度 12 月新增已投入生产使用的机床一台，原价为 100 000 元，预计净残值为 10 000 元，预计使用年限为 5 年，使用年数总和法对该项固定资产进行折旧，其余各类固定资产均用直线法折旧，且该公司对这一事项在财务情况说明书中未作揭示。

2. 要求：根据上述情况，审计人员应确定这一事项对被审单位资产负债表和损益表的影响。

综合实训 9-5

1. 资料：注册会计师审计昆仑公司 2014 年度会计报表时，发现：在 2014 年度昆仑公司有甲、乙、丙和丁项在建工程已完工，情况如下：甲在建工程已经试运行，且已经能够生产合格产品，但产量尚未达到设计生产能力；乙在建工程已经试运行，产量已经达到设计生产能力，但生产的产品中仅有少量合格产品；丙在建工程不需试运行，其实体建造和安装工作全部完成，并已达到预定可使用状态，但尚未办理验收手续；丁在建工程不需试运行，其实体建造和安装工作全部完成，并已达到预定可使用状态，但资产负债表日后尚发生少量的购建支出。

2. 要求：（1）注册会计师应当建议哪些在建工程需要结转固定资产，为什么？

（2）结合固定资产审计，如何测试本年度折旧费用整体的合理性？

项目十　生产与存货循环审计

【知识能力目标】

通过学习和训练，引导学生了解生产与存货循环的特性，了解生产与存货循环所涉及的主要业务活动，了解对生产与存货循环进行内部控制测试的要点；熟悉存货的管理及生产成本的计算等；熟练掌握存货监盘和存货计价审计的内容和实质性程序。熟练掌握生产与存货循环中其他相关账户（包括应付职工薪酬、生产成本和管理费用）的审计。

【案例导入】

法尔莫公司案例

从孩提时代开始，米奇·莫纳斯就喜欢几乎所有的运动，尤其是篮球。但是因天资及身高所限，他没有机会到职业球队打球。然而，莫纳斯确实拥有一个所有顶级球员共有的特征，那就是他有一种无法抑制的求胜欲望。

莫纳斯把他无穷的精力从球场上转移到他的董事长办公室里。他首先设法获得了位于（美）俄亥俄州阳土敦市的一家药店，在随后的十年中他又收购了另外299家药店，从而组建了全国连锁的法尔莫公司。不幸的是，这一切辉煌都是建立在资产造假——未检查出来的存货高估和虚假利润的基础上的，这些舞弊行为最终导致了莫纳斯及其公司的破产。同时也使为其提供审计服务的"五大"事务所损失了数百万美元。下面是这起案件的经过：

自获得第一家药店开始，莫纳斯就梦想着把他的小店发展成一个庞大的药品帝国。其所实施的策略就是他所谓的"强力购买"，即通过提供大比例折扣来销售商品。莫纳斯首先做的就是把实际上并不盈利且未经审计的药店报表拿来，用自己的笔为其加上并不存在的存货和利润。然后凭着自己空谈的天份及一套夸大了的报表，在一年之内骗得了足够的投资用以收购了8家药店，奠定了他的小型药品帝国的基础。这个帝国后来发展到了拥有300家连锁店的规模。一时间，莫纳斯成为金融领域的风云人物，他的公司则在阳土敦市赢得了令人崇拜的地位。

在一次偶然的机会导致这个精心设计的、至少引起5亿美元损失的财务舞弊事件浮出水面之时，莫纳斯和他的公司炮制虚假利润已达十年之久。这实在并非一件容易的事。当时法尔莫公司的财务总监认为因公司以低于成本出售商品而招致了严重的损失，但是莫纳斯认为通过"强力购买"，公司完全可以发展得足够大以使得它能顺利地坚持它的销售方式。最终在莫纳斯的强大压力下，这位财务总监卷入了这起舞弊案件。在随后的数年之中，他和他的几位下属保持了两套账簿，一套用以应付注册会计师的审计，一套反映糟糕的现实。

他们先将所有的损失归入一个所谓的"水桶账户"，然后再将该账产的金额通过虚增存货的方式重新分配到公司的数百家成员药店中。他们仿造购货发票、制造增加存货并减少销售成本的虚假记账凭证、确认购货却不同时确认负债、多计或加倍计算存货的数量。财务部门之所以可以隐瞒存货短缺是因为注册会计师只对300家药店中的4家进行存货监盘，而且他们会提前数月通知法尔莫公司他们将检查哪些药店。管理人员随之将那4家药店堆满实物存货，而把那些虚增的部分分配到其余的296家药店。如果不考虑其会计造假，法尔莫公司实际已濒临破产。在最近一次审计中，其现金已紧缺到供应商因其未能及时支付购货款而威胁取消对其供货的地步。

注册会计师们一直未能发现这起舞弊，他们为此付出了昂贵的代价。这项审计失败使会计师事务所在民事诉讼中损失了3亿美元。那位财务总监被判33个月的监禁，莫纳斯本人则被判入狱5年。

案例思考：结合案例思考注册会计师为什么没能发现存货舞弊？存货盘点有哪些局限性？注册会计师在监盘存货时应当注意什么？

任务一　生产与存货循环的特征

生产与存货循环涉及的内容主要是存货的管理及生产成本的计算等，该循环同其他业务循环的联系密切。根据财务报表项目与业务循环的相关程度，生产与存货循环涉及的资产负债表项目主要有存货、应付职工薪酬等，涉及的利润表项目通常为营业成本等。其中存货又包括材料采购、原材料、库存商品等。

一、生产与存货循环的主要业务活动

计划和安排生产（生产通知单）→发出原材料（领发料凭证）→生产产品→核算产品成本（成本计算单）→储存产成品（入库单）→核算成本（会计记录）→发出产成品（出库单）。

（一）计划和安排生产

生产计划部门的职责是根据客户订购单或者对销售预测和产品需求分析来决定生产授权。如决定授权生产，即签发预先顺序编号的生产通知单。此外，还需编制一份材料需求报告，列示所需要的材料和零件及其库存。

（二）发出原材料

仓库部门的责任是根据从生产部门收到的领料单发出原材料。领料单上必须列示所需的材料数量和种类，以及领料部门的名称。领料单可以一料一单，也可以多料一单，通常需一式三联。仓库发料后，将其中一联连同材料交给领料部门，其余两联经仓库登记材料明细账后，送会计部门进行材料收发核算和成本核算。

（三）生产产品

生产部门在收到生产通知单及领取原材料后，便将生产任务分解到每一个生产工人，并将所领取的原材料交给生产工人，据以执行生产任务。生产工人在完成生产任务后，将完成的产品交生产部门查点，然后转交检验员验收并办理入库手续；或是将所完成的产品移交下一个部门，作进一步加工。

（四）储存产成品

产成品入库，须由仓库部门先行点验和检查，然后签收。签收后，将实际入库数量通知会计部门。据此，仓库部门确立了本身应承担的责任，并对验收部门的工作进行验证。除此之外，仓库部门还应根据产成品的品质特征分类存放，并填制标签。

（五）核算产品成本

1. 实物流转记录

生产过程中的各种记录、生产通知单、领料单、计工单、入库单等文件资料都要汇集到会计部门，由会计部门对其进行检查和核对，了解和控制生产过程中存货的实物流转；

2. 成本会计核算

会计部门要设置相应的会计账户，会同有关部门对生产过程中的成本进行核算和控制。成本会计制度可以非常简单，只是在期末记录存货余额；也可以是完善的标准成本制度，它持续地记录所有材料处理、在产品和产成品，并形成对成本差异的分析报告。完善的成本会计制度应该提供原材料转为在产品，在产品转为产成品，以及按成本中心、分批次生产任务通知单或生产周期所消耗的材料、人工和间接费用的分配与归集的详细资料。

（六）发出产成品

产成品的发出须由独立的发运部门进行。装运产成品时必须持有经有关部门核准的发运通知单，并据此编制出库单。出库单至少一式四联，一联交仓库部门；一联发运部门留存；一联送交顾客；一联作为给顾客开发票的依据。

二、生产与存货循环所涉及的凭证和记录

（一）生产指令

生产指令又称"生产任务通知单"或"生产通知单"，是企业下达制造产品等生产任务的书面文件，用以通知供应部门组织材料发放，生产车间组织产品制造，会计部门组织成本计算。

（二）领发料凭证

领发料凭证是企业为控制材料发出所采用的各种凭证，如材料发出汇总表、领料单、限额领料单、领料登记簿、退料单等。

（三）产量和工时记录

产量和工时记录是登记工人或生产班组在出勤时间内完成产品数量、质量和生产这些产品所耗费工时数量的原始记录。

（四）工薪汇总表及工薪费用分配表

工薪汇总表反映企业全部工薪的结算情况，并据以进行工薪总分类核算和汇总整个企业工薪费。是工薪费用分配的依据。

工薪费用分配表反映了各生产车间各产品应负担的生产工人工薪及福利费。

（五）材料费用分配汇总表

材料费用分配汇总表汇总反映各生产车间各产品所耗费的材料费用的原始记录。

（六）制造费用分配汇总表

制造费用分配汇总表汇总反映各生产车间各产品所应负担的制造费用的原始记录。

（七）成本计算单

成本计算单归集、计算某一成本计算对象所应承担的生产费用、总成本和单位成本。

（八）存货明细账

存货明细账反映各种存货增减变动情况和期末库存数量及相关成本信息。

三、生产与存货循环审计风险的主要表现形式

（1）材料采购人员图谋私利，在材料采购供应中营私舞弊。

（2）主营业务成本账户和主营业务收入账户口径不一致。

（3）主营业务成本的计算方法没有保持一贯性。

（4）虚计应付职工薪酬，调节产品成本。

（5）职工薪酬的发放程序不健全，管理不严格。

(6) 未按照规定的程序和方法及时处理存货的盘盈和盘亏。

任务二　生产与存货循环的内部控制测试

生产与存货循环的内部控制一般包括存货的内部控制、成本会计制度和工薪的内部控制 3 项内容。本任务主要介绍成本会计制度和工薪两项内部控制和相关控制测试。

一、成本会计制度和控制测试

下面先将有关成本会计制度的内部控制目标、关键内部控制、常用的控制测试及常用的交易实质性程序汇总成一览表，如表 10.1 所示。

表 10.1　成本会计制度的控制目标、内部控制和测试一览表

内部控制目标	关键内部控制	常用的控制测试	常用的交易实质性程序
生产业务是根据管理层一般或特定的授权进行的（发生）	对以下 3 个关键点应履行恰当手续，经过特别审批或一般审批：生产通知单的授权批准；领料单的授权批准；工薪的授权批准	检查凭证中是否包括这 3 个关键点的恰当审批	检查生产通知单、领料单、工薪等是否经过授权
记录的成本为实际发生的而非虚构的（发生）	成本的核算是以经过审核的生产通知单、领发料凭证、产量和工时记录、工薪费用分配表、材料费用分配表、制造费用分配表为依据的	检查有关成本的记账凭证是否附有生产通知单、领发料凭证、产量和工时记录、工薪费用分配表、材料费用分配表、制造费用分配表等原始凭证	对成本实施分析程序；将成本明细账与生产通知单、领发料凭证、产量和工时记录、工薪费用分配表、材料费用分配表、制造费用分配表相核对
所有耗费和物化劳动均已反映在成本中（完整性）	生产通知单、领发料凭证、产量和工时记录、工薪费用分配表、材料费用分配表、制造费用分配表均事先编号并已经登记入账	检查生产通知单、领发料凭证、产量和工时记录、工薪费用分配表、材料费用分配表、制造费用分配表的顺序编号是否完整	对成本实施分析程序；将生产通知单、领发料凭证、产量和工时记录、工薪费用分配表、材料费用分配表、制造费用分配表与成本明细账相核对
成本以正确的金额，在恰当的会计期间及时记录至适当的账户（发生、完整性、准确性、计价和分摊）	采用适当的成本核算方法，并且前后各期一致；采用适当的费用分配方法，并且前后各期一致；采用适当的成本核算流程和账务处理流程；内部核查	选取样本测试各种费用的归集和分配以及成本的计算；测试是否按照规定的成本核算流程和账务处理流程进行核算和账务处理	对成本实施分析程序；抽查成本计算单，检查各种费用的归集和分配以及成本的计算是否正确；对重大在产品项目进行计价测试
对存货实施保护措施，保管人员与记录、批准人员相互独立（完整性）	存货保管人员与记录人员职务相分离	询问和观察存货与记录的接触以及相应的批准程序	
账面存货与实际存货定期核对相符（存在、完整性、计价和分摊）	定期进行存货盘点	询问和观察存货盘点程序	对存货实施监盘程序

产品成本核算既是制造企业会计核算的核心内容，又是存货和销售成本内部控制的重要环节，产品成本的真实性直接影响着期末财务报表中存货项目余额和销售成本的真实性。成本会计制度的测试，包括直接材料成本测试、直接人工成本测试、制造费用测试和生产成本在当期完工产品和在产品之间分配的测试4项内容。

（一）直接材料成本测试

对采用定额单耗的企业，可选择并获取若干种具有代表性的产品成本计算单，获取样本的生产通知单或产量统计记录及其直接材料单位消耗定额，根据材料明细账或采购业务测试工作底稿中各该直接材料的单位实际成本，计算直接材料的总消耗量和总成本，与该样本成本计算单中的直接材料成本核对，并注意下列事项：生产通知单是否经过授权批准；单位消耗定额和材料成本计价方法是否适当，在当年有无重大变更。

对采用实际成本核算的企业，可获取材料费用分配汇总表、发料凭证汇总表或领料单，以及材料明细账中各该直接材料的单位成本等资料，核对样本中的直接材料成本与材料费用分配汇总表中该产品负担的直接材料费用是否相符，检查分配标准是否合理；抽取发料凭证汇总表或领料单中若干种直接材料的发出总量，将其与实际单位成本相乘，然后与材料费用分配汇总表中各该种材料费用进行比较；同时检查领料单的签发是否经过授权批准，发料凭证汇总表是否经过复核，材料单位成本计价方法是否适当，在当年有无重大变更。

对采用标准成本法的企业，获取样本的生产通知单或产量统计记录、单位产品直接材料标准用量、直接材料标准价格，以及发料凭证汇总表或领料单，并根据产量、直接材料标准用量和标准价格计算直接材料标准成本，然后与相关产品成本计算单中的直接材料成本核对是否相符；检查直接材料成本差异的计算与账务处理是否正确，直接材料标准成本在当年有无重大变更。

（二）直接人工成本测试

对采用计时工资制的企业，应获取实际工时统计记录、员工分类表和员工工薪手册，以及人工费用分配汇总表等资料，并抽取若干产品成本计算单，核对样本中的直接人工成本与人工费用分配汇总表中相应的直接人工费用是否相符，样本的实际工时统计记录与人工费用分配汇总表中相应的实际工时是否相符；抽取生产部门若干月份的工时台账与实际工时统计记录核对是否相符。

对采用计件工资制的企业，获取样本的产量统计报告、个人或班组产量记录，以及经批准的单位工薪标准或计件工资制度，并根据样本的统计产量和单位工薪标准计算人工费用，然后与相关产品成本计算单中的直接人工成本核对是否相符；抽取若干直接人工或班组的产量记录，检查是否被汇总计入产量统计报告。

对采用标准成本法的企业，获取样本的生产通知单或产量统计报告、工时统计报告，以及经批准的单位产品标准工时和标准工资率、直接人工的工薪汇总表等资料，并根据产量、标准工时和标准工资率计算直接人工的标准成本，然后与相关产品成本计算单中的直接人工成本核对是否相符；检查直接人工成本差异的计算与账务处理是否正确，直接人工标准成本在当年有无重大变更。

（三）制造费用测试

获取样本的制造费用分配汇总表、按项目分列的制造费用明细账、与分配标准有关的统计报告或原始记录，并作如下检查：在制造费用分配汇总表中，核对样本分摊的制造费用与相应的产品成本计算单中的制造费用是否相符；核对制造费用分配汇总表中的合计数与样本的制造费用明细账合计数是否相符；核对所选择的制造费用分配标准，如机器工时数、直接人工工时数、直接人工工薪或产量等与相关的统计报告或原始记录是否相符，并对费用分配标准的合理性作出评价。如果企业采用预定分配率分配制造费用，则应检查制造费用多分或少分的差额是否作了适当的账务处理。如果企业采用标准成本法，则应检查样本中标准制造费用的确定是否合理，计入产品成本计算单的数额是否正确，制造费用差异的计算与账务处理是否正确，制造费用标准成本在当年有无重大变更。

（四）生产成本在当期完工产品与在产品之间分配的测试

应抽查若干产品成本计算单，检查在产品数量与生产统计报告或在产品盘存表中的数量是否一致，在产品约当产量的计算或其他分配标准是否合理，并计算复核样本的总成本和单位成本。

通过以上各种控制测试，注册会计师最终可对当年采用的成本会计制度作出合理评价。

二、工薪内部控制和控制测试

首先将有关工薪内部控制的控制目标、关键内部控制、常用的控制测试及常用的交易实质性程序汇总成一览表，如表 10.2 所示。

表 10.2 工薪内部控制的控制目标、内部控制和测试一览表

内部控制目标	关键内部控制	常用的控制测试	常用的交易实质性程序
工薪账项均经正确批准（发生）	对以下 5 个关键点应履行恰当手续，经过特别审批或一般审批：批准上工；工作时间，特别是加班时间；工资、薪金或佣金；代扣款项；工薪结算单和工薪汇总表	检查人事档案；检查工时卡的有关核准说明；检查工薪记录中有关内部查核标记；检查人事档案中的授权；检查工薪记录中有关核准的标记	将工时卡与工时记录等进行比较
记录的工薪为实际发生的而非虚构的（发生）	工时卡经领班核准；用生产记录钟记录工时	检查工时卡的核准说明；检查工时卡；复核人事政策、组织结构图	对本期工薪费用的发生情况实施分析程序；将有关费用明细账与工薪费用分配表、工薪汇总表、工薪结算单相核对
所有已发生的工薪支出已记录（完整性）	工薪费用分配表、工薪汇总表完整反映已发生的工薪支出	检查工薪费用分配表、工薪汇总表、工薪结算表，并核对员工工薪手册、员工手册等	对本期工薪费用的发生情况实施分析程序；将工薪费用分配表、工薪汇总表、工薪结算表单与有关费用明细账相核对
工薪以正确的金额，在恰当的会计期间及时记录于适当的账户（发生、完整性、准确性、计价和分摊）	采用适当的工薪费用分配方法，并且前后各期一致；采用适当的账务处理流程	选取样本测试工薪费用的归集和分配；测试是否按照规定的账务处理流程进行账务处理	对本期工薪费用实施分析程序；检查工薪的计提是否正确，分配方法是否与上期一致
人事、考勤、工薪发放、记录之间相互分离（准确性）	人事、考勤、工薪发放、记录等职责相互分离	询问和观察各项职责执行情况	

对工薪内部控制的测试一般集中于企业定期编制的工薪结算单、工薪汇总表以及人工费用分配汇总表等。其测试的主要内容如下:

（1）选择若干月份工薪汇总表，作如下检查：计算复核每一份工薪汇总表；检查每一份工薪汇总表是否经授权批准；核对应付工薪总额与人工费用分配汇总表中数额是否相符；检查代扣款项的账务处理是否正确；检查实发工薪总额与银行付款凭单及银行存款对账单是否相符，并正确过入相关账户。

（2）从各种不同类型员工的工资单中选取若干样本，作如下检查：检查员工工薪手册或人事档案，确保工薪发放有依据；检查员工实发工薪额的计算是否正确；核对实际工时统计记录与员工个人钟点卡是否相符；检查员工加班加点记录与主管人员签证的月度加班费汇总表是否相符；检查代扣款的依据是否正确；检查所发工薪是否有员工的签收证明；实地抽查部分员工，证明其确在被审计单位工作，如已离开需获得管理层证实。如表 10.3 所示为应付职工薪酬内部控制调查表。

表 10.3　应付职工薪酬内部控制调查表

被审计单位：　　　　　　　　　　　　　　　　　　审计期间：

控制活动	执行情况		
	是	否	不适用
一、岗位分工与授权批准			
1. 是否人事、工作时间记录、薪酬计算、薪酬支付、薪酬核算等职务相分离			
2. 是否由同一部门或个人处理工薪与人事业务的全过程			
3. 是否经授权的人士才能接近工薪与人事系统			
二、员工聘用与离职			
1. 员工名册是否根据新增和离职进行实时更新			
2. 在实际发生时是否实施了预算控制			
3. 拟用人员审批表是否得到适当审批			
4. 系统内是已建立该员工档案，工资明细表中是否有该员工姓名			
5. 解除、终止劳动合同审批表是否得到适当审批			
6. 系统内是否已删除该员工档案，工资明细表中是否有该员工姓名			
7. 离职人员通知单是否得到适当复核			
三、工作时间记录			
1. 是否所有员工工作时间均以记录，如发现差异，是否及时调查并处理			
2. 是否由不负责输入工作时间记录的人员复核输入数据			
3. 应付薪酬与支持性文件是否相符			
4. 出勤统计表与工作时间表、加班申请表记录是否一致			
5. 财务经理是否复核员工工资明细表、员工工资汇总表以及工资支付申请表			
四、数据维护			
6. 人事经理是否复核批准工资信息输入/更改申请单			
7. 系统变更是否在人事经理核对后以电子签名批准生效			

审计人员：　　　　审计日期：　　　　复核人员：　　　　复核日期：　　　　被询问人员：

【案例演示 10.2.1】生产与存货循环内部控制制度测试

A 公司主要从事机械生产和销售，有产品自营出口权，公司主要生产 A、B、C 共 3 种电机和 D、E 两种吊机。2013 年实现销售收入 8.8 亿元，比上年增加 11%，其中出口销售收入 1.2 亿元；实现净利润 0.73 亿元。

德州新华会计师事务所自 2012 年开始接受 A 公司董事会委托，对 A 公司进行年度会计报表审计。2014 年 1 月 15～25 日，新华会计师事务所派出以王刚为项目经理，以注册会计师张强、刘丽为组员的审计小组，对该公司 2013 年的会计报表进行了审计。

A 公司本年生产销售正常。与其相关的固有风险较小。根据 A 公司的情况，初步确定该公司 2013 年会计报表审计的整体重要性水平按未审计资产总额的 0.7%计算确定，为 3260000 元。分配确定的存货重要性水平为 920000 元。

根据分工，张强负责生产循环的审计测试与取证工作。

一、相关内部控制的了解与描述

（1）注册会计师张强采用多种方式，了解 A 公司生产循环相关的内部控制：

1）询问负责本业务循环的有关人员；

2）取得该公司内部管理制度手册，查阅是否有相关的内部管理制度；

3）填写了生产循环内部控制调查表。

经过了解和分析，A 公司的生产循环内部控制在整体上适当、合理，能够防止、发现和纠正特定会计报表认定的重大错报或漏报。虽存在少数缺陷，但不会对会计报表的相关认定产生重大影响，于是决定初步依赖生产循环的内部控制，对其内部控制进行测试。

限于篇幅，以下只介绍存货的内部控制测试，并以库存商品为例说明存货的实质性测试。

（2）为了证实存货内部控制是否有效，注册会计师张某进行了控制测试。他随机抽查 4 月、6 月、10 月发生的生产业务，发现都是根据经批准的生产计划执行，抽样检查也表明：

1）收入的物资均由质量检验部门检验，并有相关入库手续。

2）物资入库时均经过计量并签发入库单。

3）发出材料均根据规定的手续处理并及时记录仓库保管账。

4）仓库每月末编制收、发、存报表并报财务部、供应部、销售部等相关部门。

5）所有物资均设有永续盘存记录。

6）物资保管，包括分检、堆放、卫生及仓储条件等良好。

7）财务部门至少每年末会同物资部门共同进行盘点。

8）物资盘盈、盘亏、毁损、报废等按规定审批处理，但存在不及时的问题。

控制测试的结果表明：存货循环的内部控制执行情况良好，控制风险低。由于相应的固有风险不高、控制风险低。因此，在实质性测试中，可接受较高水平的检查风险。

（3）其实质性测试策略是：

1）在性质上，以分析程序和交易测试为主；在审计时间上，以期中审计为主。

2）在审计范围上，可以只需较少的样本和较少的证据。

【课堂训练 10.2.1】生产与存货循环内部控制制度的审计

1. 资料：审计人员对 A 公司进行审计时发现下列事项：材料由采购部门负责采购，材料进厂后由隶属于采购部的验收部门负责验收。验收合格的材料在采购单上加盖"货已验讫"印章，然后交会计部门付款，如不合格直接退给供应商，验收部门不负责开验收报告单。验收后的材料直接堆放在机器旁准备加工。生产完工的产成品交给制造部门的储藏室保管。

2. 要求：指出 A 公司生产与存货循环中存在的问题，简要说明理由并提出改进建议。

任务三 生产与存货循环主要账户的审计

一、存货审计

存货是指企业在日常生产经营过程中持有以备出售，或者仍然处在生产过程，或者在生产或提供劳务过程中将消耗的材料或物料等，包括产成品、半成品、在产品、各种材料、燃料、包装物、低值易耗品等。审查存货的目的是为了确定存货内部控制是否健全，验证存货是否真实存在并属于企业所有，确定存货入账是否完整，审核存货计价是否正确，以及存货在会计报表中的反映是否适当等。

（一）存货内部控制的测评

存货的内部控制包括两大系统，一是对存货的实物流转程序的控制，二是对实物价值流转记录程序的控制。实物流转程序控制的内容主要是对涉及存货的采购、验收、存储、发货、生产及发运等各环节工作程序的规定、职能的划分、控制环节的设置、信息的传递要求以及相应的授权要求等。存货价值流转记录程序控制，是会计部门根据企业存货的特点建立的从原材料采购到产品完工及售出全过程的控制，它包括成本会计控制和永续盘存制。对存货内部控制测评的主要内容和方法是：

（1）调查存货的内部控制。具体方法有：索取有关资料，走访人员，现场观察存货的流动与控制。

（2）编制存货内部控制调查表或流程图。

（3）实地简易抽查，验证所描述控制内容的完整性和正确性。抽查时的主要关注事项有：①大额存货采购是否签订购货合同，有无审批手续；②存货入库是否严格履行验收手续；③发出手续是否按规定办理，是否及时登记仓库账并与会计记录核对；④存货的采购、验收、保管、运输、付款等职责是否分离；⑤存货储存条件是否完好；⑥是否建立定期盘点制度等。

（4）测试采购业务，以验证采购的内部控制是否有效，具体步骤是：①抽取订货单样本，看其是否附有请购单或其他授权文件；②审核相应的验收报告、发票和入库单，看数量、价格等有关内容是否一致；③检查相关的记账凭证和账务处理，看运费分配和成本差异分配是否正确等。

（5）了解存货的保险和保护情况。

（6）对存货的内部控制作出评价。

（二）存货采购的审查

存货采购是根据生产和经营的需要，由企业专设的采购机构或专职采购人员负责进行的存货购入业务。存货采购业务的真实性、合法性，也是确定存货结存的真实性、存货来源的合法性的重要依据。对存货采购审查的主要内容包括：

（1）审查存货采购计划制定情况。

审查存货采购计划制定情况，主要采用对比分析的方法，核实计划完成情况并揭示其原因。

（2）审查存货采购合同合法性及其执行情况。

审查存货采购合同合法性及其执行情况，主要有以下3个方面：

1）审查合同的可行性。审查合同的可行性即审查合同内订购的材料是否符合材料商品采购计划要求和生产部门的需要，并复核生产进度安排和经营需要，以防止停工待料或影响供应。

如表 10.4 所示为存货内部控制调查表。

表 10.4　存货内部控制调查表

被审计单位名称：　　　　　　　　　　　　　　　　索引号_____ 页次_____
编制人_____ 日期_____　　　　　　　　　　　　复核人_____ 日期_____
被审计时间：

问题	回答			取得方式	备注
	是	否	不适用		
一、仓储部门收到材料、产成品、商品时，是否对数量进行验收，并同时收获报告单或产成品验收单核对					
二、所有入库的材料、产成品、商品是否都填制了入库通知单					
三、材料、产成品、商品是否进行分类保管					
四、仓储部门是否只有经授权批准的人才能进入					
五、材料或者商品是否凭经审核批准的生产通知单、领料单或者发货通知单发货					
六、仓储部门是否对库内实物进行巡视检查					
七、保管人员在巡视检查中若发现实物损坏、变质或长期不流动情况，是否及时填制专门的报告单					
八、生产中未耗用材料或废料是否返还仓库					
九、在外加工的材料发出前，是否有经审核批准的文件					
十、存货实物记录与账户记录的职员是否分开					
十一、存货总账账户与明细账户余额是否定期核对					
十二、永续盘存制下，仓储部门实物账与会计部门明细账是否定期核对					
问题与评价					

2）审查合同的合法性。合同签订之前，就合同是否符合有关法规、供货方是否合法守信等进行审查，以保证预付货款的安全。合同签订后，应审查合同的内容是否符合规定，订购的品名、规格、质量、价格、数量、包装、运输、交货方式、付款条件是否明确具体，有无疏忽遗漏的情况，购销双方承担的责任是否公平合理。在合同的合法性审查中，要重点注意是否存在以下情况：①采购人员与供货方互相勾结，签订假合同，骗取货款进行私分，或从中以回扣或其他形式索贿受贿，损害企业利益；②采购人员在采购地点上舍近求远、在采购价格上舍低求高、在货物质量上舍优择劣的不正常现象；③参与合同签订的人员玩忽职守，草草签订合同，形成漏洞，给企业造成重大损失。

3）审查合同的执行情况。审查合同的执行情况主要是通过对合同执行记录和材料采购、库存明细账记录等有关凭证的抽查核实，并与到期应予履行的合同进行对比，查明以下弊端和问题：①合同未能按期履行，应进一步查明合同未予执行的原因，明确相关责任；②合同虽已履行，但在相应的合同进货时间内没有验收入库。这类情况通常是由于合同本身的缺陷，造成材料、商品采购业务纠纷，且尚未得到解决。审计人员应进一步追查到与此相关的合同缺陷。

(3) 审查存货验收与入库情况。

审查存货验收与入库情况的主要内容包括：①通过审阅验收单、入库单是否与供货方发票内容相一致，经手人的签章是否齐备，确认材料、商品验收和入库手续是否齐全；②验证入库短缺报告单及质量鉴定表确认材料数量短缺与质量问题的处理是否正确；③通过核实索赔事项发生的原因、审阅记录等验证应索赔事项办理的及时性、合规性；④通过核对的方法验证抽查验收单与实物数量是否相符；⑤通过审阅复核退料单和销售退回凭证验证抽查领用退回和销售退回的手续是否齐全。

(4) 审查存货采购成本。

审查存货采购成本的主要内容包括：①存货采购成本构成项目的正确性，审计人员应注意审查有无将应计入存货采购成本的采购费用挤入管理费用的情况，有无将不该由存货负担的费用挤入存货成本的情况；②存货采购费用分配比例是否合理。所购存货的采购费用若能分清应由哪种存货负担的，可直接计入该种存货的采购成本；若分不清的，则应按所购各种存货的买价或重量进行分摊。审计人员应采取复算的方式审查其分摊是否合理。

(5) 审查存货采购账务处理。

为了规范企业存货采购的核算，会计制度对存货采购核算的科目设置及运用都作了明确规定，企业应按制度规定正确组织存货采购的核算。审查的重点包括账户设置的合规性、账务处理的合规性、成本差异计算与结转的正确性、验证购货业务入账期间的正确性等。

(三) 存货储存的审查

(1) 核对各存货项目明细账与总账余额是否相符。

(2) 实地观察存货盘点，以确定账面存货是否真实存在。在对材料、产成品等存货进行审查时，为了核实其存在性和完整性，通常要进行存货盘点。下面以材料盘点为例，说明存货盘点的几个具体工作要点：

1) 要求企业成立材料盘点小组，审计人员参与制定盘点计划。企业的材料往往品种规格很多，审计人员应要求企业成立材料盘点小组，将要盘存材料的已发生经济业务全部入账，结出余额。为保证材料盘点工作的独立性和能够有条不紊地进行，审计人员应参与盘点计划的制定，包括确定盘点的范围、重点、方法与时间安排。

2) 监督盘点工作的进行。在材料盘点时，审计人员必须到现场，自始至终监督盘点的进行，以保证盘点工作按计划进行。盘点结束后，应督促企业编制存货盘点表。

3) 抽查材料盘点记录。审计人员可随时抽查盘点记录，对各种材料的数量、单价、金额进行复核。必要时，可直接复点一部分材料，以验证盘点记录的正确性。

4) 鉴定材料的所有权。盘点材料时，应对各种材料的所有权加以鉴定，剔除一些代管、代销、代加工的材料，对于产权不明确的，应加以必要的询证和核实。

5) 验证材料明细账余额的正确性。材料明细账余额的正确性要依盘点的结果来证实。但是，如果材料明细账本身记录不正确，将失去核对的意义。因此，在进行账实核对之前，应先将材料明细账所记录的收、发、存的计算加以核实，然后与总账核对，如果发现记录错误，应予以调整。

6) 将盘点结果与材料明细账余额核对。在材料盘点与材料明细账验证的基础上，将两者加以核对，证实账实是否相符，如出现不符，应作出盘盈、盘亏记录，并建议查找原因。

7) 查验存货质量。审计人员在监督盘点过程中，还应注意存货质量有无过期、失效、毁损或材质下降的情况。必要时应聘请专家对存货的质量与价值加以鉴定，作出必要的调整记录，以合理地反映决算日存货的价值。

（3）测试存货计价，以确定存货的真实价值和计价政策的一致性。测试存货计价，一是要看其计价方法的选用是否符合制度的要求，且做到一致；二是要审核存货价格的组成内容，看其是否合理。一般地，可从存货盘点表中抽取一定数量的存货进行审查，主要应抽查那些余额较大、价格变动较为频繁的存货，查明存货期末单价是否符合企业会计制度规定，有无为调节损益而对结存存货随意计价的情况。

（4）审查存货盘亏调整和损失的会计处理，看其是否经过审批授权，并能正确及时入账。审查存货跌价损失准备的记录文件，看其计提和结转的依据是否合理，手续是否齐备，是否经过授权，会计处理是否正确且前后各期一致。

（5）检查存货的库存管理状况。应通过现场稽查，查明存货的存放是否有序；存货有无防火、防盗及其他安全措施；存货质量的保养制度执行情况；存货的出入库手续制度能否严格执行，对余料是否办理退料或假退料手续。

（四）存货发出的审查

存货发出一般包括生产用料及其他用料的发出，产品、商品及材料的对外销售。存货发出审计的重点是审查材料、商品发出业务的真实性和合规性，存货发出成本计算的正确性。

1. 审查存货发出手续制度的合规性

审查时，应注意领料单、发货单所列材料和商品是否符合计划和合同规定，是否经过必要的审批、符合手续，凭证内容是否齐全，填写是否清楚，计算有无差错，责任人是否都按规定签名或盖章。这个环节常见的问题有不按合同规定条件和时间发货，错发材料和商品，发货手续不健全，责任不清及虚报冒领等。

2. 审查存货发出成本的真实性和合规性

根据会计法规的规定，企业对存货的发出，应按期依照具体情况，采用适当的方法计算和结转存货的耗用和销售成本。成本计算与结转方法一经确定，在年度内不准变更，以保持年度内的一致性，平时按计划成本和售价转账的，期末应调整为实际成本。在审查中，主要应查明存货发出成本计算方法使用的合规性、发出成本计算的真实性和正确性、存货发出成本差异计算和结转的合规性和正确性等。

（五）存货监盘

1. 存货监盘概述

注册会计师对存货进行监盘是存货审计必不可少的一项审计程序。存货监盘的要点：

（1）被审计单位实施的实地盘存既是一项控制程序，又是一项独立活动，且它的效用并不依赖于对处理业务的控制。

（2）注册会计师进行的监盘是观察、询问和实物检查工作的集合程序；注册会计师应亲临现场观察存货的盘点；在此基础上根据需要适当抽查已盘点存货。

（3）存货监盘的目标：获取资产负债表日有关存货数量和状况的审计证据；检查存货的数量是否真实完整，是否归属被审计单位；存货有无毁损、陈旧、过时、残次和短缺等状况。

（4）不存在满意的替代程序来计量和观察期末存货。（同应收账款函证不同）

2. 存货监盘计划

存货监盘计划应当包括存货监盘的目标、范围及时间安排；存货监盘的要点及关注事项；参加存货监盘人员的分工；检查存货的范围。

（1）监盘时间。

1）监盘的时间以会计期末以前为优。

2）如果企业有条件进行期中盘点，注册会计师应在盘点时加以监督，同时对盘存日和会计期末之间的永续记录加以测试。

3）如果企业的盘点在会计期末以后的时间进行，那么就必须编制从盘点日到期末的存货余额调节表，但尽量使盘点的时间靠近会计期末。

（2）监盘样本量。监盘的样本量往往不能用项目的数量来确定，这是因为测试的重点是观察被审计单位的程序而不是选取具体的测试项目。

考虑样本量的一种较容易的方法是按费时多少，决定因素包括：

1）实地盘点；

2）永续记录的可靠性；

3）存货的总金额及种类；

4）不同的重要存货位置的数量；

5）以前年度发现的误差性质和程度的内控。

（3）项目选取。

1）对重要项目和典型存货项目的有代表性的样本应仔细监盘；

2）对可能过时或损坏的项目要仔细查询；

3）与管理人员认真讨论为何有些重要项目不在盘点之列。

3. 存货监盘程序

（1）调查问卷。

（2）观察。

1）应纳入是否已整理、排列、标识，防止遗漏或重复盘点。

2）未纳入盘点范围的存货，应当查明未纳入的原因。

3）对所有权不属于被审计单位的存货。

4）观察盘点计划是否执行，盘点记录是否准确。

（3）检查。

1）检查的必要性。注册会计师应当对已盘点的存货进行适当检查，将检查结果与被审计单位盘点记录相核对，并形成相应记录。

2）目的。既可以是为了确证被审计单位的盘点计划得到适当的执行（控制测试），也可以是为了证实被审计单位的存货实物总额（实质性程序）。

如果观察程序能够表明被审计单位的组织管理得当，盘点、监督以及复核程序充分有效，注册会计师可据此减少所需检查的存货项目。

3）范围。通常包括每个盘点小组盘点的存货以及难以盘点或隐蔽性较强的存货。需要说明的是，注册会计师应尽可能避免让被审计单位事先了解将要抽取检查的存货项目。

4）检查的方向。双向检查。

a. 准确性（记录→实物），注册会计师应当从存货盘点记录中选取项目追查至存货实物，以测试盘点记录的准确性

b. 完整性（实物→记录）注册会计师还应当从存货实物中选取项目追查至存货盘点记录，以测试存货盘点记录的完整性。

5）差异的处理。

a. 由于检查的内容仅仅是已盘点存货中的一部分，所以在检查中发现的错误很可能意味

着被审计单位的存货盘点还存在着其他错误。注册会计师应当查明原因,并及时提请被审计单位更正。

b. 注册会计师应当考虑错误的潜在范围和重大程度,在可能的情况下,扩大检查范围以减少错误的发生。

c. 注册会计师还可要求被审计单位重新盘点。重新盘点的范围可限于某一特殊领域的存货或特定盘点小组。

(六)特殊情况的处理

1. 由于存货的性质或位置而无法实施监盘程序

注册会计师应当考虑能否实施替代审计程序,获取有关期末存货数量和状况的充分、适当的审计证据。

主要包括:①检查进货交易凭证或生产记录以及其他相关资料;②检查资产负债表日后发生的销货交易凭证;③向顾客或供应商函证。

2. 因不可预见的因素导致无法在预定日期实施存货监盘或接受委托时被审计单位的期末存货盘点已经完成

这种情况下,注册会计师需注意:①注册会计师应当评估与存货相关的内部控制的有效性,对存货进行适当检查或提请被审计单位另择日期重新盘点;②同时测试在该期间发生的存货交易,以获取有关期末存货数量和状况的充分、适当的审计证据。

3. 委托其他单位保管或已作质押的存货

(1) 注册会计师通常需要向保管人获取委托代管存货的书面确认函。

(2) 如果存货已被质押,注册会计师应当向债权人询证与被质押存货有关的内容。

(3) 如果此类存货的金额占流动资产或总资产的比例较大,注册会计师应当考虑对此类存货实施监盘程序,或聘请其他注册会计师实施监盘程序。

4. 首次接受委托的情况

注册会计师应当实施下列一项或多项审计程序,以获取有关本期期初存货余额的充分、适当的审计证据,主要包括:①查阅前任注册会计师工作底稿;②复核上期存货盘点记录及文件;③检查上期存货交易记录;④运用毛利百分比法等方法进行分析。

(七)存货计价审计和截止测试

1. 存货计价审计

(1) 目的:为验证财务报表上存货余额的真实性,必须对存货的计价进行审计。

(2) 存货计价测试。

1) 样本的选择。

a. 从存货数量已经盘点,单价和总金额已经记入存货汇总表的结存存货中选择。

b. 着重选结存余额大,价格变化较频繁的项目。

c. 考虑样本的代表性。

d. 抽样时可采用分层抽样法,样本规模应足以推断总体的情况。

2) 计价方法的确认。关注合理性和一贯性,没有足够理由,计价方法在同一会计年度内不得变动。

(3) 计价审计。

1) 注册会计师首先应对存货价格的组成内容予以审核,然后按照所了解的计价方法对所选择的存货样本进行计价审计。

2）独立进行审计，排除企业已有计算程序和结果的影响。

3）待审计结果出来后，应与企业账面记录对比，编制对比分析表，分析形成差异的原因；如果差异过大，应扩大范围继续审计，并根据审计结果作出审计调整。

4）如果企业对期末存货采用成本与可变现净值孰低法计价，则注册会计师应充分关注企业对存货可变现净值的确定。

2. 存货截止审计

（1）定义。所谓存货截止测试，就是检查截止到审计截止日，购入并已包括在审计截止日的存货盘点范围内的存货。

存货正确截止的关键在于存货实物纳入盘点范围的时间与存货引起的借贷双方会计科目的入账时间都处于同一会计期间。

（2）截止测试的方法。

1）抽查存货盘点日前后的购货发票与验收报告（或入库单），档案中的每张发票均附有验收报告（或入库单）。

2）审阅验收部门的业务记录，查明接近年底和次年年初购入的货物，其对应的购货发票是否在同期入账，对于未收到购货发票的入库存货，是否将入库单分开存放并暂估入账。

（3）样本选择。在确定截止审计样本时，一般以截止日为界限，分别向前倒推或向后顺推若干日，按顺序选取较大金额购货业务的发票或验收报告作审计样本。

截止审计完成后，对于发现的截止错误，应提请被审计单位做必要的账务调整。

【案例演示 10.3.1】产成品审计

1. 资料：M公司的会计政策规定，入库产成品按实际生产成本入账，发出产成品按先进先出法核算。2014年12月31日，M公司甲产品期末结存数量为1200件，期末余额为5210万元，M公司2014年度甲产品的相关明细资料如表10.5所示（数量单位为件，金额单位为人民币万元，假定期初余额和所有的数量、入库单均无误）。

表 10.5　M 公司 2014 年度甲产品的相关明细资料　　　　　　　　　　（单位：万元）

日期	摘要	入库			发出			结存		
		数量	单价	金额	数量	单价	金额	数量	单价	金额
1.1	期初余额							500		2500
3.1	入库	400	5.1	2040				900		4540
4.1	销售				800	5.2	4160	100		380
8.1	入库	1600	4.6	7360				1700		7740
10.3	销售				400	4.6	1840	1300		5900
12.1	入库	700	4.5	3150				2000		9050
12.31	销售				800	4.8	3840	1200		5210
12.31	期末结存							1200		5210

2. 要求：

（1）请根据上述资料采用计价测试确认12月31日甲产品期末存货余额是多少？

（2）请分析甲产成品期末余额多计或少计对当年财务报表的影响。

分析:(1)700×4.5+500×4.6=5450(万元)

(2)导致存货少计240万元,主营业务成本可能多计240万元,隐瞒利润240万元。

【课堂训练10.3.1】存货跌价准备的审计

1. 资料：S公司是一家上市公司，注册会计师在进行年度会计报表审计时，了解到该公司对存货的期末计价采用成本与可变现净值孰低法，2014年H公司经年末盘点，认定有关存货及其会计处理的信息资料如下：

(1)库存商品A：账面余额10万元，已提取跌价准备5000元，该商品市价持续下跌，并且在可预见的未来无回升的希望。H公司对该商品全额补提跌价准备。

(2)库存商品B：账面余额6万元，无跌价准备，该商品不再为消费者所偏爱，从目前情况分析，其市价将会持续下跌。H公司全额提取跌价准备。

(3)库存商品C：账面余额20万元，已提取跌价准备2万元，由于此类商品的更新换代，该商品已经落伍，目前已经形成滞销。H公司全额补提跌价准备。

(4)库存商品D：账面余额50万元，无跌价准备，目前该商品供销两旺，未发现减值情况。H公司按10%提取跌价准备5万元。

(5)库存商品E：账面余额20万元，无跌价准备，该商品市价持续下跌，并且在可预见的未来无回升的希望。H公司未计提跌价准备。

(6)库存原材料F：账面余额15万元，无跌价准备，现有条件下使用该原材料生产的产品成本大于产品的销售价格。H公司未计提跌价准备。

2. 要求：指出上述处理中存在的问题，并提出相应建议。

【案例演示10.3.2】存货盘点计划

1. 资料：注册会计师刘某负责对昆仑公司20X8年度财务报表进行审计。昆仑公司为玻璃制造企业，20X8年末存货余额占资产总额比重重大。存货包括玻璃、煤炭、烧碱、石英砂，其中60%的玻璃存放在外地公用仓库。昆仑公司对存货核算采用永续盘存制，与存货相关的内部控制比较薄弱。昆仑公司拟于20X8年11月25日至27日盘点存货，盘点工作和盘点监督工作分别由熟悉相关业务且具有独立的人员执行。存货盘点计划的部分内容摘录如下：

(1)存货盘点的范围、地点和时间安排如表10.6所示。

表10.6 存货盘点的范围、地点和时间安排表

地点	存货类型	估计占存货总额的比例	盘点时间
A仓库	烧碱、煤炭	烧碱10%，煤炭5%	20X8年11月25日
B仓库	烧碱、石英砂	烧碱10%，石英砂10%	20X8年11月26日
C仓库	玻璃	玻璃26%	20X8年11月27日
外地公用仓库	玻璃	玻璃39%	—

(2)存放在外地公用仓库存货的检查。对存放在外地公用仓库的玻璃，检查公用仓库签收单，请公用仓库自行盘点，并提供20X8年11月27日的盘点清单。

(3)存货数量的确定方法。

(4)盘点标签的设计、使用和控制。对于烧碱、煤炭和石英砂等堆积型存货，采用观察以及检查相关的收、发、存凭证和记录的方法，确定存货数量；对于存放在C仓库的玻璃，按照包装箱标明的规格和数量进行盘点，并辅以适当的开箱检查。

对存放在 C 仓库玻璃的盘点，设计预先编号的一式两联的盘点标签。使用时，由负责盘点存货的人员将一联粘贴在已盘点的存货上，另一联由其留存；盘点结束后，连同存货盘点表交存财务部门。

（5）盘点结束后，对出现盘盈或盘亏的存货，由仓库保管员将存货实物数量和仓库存货记录调节相符。

2. 要求：针对上述存货盘点计划第（1）～（5）项，逐项判断上述存货盘点计划是否存在缺陷。如果存在缺陷，简要提出改进建议。

分析和结论：

（1）存在 3 个缺陷。A、B 仓库的存货中均存在烧碱，对于同一类型的存货，建议采用同时盘点的方法，不应该安排在不同的时间；对于存放在公用仓库的存货——玻璃，占存货总额的 39%，是非常高比例的存货，建议安排时间进行盘点，纳入盘点范围；昆仑公司内部控制比较薄弱，应该选择在资产负债表日前后进行盘点。

（2）存在缺陷。对于存放在公允仓库的存货，采取的盘点方式恰当的是发函确认，由于昆仑公司与存货相关的内部控制薄弱，所以不能够仅仅依靠签收单作为盘点的方式。

（3）存在缺陷。盘点方式不恰当，对于烧碱、煤炭和石英砂等堆积型存货，应该选择的盘点方式，通常为运用工程估测、几何计算、高空勘测，并依赖详细的存货记录；如果堆场中存货堆不高，可进行实地监盘，或通过旋转存货堆加以估计。

（4）不存在缺陷。

（5）存在缺陷。盘点结束后，对于盘盈或盘亏的存货，不应由仓库保管人员对于存货实物数量和仓库存货记录进行调节。应该安排与仓库保管有关的主管人员负责调节。

【课堂训练 10.3.2】存货的审计

1. 资料：注册会计师对 M 工厂 2014 年 12 月 31 日的期末会计资料进行审计时，发现临近结账日前后所发生的业务事项如下：

（1）2015 年 1 月 2 日收到价值为 20000 元的货物，入账日期为 1 月 4 日，发票上注明由供应商负责运送，目的地交货，开票日期为 2014 年。

（2）当实地盘点时，M 工厂 1 包价值 80000 元的产品已放在装运处，因包装纸上注明"有待发运"字样而未计入存货内。经调查发现，顾客的订货单日期为 2014 年 12 月 20 日，顾客于 2015 年 1 月 4 日收到货物后付款。

（3）2015 年 1 月 6 日收到价值为 700 元的物品，并于当天登记入账。该物品于 2014 年 12 月 28 日按供货商离厂交货条件运送，因 2014 年 12 月 31 日尚未收到，故未计入结账日存货。

（4）按顾客特殊订单制作的某产品，于 2014 年 12 月 31 日完工并送装运部门，顾客已于该日付款。该产品于 2015 年 1 月 5 日送出，但未包括在 2014 年 12 月 31 日存货内。

2. 要求：你认为上述 4 种情况中的物品，是否应包括在 2014 年 12 月 31 日的存货内，并说明理由。

二、应付职工薪酬审计

（一）应付职工薪酬的审计范围和审计依据

职工薪酬包括：①职工工资、奖金、津贴和补贴；②职工福利费；③医疗保险费、养老保险费、失业保险费、工伤保险费和生育保险费等社会保险费；④住房公积金；⑤工会经费和职工教育经费；⑥非货币性福利；⑦因解除与职工的劳动关系给予的补偿；⑧其他与获得职工提供的服务相关的支出；⑨企业按规定从净利润中提取的职工奖励和福利基金。它们适用《职工薪酬》准则。企业年金基金适用《企业年金基金》准则，以股份为基础的薪酬适用《股份支付》准则，因自愿接受裁减建议的职工数量、补偿标准等不确定而产生的或有负债，应当按照《或有事项》准则披露。职工薪酬的范围和发放不仅需要遵循企业薪酬制度，还必须遵守相关法律法规，如各项保险费、住房公积金、股份支持等，都有相应的法律法规规定。这些制度、法律法规及会计准则等，都是审计的依据。

应付职工薪酬应按工资、职工福利、社会保险费、住房公积金、工会经费、职工教育经费、非货币性福利、辞退福利、股份支付等设置科目进行明细核算；职工薪酬发生后，按照职工的工作性质分别计入生产成本、制造费用、劳务成本、管理费用、销售费用、在建工程、研发成本等账户；支付职工薪酬时，涉及银行存款、现金等账户。这些账户及相关事项，构成了应付职工薪酬的审计范围。

（二）应付职工薪酬的审计内容

对应付职工薪酬进行审计时，不仅要审计其会计处理是否合法和公允，还要审计其发放依据是否符合相关法律法规的规定，是否符合企业制度规定。因此，应付职工薪酬的审计内容应当包括以下方面：

（1）关于职工薪酬的内部控制是否规范。

（2）职工薪酬的范围、依据、标准、来源和金额是否合法。

（3）职工薪酬的会计处理是否正确。

（4）职工薪酬的披露是否恰当。

（三）应付职工薪酬的实质性审计程序

（1）获取或编制应付职工薪酬明细表，复核加计正确，并与报表数、总账数和明细账合计数核对是否相符。（账表核对）

（2）对本期薪酬费用的发生情况执行分析性程序。

（3）检查薪酬的计提是否正确，分配方法是否与上期一致，并将应付职工薪酬计提数与相关的成本、费用项目核对一致。

（4）检查应付职工薪酬支付和使用情况。如果被审计单位是实行工效挂钩的，应取得有关主管部门确认的效益薪酬发放额的认定证明，并复核有关合同文件和实际完成的指标，检查其计提额是否正确。

（5）验明应付职工薪酬的披露是否恰当。

（四）常见应付职工薪酬错弊

（1）冒领工资，扩大"小金库"，或者私吞。具体的表现为：

1）企业或企业的下属部门，为了私存部分现金，采用虚报考勤和虚报加班工时等方式，多领工资存入"小金库"。

2）有的人员利用工作的便利条件，多报人名，多领到工资后再进行私分或者独吞。其具体做法不外乎是编制两份"工资计算明细表"，一份依据实际考勤编制；另一份则弄虚作假。以虚假"工资计算明细表"审批后领取现金，再以实际"工资计算明细表"向职工发放工资。工资发放后的差额（即冒领的工资）存入"小金库"或者私分、独吞。而分配工资费用时，仍按虚列的工资总额进行分配，计入"生产成本"和"制造费用"等有关账户，导致企业虚增产品成本。

(2) 会计人员故意将工资表核算错误,将多领的钱占为己有。

(3) 混淆工资列支的范围 一般这种问题属于会计差错,但也要防止有人利用这一点调利润。

(4) 扩大工资总额多提福利费 通常采取的作弊手段是:扩大工资总额,增加计提福利费的基数,把企业发放的各种奖金及津贴全部加入计提应付福利费的工资总额之内,甚至连发放的离退休人员工资也加入计提职工福利费的工资总额之内,减少利润,使企业的收益受损。

(5) 职工福利费支出挤占成本费用 将应由"应付职工薪酬"账户列支的费用,挤入产品成本和期间费用。

【案例演示 10.3.3】应付职工薪酬审计

审计人员对德祥公司 2014 年应付职工薪酬进行审计,该公司应付职工薪酬期初余额为 80 000 元,期末余额为-200 000 元,本期借方发生额合计数为 2 100 000 元,本期贷方发生额合计为 1 820 000 元。主要审计程序如下:

(1) 索取了"应付职工薪酬计提、支出明细表"(略)复核加计正确并与总账数、报表数核对相符,标注了相应的审计标识。

(2) 检查年度应付职工薪酬计提情况。

1) 企业年度计提应付职工薪酬的基数为年度内审定后实际计提的应付工资总额,计提标准为 14%,如应付工资超支,计提应付职工薪酬时要按可税前列支的应付工资总额为基数,如按实际超支的应付工资总额计提,对超出基数部分计提的职工薪酬应作纳税调整。

经审查,公司应付工资审计后虽然需调增应纳税所得额 2 720 000 元,但公司本年度计提应付福利的基数是工资贷方发生额 13 000 000 元,与有关部门批准认定的工资总额一致,符合规定。

2) 查账面计提数是否与成本费用中列支数一致。公司本年度总计计提职工薪酬 1 820 000 元,计提正确,并与相关成本费用项目中列支数核对一致。审计人员抽查了计提分录(如表 10.7 所示)。

表 10.7 应付福利费—福利费计提抽查记录

被审计单位名称:德祥公司　　　　　　　　　　　　　　索引号:F3-2

日期	凭证编号	摘要	科目名称	借方金额	贷方金额
2014.6.30	转字 6-60	计提6月份福利费	借:生产成本 制造费用 营业费用 管理费用 在建工程 贷:应付职工薪酬	69 580.00 35 546.00 22 386.00 91 000.00 1 848.00	219 996.00
		查见:应付福利费计提计算表,计算正确,计提金额符合规定			
抽查结果:	1. 凭证内容齐全,会计凭证已经审核 2. 福利费支用符合规定,支付手续齐全,报销符合审批程序 3. 福利费计提标准符合规定,金额正确,并与相关成本费用项目核对一致				

编制人:张某　　　　日期:2015.2.9　　　复核人:王某　　　　日期:2015.2.10

（3）抽查年度应付职工薪酬的使用情况，确定其是否符合规定用途，报销是否符合审批程序（如表10.8所示）。

表10.8 应付福利费—福利费支出抽查验记录

被审计单位名称：德祥公司　　　　　　　　　　　　　　　　　　　索引　F3-3

日期	凭证编号	摘要	科目名称	借方金额	贷方金额	核对内容 1	2	3	4
2014.7.20	银付字-7-78	计提6月医疗保险金等（附件：支票存根#1234 医疗保险机构结算单证）	借：应付职工薪酬 —医疗保险金 —工伤基金 —生育保险金 贷：银行存款	101 000.00 4 208.00 4 208.00	109 416.84	√	√	√	√
2014.9.23	银付字-7-79	向泰康大药房购药（附件：支票存根#1235；发票#000798；付款申请单）	借：应付职工薪酬 　—医务室费用 贷：银行存款	3 000.00	3 000.00	√	√	√	√
2014.12.29	银付字-12-156	购买大病医疗保险（附件：支票存根#05789；发票#12345；付款申请书；董事会会议记录）	借：应付职工薪酬—其他 贷：银行存款	520 000	52 000	√	√	√	√
核对内容说明： 1. 原始凭证内容完整 2. 有授权批准 3. 账务处理正确 4. 不属于跨期收支事项					审计说明：				

编制人：张某　　　日期：2015.2.9　　　复核人：王某　　　日期：2015.2.10

审计人员在抽查应付职工薪酬使用情况时发现，经公司董事会会议同意，用应付职工薪酬为职工购买商业大病医疗保险，总计金额520 000元，造成年末应付职工薪酬出现赤字200 000元。审计人员认为，公司为职工购买大病医疗保险作为福利，所需资金应从结余的应付职工薪酬中列支，但不得因此导致应付职工薪酬发生赤字，期末赤字应转入管理费用，并调整应纳税所得额（如表10.9所示）。

表10.9 调整事项说明及调整分录

索引号：F3-0

被审计单位名称：德祥公司

审计项目名称：应付职工薪酬

实施审计期间或截止日期：2015.2.9—2015.2.12

续表

审计事项摘要	公司在2014年12月为职工购买了大病医疗商业保险，造成期末余额为-200 000.00元，根据有关规定，应付福利费超支金额应转入管理费用，并相应调增应纳税所得额。 处理意见：应付福利费超支金额应转入管理费用，并相应调增应纳税所得额。调整分录： 借：管理费用　　　　200 000.00 　　贷：应付职工薪酬— 应付福利费　　200 000.00			
审计结论	本科目经审计调整后，余额为0，审定数可以确认			
复核意见	审计人员	张某	编制日期	2015.2.11
	同意上述调整			
	复核人员	王某	复核日期	2015.2.12
被审单位意见				
	经办人员及公章		意见签署日期	

（4）根据获取的审计证据，审计人员编制了审计程序表（如表10.10所示）。

表10.10　应付职工薪酬审计程序表

被审计单位：德祥公司　　　审计人员：张某，刘某　　　审计日期：2015.2.22
审计项目：应付职工薪酬　　复核人：王某　　　　　　　复核日期：2015.2.23
会计期间：2014年度　　　　　　　　　　　　　　　　　索引号：F3

一、审计目标：
1. 确定应付职工薪酬的计提和支付记录是否完整，计提依据是否合理。
2. 确定应付职工薪酬的余额是否正确。
3. 确定应付职工薪酬的披露是否充分。

二、审计程序：

序号	内容	执行情况	索引号
1	获取或编制应付职工薪酬明细表，复核加计正确并与总账数、报表数和明细账合计数核对是否相符	执行	F1-1
2	检查年度应付职工薪酬计提是否符合有关规定，计提金额是否正确，并与相关成本费用项目核对一致	执行	F3-2
3	抽查年度应付职工薪酬的使用情况，确定其是否符合规定用途，报销是否符合审批程序	执行	F3-3
4	验明应付职工薪酬的披露是否恰当	执行	见报表附注

三、调整事项说明及调整分录：（注：分录请写到二级科目，并注明底稿索引；如篇幅不够，请另加页附后）

余额：

续表

期初余额		期末余额	
上年审定数（或未审数）	本期审定数	未审数	本期审定数
80 000.00	80 000.00	-200 000.00	0.00

四、审计结论：

1. 本科目经审计后无调整事项，余额可以确认： ☐
2. 本科目经审计调整后，审定数可以确认： ✓
3. 因_____原因，本科目余额不能确认： ☐

【案例演示 10.3.4】应付职工薪酬审计

审计人员审查某企业"应付职工薪酬"时，发现 7 月份计提的福利费 11.2 万元，当月职工工资总额为 40 万元。

疑点：福利费计提比例高达 28%，审计人员怀疑其中有超规计提。审计过程及分析：审计人员调阅 7 月份工资结算单，发现在职职工工资总额为 40 万元，离退休人员工资总额 40 万元，共计 80 万元。又调阅 7 月份计提福利费的 96# 凭证，其福利费为 80×14%=11.2 万元，会计分录如下：

借：管理费用　　　　　　　　　　112 000
　　贷：应付职工薪酬　　　　　　　112 000

按规定，离退休人员工资不得计提福利费。被审单位将其与在职职工工资一起计提福利费，目的是多提福利费，虚增费用，从而逃避税款。

对于多提的福利费应转出，并补交所得税。应补交所得税=56 000×33%=18 480（元）调整分录为：

借：应付职工薪酬　　　　　　　　56 000
　　贷：管理费用　　　　　　　　　56 000
借：所得税费用　　　　　　　　　18 480
　　贷：应交税费—应交所得税　　　18 480

【课堂训练 10.3.3】应付职工薪酬审计

1. 资料：注册会计师小刘 2015 年 3 月 10 日对巨力公司上年"应付职工薪酬"账户进行审查时，发现上年 12 月较 11 月多 50 000 元，小刘怀疑其中有许多虚列工资或其他问题，故决定作进一步审查。小刘调阅 12 月份应付职工薪酬的原始凭证，发现在"工资结算单"中，食堂人员工资 48 000 元，附食堂负责人收据一张，未具体列明发放工资人员名单。查问食堂负责人时，他供认因本企业业务招待费超支，财务科长让他领取，并提供了原始凭证。财务科长对此供认不讳。假定该企业适用的所得税税率为 25%，福利费计提比例为 14%。

2. 要求：假如你是注册会计师小刘，请结合案情分析该公司存在的问题，并提出处理意见。

三、生产成本审计

存货成本包括生产成本（直接材料成本、直接人工成本和制造费用）和主营业务成本等内容。存货成本审计通常包括三部分内容，即生产成本审计、主营业务成本审计、存货成本相关项目的分析性程序。

（一）直接材料成本的审计

直接材料成本的审计一般应从审阅材料和生产成本明细账入手，抽查有关的费用凭证，验证企业产品直接耗用材料的数量、计价和材料费用分配是否真实、合理。

其主要内容包括：

（1）抽查产品成本计算单，检查成本计算，费用的分配标准与计算方法，与材料费用分配汇总表相核对。

主要应查明直接材料耗用量是否为构成产品实体或有助于产品形成的实际耗用数量。抽查的产品成本计算单，应追查核对领退料凭证、材料费用分配表，以查明直接材料耗用中有无非生产用料，必须剔除如在建工程、行政福利部门等其他非生产部门的领料，同时也应剔除退回材料及回收废料的数量。还应注意比较当期的产品产量，以确定企业投料有无脱离实际，有无虚增、隐瞒直接材料耗用量的情况。

1）审查直接材料计价的正确性。直接材料的计价包括实际成本计价和计划成本计价两种方法。按实际成本计价的企业，发出材料的计价可以采用先进先出法、加权平均法、移动加权平均法、个别计价法等，新准则已取消后进先出法，在审查时应加以注意。不同材料可采用不同的计价方法，一经确定不得随意变更。审查时主要查明被审计单位发出材料的计价方法是否合理，前后期是否一致，计算是否正确，有无利用计价方法的变更来调节材料成本的情况。对于按计划成本核算的企业，主要审查其计划成本的制订是否合理，材料成本差异的期初余额及本期发生额是否真实、准确，材料成本差异率的计算是否正确，分摊的材料成本差异是否合规。着重应防止被审计单位任意调节材料成本，差异的分配来调节生产成本，进而影响当期利润的情况。

2）审查直接材料费用分配的合理性。审查多种产品共同负担的材料费用，注意其分配依据是否合理，计算是否正确，防止被审计单位在不同产品之间分配时弄虚作假的情况。特别应防止合格品与不合格品、盈利产品与亏损产品、可比产品与不可比产品间人为任意调节成本高低的情况。

（2）审查耗用数量的真实性，有无将非生产用材料计入直接材料费用。

（3）分析比较同一产品前后各年度的直接材料成本，如有重大波动应查明原因。

（4）抽查材料发出及领用的原始凭证，检查是否经过授权、经过适当的复核，成本计价方法是否适当，是否正确及时入账。

（5）对采用定额成本或标准成本的企业，应检查直接材料成本差异的计算、分配与会计处理是否正确，并查明直接材料的定额成本、标准成本在本年度内有无重大变更。

（二）直接人工成本的审计

按新会计准则规定，直接人工费用是指企业直接从事产品生产人员的各种报酬以及其他相关支出，包括职工在职期间和离职后提供的全部货币性薪酬和非货币性福利。企业提供给职工配偶、子女或其他被赡养人的福利等，也属于职工薪酬。应通过对职工考勤表、职工工薪等级、工资计算表、工资费用分配表以及有关薪酬标准的批文的审查进行测试，其主要测试内容如下：

（1）抽查产品成本计算单，审查直接人工的内容是否合规。应审查直接人工费用的具体项目是否符合有关规定，应注意有无混淆生产人员和非生产人员的工资界限。

（2）审查直接人工的计算是否正确。应结合被审计单位的计时工资和计件工资分别进行审查。对于计时工资,应审查出勤工时、工资率和工资额,注意加班加点工资是否符合规定,事假工资和病假工资是否计算准确;对于计件工资,应结合被审计单位的产量记录、工资标准及劳动定额等资料,从数量和单价两方面进行审查。应审查奖金、津贴、补贴的计算和发放是否合规,有无滥发奖金,任意增加津贴、补贴的情况。

(3)审查直接人工分配的合理性。直接人工费用由几种产品共同负担时,应编制工资费用分配表,合理确定工资费用分配率,正确进行工资费用的分配。

(三)制造费用的审计

制造费用审计的基本要点包括:

(1)获取或编制制造费用汇总表,并与明细账、总账核对相符。(账表核对)

(2)抽查制造费用中的重大数额项目及例外项目是否合理。审查被审计单位有无将不应列入成本费用的支出,如投资支出、被没收的财物、罚款、违约金、技术改造支出等计入制造费用。

(3)审阅制造费用明细账,检查其核算内容及范围是否正确,并应注意是否存在异常会计事项。

制造费用的计入方法很多,有的是直接支付计入的,有的是按规定标准提取列支的。有的是以分摊计入的,不论哪种方式计入,都应审查其发生额是否真实。对于直接支付的各项制造费用,审查其报销发票的合法性、正确性,注意有无涂改发票中饱私囊的问题;对于计提的折旧费,审查其折旧率、折旧额的计算是否正确;对于摊提费用,审查摊提费用项目是否合理,摊销期限是否按受益期确定,摊提计算是否正确,注意有无利用摊提费用调节生产成本和利润的问题。

(4)必要时,对制造费用实施截止测试,即检查资产负债表日前后若干天的制造费用明细账及其凭证,确定有无跨期入账的情况。

(5)审查制造费用的分配是否合理。重点查明分配方法;分配方法是否在相当时期内保持稳定,有无随意变更的情况;分配率和分配额的计算是否正确,有无以人为估计数代替分配数的情况;对按预定分配率分配费用的企业,还应查明计划与实际差异是否及时调整。

(6)对于采用标准成本法的企业,应抽查标准制造费用的确定是否合理,计入成本计算单的数额是否正确,制造费用的计算、分配与会计处理是否正确,并查明标准制造费用在本年度内有无重大变动。

(7)未完工自制产品与已完工自制产品间费用的分配。如果企业期末同时存在已完工的和未完工的自制产品,由该产品承担的本期费用应在已完工与未完工产品间进行分配。审计人员应检查成本计算单中产品的数量与生产统计报告中的数量是否一致;检查分配方法是否合理,分配率的计算是否正确。

四、主营业务成本审计

(1)获取或编制主营业务成本明细表,与明细账和总账核对相符。(账表核对)

(2)编制生产成本及销售成本倒轧表,与总账核对相符。

(3)分析比较本年度与上年度主营业务成本总额,以及本年度各月份的主营业务成本金额,如有重大波动和异常情况,应查明原因。

（4）结合生产成本的审计，抽查销售成本结转数额的正确性，并检查其是否与销售收入配比。

（5）检查主营业务成本账户中重大调整事项（如销售退回等）是否有其充分理由。

（6）确定主营业务成本在利润表中是否已恰当披露。

【案例演示 10.3.5】生产成本审计

2015 年 7 月 22 日，审计人员张某、刘某对被审计单位维强公司 6 月份产品生产成本进行审查，该公司生产单一产品 A，一次投料，采用约当产量法计算产品成本（产品成本计算单见表 10.11 所示），明细账列出本月完工产品 80 件，未完工产品 20 件（完工程度 50%），主要审计过程如下：

1. 审计人员获取了维强公司 6 月份产品的生产成本明细汇总表，并将直接材料与材料耗用汇总表，直接工资总额与工资汇总表，制造费用总额与制造费用明细表及相关账项明细表进行了认真的分析与复核，核对结果相符。

2. 审计人员张某、刘某调入本月的生产成本确认凭证进行核对，如表 10.12 所示是记账凭证抽查记录：

表 10.11　产品成本计算单

产品名称：A　　　　　　　　　　2015 年 6 月份　　　　　　　　　　　　单位：元

项目	月初在产品成本	本月生产费用	生产费用总额	完工产品成本	月末在产品成本
直接材料	40 000	800 000	840 000	672 000	168 000
直接人工	10 000	260 000	270 000	240 000	30 000
制造费用	10 000	170 000	180 000	160 000	20 000
合　计	60 000	1 230 000	1 290 000	1 072 000	218 000

表 10.12　生产成本凭证抽查记录

被审计单位名称：维强公司　　编制人：张某　　日期：2015.7　　索引号：A12-1
审计项目：生产成本　　　　　　复核人：王某　　日期：2015.8　　页　次：1

日期	凭证编号	摘要	科目名称	借方金额	贷方金额	核对内容 1	2	3
2015.6.3	转字-8	结转完工产成品成本（附件：成本计算单）	借：库存商品 贷：生产成本	38 600	38 600			
2015.6.9	转字-12	生产领用原材料（附件：领料单）	借：生产成本 贷：原材料	420 000	420 000			
2015.6.16	转字-21	生产领用原材料（附件：领料单）	借：生产成本 贷：原材料	380 000	380 000			
2015.6.30	转字-29	支付生产工人工资（附件：工资汇总表）	借：生产成本 贷：应付职工薪酬	260 000	260 000			
2015.6.30	转字-30	结转制造费用	借：生产成本 贷：制造费用	170 000	170 000			

续表

日期	凭证编号	摘要	科目名称	借方金额	贷方金额	核对内容		
						1	2	3
核对内容说明：						审计说明：		
1．原始凭证内容完整								
2．有授权批准								
3．账务处理正确								
4．不属于跨期收支事项								

3．在抽查原始凭证过程中，发现公司在账务处理过程中存在以下问题：

（1）完工产品及月末在产品数量可以确认。

（2）将在建工程领用的材料 20 000 元，计入产品生产成本。

（3）生产车间已领未用材料 10 000 元，月末未作退库。

（4）虚列生产工人工资 15 500 元，多提生产工人福利费 2 500 元。

（5）计提经营性租入设备的折旧费 6 000 元，计入制造费用。

（6）无形资产摊销费用 12 000 元，计入制造费用。

要求：根据以上资料编制审计工作底稿。

分析指导：审计人员根据以上业务，编制如表 10.13 至表 10.15 所示的工作底稿。

表 10.13 生产成本审计程序表

被审计单位名称：维强公司　　编制人：张某　　日期：2015.7　　索引号：A12

审计项目：生产成本　　复核人：王某　　日期：2015.8　　页　次：

序号	内容	执行情况说明	索引号
1	获取或编制生产成本汇总明细表，复核加计正确并与总账数、报表数及明细账合计数核对是否相符	√	
2	对生产成本进行分析性复核，检查各月及前后期同一产品的单位成本是否有异常波动，注意是否存在调整成本现象	√	
3	了解并记录生产工艺流程和成本核算方法，检查其成本核算方法与生产流程是否适应，前后期是否一致，并作出记录	√	
4	检查车间在产品盘存资料，复核与生产成本期末余额是否逻辑相符，期末余额是否恰当	√	
5	抽查主要品种某一个月的产品成本结转是否符合规定流程结转金额是否准确	√	A12-1
6	对生产成本项目的结构进行分析性复核，以确定进一步分析查验成本项目	√	
7	分析主要材料、动力的投入产出情况，查验有无异常	√	
8	查验材料发出的原始凭证，查验领料单的签发是否有授权批准，材料发出的汇总是否经过适当人员复核	√	
9	材料成本的结转是否正确，材料成本计价方法是否适当	√	
10	对直接人工进行分析查验，查明是否有异常情况	√	
11	对制造费用进行分析查验，查明是否有异常情况	√	
12	对辅助费用进行分析查验，查明是否有异常情况	√	

表 10.14 生产成本计算单

被审计单位名称：维强公司　　编制人：张某　　日期：2015.7　　索引号：A12-1
审计项目：生产成本　　　　　　复核人：王某　　日期：2015.8　　页　次：
产品名称：A　　　　　　　　　　2015 年 6 月　　　　　　　　　　单位：元

项目	月初在产品成本	本月生产成本	生产成本总额	完工产品成本	单位成本	月末在产品成本
直接材料	40 000	770 000	810 000	648 000①	8 100	162 000
直接人工	10 000	242 000	252 000	224 000②	2 800	28 000
制造费用	10 000	152 000	162 000	144 000③	1 800	18 000
合计	60 000	1 164 000	1 224 000	1 016 000④	12 700	208 000

审计说明：

①完工产品材料费用=[810 000÷（80+20）]×80=648 000（元）

②完工产品人工费用=[252 000÷（80+10）]×80=224 000（元）

③完工产品制造费用=[162 000÷（80+10）]×80=144 000（元）

④完工产品总成本=648 000+224 000+144 000=1 016 000（元）

审计结论：

通过计算可以看出该公司完工产品成本多转了 56 000 元（1 072 000-1 016 000）

表 10.15 生产成本审定工作底稿

索引号：A12-2	第　　页　　共　　页
被审计单位名称	维强公司
审计项目名称	生产成本
实施审计期间或截止日期	2015.6.1—2015.6.30
审计事项摘要	存在问题：工程领用原材料应计入在建工程，不应计入生产成本；生产车间已领未用的材料应作退库处理，减少生产成本；工人工资多计、福利费多计，虚增了生产成本，应从成本中剔除；经营性租入固定资产不应计提折旧，更不应计入生产成本；无形资产摊销应计管理费用，不应计入制造费用。 处理意见：要求被审单位进行账项调整，重编产品成本计算单。 调整分录为： 　借：在建工程　　　　　　　20 000 　　　原材料　　　　　　　　10 000 　　　应付职工薪酬　　　　　18 000 　　　累计折旧　　　　　　　 6 000 　　　管理费用　　　　　　　12 000 　　　贷：生产成本　　　　　48 000 　　　　　制造费用　　　　　18 000 本月生产耗用的直接材料应为：800 000-（20 000+10 000）=770 000（元） 本月生产耗用的直接人工应为：260 000-（15 500+2 500）=242 000（元） 本月生产耗用的制造费用应为：170 000-（6 000+12 000）=152 000（元） 因此直接材料总额为：40 000+770 000=810 000（元） 直接人工总额为：10 000+242 000=252 000（元）

审计事项摘要	制造费用总额为：10 000+152 000=162 000（元） ①完工产品材料费用=[810 000÷（80+20）]×80=648 000（元） ②完工产品人工费用=[252 000÷（80+10）]×80=224 000（元） ③完工产品制造费用=[162 000÷（80+10）]×80=144 000（元） ④完工产品总成本=648 000+224 000+144 000=1 016 000（元） 该公司完工产品成本多转了56 000元（1 072 000-1 016 000），致使主营业务成本多转了56 000元，从而利润减少了56 000元。			
审计结论及其依据	除上述调整事项外，金额可以确认			
复核意见	审计人员	张某	编制日期	2015.6
	同意上述调整			
	复核人员	王某	复核日期	2015.7
被审单位意见				
	经办人员及公章		意见签署日期	

【课堂训练 10.3.4】生产成本审计

资料：某企业发出材料采用先进先出法。审计人员经过审阅存货明细账，抽查了余额较大的黑色金属材料明细账，如表10.16所示。

表10.16 存货明细账

存货类别：黑色金属　　　　　　　　　　　　　　　　存放地点：1仓库
存货名称及规格　　　　　　　　　　　　　　　　　　最高存量：2000千克
存货编号：0120　　　　　　　　　　　　　　　　　　最低存量：200千克
　　　　　　　　　　　　　　　　　　　　　　　　　计量单位：千克

年		摘要	收入			发出			结存		
月	日		数量	单价	金额	数量	单价	金额	数量	单价	金额
5	1	期初余额							1000	200	200 000
	2	购入	1000	190	190 000				2000		390 000
	8	发出				1 500	200	300 000	500		90 000
	15	购入	1500	210	315 000				2000		405 000
	25	发出				1 200	200	240 000	800		165 000
	31	合计	2500		505 000	2 700		540 000	800		165 000

审计人员经过审阅，发现该材料在发出时没有遵循先进先出法，请采用复算的方法，按照先进先出法编制存货明细表，并指出对当月利润的影响。

五、管理费用审计

（一）管理费用审计要点

管理费用是指企业行政管理部门为组织和管理生产经营活动而发生的各项费用，包括企业在筹建期间发生的开办费、董事会和行政管理部门在企业的经营管理中发生的或者应由企业统一负担的公司经费、工会经费、业务招待费、技术转让费、研究费用、排污费以及企业生产车间和行政管理部门发生的固定资产修理费等。

（二）管理费用审计目标

（1）确定管理费用的记录是否完整。
（2）确定管理费用的分类、归属及会计处理是否正确。
（3）确定管理费用在会计报表上的披露是否恰当。

（三）管理费用的实质性测试程序

（1）获取或编制管理费用明细表，复核加计正确，与总账、明细账核对相符。还应审查其明细项目的设置是否符合规定的核算内容及范围，是否划清管理费用与其他费用的界限。

（2）审查管理费用各项目开支标准是否符合有关规定，开支内容是否是允许列入管理费用的项目，计算是否正确。如业务招待费的列支限额，随着新会计准则实施，应关注管理费用列支范围发生的变化。

（3）将本年度管理费用与上年度管理费用进行比较，并将本期各月的管理费用进行比较，如有重大波动和异常变动应查明原因，并进行适当处理。

（4）选择重要或异常的管理费用，审查其原始凭证是否合法，会计处理是否正确。必要时，对管理费用实施截止测试，审查有无跨期入账的现象，对于重大跨期项目应建议进行必要调整。

（5）核对管理费用有关项目金额与其他相关账户金额的勾稽关系，如有不符，应查明原因，并进行适当处理。

（6）审查管理费用的结转是否正确、合规，查明有无多转、少转或不转管理费用，人为调节利润的情况。

（7）审查管理费用的列支范围。

（8）审查管理费用是否已在损益表上恰当披露。

【案例演示 10.3.6】管理费用审计

审计人员在审核某企业"管理费用"明细账时，发现支付未完工程借款利息 52 000 元，购入材料的外地运杂费 3 800 元，为购货单位垫付运杂费 2 000 元三项记账财务。审计人员进一步抽查会计凭证，询问有关会计人员，认定了上述费用存在的问题：支付未完工程借款利息应计入"在建工程"账户；购入材料的外地运杂费应计入"材料采购"账户；为购货单位垫付运杂费应计入"应收账款"账户。审计人员经审查后证实，上述问题是由于会计人员业务不熟所造成的账务处理差错。根据会计制度的规定，被审计单位应调整有关会计分录。调整分录如下：

```
借：在建工程        52 000
    材料采购         3 800
    应收账款         2 000
    贷：管理费用             57 800
```

【课堂训练 10.3.5】管理费用审计

资料：2015 年 3 月份审计人员刘某、王某对长河公司 2014 年度的"管理费用"进行审计，管理费用明细账上列示2014年度的管理费用总额为98 660元。

审计人员实施了以下主要审计程序：

（1）管理费用明细表，复核加计正确并核对与总账、报表发生额及明细账合计数是否相符，经核对数据完全一致。

（2）检查明细项目的设置是否符合规定的核算内容与范围。

（3）进行总体分析性复核，包括对本月度管理费用与上月的管理费用变动进行比较，关注变动的范围是否合理。

（4）进行实质性测试，选择管理费用项目中数额大的或与上期相比变动异常的项目，检查其记录的经济业务是否真实，原始凭证是否合法，审批手续、权限是否合规，会计处理是否正确。管理费用凭证抽查记录如表10.17所示。

表10.17 管理费用凭证抽查记录表

被审计单位名称：长河公司　　编制人：刘某　　日期：2015.3　　索引号：E9-1
项　　　目：管理费用　　　　复核人：王某　　日期：2015.4　　页　次：1/1
会计期间或截止日：2014年

日期	凭证编号	摘要	科目名称	借方金额	贷方金额	核对内容 1	核对内容 2
2014.1.3	现付-9	支付罚款（附件：罚款单）	借：管理费用 贷：现金	50	50		
2014.3.9	转字-22	修理房屋领用水泥	借：管理费用 贷：原材料	1 000	1 000		
2014.4.12	现付-31	交纳税款的滞纳金（附件：滞纳金罚款单）	借：管理费用 贷：现金	450	450		
2014.5.18	转字-41	提取本月借款利息	借：管理费用 贷：应付利息	36 000	36 000		
2014.6.26	银付-46	支付推销产品广告费（附件：支票存根）	借：管理费用 贷：银行存款	12 000	12 000		
2014.8.28	银付-49	支付材料的非常损失（附件：支票存根）	借：管理费用 贷：银行存款	10 000	10 000		
2014.11.30	转字-56	管理部门的固定资产计提折旧	借：管理费用 贷：累计折旧	3 000	3 000		
核对内容说明： 1. 原始凭证内容完整 2. 有授权批准 3. 账务处理正确 4. 不属于跨期收支事项					审计说明：		

（5）查验管理费用归属期间是否正确，有无跨期费用入账。在抽查记账凭证，检查原始凭证过程中发现了以下问题：

1）支付驾驶员违章罚款 50 元。
2）交纳的滞纳金 450 元。
3）房屋进行大修理领用水泥 1 000 元。
4）支付推销产品广告费 12 000 元。
5）提取本月应计流动资金借款利息 36 000 元。
6）由于非常损失毁损材料 10 000 元。

要求：编制以下审计工作底稿：
（1）管理费用审计程序表。
（2）管理费用审计工作底稿。
（3）管理费用审定表。

练习题

一、单项选择题

1. 在以下有关期末存货的监盘程序中，与测试存货盘点记录的完整性不相关的是（　　）。
   A．从存货盘点记录中选取项目追查至存货实物
   B．从存货实物中选取项目追查至存货盘点记录
   C．在存货盘点过程中关注存货的移动情况
   D．在存货盘点结束前再次观察盘点现场

2. 下列选项中，不属于生产与存货循环内部控制的是（　　）。
   A．生产过程中存货的内部控制
   B．工薪的内部控制
   C．对产品成本进行记录与控制的成本会计控制
   D．固定资产的内部控制

3. 在公司生产业务中，领料单的规制一般为（　　）。
   A．一式两联　　　　　　　　B．一式三联
   C．一式四联　　　　　　　　D．没有明确标准

4. 仓库部门向生产部门发货的依据是从生产部门收到的（　　）。
   A．验收单　　B．发料单　　C．领料单　　D．保管单

5. 审计人员于 1 月 5 日对甲材料进行盘点，数量为 1000 千克，而决算日 12 月 31 日甲材料明细账上是 1200 千克，从盘点日到决算日收入材料 6000 千克，发出材料 6600 千克，该单位决算日时甲材料盘盈或盘亏的数量是（　　）。
   A．盘盈 800 千克　　　　　　B．盘亏 800 千克
   C．盘盈 40 千克　　　　　　　D．盘亏 400 千克

6. 下列选项中，对存货的内部控制叙述错误的是（　　）。
   A．购货应由独立的采购部门负责
   B．验收工作可由购货部门负责
   C．企业应建立储存管理责任制
   D．各个生产部门必须制定严格的规划，由管理人员负责监督，控制整个生产过程

7. 管理费用的审计目标不包括（　　）。
   A．记录是否完整　　　　　　　B．计提是否合理
   C．计算是否正确　　　　　　　D．披露是否恰当
8. 监盘程序主要是（　　）。
   A．对存货的结存数量予以确认
   B．能保证被审单位对存货拥有所有权
   C．能对该存货的价值提供审计证据
   D．能保证存货项目余额的真实性
9. 下列关于直接人工成本审计的说法中，错误的是（　　）。
   A．对采用作业成本法的企业，注册会计师应抽查直接人工成本差异的计算是否正确
   B．注册会计师应结合应付职工薪酬的检查，抽查人工费用会计记录及会计处理是否正确
   C．注册会计师应对直接人工成本进行分析性复核，将本年度直接人工成本与前期进行比较
   D．直接人工成本的审计一般是从审阅"生产成本"、"制造费用"、"应付职工薪酬"明细账和工资分配表、工资汇总表等入手
10. 注册会计师在对应付职工薪酬审计过程中，发现"应付职工薪酬"科目核算的下列内容有误的是（　　）。
    A．管理人员工资　　　　　　　B．企业承担的生产工人医疗保险费
    C．为管理层提供非货币性福利　　D．离退休人员工资

二、多项选择题

1. 生产与存货循环涉及的主要业务活动包括（　　）。
   A．计划和安排生产　　　　　　B．发出原材料
   C．生产产品　　　　　　　　　D．储存产成品
   E．发出产成品
2. 存货内部控制主要包括（　　）职能。
   A．购货　　　B．验收　　　C．仓储　　　D．生产
   E．销货
3. 注册会计师在对被审计单位的存货进行审计时发现，2014年12月29日收到所购材料并验收入库，而购货发票却在2015年5月才收到，被审计单位将该业务反映在1月份账内，则会导致2014年年度会计报表（　　）。
   A．高估负债　　　　　　　　　B．低估负债
   C．高估销售成本　　　　　　　D．低估销售成本
   E．高估资产
4. 存货监盘程序包括（　　）。
   A．抽点　　　　　　　　　　　B．实地观察
   C．盘点问卷调查　　　　　　　D．编制审计工作底稿
5. 下列哪些属于存货监盘计划应当包括的内容？（　　）
   A．存货监盘的目标、范围及时间安排

B．参加存货监盘人员的分工
C．检查存货的范围
D．产品成本的计算

6．在下列项目中，应计入工业企业存货成本的有（　　）
   A．进口原材料支付的关税　　B．生产过程中发生的制造费用
   C．原材料的保险费　　D．原材料入库前的挑选整理费用
   E．自然灾害造成的原材料净损失

7．审计人员在外购存货的计价测试中，除了要考虑样本的代表性之外，通常还要考虑的因素有（　　）。
   A．价值高　　B．进出频率高
   C．价格波动大　　D．容易盘点
   E．价格波动小

8．下列属于应付职工薪酬审计的实质性程序有（　　）。
   A．对本期薪酬费用进行分析性复核
   B．检查薪酬的计提是否正确，分配方法是否与上期一致
   C．人事、考勤、工薪发放、记录等职务相互分离
   D．选取样本测试工薪费用的归集和分配
   E．检查应付职工薪酬支付和使用情况

9．存货审计的目标包括（　　）。
   A．证实存货存在性　　B．证实存货所有权
   C．证实存货记录准确性　　D．证实存货计价准确性
   E．证实存货跌价准备合理性

10．审查"存货——原材料"项目。观察到 M 材料期末库存平均价格为每吨 300 元。库存量为 1 000 吨。近期进价为 240~260 元，材料价格近几年一直较为平稳，以此推断非正常差价为 240 000~260 000 元。可能的情况有（　　）。
   A．以前材料发出成本少转　　B．以前材料发出成本多转
   C．补转以前费用　　D．冲转以前费用
   E．补转以前差价

三、判断题

1．审计人员应当根据被审计单位存货的特点、盘存制度和存货内部控制的有效性等情况，在评价被审计单位存货盘点计划的基础上，编制存货监盘计划，对存货监盘作出合理安排。（　　）

2．存货监盘只能对期末结存数量和状况予以确认，为了验证财务报表上存货余额的真实性，还必须对存货的计价进行审计。（　　）

3．戊公司在资产负债表日对一批账面价值为 100 万元、可变现净值为 84 万元的存货计提了跌价准备 16 万元。该批存货在资产负债表日至审计报告日出售了 50%，销售收入为 41 万元。助理人员确认戊公司对该批存货计提的跌价准备是合理的。（　　）

4．助理人员于 2003 年 3 月 15 日对 R 公司的存货进行了监盘，监盘中按存货金额 45%的

比例进行了抽盘，抽盘结果显示抽盘日账实相符，据以得出资产负债表日存货真实存在的审计结论。（　　）

5．存货截止测试时，要关注所有在截止日期以前入库的存货项目是否均已包括在盘点范围内，并已反映在截止日以前的会计记录中。（　　）

6．存货截止测试时，要关注任何截止日期以后入库的存货项目是否都包括在盘点范围内，并反映在截止日以前的会计记录中。（　　）

7．存货监盘能确认存货的所有权以及存货的状况。（　　）

8．注册会计师要事先通知被审计单位讨论存货抽点的范围，有利于抽盘的顺利进行。（　　）

9．计价审计的样本，应从存货数量已经盘点、单价和总金额已经计入存货汇总表的结存存货中选择。（　　）

10．存货计价测试时，注册会计所要按照被审计单位的计算程序进行重新计算。（　　）

四、思考题

1．简述生产与存货循环涉及的主要业务活动？
2．简述应付职工薪酬审计的内容？
3．简述生产成本内部控制测试的评审要点？
4．简述管理费用的审计方法？
5．如何审计企业材料计价的正确性和材料耗用的真实性？

五、综合实训

综合实训 10-1

1．资料：审计人员对德州宏达有限公司原材料进行审计，有关资料如下：

（1）11 月 31 日甲材料明细账如表 10.18 所示。

表 10.18　原材料明细账

品名：甲材料　　　　　　　　　　　　　　　　　　　　　　　　单位：元

年		摘要	凭证号	增加		减少		结存		
月	日			数量	单价	数量	单价	数量	单价	金额
11	1	期初余额	略					100	50	5 000
11	8	购货		2 000	48			2 100		101 000
11	15	购货		4 000	58.5			6 100		335 000
11	18	生产领用				3 000	58.5	3 100		159 000
11	20	生产领用				2 000	48	1 100		63 500
		……								

（2）该企业为增值税一般纳税人，存货按移动加权平均法计价。

11月8日购入甲材料,总金额为96 000元,未取得增值税专用发票;外地运杂费2 000元,已记入"管理费用"账户。

11月15日购入甲材料,取得增值税专用发票上注明价税合计数为234 000元。

2. 要求:指出存货业务中存在的问题,并提出处理意见。

综合实训 10-2

1. 资料:德州新华会计师事务所接受委托,承办某公司2014年度财务报表审计业务。注册会计师张某和刘某负责确定与交易类别、账户余额、列报及披露相关的实质性程序。表10.19中的空格部分是注册会计师张某和刘某尚未完成的工作。

表 10.19 应当实施的最常用的实质性程序

认定	最常用的实质性程序
外购固定资产所有权认定	
存货存在认定	
原材料转让业务截止认定	

2. 要求:请针对表10.19列示的各项认定,代注册会计师张强和刘丽列示出为实现各认定的审计目标,应当实施的最常用的实质性程序(填入表10.19中)。

综合实训 10-3

1. 资料:注册会计师刘丽在对昆仑公司2014年度会计报表审计过程中,发现了下列接近资产负债表日的业务。

(1)2015年1月3日,公司收到了金额为15 000元的一张购货发票,这笔购货业务在1月5日入账。入库单显示这批货物于2014年12月29日收到。

(2)2014年12月28日,公司收到价值32 500元的商品,相关发票没有入账。发现该发票由销售部门保管,发票上注有"受托代销"。

(3)2014年12月31日营业结束后,在发货区域,有一只包装箱内有价值18 600元的产品。当日的存货盘点范围中没有包括这只包装箱内的存货,因为包装箱上贴有"即将发货"的标签。通过调查,发现这箱产品于2015年1月2日发出,销售发票日期为2015年1月3日。

2. 要求:请说明这些商品是否应包括在被审计单位2014年12月31日的存货中?理由是什么?

综合实训 10-4

1. 资料:注册会计师在审查某企业材料采购明细账借方记录时,发现"材料采购"明细账中借方如下记录:

(1)合同规定应由供货单位负担的运杂费25000元。

(2)因无款承付而支付的罚款3600元。

(3)新建车间工程购入施工材料的运费6000元。

(4)采购人员差旅费2500元。

2. 要求:指出以上账务处理中存在的问题,并作出调整分录。

项目十一　筹资与投资循环审计

【知识能力目标】

通过学习和训练，了解筹资与投资循环的特点、所涉及的主要业务活动及凭证；理解筹资与投资循环的内部控制、相关控制测试及交易实质性测试的内容及其相互关系；掌握应付债券和投资活动中有关内部控制的内容、控制测试和实质性测试的程序和方法；掌握借款审计、所有者权益审计、投资审计的程序和方法。

【案例导入】

注册会计师张强在审查美云公司2010年的"实收资本"账户时，发现如下一笔账务处理：

借：银行存款　　　　　　　　　8 000 000
　　贷：实收资本　　　　　　　　8 000 000

美云公司是当年成立的新公司，该800万元是投资者二次投入的资本，时间符合要求，但是，张强在追查该分录的原始凭证时，却没有找到当时的银行入账单。张强分析，审查实收资本真实性、完整性的一个重要证据就是银行账户确实收到该款项的入账单凭据。没有入账单凭据往往是虚假投资的开始，因此张强开始留心。在此基础上，张强进一步调查取证，他查对了近期的银行对账单，也没有发现该笔款项入账，通过函证也证实该笔投资从未进账。同时，张强在检查银行存款日记账时，发现一笔同样数目的贷方发生额，对应科目是"应收账款"。追查到记账凭证77#为：

借：应收账款——甲股东　　　　8 000 000
　　贷：银行存款　　　　　　　　8 000 000

同样，这笔分录也没有相应的银行支付或支票存根凭证。于是张强肯定，这显然是一笔虚假投资，并抽出资本的行为。即使甲股东真正投入过8 000 000元，但其借出的行为也是十分令人怀疑的。通过取证，确认了甲股东从未投入该笔资本，故张强提出调账建议：

借：实收资本　　　　　　　　　8 000 000
　　贷：应收账款——甲股东　　　8 000 000

任务一　筹资与投资循环的特征

筹资活动是指企业为满足生存和发展的需要，通过改变企业资本及债务规模和构成而筹集资金的活动。投资活动是指企业为享有被投资单位分配的利润，或为谋求其他利益，将资产让渡给其他单位而获得另一项资产的活动。筹资和投资活动为企业完成其经营目标和战略措施奠定了基础。管理层为了取得收入并促进企业的成长，会获取和使用各种资本来源，并通过权益或借款来筹集这些资本。在很多企业中，投资于长期资产的金额通常具有重要性。如果企业不能从使用的资产中获得预期回报，或不能负担长期筹资的成本，或不能在长期借款到期时偿还，将产生持续经营风险。

一、筹资与投资循环的性质

筹资与投资循环由筹资活动和投资活动的交易事项构成。筹资活动主要由借款交易和股东权益交易组成。投资活动主要由权益性投资交易和债权性投资交易组成。注册会计师应当考虑筹资与投资循环的如下性质：

（1）对一般工商企业而言，与其他循环相比，企业每年筹资与投资循环涉及的交易数量较少，而每笔交易的金额通常较大。这就决定了对该循环涉及的财务报表项目审计，更可能采用实质性方案。

（2）筹资活动在遵守国家法律、法规和相关契约的规定下进行。例如，债务契约可能限定借款人向股东分配利润，或规定借款单位的流动比率和速动比率不能低于某一水平。注册会计师了解被审计单位的筹资活动，可能对评估财务报表舞弊的风险、从性质角度考虑审计重要性、评估持续经营假设的适用性等有重要影响。

（3）漏记或不恰当地对一笔业务进行会计处理，将会导致重大错误，从而对企业财务报表的公允反映产生较大的影响。例如，对于从事衍生金融工具交易的企业而言，尤为如此。公允价值的确定和交易记录的完整性等可能存在重大错报风险。

二、筹资与投资循环所涉及的主要业务活动

（一）筹资所涉及的主要业务活动

1. 审批授权

企业通过借款筹集资金需经管理层的审批，其中债券的发行每次均要由董事会授权；企业发行股票必须依据国家相关法规或企业章程的规定，报经企业最高权力机构（如董事会）及国家有关管理部门批准。

2. 签订合同或协议

向银行或其他金融机构融资须签订借款合同，发行债券须签订债券契约和债券承销或包销合同。

3. 取得资金

企业实际取得银行或金融机构划入的款项或债券、股票的融入资金。

4. 计算利息或股利

企业应按有关合同或协议的规定，及时计算利息或股利。

5. 偿还本息或发放股利

银行借款或发行债券应按有关合同或协议的规定偿还本息，对融入的股本根据股东大会的决定发放股利。

（二）投资所涉及的主要业务活动

针对权益性投资的购买和出售业务活动应当包括以下内容：

（1）投资交易的发生。

由管理层对所有投资交易进行授权。交易的数量越多，授权程序必须越正式。

对上市性投资的购买应当由交易经纪人的买入公告支持，对非上市性投资的购买应当由相关合同支持。两者都应当由董事会纪要（或其他授权文件）批准购买。高级员工应当在结算买价之前核对这些文件。本项职能应当同投资购买业务的批准和记录职能分离。

投资的销售（售出）业务一般由下列文件支持：经纪人的销售公告、合同、董事会批准

非上市性投资业务销售的会议纪要,高级员工核对收据和银行存款的详细信息。这一职能应当与投资销售业务的批准和记录分开。

(2) 有价证券的收取和保存。

企业所收到的凭证和有价证券应当保存在其经纪人处或由企业的银行保存在保管箱里。注册会计师应当对这些凭证和有价证券的真实性以及管理层伪造或修改这些凭证和有价证券的风险保持警惕。如果注册会计师怀疑可能存在上述情况,则应当向被投资企业询证以确定投资企业是否对被审计单位真正投资。

(3) 投资收益的取得。

企业收到股利和利息支票时应当予以记录并追查至银行存款单。如果企业发生了大量的投资活动,企业应当设立单独的银行账户,所有的投资收益都应当存入该账户。如果企业的经纪人安全保管着其上市股票凭证,应当由经纪人直接收取股利并存入企业的银行账户。企业应当针对相关银行账户定期编制调节表。

股利收据应当在投资账户中记录,包括股利的金额和日期(宣告日期、最后行权日和支付日期)。这应由高级员工定期复核,以确保所收取和记录的股利收入的完整性。

利息收入一般应当与债务性投资合同和支付安排一致。高级员工应当确保所收到的利息计算正确且已存入。应当考虑确保利息在财务期间内截止和分摊的正确性。

(4) 监控程序。

管理层的定期复核应当包括:

1) 定期检查持有股票凭证或有价证券的月度报表,并与投资账户余额(提供有价证券存在性的证据)相比较。

2) 检查所有的购买和销售交易,如果交易的数量有限则检查授权的证据;如果企业作为经纪人拥有大量的交易,则在测试的基础上检查有价证券完整性和发生的证据。

3) 检查经纪人的买入和卖出公告,如果交易的数量有限则可作为所有买入和卖出交易的支持性信息,如果企业作为经纪人拥有大量的交易,则在测试的基础上将投资清单的详细信息同总分类账相核对,以获取有价证券完整性、发生和估价的审计证据。

4) 将所收到的现金或所付出的支票与相关买入、卖出交易和收益的收据的授权信息相核对。

5) 针对实际业绩定期制定关键业绩指标并监控,以识别不佳的业绩或回报。

进行此项复核的证据通常应当是高级管理层在相关记录或管理层会议纪要中的签字。

三、筹资与投资业务活动涉及的主要凭证与会计记录

(一) 筹资活动的凭证和会计记录

1. 公司债券

公司依据法定程序发行、约定在一定期限内还本付息的有价证券。

2. 股本凭证

公司签发的证明股东所持股份的凭证。

3. 债券契约

载明债券持有人与发行企业双方所拥有的权利与义务的法律性文件,内容包括:债券发行的标准;债券的明确表述;利息或利息率;受托管理人证书;登记和背书;如系抵押债券,其

所担保的财产；债券发生拖欠情况如何处理，以及对偿债基金、利息支付、本金返还等的处理。

4. 股东名册

发行记名股票的公司记载股东的凭证，内容包括：股东的姓名或者名称及住所；股东所持股份数；股东所持股票的编号；股东取得其股份的日期。发行无记名股票的，公司应当记载其股票数量、编号及发行日期。

5. 公司债券存根簿

发行记名公司债券时记载债券持有人的凭证，内容包括：债券持有人的名称及住所；债券持有人取得债券的日期及债券的编号；债券总额、债券的票面金额、债券的利率、债券还本付息的期限和方式；债券的发行日期。发行无记名债券的应当在公司的债券存根簿上记载债券总额、利率、偿还期限和方式、发行日期和债券编号。

6. 承销或包销协议

公司向社会公开发行股票或债券时，应当由依法设立的证券经营机构承销或包销，公司应与其签订承销或包销协议。

7. 借款合同或协议

公司向银行或其他金融机构借入款项时与其签订的合同或协议。

（二）投资活动的凭证和会计记录

1. 债券投资凭证

载明债券持有人与发行企业双方所拥有的权利与义务的法律性文件，其内容一般包括：债券发行的标准；债券的明确表述；利息或利息率；受托管理人证书；登记和背书。

2. 股票投资凭证

买入凭证记载股票投资购买业务，包括购买股票数量、被投资公司、股票买价、交易成本、购买日期、结算日期、结算日应付金额合计。卖出凭证记载股票投资卖出业务，包括卖出股票数量、被投资公司、股票卖价、交易成本、卖出日期、结算日期、结算日金额合计。

3. 股票证书

载明股东所有权的证据，记录所有者持有被投资公司所有股票数量。如果被投资公司发行了多种类型的股票，该证书也反映股票的类型，如普通股、优先股。

4. 股利收取凭证

向所有股东分发股利的文件，标明股东、股利数额、每股股利、被审计单位在交易最终日期持有的总股利金额。

5. 长期股权投资协议

6. 投资总分类账

对被投资单位所持有的投资，记录所有的详细信息，包括所获得或收取的投资收益。总分类账中的投资账户记录初始购买成本和之后的账面价值。

7. 投资明细分类账

由投资单位保存，用来记录所有的非现金性投资交易，如期末的市场对市场调整、公允价值的反映，以及记录与处置投资相关的损益。

思考：筹资和投资活动的主要凭证和会计记录有哪些？

【案例演示 11.1.1】实收资本的审计

1. 资料：香港商人张某在海南省注册成立一家注册资本为 1000 万美元的外商独资企业 X 公司。根据我国外商投资企业管理办法，海南省工商管理局要求外商投资企业必须办理年检，以审核公司现行的注册资本与实收资本情况。这一举措对于已取得营业执照，但尚未投入实收资本的 X 公司来说，无疑是当头一棒。如果不能通过年检，就意味着要被注销登记，并被吊销营业执照。因此，作为 X 公司总经理的张某决定不惜一切代价，打通关节，一定要通过年检。在对该公司的有关材料作了一番精心整理后，张某首先来到了海南省工商管理局，提出要进行年检。工商管理局人员在审阅了材料之后，明确告知材料中缺少一份重要证明文件，即验资报告。

对于注册资本并未投入的 X 公司而言，如何才能顺利通过审计人员的年检呢？张某绞尽脑汁，终于想出"良策"。首先，他将 1000 美元存入银行。银行按照通常手续开具了 1000 美元的现金解款单。然后，他又要求银行开具 1000 美元的存款证明单。在取得了这两张凭证后，张某拿出涂改液，将现金解款单上阿拉伯数字 1000 美元改写为"US$1000 万美元"。而在存款证明单上，由于数字后面的空白较多，就轻易地加上了 4 个 0，这样，存款证明单上的金额就变成了"$10 000 000"。由于使用了涂改液，而解款单和证明单上均注明了"此件涂改无效"的字样。因此，他将"此件涂改无效"的字样用纸贴去，然后再用复印机一复印，便几乎看不出涂改的痕迹了。只是，美中不足的是，这是两张复印件。但是，张某仍抱着侥幸的心理，开始寻找会计师事务所。几经周折，他找到了海南省 ABC 会计师事务所，审计人员仅用半个多小时时间匆匆浏览一遍全部文件，就动手起草验资报告，刷刷几笔，一份证明有 1000 万美元实收资本的验资报告草稿拟完。

2. 要求：基于筹资与投资业务的特点，作为一名注册会计师应如何进行审计证据的收集以减少审计风险？

分析指导：如果当时审计人员保持应有的职业谨慎，对验资业务中最重要的证据加以重视，最起码会要求 X 公司出具两份证明凭证的原件，与此同时，还可以采用其他一些审计常用程序，比如前往开户银行进行查询、核实等等，那么，张某的把戏很容易就会被戳穿。即使不采取这些行动，稍有经验的审计人员也会发现现金解款单上的"US＄1000 万美元"一栏存在着可疑之处，即正式凭证上不可能将 1000 万元表述成"1000"与"万元"。但是，该案例中的审计人员连这一破绽也没发现，仅凭 X 公司提供的一些文件，在并未采取其他任何审计程序的情况下，就出具了报告，可谓大意之极。而张某正是用了这份验资报告，开始其骗取商业信用、欺诈以牟取暴利的行动。

【课堂训练 11.1.1】实收资本的审计

1. 资料：审计人员刘丽发现，德州昆仑有限责任公司在注册后不久，其投资方之一 M 公司有一笔与投资额相等的资金减少额，审计人员刘丽怀疑德州昆仑有限责任公司存在抽逃资金的情况。

2. 要求：针对以上情况，你认为刘丽应该找到哪些凭证和会计记录以验证自己的怀疑？

任务二　筹资与投资循环的内部控制制度测试

一、内部控制目标、内部控制与审计测试的关系

表 11.1 和表 11.2 分 4 列，分别列示投资交易与筹资交易有关的内部控制目标、关键内部控制以及相应的控制测试和交易实质性程序。

二、筹资活动的内部控制及其测试

(一) 筹资活动的内部控制

筹资活动由借款交易和股东权益交易组成。企业的借款交易涉及短期借款、长期借款和应付债券，这些内部控制基本类似，股东权益增减变动的业务较少而金额较大；注册会计师在审计中一般直接进行实质性测试。筹资活动的内部控制系统一般包括下列内容：

（1）筹资的授权审批控制。适当授权及审批可明显提高筹资活动效率，降低筹资风险，防止由于缺乏授权、审批而出现的舞弊现象。

（2）筹资循环的职务分离控制。职责分工、明确责任是筹资循环内部控制的重要手段，筹资业务中应职务分离的包括：

1）筹资计划编制人与审批人适当分离，以利于审批人独立地评价计划的优劣。

2）经办人员不能接触会计记录。

3）会计记录人员同负责收、付款的人员相分离，有条件的应聘请独立的机构负责支付业务。

4）证券保管人员同会计记录人员分离。

（3）筹资收入款项的控制。为了能使企业的内部控制系统有效执行，客观、公正地证实企业会计记录的可信性，防止以筹资业务为名进行不正当活动或者以伪造会计记录来掩盖不正当活动的事项发生，企业最好委托独立的代理机构筹资。

表 11.1 投资交易的控制目标、内部控制和测试一览表

内部控制目标	关键内部控制	常用控制测试	交易实质性程序
记录的投资交易均系真实发生的交易（存在或发生）	投资经过授权审批	索取投资授权批准文件，检查审批手续是否齐全	检查与投资有关的原始凭证，包括投资授权文件、被投资单位出具的股权或债权证明、投资付款记录和相关有价证券等
投资交易均已记录（完整性）	投资管理层根据交易流水单，对每笔投资交易记录进行核对、存档，并在交易结束后一个工作日内将交易凭证交投资记账员。投资记账员编制转账凭证，并附相关单据，提交会计主管复核。复核无误后进行账务处理。每周末，投资管理员与投资记账员就投资类别、资金统计进行核对，并编制核对表，分别由投资管理经理、财务经理复核并签字。如有差异，将立即调查。对所投资的有价证券或金融资产定期盘点，并与账面记录相核对。定期与被投资单位或交易对方核对账目	询问投资业务的职责分工情况及内部对账情况。检查被审计单位是否定期与交易对方或被投资方核对账目	检查董事会会议记录、投资合同、交易对方提供的对账单、盘点报告等，确定有无未入账的交易

续表

内部控制目标	关键内部控制	常用控制测试	交易实质性程序
投资交易均已以恰当的金额记入恰当的期间	定期与被投资单位或交易对方核对账目。会计主管复核	检查被审计单位是否定期与债权人核对账目。检查会计主管复核印记	将借款记录与所附的原始凭证进行细节比对
投资交易均已记入恰当的账户	使用会计科目核算说明。会计主管复核	询问会计科目表的使用情况。检查会计主管复核印记	将投资记录与所附的原始凭证进行细节比对

注 本表以初始投资交易为例,不包括收到投资收益、收回或变现投资、期末对投资计价进行调整等交易。

表11.2 筹资交易的控制目标、内部控制和测试一览表

内部控制目标	关键内部控制	常用控制测试	交易实质性程序
记录的筹资交易均系真实发生的交易（存在或发生）	借款经过授权审批。签订借款合同或协议等相关法律文件	索取借款的授权批准文件,检查审批手续是否齐全。检查借款合同或协议	检查支持借款记录的原始凭证
筹资交易均已记录（完整性）	负责借款业务的信贷管理层根据综合授信协议或借款合同,逐笔登记借款备查簿,并定期与信贷记账的借款明细账核对。定期与债权人核对账目	询问借款业务的职责分工情况及内部对账情况。检查被审计单位是否定期与债权人核对账目	检查董事会会议记录、借款合同、银行询证函等,确定有无未入账的交易
筹资交易均以恰当的金额记入恰当的期间	负责借款业务的信贷管理层根据综合授信协议或借款合同,逐笔登记借款备查簿,并定期与信贷记账员的借款明细账核对。定期与债权人核对账目。会计主管复核	询问借款业务的职责分工情况及内部对账情况。检查被审计单位是否定期与债权人核对账目。检查会计主管复核印记	将借款记录与所附的原始凭证进行细节比对
筹资交易均已记入恰当的账户	使用会计科目核算说明。会计主管复核	询问会计科目表的使用情况。检查会计主管复核印记	将借款记录与所附的原始凭证进行细节比对

注 本表以获得初始借款交易为例,不包括偿还利息和本金交易。

（4）还本付息、支付股利等付出款项的控制。无论何种筹资形式都面临利息的支付或股利的发放等支付款项的问题。由于企业债券受息人社会化的特征,企业可开出单张支票,委托有关代理机构代发,从而减少支票签发次数,降低舞弊可能。另外,还应定期核对利息支付清单和开出支票总额。股利发放,要以董事会有关发放股利的决议文件为依据。

（5）实物保管的控制。债券和股票都应设立相应的登记簿,详细登记已核准发行的债券和股票有关事项,如签发日期、到期日期、支付方式、支付利率、当时市场利率、金额等。

（6）会计记录的控制。筹资业务的会计处理较为复杂,因此会计记录的控制尤为重要。企业应及时按正确的金额、合理的方法,在适当的账户和合理的会计期间予以正确记录,注册会计师应通过询问、观测、查阅有关资料等方法来了解筹资循环内部控制的完善程度。

（二）筹资活动的符合性测试

对筹资活动的内部控制进行符合性测试是在了解内部控制要点后,对于控制较强的部分,

测试其健全、有效程度,从而最终对筹资活动的内部控制作出评价。这种符合性测试主要包括以下工作:

(1)筹资活动是否经过授权批准。测试授权审批控制,可以直接向管理当局询问,并查看有关记录。如:对于长期借款,审查企业高层管理机构是否制定举债政策及审批程序,是否审慎作出举债决策,是否制定合理的借还款计划,并按规定程序报经审批。

(2)筹资活动的授权、执行、记录和实物保管等是否严格分工。对职务分离控制的符合性测试可以采取跟踪业务的方法,实施调查各有关方面的情况;对收入和偿还款项控制的符合性测试可以结合货币资金业务的内部控制测试进行;对实物保管控制的符合性测试可以采取实地调查的方法。

(3)筹资活动是否建立了严密的账簿体系和记录制度,并定期检查。此项测试应采取账务追索收集证据的方法。例如:对于长期借款取得、使用和偿还情况,会计记录是否能够及时、完整地反映,会计人员是否对明细账和总账进行了全面登记,并定期检查和核对其是否相符。

注册会计师在对筹资活动的内部控制实施符合性测试的基础上,对其进行分析、评价,以确定控制的强弱点及其可依赖程度,据以确定实质性测试的性质、时间和范围,并针对控制薄弱环节提出改进建议。

三、投资活动的内部控制及其测试

(一)投资活动的内部控制

投资活动的内部控制包括以下几个方面:

(1)投资计划的审批授权控制。投资必须编制投资计划,详细说明投资的对象、投资目的、影响投资收益的风险。投资计划在执行前必须严格审核,审查的内容主要有:证券市场的估计是否合理;投资收益的估算是否正确;投资的理由是否恰当;计划购入的证券能否达到投资目的等。所有投资计划及其审批应当用书面文件予以记录。

(2)投资业务的职责分工控制。合法的投资业务应在业务的授权、执行、会计记录以及资产的保管方面等都有明确的分工,任何一项投资业务的全过程或过程中的某一重要环节不得由一人或一个机构独立负责。这种合理的职责分工所形成的相互牵制机制,有利于避免或减少投资业务中发生错误或舞弊的可能性,并且一旦发生,也能及时发现,从而将企业的损失控制到最低限度。

(3)投资资产的安全保护控制。企业对投资资产(股票和债券)一般有两种保管方式:一种方式是由独立的专门机构保管。例如:企业在拥有数额较大的投资资产的情况下,委托银行、证券公司、信托投资公司等进行保管。由于他们与投资业务的会计记录工作是完全分离的,可以大大降低舞弊的可能性。另一种方式是由企业自行保管,在这种方式下,必须建立严格的相互牵制制度,即至少要由两名以上人员共同控制,不得一人单独接触证券。

(4)投资业务会计记录控制。对于股票或债券类投资,无论是企业拥有的还是由他人保管的,都要进行完整的会计记录,并对其增减变动及投资收益的实现情况进行相关会计核算。

(5)投资收益控制。不同投资形成的投资收益内容是不同的。短期投资因为主要是购买有价证券,所以对投资收益的监控就是及时掌握证券市场的行情变动,由投资管理部门或财务部门进行该项控制;而对于长期投资,若以非证券购买方式进行投资,应对接受投资方行使所有权进行监督,若以证券购买方式进行投资,则应对证券市场行情和投资的使用情况进行控制。

（二）投资活动的符合性测试

对投资活动的内部控制进行符合性测试的目的在于检查投资活动内部控制系统的设计和执行情况，以判明其对被审计单位错误和舞弊发生的有效抑制程度，进而据以确定实质性测试的重点、范围和数量，以达到确保审计质量和提高审计效率的目的。

投资活动内部控制的符合性测试内容包括：

（1）投资项目是否经授权批准。对于投资计划的审批授权控制，主要通过查阅有关计划资料、文件或直接向管理当局询问来进行审查。如：通过查阅企业最高管理当局的会议纪要、证券投资的各类权益证明文书、联营投资中的投资协议、合同和章程等，来了解投资循环授权批准制度的执行情况。

（2）投资项目的授权、执行、保管和记录是否严格分工。对于职务分离控制的测试，注册会计师可以采取实地调查、跟踪业务的方法来进行。

（3）有无健全的有价证券保管制度。注册会计师应审阅内部相关人员对有价证券进行定期盘点的报告，重点审阅盘点方法是否适当，盘点结果与会计记录相核对情况，以及出现差异的处理是否合规等。如果各期盘点报告的结果未发现账实间存在差异（或差异不大），说明投资活动的内部控制比较健全有效。

（4）投资活动的核算方式是否符合有关财务制度的规定，相关投资收益的会计处理是否正确。注册会计师可从各类投资业务的明细账中抽取部分会计分录，判断其会计处理过程是否合规完整，并据以核实上述了解的有关内部控制是否健全，是否得到有效的执行。

（5）对投资收益的监控是否适当。对此可以采取查阅分析报告或资料的方法进行测试。

注册会计师在完成上述工作后，取得了有关内部控制是否健全、有效的证据，并在工作底稿中标明投资活动的内部控制的强弱点，对投资业务内部控制进行总体评价，确认对投资业务内部控制的可依赖程度，进而确定实质性测试的程序和重点。

思考： 筹资与投资循环内部控制的要点有哪些？

【案例演示 11.2.1】海尔无形资产投资案例分析与思考

1. 资料：朱晓彦 1998 年 5 月 2 日在《中国财经报》著文称，海尔通过资产重组，控股联营，兼并盘活亏损总额 5.5 亿元的 18 个企业；以无形资产盘活有形资产 15.2 亿元，约 15 000 余人加盟海尔；通过资本运营达到品牌运营的目的，不仅使许多困难企业解困，而且使企业成为当地的优势企业。

创建于 1984 年的海尔集团，从一个亏空 147 万元的濒临倒闭的集体手工业小厂迅速发展成今天中国家电第一名牌的国家特大型企业集团，创下了年平均发展速度 80%的业绩，1997 年销售收入达 108 亿元，产品已出口世界 40 多个国家和地区。海尔实现高速度、大规模扩张的主要手段就是靠成功的资产重组和资本运营。13 年来，海尔集团先后兼并了总资产 15.2 亿元，亏损额 5.5 亿元的 18 家企业，员工人数 15 000 人左右。

海尔对兼并企业没有采用一般企业通常采用的以注入资金盘活资产的做法，而是采用以海尔无形资产盘活有形资产的做法，即通过首先注入海尔的企业文化，以海尔的技术优势、管理优势、品牌优势激活原有的沉淀资产，使其活化为流动性较强且能够迅速产生效益的资产，提高资产的营运质量，以改变人的观念与精神面貌来带动企业面貌的改变。

"海尔风"吹进"红星"，"休克鱼"变成"巨鲸"。拥有 3 500 多名员工的原青岛红星电器公司，曾是我国三大洗衣机生产企业之一。年产洗衣机 70 万台，年销售收入 5 亿多元。但 1995 年上半年，其生产经营每况愈下，出现多年未有的大滑坡现象，且资产负债率高达 143.655，资不抵债 1.33 亿元，状况极不乐观。1995 年年初，青岛市政府决定将青岛红星电器股份公司整体划归海尔集团。这是一次大规模的企业重组，全市上下极为关注，其成败扣人心悬！

划归之初，海尔集团总裁张瑞敏便确定一个思路：红星失败的原因不在技术，也不在资金，关键是管理不到位，职工凝聚力差，缺乏将所有生产要素有效组合的灵魂，而海尔十多年发展最大的成功就是建设了一套独特的管理思想，形成了员工共同认可的价值观，形成了自己的文化——海尔文化，只有将海尔文化输入到红星，以此来统一企业思想，重塑企业灵魂，以无形资产去盘活有形资产，"红星"才有可能重生。

海尔集团副总裁杨绵绵首先率海尔企业文化、资产管理等五大中心人员在划归第二天便来到红星电器公司，开始贯彻和实施"企业文化先行"的战略。"敬业报国、追求卓越"的海尔精神，开始植入并同化着"红星"的员工们。"观念一变天地宽"，加盟海尔的红星电器很快出现了蒸蒸日上的新气象：3 个月扭亏，第 5 个月时就盈利 150 多万元。短短两年多的时间，海尔洗衣机已成为同行业的第一名牌，在百家大商场销量统计表上，海尔洗衣机始终荣登榜首，在竞争激烈的情况下，成为洗衣机市场一道迷人的风景线。兼并后的红星在海尔的海洋里自由遨游、成长，这只因管理不善而"休克"的鱼被催醒，重新参与市场搏击，如今它已成长为同行业的"巨鲸"。

"可怕的顺德人"惊呼"可怕的海尔人"。广东顺德是著名的中国家电之乡。原新华社记者王志刚惊讶于顺德经济的飞速增长而惊呼"可怕的顺德人"。然而，在这样一个家电之乡，爱德洗衣机厂却因管理不善而陷入困境。这时，南方许多企业看好爱德洗衣机的特殊条件，找上门来要求合作，都被爱德拒绝了，他们把合作的"绣球"抛向了青岛，抛向了海尔集团。

1997 年 3 月 13 日，青岛海尔集团挥师南下，跨过长江，挺进中国改革开放的前沿阵地广东省顺德市，以控股投资的方式，与赫赫有名的广东爱德集团公司合资组建起顺德海尔电器有限公司。

海尔企业文化中心的负责人亲自来到顺德海尔，推心置腹地为中层干部们讲述了海尔为什么能用 10 年时间便走完国际同行需要 50 年才能走完的路，讲述了"敬业报国、追求卓越"的企业精神，讲述了什么叫"星级服务"，什么叫"真诚到永远"，也讲述了海尔人与顺德人将如何携手并肩，共创顺德海尔美好的明天。

顺德海尔自成立后 10 多天时间中，原已停产半年之久的洗衣机总装线就全面恢复运转，在家待业的爱德员工已全部回厂上班。当月，第一批新产品已经下线，走向市场。从签约到出产品，不到一个月。一个月投产，两个月批号，三个月挂牌，海尔在顺德又创造了一个奇迹，当地媒介惊呼"可怕的海尔人"。

海尔将中国家电第一名牌的有形和无形资产扩张至改革开放的"桥头堡"，其跨度和力度又开创了中国家电之先河。如果说，在此之前海尔资产运作是突出"以强扶弱"、"以大带小"的规模扩张的话，那么此次挺进顺德就不仅仅是局限于盘活异地存量资产，更大的目的是闯进"洋家电"覆盖中国市场最密集的地区，与国内同行强强联合，让"大家电"和"小家电"这南北家电两强通过资产重组实现优势互补，在与国外名牌面对面的竞争中实现振兴和壮大中国民族家电工业的夙愿。

2. 要求：分组讨论海尔无形资产投资成功的原因是什么？

分析指导：海尔对兼并企业没有采用一般企业通常采用的以注入资金盘活资产的做法，而是采用以海尔无形资产盘活有形资产的做法，即通过首先注入海尔的企业文化，以海尔的技术优势、管理优势、品牌优势激活原有的沉淀资产，使其活化为流动性较强且能够迅速产生效益的资产,提高资产的营运质量,以改变人的观念与精神面貌来带动企业面貌的改变。海尔对外投资的做法不必生搬硬套,因为各个企业的实际情况不同,发展阶段也迥然有异。但海尔最值得借鉴之处并不在于投资方式的灵活性,而在于无论哪一类投资,总要有严密有效的控制和管理。海尔在全球49个国家建有营销点,在美国等国家建立了家用电器生产基地,但海尔并没有因为投资扩张而乱了阵脚,疏于管理。海尔成功所依赖的人力资源控制和企业文化建设,究其实质,都体现了内部控制的精髓并有所发展。

【课堂训练 11.2.1】筹资与投资循环内部控制测试

1. 资料:A和B注册会计师于2015年3月2日至7日对甲公司筹资与投资循环的内部控制进行了解和测试,并在相关审计工作底稿中记录了了解和测试的事项,摘录如下:甲公司股东大会批准董事会的投资权限为1亿元以下。董事会决定由总经理负责实施。总经理决定由证券部负责总额在1亿元以下的股票买卖。甲公司规定:公司划入营业部的款项由证券部申请,由会计部审核,总经理批准后划入公司在营业部开立的资金账户。经总经理批准,证券部直接从营业部资金账户支取款项。证券买卖、资金存取的会计记录由会计部处理。A和B注册会计师了解和测试投资的内部控制制度后发现:证券部在某营业部开户的有关协议及补充协议未经会计部或其他部门审核。根据总经理的批准,会计部已将8000万元汇入该户。证券部处理证券买卖的会计记录,月底将证券买卖清单交给会计部,会计部据以汇总登记。

2. 要求:根据上述摘录,请代A和B注册会计师指出筹资与投资循环内部控制的缺陷,并提出改进建议。

任务三 筹资与投资循环主要账户审计

一、银行借款审计

银行借款是企业承担的一项经济义务,是企业的负债项目。注册会计师对于负债项目的审计,主要是防止企业低估债务。低估债务经常伴随着低估成本费用,从而达到高估利润的目的。因此,低估债务不仅影响财务状况的反映,而且还会极大地影响企业财务成果的反映。所以,注册会计师在执行借款业务审计时,应将被审计单位是否低估借款作为一个关注的要点。

(一)银行借款的审计目标

银行借款的审计目标一般包括:了解并确定被审计单位有关借款的内部控制是否存在、有效且一贯遵守;确定被审计单位在特定期间内发生的借款业务是否均已记录完毕,有无遗漏;确认被审计单位所记录的借款在特定期间是否确实存在,是否为被审计单位所承担;确认被审计单位所有借款的会计处理是否正确;确定被审计单位各项借款的发生是否符合有关法律的规定,被审计单位是否遵守了有关债务契约的规定;确认被审计单位借款余额在有关会计报表上的反映是否恰当。

(二)银行借款的实质性测试

银行借款的实质性测试内容包括短期借款实质性测试和长期借款的实质性测试。

1. 短期借款实质性测试

对短期借款进行实质性测试,注册会计师应根据被审计单位年末短期借款余额的大小、占负债总额的比重、以前年度发现问题的多少以及相关内部控制系统的强弱等确定短期借款实质性测试的审计程序和方法。一般而言,注册会计师对于短期借款的实质性测试应包括以下内容:

(1) 获取或编制短期借款明细表。注册会计师应首先获取或编制短期借款明细表，复核其加计数是否正确，并与明细账和总账核对相符。

(2) 函证短期借款的实有数。注册会计师应当对银行借款及与金融机构往来的其他重要信息实施函证程序，除非有充分证据表明某一借款及金融机构往来的其他重要信息对财务报表不重要且与之相关的重大错报风险很低。

如果不对某一借款及与金融机构往来的其他重要信息实施函证程序，注册会计师应当在审计工作底稿中说明理由。

(3) 检查短期借款的增加。对年度内增加的短期借款，注册会计师应检查借款合同和授权批准书，了解借款数额、借款条件、借款日期、还款期限、借款利率，并与相关会计记录相核对。

(4) 检查短期借款的减少。对年度内减少的短期借款，注册会计师应检查相关记录和原始凭证，核实还款数额。

(5) 检查有无到期未偿还的短期借款。注册会计师应检查相关记录和原始凭证，检查被审计单位有无到期未偿还的短期借款，如有，则应查明是否已向银行提出申请并经同意后办理延期手续。

(6) 复核短期借款利息。注册会计师应根据短期借款的利率和期限，复核被审计单位短期借款的利息计算是否正确，有无多算或少算利息的情况，如有未计利息和多计利息，应作出记录，必要时进行调整。

(7) 检查外币借款的折算。如果被审计单位有外币短期借款，注册会计师应检查外币短期借款的增减变动是否按业务发生时的市场汇率或期初市场汇率折合为记账本位币金额；期末是否按市场汇率将外币短期借款余额折合为记账本位币金额；折算差额是否按规定进行会计处理；折算方法是否前后期一致。

(8) 检查短期借款在资产负债表中的列报是否恰当。企业的短期借款在资产负债表中通常设"短期借款"项目单独列示，对于因抵押而取得的短期借款，应在资产负债表附注中揭示，注册会计师应注意被审计单位对短期借款项目的披露是否充分。

2. 长期借款的实质性测试

长期借款同短期借款一样，都是企业向银行或其他金融机构借入的借款，因此，长期借款的实质性测试同短期借款的实质性测试较为相似。注册会计师在进行长期借款的实质性测试时，一般需要执行的程序包括：

(1) 获取或编制长期借款明细表，复核其加计数是否正确，并与明细账和总账核对相符。

(2) 了解金融机构对被审计单位的授信情况以及被审计单位的信用等级评估情况，了解被审计单位获得短期借款和长期借款的抵押和担保情况，评估被审计单位的信誉和融资能力。

(3) 对年度内增加的长期借款，应检查借款合同和授权批准，了解借款数额、借款条件、借款日期、还款期限、借款利率，并与相关会计记录相核对。

(4) 检查长期借款的使用是否符合借款合同的规定，重点检查长期借款使用的合理性。

(5) 向银行或其他债权人函证重大的长期借款。

(6) 对年度内减少的长期借款，注册会计师应检查相关记录和原始凭证，核实还款数额。

(7) 检查年末有无到期未偿还的借款，逾期借款是否办理了延期手续，分析计算逾期借款的金额、比率和期限，判断被审计单位的资信程度和偿债能力。

(8) 计算短期借款、长期借款在各个月份的平均余额,选取适用的利率匡算利息支出总额,并与财务费用的相关记录核对,判断被审计单位是否高估或低估利息支出,必要时进行适当调整。

(9) 检查非记账本位币折合记账本位币时采用的折算汇率,折算差额是否按规定进行会计处理。

(10) 检查借款费用的会计处理是否正确。借款费用,指企业因借款而发生的利息及其他相关成本,包括折价或溢价的摊销、辅助费用以及因外币借款而发生的汇兑差额。按照《企业会计准则第 17 号——借款费用》的规定,企业发生的借款费用,可直接归属于符合资本化条件的资产的购建或生产的,应当予以资本化,计入相关资产成本;其他借款费用,应当在发生时根据其发生额确认费用,计入当期损益。

(11) 检查企业抵押长期借款的抵押资产的所有权是否属于企业,其价值和实际状况是否与抵押契约中的规定相一致。

(12) 检查企业的重大资产租赁合同,判断被审计单位是否存在资产负债表外融资的现象。

(13) 检查长期借款是否已在资产负债表中充分披露。

长期借款在资产负债表上列示于长期负债类下,该项目应根据"长期借款"科目的期末余额扣减将于一年内到期的长期借款后的数额填列,该项扣除数应当填列在流动负债类下的"一年内到期的长期负债"项目单独反映。注册会计师应根据审计结果,确定被审计单位长期借款在资产负债表上的列示是否充分,并注意长期借款的抵押和担保是否已在会计报表注释中作了充分的说明。

二、应付债券的实质性测试

被审计单位应付债券业务不多,但每笔业务却可能是重要的,因此注册会计师应重视此项负债的测试工作。应付债券的实质性测试一般包括以下工作:

(1) 获取或编制应付债券明细表,并与明细账和总账的余额核对。根据明细表查明:①企业债务结构是否合理,发行方式是否可行,债券的抵押资产是否真实可靠;②在企业内部发行的记名债券,其优惠条件是否合理,转让时是否办理了过户手续;③重点审计债券价值的计算是否正确;证券价格的确定是否合理。

(2) 向债权人或受托人函证,证实应付债券期末余额的真实性。

(3) 审查债券发行的授权批准手续是否齐全,检查债券契约的履行情况,并作必要记录。

(4) 检查应计利息的计算、债券溢价或折价摊销、利息资本化的计算是否正确;其会计处理是否正确、会计记录是否完整、账户间的勾稽关系是否相符。

(5) 检查企业"债券发行备查簿"的设立及记录情况。检查有关会计凭证,如债券交易副本、抵押或担保契约、发行债券时收到的现金收据、汇款通知单和银行对账单、偿还本息时已支付的支票,并与会计记录核对,查明有无应付未付情况及其原因。

(6) 可转换公司债券,是否将负债和权益分拆并记录。

(7) 查明应付债券是否已在资产负债表上充分披露。

应付债券在资产负债表中列示于长期负债类下,该项目应根据"应付债券"科目的期末余额扣除将于一年内到期的应付债券后的数额填列,该扣除数应当填列在流动负债类下的"一年内到期的长期负债"项目单独反映。注册会计师应根据审计结果,确定被审计单位应付债券在会计报表上的反映是否充分,注意有关应付债券的类别是否已在会计报表注释中作了充分的说明。

三、所有者权益审计

所有者权益，是指企业资产扣除负债后由所有者享有的剩余权益。所有者权益可分为实收资本（或股本）、资本公积、盈余公积和未分配利润等部分。

根据资产负债表的平衡原理，所有者权益在数量上等于企业的全部资产减去全部负债后的余额。如果审计人员能够对企业的资产和负债进行充分的审计，证明两者的期初余额、期末余额和本期变动都是正确的，这便从侧面为所有者权益审计提供了有力的证据。但在审计过程中，对所有者权益进行单独审计仍是十分必要的。

由于所有者权益的业务较少、金额较大的特点，审计人员在审计了企业的资产和负债之后，往往只花费相对较少的时间对所有者权益进行审计，且主要运用详细审计的方法，直接对所有者权益项目进行实质性测试。

（一）实收资本的审计

1. 实收资本审计目标

（1）评价企业实收资本的内部控制的适当性。

（2）审查是否将在被审期间发生的所有关于实收资本的经济业务都已记录入账，并已在会计账簿上正确、公允地加以反映。

（3）查明被审期间发生的实收资本项目的增减变动是否均经过核准，是否符合有关法律、法规的规定。

（4）审查实收资本运用的合理性和有效性。

（5）确定会计报表上实收资本的反映是否恰当。

2. 实收资本审计要点

（1）索取并审阅被审计单位合同、章程、营业执照及有关董事会会议记录。企业合同、章程对投资各方的出资方式、出资期限及其他要求做了详细规定，一经国家审批部门批准，就具有法律效力，投资各方均不得随意更改，应严格履行合同、章程所规定的出资义务。

（2）索取或编制实收资本明细表。审计人员应向被审计单位索取或自行编制实收资本明细表，作为永久性档案存档，以供本年度和以后年度审查投入资本时使用。

（3）审查出资期限、出资方式和出资额。审计人员应检查投资者是否已按合同、协议、章程约定时间缴付出资额，其出资额是否经法定验资机构验证；已验资者，应查阅验资报告。

（4）检查投入资本是否真实存在。审计人员应通过对有关原始凭证、会计记录的审阅和核对，向投资者函证实缴资本额，对有关财产和实物的价值进行鉴定，确定投入资本的真实存在。审查时，审计人员应注意审查投入的货币资金是否存入银行，是否已收到银行的收款通知；投入的实物资产是否已办理验收手续，对房地产类固定资产应审查其所有权或使用权证明文件。对设备类固定资产应审查采购发票。对融资固定资产应审查其租赁合同。对投入的无形资产应审查是否已办理了法律手续，接收了有关技术资料。

（5）检查实收资本的增减变动。对于实收资本的增减变动，审计人员应查明原因，查阅其是否与董事会纪要、补充合同、协议及有关法律文件的规定一致。一般而言，企业的实收资本，不得随意增减，如有必要增减，首先应具备一定条件。

（6）审查外币出资时实收资本的折算。企业收到投资者以外币投入的资本，无论是否有合同约定汇率，均不得采用合同约定汇率和即期汇率的近似汇率折算，而是采用交易日即期汇率折算。

（7）确定实收资本是否已在资产负债表上恰当披露。企业的实收资本应在资产负债表上单独列示，被审计期间股东的变更、注册资本的增减、各股东出资额的变动等是否在会计报表附注中作出说明，有关投入资本是否在会计报表附注中予以分类披露。审计人员应在实施上述审计程序的基础上，确定被审计单位资产负债表上的实收资本的反映是否正确，并确定有关投入资本是否在会计报表附注中予以分类揭示。

（二）股本的审计

1. 股本审计的目标

（1）评价企业股本的内部控制的适当性。

（2）审查是否将在被审期间发生的所有关于股本的经济业务都已记录入账，并已在会计账簿上正确、公允地加以反映。

（3）查明被审期间发生的股本项目的增减变动是否均经过核准，是否符合有关法律、法规的规定。

（4）审查股本运用的合理性和有效性。

（5）确定会计报表上股本的反映是否恰当。

2. 股本的审计要点

（1）审阅公司章程、实施细则和股东大会、董事会会议记录。审计人员应向被审计单位索取公司章程、实施细则和股东大会、董事会会议记录的副本，认真研究并核查其中有关股本的规定。在正常情况下，股本增减等业务均应经股东大会或董事会授权或批准。公司的规章可以提供进行审计工作所必需的重要资料。审计人员应了解的资料包括：核定股份和已发行股份的股数、股票面值、股票收回、股票分割及认股权证等。通过这些资料，审计人员应进一步确定被审计单位股本的交易是否符合有关法规规定及股东大会或董事会的决议。

（2）检查股东是否按照公司章程、合同、协议规定的出资方式，各种出资方式的比例是否符合规定。

我国法律规定股份有限公司的出资可以用货币出资，也可用实物、知识产权、土地使用权等可以用货币估价，并可以依法转让的非货币财产作价出资，但是，法律行政法规规定不得作为出资的财产除外。对作为出资的非货币财产应当评估作价，核实财产，不得高估或者低估作价。法律、行政法规对于评估作价有规定的，从其规定。全体发起人的货币出资金额不得低于股份有限公司注册资本的 30%。审计人员审计时，应当了解企业章程、合同、协议中出资方式、出资比例，确定其内容的合法性。然后具体分析企业实际募股时，是否存在与公司章程、合同、协议内容存在差异的情况，了解形成差异的原因，将有关的问题与公司有关人员协商，对审计过程及有关问题的处理，以适当的方式记录于工作底稿中。

（3）索取或自己编制股本明细表。审计人员应向被审计单位索取或自己编制股本明细表，作为永久档案存档，以供本年度和以后年度审查股本时使用。股本明细表的内容应包括各类股本变动的详细记载及有关的分析评价。编制时应将每次变动情况逐一记载并与有关的原始凭证和会计账目进行核对。

（4）审查股票的发行、收回等交易活动。股票的发行、收回等交易活动都会引起股本数额的变动。

审计人员应通过审查与股票发行、收回有关的原始凭证和会计记录，验证股本变动的真实性、合法性。应审查的原始凭证包括已发行股票的登记簿、向外界收回的股票、募股清单、银行对账单等。会计记录主要包括银行存款日记账与总账、股本明细账与总账等。

对委托发行的股票，审计人员可采取函证及查阅的方法来验证其发行的股数，并与股本账面数额及股本明细表进行核对，确定是否相符。对自行发行股票、自己进行有关股票发行数量、金额及股东情况登记的企业，可抽查其记录是否真实；核对发行的股票存根，检查其数额是否与账簿记录相符。

（5）函证发行在外的股票。审计人员检查已发行的股票数量是否真实，是否均已收到股款或资产。我国目前股票发行和转让大多由企业委托证券交易所和金融机构进行，由证券交易所和金融机构对发行在外的股票份数进行登记和控制。因为这些机构一般既了解公司发行股票的总数，又掌握公司股东的个人记录以及股票转让情况，故在审计时可采取与证券交易所和金融机构函证和审阅的方法来验证发行股份的数量，并与股本账面数额进行核对，确定是否相符。对个别自己发行股票、自己进行有关股票发行数量、金额及股东情况登记的企业，由于企业已在股票登记簿和股东名单上进行了记录，则在进行股本审计时，可在检查这些记录的基础上，抽查其记录是否真实、有效，核对发行的股票存根，看其数额是否与股本账上数额相符。

（6）检查股票发行费用的会计处理。发行股票时，一般要发生股票的印刷费和委托其他单位发行股票时的手续费、佣金等，费用往往数额较大，处理得当与否，直接影响企业的财务状况和经营成果，是重要的审计事项。审计人员应检查相关会计记录和原始凭证，确定被审计单位对股票发行费用的会计处理是否正确。

（7）检查股本是否已在资产负债表上恰当披露。股本应在资产负债表中单项列示，审计人员应核对被审计单位资产负债表中股本项目的数字是否与审定数相符，并检查是否在会计报表附注中披露与股本有关的重要事项，如股本的种类、各类股本金额及股票发行的数额、持股股票的面值，本会计期间发行的股票等事项。

（三）资本公积的审计

1. 资本公积的审计目标

（1）确定被审计单位有关资本公积内部控制是否存在、有效且一贯遵守。

（2）确定资本公积的形成、增减及其他有关经济业务会计记录的合法性与真实性。

（3）审查资本公积使用的合理性、正确性和有效性。

（4）确定会计报表上资本公积的反映是否恰当。

2. 资本公积的实质性测试

资本公积是因非经营性因素形成的不能计入实收资本的所有者权益，主要包括投资者实际缴付的出资额超过其资本份额的差额（如股本溢价、资本溢价）、接受捐赠非现金资产、接受现金捐赠、股权投资准备、拨款转入、外币资本折算差额、其他资本公积等。

注册会计师对资本公积进行实质性测试，其测试内容应包括：

（1）检查资本公积形成的合法性。注册会计师应首先检查资本公积形成的内容及其依据，并查阅相关的会计记录和原始凭证，确认资本公积形成的合法性和正确性。资本公积形成的审计包括审查股本溢价或资本溢价、审查接受非现金资产捐赠、审查接受现金捐赠、审查股权投资准备、审查拨款转入、审查外币资本折算差额、审查其他资本公积等。

（2）审查资本溢价或股本溢价。对资本溢价应检查是否在企业吸收新投资时形成，资本溢价的确定是否按实际出资额扣除其投资比例所占的资本额计算，其投资是否经企业董事会决定，并已报原审批机关批准；对股本溢价应检查发行是否合法，是否经有关部门批准，股票发行价格与其面值的差额是否全部计入资本公积，发行股票支付的手续费或佣金、股票印制成本等减去发行股票冻结期间所产生的利息收入后的余额是否已从溢价中扣除。

（3）审查接受捐赠非现金资产。对接受捐赠非现金资产应审查接受捐赠资产是否按规定办理了移交手续，是否经过验收，资产定价是否取得有关报价单或同类资产的市场价格确认，接受捐赠的固定资产是否应计提折旧，有无存在对捐赠资产不入账等情况，有关账务处理是否符合国家有关制度的规定。

（4）审查接受现金捐赠。对于接受现金捐赠，注册会计师应注意审查其银行对账单、银行存款日记账和"资本公积——接受现金捐赠"明细账是否核对相符，是否确实收到有关捐赠款项。

（5）审查拨款转入。国家拨入的专门用于技术改造、技术研究等的拨款项目，注册会计师应审查被审计单位是否按照国家的规定用途使用，有无挪作他用。

（6）审查外币资本折算差额。对外币资本折算差额应审查资本账户折算汇率是否按合同约定确定，并由投资各方认可，且符合国家有关法规、制度的规定，资本账户折算所采用的汇率是否是收到出资日的市场汇率或当月1日的市场汇率。

3. 审查资本公积运用的合法性

注册会计师应审查资本公积有无挪作他用；对于资本公积转增资本，注册会计师应审查转增资本是否经董事会决定并报经工商行政管理机关批准，并依法办理增资手续；获得批准后，资本公积运用的账务处理是否及时准确。

4. 确定资本公积是否在资产负债表上恰当反映

注册会计师应审查资本公积是否在资产负债表上单独列示，同时还应将资本公积明细账同"资产负债表附表——股东权益增减变动表"中列示的资本公积的期末余额及期初余额对比相符。

（四）盈余公积的审计

1. 盈余公积的审计目标

（1）确定被审计单位有关盈余公积内部控制是否存在、有效且一贯遵守。

（2）确定盈余公积的提取和增减变动的合法性、真实性。

（3）审查盈余公积使用的合理性、正确性和有效性。

（4）确定会计报表上盈余公积的反映是否恰当。

2. 盈余公积的实质性测试

盈余公积是企业按照规定从税后利润中提取的积累资金，是具有特定用途的留存收益，主要用于弥补亏损和转增资本，也可以按规定用于分配股利。盈余公积包括法定盈余公积、任意盈余公积和公益金。

注册会计师对盈余公积进行实质性测试，其一般程序包括：

（1）获取或编制盈余公积明细表。进行盈余公积的实质性测试，注册会计师应首先获取或编制盈余公积明细表，分别列示法定盈余公积、任意盈余公积和公益金，并与明细账和总账的余额核对。在此基础上，对盈余公积各明细项目的发生额逐项检查原始凭证。

（2）检查盈余公积的提取。对盈余公积的提取，注册会计师主要应检查盈余公积提取是否符合规定并经过批准，提取手续是否完备，提取的依据（即税后利润）是否真实、正确，提取项目是否完整，提取比例是否合法，有无多提或少提。

（3）检查盈余公积的使用。对盈余公积的使用，注册会计师应主要检查盈余公积的使用是否符合规定用途并经过批准。按规定盈余公积的使用必须经过一定的授权批准手续，法定盈余公积和任意盈余公积用于弥补亏损、转增资本和特别批准后支付股利，但必须符合国家规定的条件；转增资本还必须经批准，依法办理增资手续，取得合法的增资文件；弥补亏损也必须按批准数额转账；公益金只能用于职工集体福利设施，不得挪作他用。

（4）检查盈余公积是否已在资产负债表上恰当披露。企业的法定盈余公积、任意盈余公积、公益金应合并在盈余公积项目中并在资产负债表中列示，股份有限公司盈余公积和公益金项目则在资产负债表中分项列示，同时还应在会计报表附注中说明各项盈余公积的期末余额及期初至期末间的重要变化。注册会计师对此应加以检查。

（五）未分配利润的审计

1. 未分配利润的审计目标

未分配利润是企业当年税后利润在弥补以前年度亏损、提取盈余公积以后加上上年年末未分配利润，再扣除向所有者分配的利润后的结余额，是企业留作以后年度分配的利润。

它是企业历年积存的利润分配后的余额，也是所有者权益的一个重要组成部分。企业的未分配利润通过"利润分配——未分配利润"明细科目核算，其年末余额反映历年积存的未分配利润（或未弥补亏损）。对未分配利润的审计实际上包括对实现利润和分配利润的全部有关业务与数据的审计。对未分配利润的审计应与对利润、利润分配的审计结合起来进行。未分配利润的审计目标主要包括：

（1）确定被审计单位有关未分配利润内部控制是否存在、有效且一贯遵守，包括对利润分配的决议、分配方案，会计处理程序等方面的检查，并为被审计单位改善内部控制提供意见或建议。

（2）确定未分配利润的形成和增减变动的合法性、真实性，为投资者及其他有关方面了解企业的增值、积累情况等提供资料。

2. 未分配利润的实质性测试

未分配利润是指未作分配的净利润，即这部分利润没有分配给投资者，也未指定用途。未分配利润是企业当年税后利润在弥补以前年度亏损、提取公积金和公益金以后加上上年末未分配利润，再扣除向所有者分配的利润后的结余额，是企业留作以后年度分配的利润。它是企业历年积存的利润分配后的余额，也是所有者权益的一个重要组成部分。企业的未分配利润通过"利润分配——未分配利润"明细科目核算，其年末余额反映历年积存的未分配利润（或未弥补亏损）。

未分配利润实质性测试的程序一般包括：

（1）检查利润分配比例是否符合合同、协议、章程以及董事会纪要的规定，利润分配数额及年末未分配数额是否正确。

（2）根据审计结果调整本年损益数，直接增加或减少未分配利润，确定调整后的未分配利润数。

（3）检查未分配利润是否已在资产负债表上恰当披露。

四、投资审计

（一）交易性金融资产的审计

交易性金融资产是企业持有的以公允价值计量且其变动计入当期损益的金融资产，包括为了交易目的所持有的债券投资、股票投资、基金投资、权证投资等和直接指定为以公允价值计量且其变动计入当期损益的金融资产。

1. 交易性金融资产的审计目标
(1) 确定交易性金融资产是否存在。
(2) 确定交易性金融资产是否归被审计单位所有。
(3) 确定交易性金融资产的增减变动及其损益的记录是否完整。
(4) 确定交易性金融资产的计价是否正确。
(5) 确定交易性金融资产期末余额是否正确。
(6) 确定交易性金融资产的披露是否恰当。

2. 交易性金融资产的实质性程序
(1) 获取或编制交易性金融资产明细表,复核加计正确,并与报表数、总账数和明细账合计数核对相符。
(2) 对期末结存的相关交易性金融资产,向被审计单位核实其持有目的,检查本科目核算范围是否恰当。
(3) 获取股票、债券及基金等交易流水单及被审计单位证券投资部门的交易记录,与明细账核对,检查会计记录是否完整、会计处理是否正确。
(4) 监盘库存交易性金融资产,并与相关账户余额进行核对,如有差异应查明原因,并作出记录或进行适当调整。
(5) 向相关金融机构发函询证交易性金融资产期末数量以及是否存在变现限制(与存出投资一并函证),并记录函证过程。取得回函时应检查相关签章是否符合要求。
(6) 抽取交易性金融资产增减变动的相关凭证,检查其原始凭证是否完整合法,会计处理是否正确。
(7) 复核与交易性金融资产相关的损益计算是否准确,并与公允价值变动损益及投资收益等有关数据核对。
(8) 复核股票、债券及基金等交易性金融资产的期末公允价值是否合理,相关会计处理是否正确。
(9) 关注交易性金融资产是否存在重大的变现限制。
(10) 确定交易性金融资产的披露是否恰当。

(二) 可供出售金融资产的审计

可供出售金融资产通常是指企业初始确认时即被指定为可供出售的非衍生金融资产,以及没有划分为以公允价值计量且其变动计入当期损益的金融资产、持有至到期投资、贷款和应收款项的金融资产。比如,企业购入的在活跃市场上有报价的股票、债券和基金等,没有划分为以公允价值计量且其变动计入当期损益的金融资产或持有至到期投资等的金融资产,可归为此类。

1. 可供出售金融资产的审计目标
(1) 确定可供出售金融资产是否存在。
(2) 确定可供出售金融资产是否归被审计单位所有。
(3) 确定可供出售金融资产的增减变动及其损益的记录是否完整。
(4) 确定可供出售金融资产的计价是否正确。
(5) 确定可供出售金融资产减值准备的计提方法是否恰当,计提是否充分。
(6) 确定可供出售金融资产减值准备的增值变动的记录是否正确。
(7) 确定可供出售金融资产及其减值准备的披露是否恰当。

2. 可供出售金融资产的实质性程序

（1）获取或编制可供出售金融资产明细表，复核加计正确，并与总账数和明细账合计数核对相符。

（2）获取可供出售金融资产对账单，与明细账核对，并检查其会计处理是否正确。

（3）检查库存可供出售金融资产，并与其相关账户余额进行核对，如有差异，应查明原因，并作出记录或进行适当调整。

（4）向相关金融机构发函询证可供出售金融资产期末数量，并记录函证过程。取得回函时应检查其相关签章是否符合要求。

（5）对期末结存的可供出售金融资产，向被审计单位核实其持有目的，检查本科目核对范围是否恰当。

（6）抽取可供出售金融资产增减变动的相关凭证，检查其原始凭证是否完整合法，会计处理是否正确。

（7）复核可供出售金融资产的期末公允价值是否合理，检查会计处理是否正确。

（8）如果可供出售金融资产的公允价值发生较大幅度下降，并且预期这种下降趋势属于非暂时性的，应当检查被审计单位是否计提资产减值准备，计提金额和相关会计处理是否正确。

（9）已确认减值损失的可供出售金融资产，当公允价值回升时，检查其相关会计处理是否正确。注意债券等债务工具应从资产减值损失科目转回；股票等权益工具则应从资本公积转回，不得从当期损益转回。

（10）如果债券等债务工具类可供出售金融资产发生减值，检查相关利息的计算和会计处理是否正确。

（11）检查可供出售金融资产出售时，其相关损益计算及会计处理是否正确，已计入资本公积的公允价值累计变动额是否转入投资收益科目。

（12）复核可供出售金融资产划转为持有至到期投资的依据是否充分，会计处理是否正确。

（13）检查债券投资计入损益的利息收入计算所采用的利率是否正确。

（14）结合银行借款等科目，了解是否存在已用于债务担保的可供出售金融资产。如有，则应取证并作相应的记录，同时提请被审计单位作恰当披露。

（15）检查可供出售金融资产的披露是否恰当。

（三）持有至到期投资审计

持有至到期投资，是指到期日固定、回收金额固定或可确定，且企业有明确意图和能力持有至到期的非衍生金融资产。

1. 持有至到期投资的审计目标

持有至到期投资的审计目标一般包括：确定资产负债表中记录的持有至到期投资是否存在；确定所有应当记录的持有至到期投资是否均已记录；确定记录的持有至到期投资是否由被审计单位拥有或控制；确定持有至到期投资是否以恰当的金额包含在财务报表中，与之相关的计价调整是否已恰当记录；确定持有至到期投资是否已按照企业会计准则的规定在财务报表中作出恰当列报。

2. 持有至到期投资的实质性程序

（1）获取或编制持有至到期投资明细表，复核加计是否正确，并与总账数和明细账合计数核对是否相符。

（2）获取持有至到期投资对账单，与明细账核对，并检查其会计处理是否正确。

（3）检查库存持有至到期投资并与账面余额进行核对，如有差异，应查明原因，并作出记录或进行适当调整。

（4）向相关金融机构发函询证持有至到期投资期末数量，并记录函证过程。取得回函时应检查相关签章是否符合要求。

（5）对期末结存的持有至到期投资资产，核实被审计单位持有的目的和能力，检查本科目核算范围是否恰当。

（6）抽取持有至到期投资增加的记账凭证，注意其原始凭证是否完整合法，成本、交易费用和相关利息的会计处理是否符合规定。

（7）抽取持有至到期投资减少的记账凭证，检查其原始凭证是否完整合法。会计处理是否正确。

（8）根据相关资料，确定证券投资的计息类型。结合投资收益科目，复核计算利息采用的利率是否恰当，相关会计处理是否正确，检查持有至到期投资持有期间收到的利息会计处理是否正确。检查债券投资票面利率和实际利率有较大差异时被审计单位采用的利率及其计算方法是否正确。

（9）结合投资收益科目，复核处置持有至到期投资的损益计算是否准确，已计提的减值准备是否同时结转。

（10）检查当持有目的改变时，持有至到期投资划转为可供出售金融资产的会计处理是否正确。

（11）结合银行借款等科目，了解是否存在已用于债务担保的持有至到期投资。如有，则应取证并作相应的记录，同时提请被审计单位作恰当披露。

（12）当有客观证据表明持有至到期投资发生减值的，应当复核相关资产项目的预计未来现金流量现值，并与其账面价值进行比较，检查相关准备计提是否充分。

（13）若发生减值，检查相关利息的计算及处理是否正确。

（14）确定持有至到期投资的列报是否恰当，注意一年内到期的持有至到期投资是否已重分类至一年内到期的非流动资产。

（四）长期股权投资审计

长期股票投资是指企业采用认购其他单位股票的形式所进行的投资活动。长期股权投资依据对被审计单位产生的影响，分以下4种类型：①控制；②共同控制；③重大影响；④无控制。

1. 长期股权投资的审计目标

（1）确定长期股权投资是否存在。

（2）确定长期股权投资是否归被审计单位所有。

（3）确定长期股权投资的增减变动及其投资损益的记录是否完整。

（4）确定长期股权投资的核算方法是否正确。

（5）确定长期股权投资减值准备的计提方法是否恰当，计提是否充分。

（6）确定长期股权投资减值准备的增减变动的记录是否完整。

（7）确定长期股权投资及其减值准备的期末余额是否正确。

（8）确定长期股权投资及其减值准备的披露是否恰当。

2. 长期股权投资的实质性程序

（1）获取或编制长期股权投资明细表，复核加计正确，并与总账数和明细账合计数核对相符；结合长期股权投资减值准备科目与报表数核对相符。

（2）根据有关合同和文件，确认股权投资的股权比例和持有时间，检查股权投资核算方法是否正确。

（3）对于重大投资，向被投资单位函证被审计单位的投资额、持股比例及被投资单位发放股利等情况。

（4）对于应采用权益法核算的长期股权投资，获取被投资单位已经由注册会计师审计的年度财务报表。

（5）对于采用成本法核算的长期股权投资，检查股利分配的原始凭证及分配决议等资料，确定会计处理是否正确；对被审计单位实施控制而采用成本法核算的长期股权投资，比照权益法编制变动明细表，以备合并报表使用。

（6）对于成本法和权益法相互转换的，检查其投资成本的确定是否正确。

（7）确定长期股权投资增减变动的记录是否正确。

（8）期末对长期股权投资进行逐项检查，以确定长期股权投资是否已经发生减值。

（9）结合银行借款等的检查，了解长期股权投资是否存在质押、担保情况。如有，则应详细记录，并提请被审计单位进行充分披露。

（10）确定长期股权投资在资产负债表上已恰当列报。与被审计单位人员讨论确定是否存在被投资单位由于所在国家和地区及其他方面的影响，向被审计单位转移资产的能力受到限制的情况。如存在，应详细记录受限情况，并提请被审计单位充分披露。

（五）投资收益的审计

投资收益是指企业投资收益扣除投资损失后的数额。审查时，应结合具体投资收益业务，审阅"投资收益"明细账和"长期股权投资"、"交易性金融资产"账户记录，抽查有关会计凭证，验证投资审批文件、投资协议等资料，验算投资收益与损失的数额，必要时，可向有关单位、部门和人员查询。投资收益的审计主要注意以下几个方面：

（1）取得或编制投资账户以及有关收益账户明细表。审计人员可以向被审计单位索取或根据会计资料自行编制对外投资明细表。作为审查工作的起点，审计人员应首先复核其加计数是否正确，并与明细账和总账的余额核对相符。

（2）审查投资收益来源的合法性和合理性。审计人员应注意查明企业对外投资资产的所有权是否属于企业，是否符合国家规定的投资范围，是否对投出资产进行了评估作价，其评估作价的真实性、正确性如何，投资协议及收益分配办法是否符合国家法律规定，有无损害国家利益的情况等。同时，还应注意查明企业有无转移投资收益甚至贪污收益等行为。

（3）审查投资收益入账的正确性和及时性。审计人员应注意查明企业在转让有价证券时是否同时确认投资收益并及时入账；企业债券到期收回本息时是否同时确认投资收益并及时入账；长期投资是否以到期应收的日期确认投资收益；企业有无以实际收到应收利润、股利、利息的日期确认投资收益的情况。

（4）审查投资收益数额计算的真实性和正确性。审计人员应注意查明企业债券投资的收益是否按债券面值、数量、利率和计息日期计算，是否按规定加计折价摊销额，或扣除溢价摊销额，即企业认购折价发行长期债券是否在每期终了，按规定将应计利息与当期摊销的折价之和计入投资收益，企业认购溢价发行长期债券是否在每期终了按规定将应计利息与当期摊销的溢价之差计入投资收益；股票投资收益的计算方法是否合规正确；联营投资收益是否按投资协议规定的比例计算分配利润等。

（5）进行分析性复核。计算投资收益占利润总额的比例，分析判断被审计单位盈利能力和稳定性。将当期确认的投资收益与从被审计单位实际获得的现金流量进行比较分析,将重大投资项目与以前年度进行比较,分析是否存在异常变化。

(6)审查投资收益账务处理的合规性和正确性。审计人员应注意查明企业投资业务所发生的各项收益和损失是否均已记入"投资收益"账户。如在收回联营投资时,其收回的资金与投出资金的差额,是否按规定计入了投资收益;企业转让、出售股票、债券时,是否将实际收到的金额与账面实际成本的差额计入投资收益,有无误记"资本公积"、"其他业务收入"等账户的情况。企业本年的投资净收益是否在年末已全部转入"本年利润"账户,有无留有余额,随意调节利润的情况。

对于长期股权投资和检查,应分别根据成本法和权益法进行。在成本法下,投资企业应以被投资企业宣告分派的利润或现金股利中应享有的部分确认投资收益,这就需要从公开印发的股利手册或证券公司及付款单位,查证各种股票的股利收入。审计人员应注意的是,投资企业确认的投资收益仅限于所获得的被投资单位在接受投资后产生的累计净利润的分配额。

而在权益法下,投资收益则是按被投资企业会计报表中的净利润乘以投资比例来确认的,一般在每期期末确认。审计人员应结合被投资单位的财务报表进行审计。首先,应审查被投资单位财务报表列示的数字是否真实;然后,审查被审计单位按其占被投资单位净资产份额所取得的投资收益是否正确;最后,还应检查企业实际收到被投资单位分配来的利润和股利,是否重复计入"投资收益"账户。

(六)财务费用审计

1. 财务费用审计要点

财务费用是指企业为筹集资金而发生的各项费用。包括利息支出(减利息收入)、汇兑损益以及相关的手续费、企业发生的现金折扣或收到的现金折扣等。

2. 财务费用的审计目标

财务费用的审计目标有以下3项:

(1)确定财务费用的记录是否完整。

(2)确定财务费用的计算及会计处理是否正确。

(3)确定财务费用在会计报表上的披露是否恰当。

3. 财务费用的实质性测试

(1)获取或编制财务费用明细表,复核加计正确,与总账、明细账核对相符。还应审查其明细项目的设置是否符合规定的核算内容及范围,是否划清财务费用与其他费用的界限。

(2)审查财务费用各项目开支标准是否符合有关规定,开支内容是否是允许列入财务费用的项目,计算是否正确。审查时应注意以下几点:

1)财务费用是否为生产经营筹资活动发生。按规定为生产经营筹集资金而发生的筹资费用计入"财务费用";为购建或生产满足资本化条件的资产发生的应予资本化的借款费用,在"在建工程"、"制造费用"等科目核算。

2)财务费用是否为抵减相关收入后的净支出。利息支出应抵减利息收入后列支,汇兑损失应抵减汇兑收益后列支。

3)财务费用计算是否正确。利息的预提数计算是否正确,实际数与预提数之间的差异是否进行调整;汇兑损益计算采用的折算汇率是否合规,计算是否正确。

(3)将本年度财务费用与上年度财务费用进行比较,并将本期各月的财务费用进行比较,如有重大波动和异常变动应查明原因,并进行适当处理。

(4)选择重要或异常的财务费用,审查其原始凭证是否合法,会计处理是否正确。必要时,对财务费用实施截止测试,审查有无跨期入账的现象,对于重大跨期项目应建议进行必要调整。

(5)审查财务费用的结转是否正确、合规,查明有无多转、少转或不转财务费用,人为调节利润的情况。

(6)审查财务费用是否已在损益表上恰当披露。

【案例演示11.3.1】可供出售金融资产审计

1. 资料:注册会计师张强、刘丽审计德州昆仑有限责任公司2014年度会计报表时发现:2014年5月1日,德州昆仑有限责任公司购入万通公司的10 000股股票,但不准备长期持有。德州昆仑有限责任公司将其划分为可供出售金融资产。德州昆仑有限责任公司共支付买价1 000 000元,经纪人佣金20 000元,其他相关税费5 000元。万通公司已于当年的4月25日宣告分红,每股红利1元,决定于5月14日实际派发。

(1)取得时德州昆仑有限责任公司作了如下会计处理:

借:可供出售金融资产——成本　　　　1 025 000
　　贷:银行存款　　　　　　　　　　　1 025 000

(2)当万通公司于5月14日派发红利时,德州昆仑有限责任公司作了如下会计分录:

借:银行存款　　　　　　　　　　　　10 000
　　贷:投资收益　　　　　　　　　　　10 000

(3)6月30日,该股票的市价为每股98元时,德州昆仑有限责任公司对该股票投资确认价格变动。

借:投资收益　　　　　　　　　　　　45 000
　　贷:可供出售金融资产——公允价值变动　　45 000

(4)10月25日,德州昆仑有限责任公司出售该股票,每股售价为110元,不考虑其他因素,德州昆仑股份有限公司作出如下会计处理:

借:银行存款　　　　　　　　　　　　1 100 000
　　可供出售金融资产——公允价值变动　　45 000
　　贷:可供出售金融资产——成本　　　1 025 000
　　　　投资收益　　　　　　　　　　　120 000

2. 要求:假如你是注册会计师张强,请指出上述会计处理中是否存在错误,应如何正确处理?

分析指导:(1)根据准则规定,企业取得可供出售金融资产,应按其公允价值与交易费用之和,借记"可供出售金融资产——成本"科目,按支付的价款中包含的已宣告但尚未发放的现金股利,借记"应收股利"科目,按实际支付金额,贷记"银行存款"。所以取得时的会计分录应为:

借:可供出售金融资产——成本　　　　1 015 000
　　应收股利　　　　　　　　　　　　10 000
　　贷:银行存款　　　　　　　　　　　1 025 000

(2)收到股利时,会计分录应为:

借:银行存款　　　　　　　　　　　　10 000
　　贷:应收股利　　　　　　　　　　　10 000

（3）根据准则规定，资产负债表日，可供出售金融资产的公允价值高于其账面余额的差额，借记"可供出售金融资产——公允价值变动"科目，贷记"资本公积——其他资本公积"科目；公允价值低于其账面余额的差额，做相反的会计分录。6月30日，该股票的市价为每股98元时，公允价值为980 000元，而其账面价值为1 015 000元，夏华股份有限公司应作如下处理。

借：资本公积　　　　　　　　　　　　　　　　35 000
　　贷：可供出售金融资产——公允价值变动　　　　35 000

（4）出售时应结转可供出售金融资产的明细科目，同时应从所有者权益中转出公允价值累计变动额，总差额计入"投资收益"。正确分录为：

借：银行存款　　　　　　　　　　　　　　　　1 100 000
　　可供出售金融资产——公允价值变动　　　　35 000
　　贷：可供出售金融资产——成本　　　　　　1 015 000
　　　　资本公积　　　　　　　　　　　　　　35 000
　　　　投资收益　　　　　　　　　　　　　　85 000

【案例演示11.3.2.】资本公积审计

1. 资料：2015年3月审计人员刘丽接受委托对德州昆仑有限责任公司2014年的财务报表进行审计，报表中的资本公积列示金额为168 900元，审计人员将报表数据与总账、明细账进行核对，核对结果完全一致。在审查该公司"资本公积"明细账时，发现2014年8月15日50#凭证摘要为"溢价发行股票"。审计人员执行了以下审计程序。

（1）审计人员刘丽由明细账追查至相应记账凭证，执行凭证抽查程序，发现8月15日50#凭证会计分录为：

借：银行存款　　　　　　　　　　　　　　　　96 000
　　贷：股本　　　　　　　　　　　　　　　　80 000
　　　　资本公积——股本溢价　　　　　　　　16 000

记账凭证后附原始凭证为银行收账通知单、股东大会通过的发行股票的决议。（股票发行价格为每股12元，面值为每股10元，共发行8 000股）

（2）根据自己的职业判断，审计人员觉得该笔业务有异常。发行股票为何没有发行费用？这是不太合理的。于是扩大了审计范围，检查了8月15日前后的管理费用、财务费用账户记录，发现财务费用账户中一笔业务摘要为：发行股票手续费。分录：

借：财务费用　　　　　　　　　　　　　　　　2 000
　　贷：银行存款　　　　　　　　　　　　　　2 000

对于股票发行溢价发行的，发行价格与其面值的差额扣除委托证券商代理发行股票而支付的手续费、佣金等之后，再计入资本公积。

（3）审计人员首先审查企业股票发行的程序，查明有当地证券管理部门的批准文件，并依法办理了必要手续。

（4）重新计算股票溢价的计算是否正确。

股票溢价＝实际发行的股票数量×（每股发行价格－每股票面价值）－股票发行费用

股票溢价＝8 000×（12－10）－2 000＝14 000（元）

企业多计股票溢价＝16 000－14 000＝2 000（元）

重新计算结果表明，该企业的股票溢价是 14 000 元，而不是 16 000 元。

审计结论：股票发行手续费 2 000 元属于股票发行费用，应从股票溢价收入中扣除，不应列入财务费用，已列入的应予调账。

因此，正确的分录应该是：

借：银行存款　　　　　　　　　　　94 000
　　贷：股本　　　　　　　　　　　80 000
　　　　资本公积——股本溢价　　　14 000

应建议被审计单位调整账目。

2. 要求：根据以上资料填制审计工作底稿。

分析指导：审计人员应填制以下工作底稿：

一、审计目标

（一）确定资本公积的增减变动是否符合法律、法规和合同、章程的规定，记录是否完整；

（二）验证确定资本公积年末余额是否正确；

（三）确定资本公积在会计报表上的披露是否恰当。

二、审计程序

审计程序如表 11.3 所示，资本公积审定工作底稿如表 11.4 所示，资本公积审定表如表 11.5 所示。

表 11.3　资本公积审计程序表

被审单位：德州昆仑有限责任公司　　审计人：刘某　　审计日期：2015.3.22　　索引号：H 3（P）
截止日：2014.12.31　　　　　　　　复核人：王某　　复核日期：2015.3.25

审计程序	执行情况（√/×）	索引号
（一）检查资本公积，增减变动的内容及其依据，并查阅相关会计记录和原始凭证，以确认其增减变动的合法性和正确性	√	H 2
（二）对需要有关部门确认的，验证对财产价值进行重估产生的增值是否经国有资产管理部门等机构确认，其会计处理是否正确	√	
（三）验证接受的实物捐赠是否按同类资产的市场价格或根据所提供的有关凭据所确定的价值入账		
（四）验证资本公积转增资本是否经授权批准		
（五）验明资本公积是否已在资产负债表和报表附注上恰当披露	√	

表 11.4　资本公积审定工作底稿

被审单位：德州昆仑有限责任公司　　审计人：刘某　　审计日期：2015.3.22　　索引号：H 3-1
截止日：2014.12.31　　　　　　　　复核人：王某　　复核日期：2015.3.25

索引号：H 2-1	第　　页　　共　　页	
被审计单位名称	德州昆仑有限责任公司	
审计项目名称	资本公积	
实施审计期间或截止日期	2014.12.31	

续表

审计事项摘要	（1）存在问题： 股票发行手续费 2000 元属于股票发行费用，应从股票溢价收入中扣除，不应列入财务费用，已列入的应予调账。 建议做以下调整分录： 借：资本公积——资本溢价　2 000 　　贷：财务费用　　　　　　2 000 调整后资本公积的金额减少 2 000 元。			
审计结论及其依据	除上述调整外，金额可以确认。			
复核意见	审计人员	刘某	编制日期	2014.3
	同意上述调整。			
	复核人员	王某	复核日期	2014.3
审单位意见				
	经办人员及公章		意见签署日期	

表 11.5　资本公积审定表

被审单位：德州昆仑有限责任公司　　审计人：刘某　　审计日期：2015.3.22　　索引号：H 3-2
截止日：2014.12.31　　　　　　　　复核人：王某　　复核日期：2015.3.25

上年末审定数	未审数核对			索引号	调整分录金额（+-）	重分类分录金额（+-）	审定数
	索引号	项目	金额				
		报表数： 168 900 明细账： 168 900			调减： 2 000		166 900
审计结论：经审计后无调整事项，期末余额可以确认。　　□							
经审计调整后，余额可以确认。　　　　　　　√							
因　　原因，期末余额不可以确认。　　　　　□							

【课堂训练 11.3.1】长期股权投资审计

审计人员张强审查德州昆仑有限责任公司 2014 年度长期股权投资，发现以下情况：

（1）该公司长期股权投资仅有对 A 企业的一项投资，"长期股权投资"项目数额为 30 000 000 元，投资收益项目数额为 1 200 000 元。

（2）查阅相关账簿及资料，了解到该公司于 2014 年 1 月购入 A 企业股票 3 000 000 股，每股 10 元，共支付 30 000 000 元，占 A 企业股份总额的 30%。

（3）2014 年年末，A 企业新增税后利润 10 000 000 元，并发放给该公司股利 1 200 000 元，股利已收到存入银行。

要求：指出上述处理存在的问题，提出审计意见，并核实 2014 年末该公司"长期股权投资"和"投资收益"项目的实有数。

练习题

一、单项选择题

1. 筹资与投资循环审计的总目标，是评价该循环的（　　）。
   A．各个账户余额是否合法　　　　B．各个账户余额是否公允表达
   C．各个账户余额是否正确　　　　D．各个账户是否在会计报表上恰当披露
2. 企业的资本变动业务应由（　　）审批后，按规定手续办理。
   A．董事长　　　B．总经理　　　C．董事会　　　D．财务主管
3. 我国规定，企业吸收投资者以无形资产方式出资的，其占注册资本的比例一般不得超过（　　）。
   A．30%　　　　B．20%　　　　C．15%　　　　D．10%
4. 下列各种行为中，（　　）不需办理有关资本变动的法定审批手续。
   A．转让资本　　B．增加资本　　C．减少资本　　D．对外投资
5. 下列各种行为，属于减资行为的是（　　）。
   A．发放股票股利　　　　　　　　B．发放现金股利
   C．对外股票投资　　　　　　　　D．消除股份弥补亏损
6. 企业吸收投资者投入的旧机器设备，如评估确认价值大于账面原值，则其差额应计入（　　）。
   A．资本公积　　　　　　　　　　B．实收资本
   C．待处理财产损益　　　　　　　D．都不对
7. 法定盈余公积按照税后净利的10%提取，当此项公积金达到（　　）的50%时，可不再提取。
   A．投资总额　　B．法定资本　　C．注册资本　　D．税后利润
8. 公益金只能用于（　　）的有关支出。
   A．职工医疗费　　　　　　　　　B．职工集体福利设施
   C．职工集体福利费　　　　　　　D．职工集体医疗保险
9. 审查盈余公积时应注意，盈余公积用于转增资本或分配股利后，其余额不得低于（　　）。
   A．注册资本的25%　　　　　　　B．注册资本的50%
   C．盈余公积的25%　　　　　　　D．税后利润的25%
10. 对捐赠公积应审查受捐赠资产是否按规定办理了移交手续，是否经过验收，资产计价是否取得有关报价单或按同类资产的（　　）确认。
    A．实际成本　　　　　　　　　　B．计划成本
    C．可变现净值　　　　　　　　　D．市场价格

二、多项选择题

1. 所有者权益审计的内容主要包括（　　）。
   A．实收资本审计　　　　　　　　B．资本公积审计
   C．盈余公积审计　　　　　　　　D．利润分配审计

2. 投资者认缴资本的出资方式包括（　　），一般在企业合同或章程中规定。
   A．货币资金　　　B．实物资产　　　C．无形资产　　　D．递延资产
3. 企业减资时，需要满足（　　）条件。
   A．事先通知债务人，债务人无异议
   B．事先通知债权人，债权人无异议
   C．经股东大会同意，并修改公司章程
   D．减资后的注册资本不得低于法定注册资本的最低限额
4. 审查与股票发行、收回有关的原始凭证和会计记录有（　　）。
   A．募股清单
   B．已发行股票的登记簿
   C．银行对账单
   D．银行存款日记账与总账，股本明细账与总账
5. 注册会计师对资本公积进行实质性测试的主要程序有（　　）。
   A．审查资本溢价或股票溢价　　　B．审查资本折算差额
   C．审查公益金的使用　　　　　　D．审查捐赠公积
6. 股份有限公司的盈余公积包括（　　）。
   A．公积金　　　　　　　　　　　B．公益金
   C．法定盈余公积　　　　　　　　D．任意盈余公积
7. 筹资与投资循环的特点包括（　　）。
   A．交易数量少，金额通常较大
   B．交易数量大，金额通常较少
   C．会计处理不当，将会导致重大错误，影响会计报表的公允反映
   D．必须遵守国家法律、法规和相关契约的约定
8. 投资内部控制制度的主要内容包括（　　）。
   A．合理的职责分工　　　　　　　B．健全的保管制度
   C．详尽的会计核算制度　　　　　D．严格的记名登记制度
9. 注册会计师主要通过盘点方式对企业所有债券进行清查，逐项查点（　　）。
   A．债券种类　　　B．债券面值　　　C．债券期限　　　D．债券序号
10. 注册会计师在审查确定被审计单位长期投资是否在资产负债表上恰当披露时，应查实（　　）。
    A．资产负债表中投资项目的数字是否与审计数相符
    B．资产负债表"一年内到期的长期债券投资"项目的数字是否与审计数相符
    C．若长期投资超过净资产的50%，是否已在会计报表附注中披露
    D．是否已披露股票、债券在资产负债表日市价与成本的显著差异

三、判断题

1. 根据"资产-负债=所有者权益"这一平衡原理，如果注册会计师能够对企业的资产和负债进行充分的审查，证明二者的期初余额、期末余额和本期变动都是正确的，则就不必对所有者权益进行单独的审计。　　　　　　　　　　　　　　　　　　　　　　　（　　）
2. 由于所有者权益项目的重要性不如资产与负债，且所有者权益增减变动的业务较少，

所以，注册会计师只需花费相对较少的时间对所有者权益进行审计。（　）

3. 企业投资者的任何一方出资，必须聘请中国注册会计师进行验资。并且出具验资报告。并据以发给投资者出资证明书。（　）

4. 对于投资者以房屋、建筑物投资的，若新落成的房屋、建筑物应以工程结算价格作为投资计价的依据，登记资产和实收资本账户。（　）

5. 进行实收资本的实质性测试，注册会计师应首先检查投资者是否已按合同、协议、章程约定时间缴付出资额，其出资额是否经中国注册会计师验证，已验资者，应查阅验资报告。（　）

6. 对于股份有限公司，以无形资产出资的金额不得超过注册资本的35%，募集设立的股份有限公司发起人认购的股份不得少于公司股份的20%。（　）

7. 股票交易中的现金收支、会计记录和股票的保管可以由一人负责。（　）

8. 为验证发行在外的股票的数量，注册会计师应向证券交易所和金融机构函证和查询。（　）

9. 所有者权益审计时，由于一般不进行符合性测试，所以，注册会计师也不需要了解被审计单位所有者权益的内部控制并作出评价。（　）

10. 对盈余公积的使用，注册会计师应主要审查盈余公积的使用是否符合规定并经过批准。（　）

四、思考题

1. 银行借款审计的目的是什么？
2. 资本公积、盈余公积主要的审计程序是什么？
3. 实收资本的审计目标是什么？
4. 交易性金融资产审计的要点是什么？
5. 长期股权投资的实质性测试程序有哪些？

五、综合实训

综合实训 11-1

1. 资料：审计人员刘某对 A 公司 2014 年度资产负债表中"交易性金融资产"项目进行审计，该公司仅持有 B 公司股票短期投资。该股票于 2014 年 10 月购入，计 50 000 股，每股面值 10 元，购买价 15 元，支付佣金及手续费 10 000 元，实际付款 810 000 元，其中包含已宣告尚未发放的现金股利 50 000 元。A 公司的账务处理如下：

借：交易性金融资产——成本　　　760 000
　　投资收益　　　　　　　　　　 50 000
　　贷：银行存款　　　　　　　　　　　810 000

年末，B 公司股票市价上升为每股 18 元，A 公司资产负债表中"交易性金融资产"列示数为 750 000 元。

2. 要求：指出上述情况存在的问题，并提出调整意见。

综合实训 11-2

1. 资料：审计人员张某于 2015 年 3 月 10 日审查德州昆仑有限责任公司应付债券时发现，该公司于 2014 年 1 月 1 日发行 3 年期面值为 800 万的债券，票面利率为 3%（假设市场利率为5%），该公司按740万元的价格出售。该公司发行的债券用于构建固定资产，固定资产将于2015年年底交付使用。该公司在2014年末计提利息并摊销折价时，账务处理如下：

  借：在建工程   40 000
    应付债券——债券折价 200 000
   贷：应付债券——应计利息 240 000

2．要求：指出上述情况存在的问题，并提出调整意见。

综合实训 11-3

1．资料：德州昆仑有限责任公司 2014 年 12 月 31 日资产负债表股东权益项目资料如表 11.6 所示。

表 11.6 资产负债表股东权益项目资料 （单位：万元）

报表项目	金额	
股本	60 000	
资本公积	150 000	
盈余公积	4 500	
未分配利润	3 000	

该公司 2014 年度发生股东权益业务并经过审核如下：①增发普通股 4 000 万股，每股面值 1 元，按每股 6.4 元出售；②2014 年度利润总额 7 200 万元；③交纳 25%的所得税，按 10%提取法定盈余公积金；④支付现金股利 1 280 万元。

2．要求：根据审核结果，编制 2014 年 12 月 31 日资产负债表的股东权益项目。

项目十二　货币资金审计

【知识能力目标】

通过学习和训练，明确货币资金审计与交易循环审计的关系，了解货币资金审计中的主要凭证和记录，了解货币资金审计中可能存在的问题；熟悉货币资金内部控制的内容、目标并能对货币资金的内部控制进行测试；明确库存现金、银行存款的审计目标，掌握货币资金的实质性程序。

【案例导入】

湖北房县教育界贪污案

衣着朴素、饮食粗糙、表情木讷，处处给人以老实砣子印象的任某，在湖北省房县某镇教育组任出纳兼会计期间，贪污公款 15 万元。这起建国以来房县最大贪污案的告破，是房县检察院和审计局两家团结协作、共同努力的结果。

审计人员一进财务室，摆在面前的是一套混乱且残缺不全的会计资料：无会计报表，账簿记载不全，记账凭证上的银行存款和库存现金混为一团，银行对账单不全，且银行对账单上记载的发生额大多未在账上反映，许多银行票据未作为原始凭证而弃之一旁。

审计人员在仔细检查任某的货币资金账时发现：1997 年 4 月的 17 号、18 号凭证（订在 1996 年 12 月凭证中），以弥补 1989 年 3 月至 1994 年 7 月期间收支相抵后的亏损（超支）的名义，分别冲减库存现金 19.4 万元和 6 354 元，计 20 余万元。且原始凭证系 1997 年 4 月初，县教育局指派的计财科长等 3 人为该镇教育组办理的财务结算表，反映 1989 年 3 月~1994 年 7 月财务超支 200 657.65 元，与任某的账毫厘不差。

任某从 1989 年月起任该镇教育组出纳至 2001 年 2 月，其中 1994 年 1 月至 7 月还兼任会计。由于种种原因，直至这次审计时还未办理出纳移交手续。为什么会超支，超支的 20 万元是什么钱，是从哪里来的钱等一系列问题，在审计人员心中成了一个谜团。

经过检察院和审计局的深入调查和仔细审查，发现任某通过收入不入账、虚列支出和人为调节超支等手段共虚列超支 26.3 万元。

调账后，1989 年 3 月~1994 年 7 月任某所在单位收支相抵后余额为 6.2 万元，其中滞留在库存现金上 2.1 万元，银行存款上 1.1 万元，往来暂付上 3 万多元，超支 26.3 万元。减去此笔余额，为 20 多万元，与任某的账完全吻合！

至此，真相大白：任某为贪污而实施的账务处理早在 1994 年 7 月即已完成，因当时账目资金不足，不辞辛苦的任某在 1994 年 4 月以弥补事实上并不存在的超支为名，从账上拿走库存现金 20 多万元，抵减 1994 年 8 月至此任某移交时的现金赤字 1.5 万元，任某将公款 18.4 万元隐瞒，从中贪污 15 万元。

货币资金是指企业生产经营过程中以货币形态存在的那部分资产。按其存放地点及内容可以分为库存现金、银行存款和其他货币资金等。企业的许多经济活动都是通过货币资金来支付的。货币资金是企业资产的重要组成部分,流动性最强。由于货币资金可以根据需要随时使用,用来购买一切商品,所以经常成为不法分子觊觎的对象。加强对货币资金的审计,对于保护货币资金的安全完整、维护财经法纪具有重要意义。

任务一 货币资金审计概述

一、货币资金与各业务循环的关系

货币资金与前述的各个循环交易都具有直接或间接的关系。如果从循环的角度来看企业的运作,货币资金是各循环的枢纽,起着"资金池"的作用。

货币资金最初以投资或筹资的形式从投资者或债权人手中流入企业。企业用这些货币资金去购买生产经营所需要的资源和劳务,应用购买的资源和劳务生产出产品和服务,然后将这些完工的产品和服务出售给顾客以换回货币资金。最后,换回的货币资金一部分作为股利或利息支付给投资者和债权人,另一部分则用来购买新的资源和劳务,继续下一轮的循环。从整个企业的大循环中可以看出货币资金的重要性和中心地位,也可以看出货币资金在各个循环交易中的流转和流向。

具体来说,当企业发生销售与收款业务时,货币资金增加;当企业发生购货与付款业务时,货币资金减少;当企业进行生产循环,购买原料,支付工资、费用时,货币资金减少;当企业发生筹资业务,取得短期借款、筹集股本时,货币资金增加;当企业发生投资业务及支付利息时,货币资金减少。货币资金与各业务循环的关系如图 12.1 所示。

二、主要凭证和会计记录

(1) 现金总账、银行存款总账和其他货币资金总账。
(2) 现金日记账和银行存款日记账。
(3) 支票存根、发票存根、现金缴款单、进账单等相关原始凭证。
(4) 现金、银行存款收款凭证和付款凭证。
(5) 现金盘点表。
(6) 银行对账单。
(7) 被审计单位编制的银行存款余额调节表。

三、货币资金收支可能存在的风险

(1) 违反现金管理规定,超限额保管现金,坐支现金,扩大现金开支范围。
(2) 现金收入不入账,形成"小金库"。
(3) 贪污、挪用库存现金。
(4) 从银行提取的现金用途不合法、不合理。
(5) 出租、出借银行账户以收取好处费。
(6) 开立"黑户",截留收入。
(7) 未能日清月结。

思考: 货币资金与各业务循环有何关系?

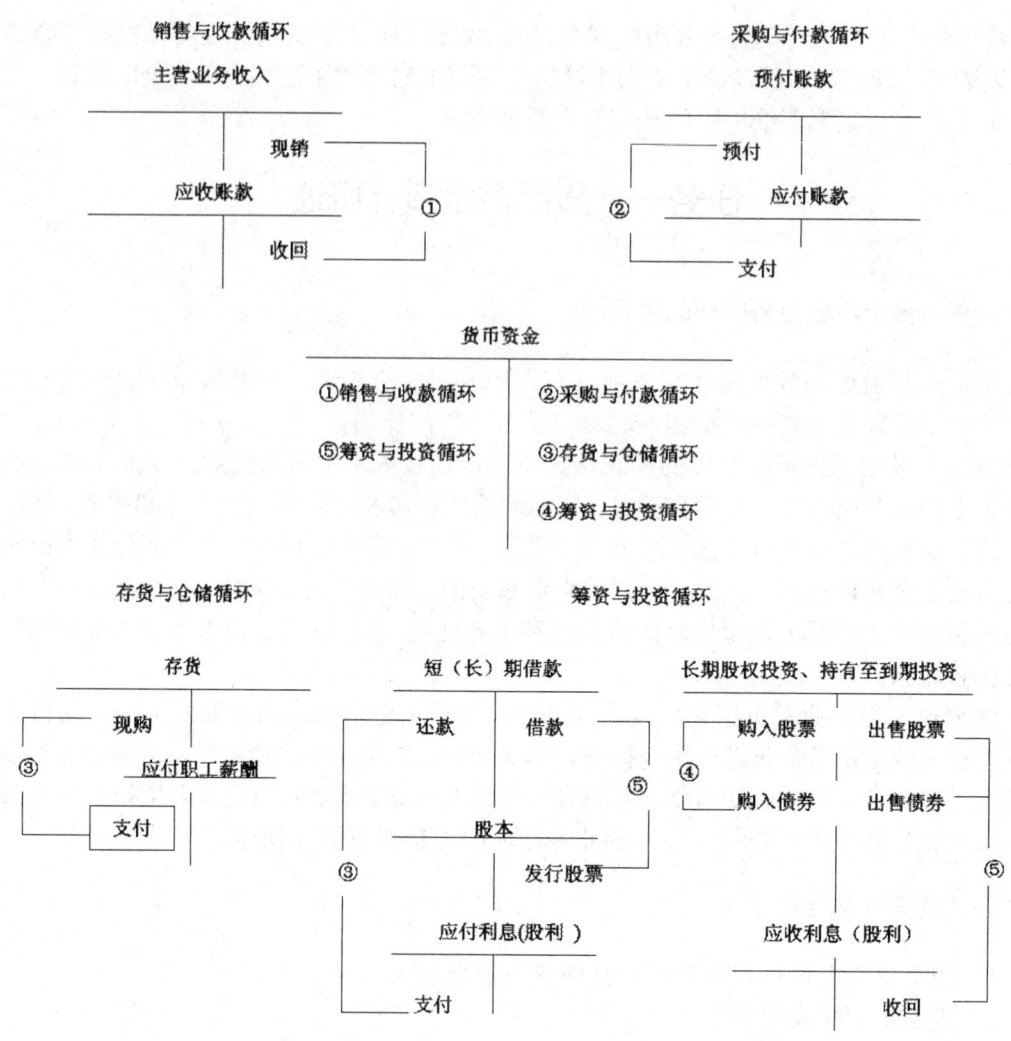

图 12.1　货币资金与各业务循环关系图

【案例演示 12.1.1】货币资金审计

1. 资料：2017 年 3 月德州新华会计师事务所接受委托对德州昆仑有限责任公司 2016 年度的年报进行审计，审计人员刘丽负责货币资金审计项目，通过与昆仑公司财务主管沟通，刘丽了解到该公司的库存现金限额为 1000 元，以下是昆仑公司 2016 年度 12 月份部分现金日记账如表 12.1 所示。

表 12.1　昆仑公司 2016 年度 12 月份部分现金日记账　　　　　　　　　　（单位：元）

2016 年		凭证		摘要	收入	支出	结存
月	日	字	号				
12	1			期初余额			800.00
12	2	现付	1	购入办公用品		300.00	500.00
12	1	银付	1	提现	500.00		1000.00
12	5	现收	1	零售产品收入	1000.00		
12	6	现付	2	支付材料运费		1400.00	600.00

2. 要求：指出昆仑有限公司现金日记账存在的问题。
分析指导：存在的问题包括以下几个方面。
（1）没按照时间顺序入账。
（2）掩盖现金余额超限额的现象。
（3）支付材料运费1400元不属于现金支出的范围，而属于银行存款支出的范围。
（4）现金管理没有"日清月结"。
（5）坐支现金。

任务二 货币资金内部控制制度测试

一、货币资金内部控制的目标

由于货币资金是企业流动性最强的资产，企业必须加强对货币资金的管理，建立良好的货币资金内部控制，以确保全部应收取的货币资金均能收取，并及时正确地予以记录；全部货币资金支出是按照经批准的用途进行的，并及时正确地予以记录；库存现金、银行存款报告正确，并得以恰当保管；正确预测企业正常经营所需的货币资金收支额，确保企业有充足而又适当的货币资金余额。

一般而言，一个良好的货币资金内部控制应该达到以下几点：①货币资金收支与记账的岗位要分离；②货币资金收支要有合理、合法的凭据；③全部收支及时准确入账，并且支出要有核准手续；④控制现金坐支现象，当日收入现金应及时送存银行；⑤按月盘点现金，编制银行存款余额调节表，以做到账实相符；⑥加强对货币资金收支业务的内部审计。

二、货币资金内部控制制度的内容

（一）岗位分工及授权批准

（1）单位应当建立货币资金业务的岗位责任制，明确相关部门和岗位的职责权限，确保办理货币资金业务的不相容岗位相互分离、制约和监督。例如，出纳人员不得兼任稽核、会计档案保管和收入、支出、费用、债权债务账目的登记工作。单位不得由一人办理货币资金业务的全过程。

（2）单位办理货币资金业务，应当配备合格的人员，并根据具体情况进行岗位轮换。

（3）单位应当对货币资金业务建立严格的授权批准制度，明确审批人对货币资金业务的授权批准方式、权限、程序、责任和相关控制措施，规定经办人办理货币资金业务的职责范围和工作要求。审批人应当根据货币资金授权批准制度的规定，在授权范围内进行审批，不得超越审批权限。经办人应当在职责范围内，按照审批人的批准意见办理货币资金业务。对于审批人超越授权范围审批的货币资金业务，经办人员有权拒绝办理，并及时向审批人的上级授权部门报告。

（4）单位应当按照规定的程序办理货币资金支付业务。

1）支付申请。单位有关部门或个人用款时，应当提前向审批人提交货币资金支付申请，注明款项的用途、金额、预算、支付方式等内容，并附有效经济合同或相关证明。

2）支付审批。审批人根据其职责、权限和相应程序对支付申请进行审批。对不符合规定的货币资金支付申请，审批人应当拒绝批准。

3）支付复核。复核人应当对批准后的货币资金支付申请进行复核，复核货币资金支付申请的批准范围、权限、程序是否正确，手续及相关单证是否齐备，金额计算是否准确。支付方式、支付单位是否妥当等。复核无误后，交由出纳人员办理支付手续。

4）办理支付。出纳人员应当根据复核无误的支付申请，按规定办理货币资金支付手续，及时登记现金和银行存款日记账。

5）单位对于重要货币资金支付业务，应当实行集体决策和审批，并建立责任追究制度，防范贪污、侵占、挪用货币资金等行为。

6）严禁未经授权的机构或人员办理货币资金业务或直接接触货币资金。

（二）现金及银行存款的管理

（1）单位应当加强现金库存限额的管理，超过库存限额的现金应及时存入银行。

（2）单位必须根据《现金管理暂行条例》的规定，结合本单位的实际情况，确定本单位现金的开支范围。不属于现金开支范围的业务应当通过银行办理转账结算。

（3）单位现金收入应当及时存入银行，不得用于直接支付单位自身的支出。因特殊情况需坐支现金的，应事先报经开户银行审查批准。

（4）单位借出款项必须执行严格的授权批准程序，严禁擅自挪用、借出货币资金。

（5）单位取得的货币资金收入必须及时入账，不得私设"小金库"，不得账外设账，严禁收款不入账。

（6）单位应当严格按照《支付结算办法》等国家有关规定，加强银行账户的管理，严格按照规定开立账户，办理存款、取款和结算。

（7）单位应当定期检查、清理银行账户的开立及使用情况，发现问题，及时处理。

（8）单位应当加强对银行结算凭证的填制、传递及保管等环节的管理与控制。

（9）单位应当严格遵守银行结算纪律，不准签发没有资金保证的票据或远期支票，套取银行信用；不准签发、取得和转让没有真实交易和债权债务的票据，套取银行和他人资金；不准无理拒绝付款，任意占用他人资金；不准违反规定开立和使用银行账户。

（10）单位应当指定专人定期核对银行账户，每月至少核对一次，编制银行存款余额调节表，使银行存款账面余额与银行对账单调节相符。如调节不符，应查明原因，及时处理。

（11）单位应当定期和不定期地进行现金盘点，确保现金账面余额与实际库存相符。发现不符，及时查明原因，作出处理。

（三）票据及有关印章的管理

（1）单位应当加强与货币资金相关的票据的管理，明确各种票据支票、汇票、本票的购买、保管、领用、背书转让、注销等环节的职责权限和程序，并专设登记簿进行记录，防止空白票据的遗失和被盗用。

（2）单位应当加强银行预留印鉴的管理。财务专用章应由专人保管，个人名章必须由本人或其授权人员保管。严禁一人保管支付款项所需的全部印章。按规定需要有关负责人签字或盖章的经济业务，必须严格履行签字或盖章手续。

（四）监督检查

（1）单位应当建立对货币资金业务的监督检查制度，明确监督检查机构或人员的职责权限，定期和不定期地进行检查。

（2）货币资金监督检查的内容主要包括：

1）货币资金业务相关岗位及人员的设置情况。重点检查是否存在货币资金业务不相容职务混岗的现象。

2）货币资金授权批准制度的执行情况。重点检查货币资金支出的授权批准手续是否健全，是否存在越权审批行为。

3）支付款项印章的保管情况。重点检查是否存在办理付款业务所需的全部印章交由一人保管的现象。

4）票据的保管情况。重点检查票据的购买、领用、保管手续是否健全，票据保管是否存在漏洞。

（3）对监督检查过程中发现的货币资金内部控制中的薄弱环节，应当及时采取措施，加以纠正和完善。

三、货币资金的内部控制制度测试

（一）了解内部控制

审计人员通过询问、观察和阅读有关资料等手段，收集必要的资料，了解企业货币资金的内部控制状况。通过编制流程图、设计调查表和编写文字说明等方法描述被审计单位货币资金内部控制，以便分析评价被审计单位内部控制是否健全、设计是否合理。一般而言，注册会计师可以采用编制流程图的方法。编制货币资金内部控制流程图是货币资金控制测试的重要步骤。注册会计师在编制之前应通过询问、观察等调查手段收集必要的资料，然后根据所了解的情况编制流程图。对中小企业，也可采用编写货币资金内部控制说明的方法。若年度审计工作底稿中已有以前年度的流程图，注册会计师可根据调查结果加以修正，以供本年度审计之用。一般地，了解货币资金内部控制时，注册会计师应当注意检查货币资金内部控制是否建立并严格执行。

（二）抽取并检查收款凭证

如果货币资金收款内部控制薄弱，很可能会发生贪污舞弊或挪用等情况。例如，在一个小企业中，出纳员同时记应收账款明细账，很可能发生循环挪用的情况。为测试货币资金收款的内部控制。注册会计师应选取适当样本的收款凭证，进行如下检查：①核对收款凭证与存入银行账户的日期和金额是否相符；②核对库存现金、银行存款日记账的收入金额是否正确；③核对收款凭证与银行对账单是否相符；④核对收款凭证与应收账款等相关明细账的有关记录是否相符；⑤核对实收金额与销售发票等相关凭据是否一致等。

（三）抽取并检查付款凭证

为测试货币资金付款内部控制，注册会计师应选取适当样本的货币资金付款凭证，进行如下检查：①检查付款的授权批准手续是否符合规定；②核对库存现金、银行存款日记账的付出金额是否正确；③核对付款凭证与银行对账单是否相符；④核对付款凭证与应付账款等相关明细账的记录是否一致；⑤核对实付金额与购货发票等相关凭据是否相符等。

（四）抽取一定期间的库存现金、银行存款日记账与总账核对

注册会计师应抽取一定期间的库存现金、银行存款日记账，检查其有无计算错误，加总是否正确无误。如果检查中发现问题较多，说明被审计单位货币资金的会计记录不够可靠。其次，注册会计师应根据日记账提供的线索，核对总账中的库存现金、银行存款、应收账款、应付账款等有关账户的记录。

（五）抽取一定期间的银行存款余额调节表，查验其是否按月正确编制并经复核

为证实银行存款记录的正确性，注册会计师必须抽取一定期间的银行存款余额调节表，

将其同银行对账单、银行存款日记账及总账进行核对。确定被审计单位是否按月正确编制并复核银行存款余额调节表。

（六）检查外币资金的折算方法是否符合有关规定，是否与上年度一致

对于有外币货币的被审计单位，注册会计师应检查外币货币资金有关的日记账及"财务费用"、"在建工程"等账户的记录，确定企业有关外币货币资金的增减变动是否采用交易发生日的即期汇率将外币金额折算为记账本位币金额，或者采用按照系统合理的方法确定的、与交易发生日即期汇率近似的汇率折合为记账本位币，选择采用汇率的方法前后各期是否一致；检查企业的外币货币资金的余额是否采用期末即期汇率折合为记账本位币金额；折算差额的会计处理是否正确。

（七）评价货币资金的内部控制

注册会计师在实施上述测试之后，应对货币资金的内部控制进行评价。评价时，注册会计师应首先确定货币资金内部控制可信赖的程度以及存在的薄弱环节和缺点，然后据以确定在货币资金实质性程序中对哪些环节可以适当减少审计程序，哪些环节应增加审计程序，作重点检查，以减少审计风险。

思考：如何加强货币资金的内部控制？

【案例演示 12.2.1】伪造银行对账单，挪用两亿判死缓

1. 资料：曾在国家某科研基金管理机构任职的会计卞某涉嫌贪污挪用公款2亿元一案，是北京市建国以来涉案金额最高的一起职务侵占案件，最终卞某被法院判处死缓。从媒体报道来看，卞某在案发前的八年期间里，利用掌管该科研基金的专项资金下拨权，采用谎称支票作废、偷盖印鉴、削减拨款金额、伪造银行进账单和信汇凭证、伪造银行对账单等手段贪污、挪用公款人民币两亿余元。卞某担负着资金收付的出纳职能，同时所有的银行单据和银行对账单也都由他一手经办，使得他得以作案长达八年，却一直没有被察觉。审计部门曾经对该基金委的财务状况多次审计，但一直没有发现卞中挪用资金的问题。案发当年的春节刚过，基金委财务局经费管理处刚来的一名大学生提前休假回来，去银行办事时顺手将此前都是由卞某经手的银行对账单取回，而此时卞某还没有对这次的对账单作假，上班伊始便到定点银行拿对账单，以往这一工作由会计卞某负责。取回对账单后，这名大学生开始将对账单和内部账目进行核对，一笔金额为2090万元的支出引起了这名大学生注意，在其印象里他没有听说此项开支。这个初入社会的大学生找到卞某刨根问底，慌乱之下卞某道出实情，这桩涉案金额超过2亿元的大案也因此浮出水面。据办案人员介绍："作为入账凭证，每一笔资金的流向都体现在银行的对账单上，而在基金委，卞某既管记账又管拨款，身份是会计却又掌握出纳的职能，这样就给他实施贪污挪用提供了职务上的便利。比如说他挪出去3000万或者1980万，他把真对账单拿下来自己留下以后，在假对账单里，这笔钱他自己做得根本不体现出来。""咱们银行对账单，都是从电脑打出来的，既然是电脑做的，卞某也有电脑，他也可以按照那种纸张和程序往下打。"打印出对账单后还必须要加盖银行印章，卞某长期和银行打交道，与银行工作人员之间非常熟悉，有时候银行直接就把印章给他，让他自己盖，这时候下卞某就可以一次盖很多。卞某贪污、挪用巨额公款长达八年才案发，从一定意义上讲，暴露出了科研基金管理机构在基金管理方面的漏洞。卞某案发前，该基金管理机构有400万元科研基金因管理不善而流失，有关责任人被判刑6个月。参与该案办理的一名检察官认为，该基金委员会财务制度管理不规范和基金审批与监管环节中的漏洞给了卞某以可乘之机。办案组在侦查中发现，该基金委员会会计部门账务极其混乱，卞某担任会计期间，主管部门没有很好地查过财务账，而且主管部门的财务做账也

不严格,让卞某钻了空子。

2. 要求:指出该科研基金管理机构在货币资金内部控制方面存在哪些问题,应如何予以完善?

分析指导:

1. 存在的问题:

(1)不相容职务未能有效分离。

(2)票据单证保管不善,使用情况缺乏必要记录和检查。

(3)银行账户管理失控。这个案例中采取的偷盖印鉴,就暴露了印鉴管理的漏洞。从完善控制角度来讲,企业对银行账户开户、变更及撤销应建立明确的申请批准程序,并予以书面记录,对长期不使用的账户应予以核销,银行印鉴应分开保管。

(4)授权审批程序不够合理。

2. 完善措施:(1)树立正确内部控制理念,完善制度和流程。

(2)做好风险评估,注重关键控制点的控制。

【课堂训练12.2.1】合理的货币资金内部控制程序应当如何设计?

1. 资料:

案例一:上海某研究所近年来采用了银行提供的新型服务"代理转账"方式发放工资,由银行直接将工资款项划入职工的个人账户。其工资核算员黄某利用工资发放中款项支付无需收款人签字的漏洞,利用职务之便,篡改工资数据,采用虚设人员、多计工资的办法,将企业资产占为己有。在2012年后的2年时间里,黄某先后30余次利用该方法将225万余元的公款划入自己的腰包。

案例二:2006年至2014年的8年期间,国家某基金委会计卞某利用基金委掌管的科学研究专项奖金拨款权,采用谎称支票作废、偷盖印鉴、削减拨款金额、伪造银行进账单和退汇重拨、编造银行对账单等手段贪污、挪用公款人民币2亿余元,给国家造成了重大损失。

案例三:2015年1月15日,某上市公司存在中国银行某分行2.9337亿元巨额存款失窃。调查人员在清查账户时发现,该分行行长高某从2010年初便开始利用公司多头开户对该企业存款动手脚,一方面当企业资金存入银行时,高某就利用职务之便,采用"背书转让"等形式将企业资金转移到其他账户上,另一方面高某通过给该公司开具假存单、假对账单等方式掩盖其犯罪事实。

2. 要求:上述几个案例产生的原因是什么?针对上述案例所暴露出的问题和货币资金自身的特点,合理的货币资金内部控制程序应当如何设计?

任务三 货币资金的实质性程序

一、库存现金审计

(一)审计目标

货币资金是企业资产的重要组成部分,库存现金包括企业的人民币和外币。现金是企业资产中流动性最强的一种资产,尽管其在企业资产总额中比重不大,但企业发生舞弊事件大都与现金有关,因此,注册会计师应该重视库存现金的审计。库存现金的审计目标一般应包括:

(1)确定被审计单位资产负债表的货币资金项目中的库存现金在资产负债表日是否确实

存在，是否为被审计单位所拥有或控制。

（2）确定被审计单位在特定期间内发生的现金收支业务是否均记录完毕，有无遗漏。

（3）确定库存现金余额是否正确。

（4）确定库存现金是否已按照企业会计准则的规定在财务报表中作出恰当列报。

（二）库存现金的实质性程序

（1）核对库存现金日记账与总账的余额是否相符。

（2）盘点库存现金，以确定库存现金的真实存在性和库存现金管理的有效性。

（3）盘点库存现金的步骤如下：

1）制定库存现金盘点程序，实施突击性检查。盘点时间最好选择在上午上班前或下午下班时进行，盘点的范围一般包括企业各部门经管的现金。在盘点前，应由出纳人员将全部库存现金集中存放保险柜。必要时加以封存，然后由出纳人员将已办妥现金收付手续的收付凭证登记现金日记账。

2）审阅库存现金日记账，并与现金收付凭证核对。一方面检查日记账的记录与凭证的内容和金额是否相符，并着重检查凭证有无涂抹的现象；另一方面了解凭证日期和日记账记账日期是否相符或接近。

3）由出纳人员根据库存现金日记账进行加计累计数额，结出库存现金结余额。

4）盘点保险柜的现金实存数，同时编制"库存现金盘点表"。（格式参见表 12.2），分币种、面值列示盘点金额。

表 12.2　库存现金监盘表

被审计单位：_____　　　索引号：_____
项目：_____　　　财务报表截止日/期间：_____
编制：_____　　　复核：_____
日期：_____　　　日期：_____

项目		检查盘点记录			实有库存现金盘点记录						
		项次	人民币	美元	某外币	面额	人民币		美元		某外币	
							张	金额	张	金额	张	金额
上一日账面库存余额		①				1000元						
盘点日未记账传票收入金额		②				500元						
盘点日未记账传票支出金额		③										
盘点日账面应有金额		④=①+②-③				100元						
盘点实有库存现金数额		⑤				50元						
盘点日应有与实有差异		⑥=④-⑤				10元						
差异原因分析	白条抵库（张）					5元						
						2元						
						1元						
						0.5元						
						0.2元						
						0.1元						
						合计						

续表

		检查盘点记录			实有库存现金盘点记录			
	项目	项次	人民币	美元	某外币	面额	人民币	美元	某外币
追溯调整	报表日至审计日库存现金付出总额								
	报表日至审计日库存现金收入总额								
	报表日库存现金应有余额								
	报表日账面汇率								
	报表日余额折合本位币金额								
本位币合计									

出纳员：　　　　会计主管人员：　　　　监盘人：　　　　检查日期：

审计说明：

5）如在资产负债表日后进行盘点，则应将根据盘点日确定盘点余额调整至资产负债表日的金额。

6）将盘点金额与库存现金日记账进行核对，如有差异，应查明原因，并作出记录或适当调整。

7）若有充抵库存现金的借条、代保管的工资、未提现的支票、未作报销的原始凭证，应在"库存现金盘点表"中注明或作出必要的调整。

（4）抽查大额现金收支事项。注册会计师应抽取大额现金收支事项的原始凭证，检查其内容是否完整，有无授权批准，并核对相关账户的进账情况，如有与被审计单位生产经营业务无关的收支事项，应查明原因，并作相应的记录。

（5）审查现金收支的正确截止。被审计单位资产负债表上的库存现金数额，应以结账日实有数额为准。因此，注册会计师必须验证现金收支的截止日期。通常，注册会计师可以对结账日前后一段时期内现金收支凭证进行审计，以确定是否存在跨期事项。

（6）审查外币现金的折算是否正确。对于有外币现金的被审计单位，注册会计师应审查被审计单位对外币现金的收支是否按所规定的汇率折合为记账本位币；外币现金期末余额是否按期末市场汇率折合为记账本位币金额；外币折算差额是否按照规定记入有关账户。

（7）检查库存现金在资产负债表上的披露是否恰当。根据有关的规定，库存现金在资产负债表的"货币资金"项目中反映。注册会计师在实施上述审计程序后，确定库存现金账户的期末余额是否正确，据以确定货币资金是否在资产负债表上恰当披露。

二、银行存款审计

（一）审计目标

银行存款是指企业存放在银行或其他金融机构的各种款项。按照国家有关规定，凡是独立核算的企业都必须在当地银行开设账户。企业在银行开设账户以后，除按核定的限额保留库存现金外,超过限额的现金必须存入银行;除了在规定的范围内可以用现金直接支付的款项外,在经营过程中所发生的一切货币收支业务,都必须通过银行存款账户进行结算。

银行存款的审计目标一般应包括:

(1)单位资产负债表的货币资金项目中的银行存款在资产负债表日是否确实存在,是否为被审计单位所拥有或控制。

(2)被审计单位在特定期间内发生的银行存款收支业务是否均记录完毕,有无遗漏。

(3)银行存款余额是否正确。

(4)银行存款是否已按照企业会计准则的规定在财务报表中作出恰当列报。

(二)银行存款的实质性程序

银行存款的实质性程序一般包括:

(1)核对银行存款日记账与总账的余额是否相符。注册会计师测试银行存款余额的起点,是核对银行存款日记账与总账的余额是否相符。如果不相符,应查明原因,并考虑是否应建议做适当调整。

(2)实施实质性分析程序。计算银行存款累计余额应收利息收入,分析比较被审计单位银行存款应收利息收入与实际利息收入的差异是否恰当,评估利息收入的合理性,检查是否存在高息资金拆借,确认银行存款余额是否存在,利息收入是否已经完整记录。

(3)取得并检查银行存款余额对账单和银行存款余额调节表。取得并检查银行存款余额对账单和银行存款余额调节表是证实资产负债表中所列银行存款是否存在的重要程序。银行存款余额调节表通常应由被审计单位根据不同的银行账户及货币种类分别编制,其格式如表12.3所示。

表 12.3 银行存款余额调节表

年 月 日			
编制人:	日期:	索引号:	
复核人:	日期:	页次:	
户别:	币别:		
项 目			
银行对账单余额(年 月 日)			
加:企业已收,银行尚未入账金额			
其中:1. _____ 元			
2. _____ 元			
减:企业已付,银行尚未入账金额			
其中:1. _____ 元			
2. _____ 元			
调整后银行对账单金额			
企业银行存款日记账金额(年 月 日)			
加:银行已收,企业尚未入账金额			
其中:1. _____ 元			
2. _____ 元			

续表

减：银行已付，企业尚未入账金额	
其中：1. _____元	
2. _____元	
调整后企业银行存款日记账金额	

　　经办会计人员：（签字）　　　　　　　　会计主管：（签字）

具体测试程序通常包括：

1）将被审计单位资产负债表日的银行存款余额对账单，与银行询证函回函核对，确认是否一致，抽样核对账面记录的已付票据金额及存款金额是否与对账单记录一致。

2）检查资产负债表日的银行存款余额调节中加计数是否正确，调节后银行存款日记账余额与银行对账单余额是否一致；

3）检查调节事项的性质和范围是否合理。

（4）函证银行存款余额，编制银行函证结果汇总表，检查银行回函。

1）向被审计单位在本期存过款的银行发函，包括零账户和账户已结清的银行；

2）确定被审计单位账面余额与银行函证结果的差异，对不符事项作出适当处理。

函证银行存款余额是证实资产负债表所列银行存款是否存在的重要程序。通过向往来银行函证，注册会计师不仅可了解企业资产的存在，还可了解企业账面反映所欠银行债务的情况，并有助于发现企业未入账的银行借款和未披露的或有负债。

注册会计师应向被审计单位在本年存过款（含外埠存款、银行汇票存款、银行本票存款、信用卡存款、信用证保证金存款）的所有银行发函，其中包括企业存款账户已结清的银行，因为有可能存款账户已结清，但仍有银行借款或其他负债存在。并且，虽然注册会计师已直接从某一银行取得了银行对账单和所有已付支票，但仍应向这一银行进行函证。如表 12.4 所示为银行询证函参考格式供参考。

（5）检查银行存单。编制银行存单检查表，检查是否与账面记录金额一致，是否被质押或限制使用，存单是否为被审计单位所拥有。

1）对已质押的定期存款，应检查定期存单，并与相应的质押合同核对，同时关注定期存单对应的质押借款有无入账；

2）对未质押的定期存款，应检查开户证实书原件；

3）对审计外勤工作结束日前已提取的定期存款，应核对相应的兑付凭证、银行对账单和定期存款复印件。

（6）检查银行存款账户存款人是否为被审计单位，若存款人非被审计单位，应获取该账户户主和被审计单位的书面声明，确认资产负债表日是否需要调整。

（7）关注是否存在质押、冻结等对变现有限制或存在境外的款项。是否已做必要的调整和披露。

（8）对不符合现金及现金等价物条件的银行存款在审计工作底稿中予以列明，以考虑对现金流量表的影响。

（9）抽查大额银行存款收支的原始凭证，检查原始凭证是否齐全、记账凭证与原始凭证是否相符、账务处理是否正确、是否记录于恰当的会计期间等项内容。检查是否存在非营业目的的大额货币资金转移，并核对相关账户的进账情况；如有与被审计单位生产经营无关的收支事项，应查明原因并作相应的记录。

表 12.4　银行询证函　　　　　　编号：

XX（银行）：

　　本公司聘请的 XX 会计师事务所正在对本公司 XX 年度财务报表进行审计，按照中国注册会计师审计准则的要求，应当询证本公司与贵行相关的信息。下列信息出自本公司记录，如与贵行记录相符，请在本函下端"信息证明无误"处签章证明；如有不符，请在"信息不符"处列明不符项目及具体内容；如存在与本公司有关的未列入本函的其他重要信息，也请在"信息不符"处列出其详细资料。回函请直接寄至 XX 会计师事务所。

　　回函地址：
　　邮编：　　　　电话：　　　　传真：　　　　联系人：

1. 截至 XX 年 X 月 X 日止，本公司与贵行相关的信息列示如下：

账户名称	银行账号	币种	利率	余额	起止日期	是否被质押或用于担保或存在其他限制	备注

　　除上述列示的银行存款外，本公司并无在贵行的其他存款。

　　注　"起止日期"一栏只适用于定期存款，如为活期或保证金存款，可只填写"活期"或"保证金"在字样。

2. 银行借款

账户名称	币种	余额	借款日期	还款日期	利率	其他借款条件	抵（质）押品/担保人	备注

　　除上述列示的银行借款外，本公司并无自贵行的银行借款。

　　注：此项仅函证截至资产负债表日本公司尚未归还的借款。

以下仅供被函证银行使用

结论：1. 信息证明无误。

（银行盖章）

年　　月　　日

经办人：

　　2. 信息不符，请列明不符项目及具体内容（其他未在本函列出的项目，请列出金额及其详细资料）。

（银行盖章）

年　　月　　日

经办人：

　　（10）检查银行存款收支的正确截止。选取资产负债表日前后若干天的银行存款收支凭证实施截止测试，关注业务内容及对应项目，如有跨期收支事项，应考虑是否提出调整建议。

　　（11）检查外币银行存款的折算是否符合有关规定，是否与上年度一致。

（12）检查银行存款的列报是否恰当。根据有关规定，企业的银行存款在资产负债表的"货币资金"项目中反映，所以，注册会计师应在实施上述审计程序后，确定银行存款账户的期末余额是否恰当，进而确定银行存款是否在资产负债表上恰当披露。

【案例演示 12.3.1】库存现金的审计

1. 资料：2015 年 3 月德州新华会计师事务所接受委托对德州昆仑有限责任公司 2014 年度的年报进行审计，3 月 15 日下午由审计人员张某参加的现金盘点小组盘点了该企业出纳员管理的现金，当天的现金日记账已登记完毕，结出现金余额为 683.2 元。清点结果如下。

现金实存数：100 元 3 张，50 元 3 张，10 元 4 张，5 元 2 张，1 元 8 枚，5 角 3 枚，一角 14 枚。

在保险内发现下列凭证，已付款尚未制证出账。

职工朱某 2015 年 1 月 15 日借差旅费 100 元，经领导批准。

职工冯某借款一张，日期为 2 月 6 日，金额为 60 元，未经批准，也没有说明用途。

门市部送来当天零售货款 258 元一包（不包括在实有数内），未送存银行，也没有入账。

代领工资 848 元，单独包封。

银行核定库存现金限额为 500 元。

2. 要求：根据清点结果，编制现金盘点表，并提出审计意见。

分析：（1）职工朱某借支的差旅费 100 元属于现金支出范围，且经过领导授权批准，可以作为已付款未入账的事项进行调节。

（2）职工冯某借款一张 60 元，未经批准，也没有说明用途，属于白条，白条不能顶库。

（3）门市部送来当天零售货款 258 元，其属于现金收入的范围。但因其不包括在现金实有数内，所以不能作为已收款未入账的事项进行调节。

（4）代领工资 848 元，单独包封。其已不属于企业的现金，因此不能作为已收款未入账的事项进行调节。现金盘点简表如表 12.5 所示。

表 12.5 现金盘点表（简化）

项目		备注
现金日记账余额	683.20	
加：已收款未入账	0	
减：已付款未入账	100.00	
现金日记账应存额	583.20	
现金实存额	510.90	
现金盘亏数	72.30	其中 60 元应催促冯某尽快还款，另外应顺着 12.30 元这个线索对现金进行重点审计

审计人员：　　　　　　　　出纳员：　　　　　　　　会计主管：

【案例演示 12.3.2】银行存款的审计

1. 资料：2015 年 3 月德州新华会计师事务所接受委托对德州昆仑有限责任公司 2014 年度的年报进行审计，审计人员刘丽在 3 月 18 日检查了该公司 2014 年 12 月份银行存款日记账的收支业务并与银行存款对账单核对。12 月 31 日，银行对账单余额为 223 546 元，银行存款日记账余额为 220 000 元，核对后发现有下列不符情况：

（1）12月8日，银行对账单上收到外地汇款85 000元（查系外地某私营企业）。

（2）12月22日，对账单上有存款利息266元，日记账上为260元（查系记账凭证写错）。

（3）12月25日，对账单付出85 000元（查明转账支票），但日记账上无此记录。

（4）12月26日，日记账上付出40元，对账单上无此记录（查系记账员误记）。

（5）12月31日，银行日记账存入转账支票4 000元，但对账单上无此记录。

（6）12月31日，日记账上有付出转账支票2 000元，但对账单上无此记录。

（7）12月31日，对账单上有收到托收款项5 500元，但日记账无此记录。

2. 要求：（1）据上述资料编制银行存款余额调节表。

（2）据上述情况，支出该企业银行存款管理上存在的问题。

分析：（1）如表12.6所示为银行存款余额调节表。

表12.6 银行存款余额调节表

2015年03月18日

项目	金额	项目	金额
银行对账单余额	223 546	银行存款日记账余额	220 000
加：企业已收银行未收	4 000	加：银行已收企业未收	5 500+6 85 000
减：企业已付银行未付	2 000+40	减：银行已付企业未付	85 000
调整后余额	225 506	调整后余额	225 506

（2）存在的问题及建议：

1）工作粗心，双方都存在错误记录。及时纠正错误记录。

2）对账单中有收到和付出8500元，而日记账中却无此记录，这很可能是违反规定，出借银行账号。建议企业杜绝出借银行账号，不得收取手续费。

【课堂训练12.3.1】库存现金的审计

1. 资料：2015年3月德州新华会计师事务所接受委托对德州昆仑有限责任公司2014年度的年报进行审计，3月15日下午由审计人员张强对该公司的现金进行审查，该公司出纳员当天现金日记账登记完毕。现金日记账账面余额为985.10元。经盘点，结果如下：

（1）现金实存数为600元。

（2）在清点中，还有下列事项未制证入账。

甲单位转账支票，金额为1000元，未交银行。

财务科小王借条一张，金额为520元，未经领导批准。

职工借支差旅费800元，经领导批准。

购买先进工作者奖品50元，手续齐全。

外地乙单位汇来货款200元，现金已收回，未送银行。

采购员因业务需要借支240元，经领导批准。

从银行提取现金500元。

（3）在清点中发现保险柜内还有下列物品。

办公邮票5元，手续齐全，未入账

出差人员待领工资 800 元，单独存放。

2. 要求：根据清点结果，编制现金盘点表，并提出审计意见。

【课堂训练 12.3.2】编制银行存款余额调节表

1. 资料：审计人员张强于 2015 年 4 月 2 日对德州昆仑有限责任公司银行存款进行审计，在审计日查明某企业的银行存款余额为 158 943.25 元，同日银行存款对账单余额为 136 785.41 元。经核对，企业已收而银行未收账项有 4 笔，计 16 586.94 元；企业已付而银行未付账项有 1 笔，计 8 487.26 元；银行已收而企业未收账项有 6 笔，计 14 682.15 元；银行已付而企业未付账项有 5 笔，计 28 740.31 元。

2. 要求：根据以上资料编制银行存款余额调节表如表 12.7 所示。

表 12.7　银行存款余额调节表

2015 年 04 月 02 日

项目	金额	项目	金额
银行对账单余额		银行存款日记账余额	
加：企业已收银行未收		加：银行已收企业未收	
减：企业已付银行未付		减：银行已付企业未付	
调整后余额		调整后余额	

练习题

一、单项选择题

1. 银行存款函证的对象是（　　）。
   A．存款余额不为零的银行　　　　B．所有银行
   C．存款余额为零的银行　　　　　D．所有存过款的银行
2. 测试现金账户余额的起点是（　　）。
   A．盘点库存现金　　　　　　　　B．核对现金日记账与总账的余额是否相符
   C．检查现金收支的正确截止　　　D．抽查大额现金收支
3. 对企业库存现金进行监盘时，参加人员必须有（　　）。
   A．出纳员或会计部门负责人
   B．出纳员、会计部门负责人与审计人员同时在场
   C．会计部门负责人或审计人员
   D．出纳员与审计人员同时在场
4. 以下项目中，属于现金完整性目标的是（　　）。
   A．已收到的现金确实为企业所有
   B．已入账的现金收入确实为企业实际收到的现金
   C．收到的现金收入已全部登记入账
   D．现金收入在资产负债表上的披露正确
5. 以下项目中，不属于货币资金内部控制测试程序的是（　　）。
   A．抽取一定期间的现金日记账与总账的余额核对

B．抽取并检查收款凭证

C．抽取并检查付款凭证

D．检查现金收入是否及时送存银行

6．库存现金的盘点一般采用（　　）。

　　A．不定期盘点　　B．定期盘点　　C．通知盘点　　D．突击盘点

7．2012年3月9日对某公司全部现金进行监盘后，确认实有现金数额为1000元。该公司3月8日账面库存现金余额为2000元，3月9日发生的现金收支全部未登记入账，其中收入金额为3000元、支出金额为4000元，2012年1月1日至3月8日现金收入总额为165200元、现金支出总额为165500元，则推断2011年12月31日库存现金余额应为（　　）元。

　　A．1300　　　　B．2300　　　　C．700　　　　D．2700

8．某公司某银行账户的银行对账单余额为585000元，在审查该公司编制的该账户银行存款余额调节表时，注册会计师注意到以下事项：该公司已收、银行尚未入账的某公司销货款100000元；该公司已付、银行尚未入账的预付某公司材料款50000元；银行已收、该公司尚未入账的某公司退回的押金35000元；银行已代扣、该公司尚未入账的水电费25000元。假定不考虑审计重要性水平，注册会计师审计后确认该账户的银行存款日记账余额应是（　　）。

　　A．625000元　　B．635000元　　C．575000元　　D．595000元

9．下列情形中，不违反货币资金"不相容岗位相互分离"控制原则的是（　　）。

　　A．由出纳人员兼任收入总账和明细账的登记工作

　　B．由出纳人员兼任会计档案保管工作

　　C．由出纳人员兼任固定资产明细账的登记工作

　　D．由出纳人员保管签发支票所需全部印章

10．在对银行存款实施审计时，实施的函证程序可以证实若干项目标，其中最基本的目标是（　　）。

　　A．是否有漏记的银行借款

　　B．是否有充作抵押担保的存货

　　C．银行存款的真实性

　　D．是否有企业已经记录但是银行方没有记录的交易事项

二、多项选择题

1．货币资金的内部控制制度有（　　）。

　　A．监督检查　　　　　　　　B．岗位分工及授权批准

　　C．票据及有关印章的管理　　D．库存现金和银行存款的管理

2．货币资金审计涉及的凭证和记录有（　　）。

　　A．库存现金盘点表　　　　B．银行对账单

　　C．银行询证函　　　　　　D．库存现金日记账

3．在货币资金业务中，不相容职务有（　　）。

　　A．会计档案保管和收入支出的登记工作

　　B．出纳与稽核工作

　　C．会计档案保管与费用账目登记工作

　　D．会计档案保管与债权债务账目的登记工作

4. 货币资金与下列业务循环有关的是（　　）。
   A. 购货与付款循环　　　　　　　　B. 销售与收款循环
   C. 筹资与投资循环　　　　　　　　D. 存货与仓储循环
5. 货币资金项目包括以下（　　）内容。
   A. 信用证存款　　B. 银行存款　　C. 商业汇票　　D. 存出投资款
6. 以下审计程序中，属于货币资金实质性程序的有（　　）。
   A. 检查未达账项在资产负债表日后的进账情况
   B. 检查银行预留印鉴的保管情况
   C. 检查外币银行存款年末余额是否按年末汇率折算
   D. 检查现金是否定期盘点
7. 注册会计师拟对某公司银行存款余额进行函证，以下做法中正确的有（　　）。
   A. 以会计师事务所名义寄发银行询证函
   B. 以该公司名义寄发银行询证函
   C. 该公司填写询证函后，交注册会计师发出并回收
   D. 该公司直接收发询证函
8. 注册会计师在审阅助理会计师的库存现金盘点计划表时，发现以下几种处理方法，其中不恰当的有（　　）。
   A. 盘点前就盘点时间与被审计单位会计主管沟通，要求其配合好相关的盘点工作
   B. 盘点时应有被审计单位出纳和会计主管在场
   C. 库存现金监盘表只能由出纳人员签字，以明确责任
   D. 注册会计师应亲自盘点
9. 注册会计师在执行库存现金审计时通常需对现金相关的内部控制进行了解，一般而言，一个良好的现金内部控制体现为（　　）。
   A. 全部现金收入及时准确入账，并且支出要有核准手续
   B. 现金收支要有合理、合法的凭据，控制现金坐支
   C. 现金收支与记账的岗位相分离，按月盘点现金
   D. 加强对现金收支业务的内部审计
10. 注册会计师寄发的银行询证函（　　）。
    A. 是以被审计单位的名义发往开户银行
    B. 属于积极式函证
    C. 要求银行直接回函至会计师事务所
    D. 函证对象包括银行存款和借款余额等

三、判断题

1. 审计人员在清点现金前，应通知被审计单位，以便现金清点工作能够顺利进行。
（　　）

2. 出纳人员可兼任现金总账登记工作，不得由一人办理货币资金业务的全过程。
（　　）

3. 银行存款余额调节表应由被审计单位根据不同银行账户及货币种类分别编制。
（　　）

4. 函证银行存款的唯一目的是为了证实银行存款是否真实存在。（   ）

5. 盘点一般在资产负债表日后进行，注册会计师需要根据资产负债表日至审计报告日之间所有现金收支数，倒推计算资产负债表日的现金数额。（   ）

6. 货币资金的支出要有合理合法的凭据，并要有核准手续。（   ）

7. 被审计单位资产负债表上的银行存款数额，应以编制或取得银行存款余额调节表日银行存款账户数额为准。（   ）

8. 如果企业的其他货币资金业务较少，注册会计师可直接执行其他货币资金的实质性程序。（   ）

9. 库存现金的盘点一般不能在资产负债表日后进行，因为盘点的目的是证实资产负债表日库存现金的实际库存数。（   ）

10. 被审计单位的一年以上的定期存款或限定用途的存款不属于流动资产，应列示于其他资产项下。（   ）

四、思考题

1. 简述货币资金与各业务循环的关系。
2. 简述库存现金的审计目标。
3. 简述货币资金审计涉及的主要凭证和会计记录。
4. 简述货币资金内部控制测试的主要内容。
5. 简述银行存款的实质性测试程序的主要内容。

五、综合实训

综合实训 12-1

1. 资料：审计人员刘丽 2015 年 3 月 2 日突击对德州昆仑有限责任公司库存现金进行监督盘点。库存现金实存额为 2 379 元，查明现金日记账的账面余额为 2415 元。查出结账后尚未入账的款项如下：

（1）已付款未入账的付款凭证一张，系办公用品采购发票 586 元，已经签字批准。

（2）已付款未入账的部门经理借款欠条一张 900 元，未经批准。

（3）已收款未入账的收款凭证一张，系废旧物资出售 1 563 元。

2. 要求：根据现金盘点情况编制库存现金盘点表（表 12.8），并指出现金管理存在的问题。

表 12.8 库存现金盘点表

盘点时间：2015 年 3 月 2 日
被审计单位：德州昆仑有限责任公司   单位：元

项目	金额（元）
一、库存现金实有数量	
二、盘存日现金日记账账面结余额	
（最后一笔记账日期 2015 年 3 月 1 日，记账凭证 9 号）	
三、加：已收款未入账的收入	
1. 废旧物资出售	
2.	

续表

项目	金额（元）
四、减：已付款未入账的金额 （其中：白条抵库 1 张，计 900 元） 1．办公用品采购 2．部门经理借款（未经批准） 3．	
五、调整后账面应存数	
六、溢余或短缺数	
溢缺原因：	

财会负责人：　　　　　　　　　出纳人员：　　　　　　　审计人员：

综合实训 12-2

1．资料：审计人员张强在 2014 年 12 月 20 日检查德州昆仑有限责任公司 11 月份银行存款日记账的收支业务并与银行对账单核对。11 月 30 日银行对账单余额为 354,580 元，银行存款日记账为 298,000 元，核对后发现有下列不符情况：

（1）11 月 12 日，对账单上有存款利息 1,580 元，日记账上为 1,880 元（查系记账凭证写错）。

（2）11 月 19 日，银行对账单上收到外地汇款 12,500 元（查系外地某公司），但日记账上无此记录。

（3）11 月 23 日，日记账上付出 750 元，对账单上无此记录（查系记账员误记）。

（4）11 月 25 日，对账单付出 12,500 元（查系转账支票），但日记账无此记录。

（5）11 月 30 日，日记账上有存入转账支票 5,400 元，但对账单无此记录。

（6）11 月 30 日，日记账上有付出转账支票 3,100 元，但对账单无此记录。

（7）对账单有 11 月 30 日收到托收款 21,500 元，但日记账无此记录。

2．要求：（1）根据上述资料编制银行存款余额调节表。

　　　　（2）指出该企业银行存款管理上存在的问题。

项目十三　审计报告

【知识能力目标】

通过学习和训练，使学生明确审计报告的编写要求和步骤，熟悉审计报告的种类和基本内容，掌握无保留审计意见的审计报告和非无保留审计意见的审计报告的撰写；了解管理建议书的编写要求，掌握管理建议书的结构和内容。

【案例导入】

共同基金管理股份有限公司案例——出具非无保留意见类型中保留意见的审计报告，仍需承担高额赔偿。

按双方达成的协议，金氏资源有限公司将以成本价（通常包含7%~8%的利润率）向共同基金管理公司出售自然资源产业。共同基金管理股份有限公司从金氏资源有限公司处购买的石油和天然气产业价值，1969年底已达1亿多美元，为此还专门设立了自然资源资本账户来加以管理。安达信是共同基金管理股份有限公司和金氏资源有限公司双方的审计师，安达信丹佛办事处既对总部设在丹佛的金氏资源有限公司进行审计，也负责共同基金管理股份有限公司的自然资源资本账户的审计。

金氏资源有限公司经常买进一些廉价的石油和天然气产业，然后立即以甚至高于原始成本30倍高昂价格出售给共同基金管理股份有限公司，还精心安排霍克斯·拉芙交易、麦坎交易、布莱克利·沃尔科特交易等欺诈性的价值重估交易（第三方以远高于公允市价的价格购买某处石油和天然气产业10%左右的一小部分产权，但按照与金氏资源有限公司秘密签订的"附属协议"，第三方不会遭受实际损失），使共同基金管理股份有限公司确信自然资源资本账户在增值。

为了避免承担不必要的责任，安达信对没有把握的资产升值，对1969年共同基金管理股份有限公司在财务报表中描述了导致发表非无保留意见的事项："类似以前年度，有些投资，在缺乏明确的市场价格的情况下，已由董事会按照注释9的方法估价。我们复核了这些评估，确认他们是按照既定方法进行的。但是由于我们不具备评估这些投资价值的专业能力，我们不准备对估价表示审计意见。"但是，美国法院仍然认为注册会计师没有使报告使用者避免实质上的损失，以报告使用者的实际损失而非审计收费的多少倍为标准，1981年判决注册会计师赔偿8 079万美元，1982年改判减少损失赔偿金约1000万美元。

本案例的启示：

（1）保密性原则的贯彻，使得注册会计师有了与被审计单位自由交流信息的特权，然而，审计的最根本目的，就是要充分揭露他对财务报表的判断，不能过于强调保密性原则而忽视了审计的根本目的。

（2）保留意见审计报告并不能减轻法律责任，它与知情不报，或想通过不表态来逃避责任，是完全不同的两回事。

（3）管理当局声明书并不能减免注册会计师的法律责任，在所有的证据中最没有证据力，它充其量不过提醒管理部门负有会计责任。

任务一 审计报告概述

一、审计报告的概念及作用

审计报告是指注册会计师根据审计准则的规定,在实施审计工作的基础上,对财务报表发表审计意见的书面文件。审计报告是审计工作的最终结果,具有法定证明效力。其作用可以表现在以下几点:

(1) 审计报告是对审计工作的全面总结。

(2) 审计报告是评价被审计单位受托经济责任履行情况的重要工具。

(3) 审计报告是向使用者传达所需信息的重要手段。

(4) 审计报告是表明审计人员完成了审计任务、承担审计责任的证明文件。

二、审计报告的分类

审计报告可按不同的标准进行分类。

(一) 按照审计报告的性质可分为标准审计报告和非标准审计报告

标准审计报告是指格式和措辞基本统一的审计报告,包括标准措辞的引言段、管理层对财务报表的责任段、注册会计师的责任段和意见段的无保留意见的审计报告,不附加任何说明段、强调事项段或修正性用语。标准审计报告以外的其他审计报告类型统称为非标准的审计报告。

(二) 按照审计报告使用的目的可分为公布目的的审计报告和非公布目的的审计报告

公布目的的审计报告,一般是用于对企业股东、投资者、债权人等非特定利益关系者公布的附送会计报表的审计报告;而非公布目的的审计报告,一般是用于经营管理、合并或业务转让、融通资金等特定目的而实施审计的审计报告。这类审计报告是分发给特定使用者的,如经营者、合并或业务转让的关系人、提供信用的金融机构等。

(三) 按照审计报告的详略程度可分为简式审计报告和详式审计报告

简式审计报告,又称短文式审计报告,它是指注册会计师对应公布的会计报表进行审计后所编制的简明扼要的审计报告。简式审计报告反映的内容是非特定多数的利害关系人共同认为的必要审计事项,它具有记载事项为法令或审计准则所规定的特征,具有标准格式。因而,简式审计报告一般适用于公布目的,具有标准审计报告的特点。

详式审计报告,又称长文式审计报告。它是指对审计对象所有重要的经济业务和情况都要做详细说明和分析的审计报告。详式审计报告主要用于指出企业经营管理存在的问题和帮助企业改善经营管理,故其内容比简式审计报告丰富得多、详细得多。详式审计报告一般适用于非公布目的,具有非标准审计报告的特点,目前,我国政府审计和内部审计通常使用详式审计报告。

此外,审计报告还可按审查的会计报表不同,分为年度审计报告、中期审计报告和清算查账报告;按审计范围划分,可分为综合性审计报告和专题审计报告两种;按送达对象来划分,可以分为送达被审计单位、送达企业主管部门以及送达司法机关等对象的审计报告等。

三、审计报告的基本内容及编制步骤

(一) 审计报告的基本内容

根据《中国注册会计师审计准则第1501号——审计报告》的有关规定,审计报告是由标题、收件人、审计意见、形成审计意见的基础、管理层对财务报表的责任段、注册会计师对财务报表的审计责任、按照相关法律法规的要求报告的事项、注册会计师的签名及盖章、会计师事务所的名称、地址及盖章和审计报告日期等 10 个基本要素构成。具体规定如下：

（1）标题。

审计报告的标题应统一规范为"审计报告"。

（2）收件人。

审计报告的收件人是指注册会计师按照业务约定书的要求送致审计报告的对象，一般是指审计业务的委托人。审计报告应当载明收件人的全称。

（3）意见段。

审计报告的第一部分应当包含审计意见，并以"审计意见"作为标题。审计意见部分还应包括以下方面：

1）指出被审计单位的名称。

2）说明财务报表已经审计。

3）指出构成整套财务报表的每一项财务报表的名称。

4）提及财务报表附注，包括重大会计政策和会计估计。

5）指明构成整套财务报表的每一项财务报表的日期或涵盖的期间。

如果对财务报表发表无保留意见，除非法律法规另有规定，审计意见应当使用"我们认为，后附的财务报表在所有重大方面按照[适用的财务报告编制基础（如企业会计准则等）]的规定编制，公允反映了[……]"的措辞。

（4）形成审计意见的基础。

审计报告应当包含标题为"形成审计意见的基础"的部分。该部分应当紧接在审计意见部分之后，并包括以下方面：

1）说明注册会计师按照审计准则的规定执行了审计工作。

2）提及审计报告中用于描述审计准则规定的注册会计师责任的部分。

3）声明注册会计师按照与审计相关的职业道德要求独立于被审计单位，并履行了职业道德方面的其他责任。声明中应当指明适用的职业道德要求，如中国注册会计师职业道德准则。

4）说明注册会计师是否相信获取的审计证据是充分的、适当的，为发表审计意见提供了基础。

（5）管理层对财务报表的责任段。

审计报告应当包含标题为"管理层对财务报表的责任"的部分。审计报告中应当使用特定国家或地区法律框架下的恰当术语，而不必限定为"管理层"。在某些国家或地区，恰当的术语可能是"治理层"。管理层对财务报表的责任部分应当说明管理层负责以下方面：

1）按照适用财务报告编制基础的规定编制财务报表，使其实现公允反映，并设计、执行和维护必要的内部控制，使得财务报表不存在由于舞弊或错误导致的重大错报。

2）评估被审计单位的持续经营能力和适用持续经营假设是否适当，并披露与持续经营相关的事项（如适用）。对管理层评估责任的说明应当包括描述在任何情况下适用持续经营假设是适当的。

（6）注册会计师对财务报表审计的责任。

审计报告应当包含标题为"注册会计师对财务报表审计的责任"的部分。具体应当包括以下内容：

1）说明注册会计师的目标是对财务报表整体是否不存在由于舞弊或错误导致的重大错报获取合理保证，并出具包含审计意见的审计报告。

2）说明合理保证是高水平的保证，但并不能保证按照审计准则执行的审计在某一重大错报存在时总能发现。

3）说明错报可能由于舞弊或错误导致。

①在说明错报可能由于舞弊或错误导致时，注册会计师应当从下列两种做法中选取一种：

a．描述如果合理预期错报单独或汇总起来可能影响财务报表使用者依据财务报表作出的经济决策，则通常认为错报是重大的；

b．根据适用的财务报告编制基础，提供关于重要性的定义或描述。声明在按照审计准则执行审计工作的过程中，注册会计师运用职业判断，并保持职业怀疑。

②通过声明注册会计师的责任，对审计工作进行描述。这些责任包括：

a．识别和评估由于舞弊或错误导致的财务报表重大错报风险，设计和实施审计程序以应对这些风险，并获取充分、适当的审计证据，作为发表审计意见的基础。

b．了解与审计相关的内部控制，以设计恰当的审计程序，但目的并非对内部控制的有效性发表意见。

c．评价管理层选用会计政策的恰当性和作出会计估计及相关披露的合理性。

d．对管理层使用持续经营假设的恰当性得出结论。

（7）按照相关法律法规的要求报告的事项。

除审计准则规定的注册会计师责任外，如果注册会计师在对财务报表出具的审计报告中履行其他报告责任，应当在审计报告中将其单独作为一部分，并以"按照相关法律法规的要求报告的事项"为标题，或使用适合于该部分内容的其他标题，除非其他报告责任涉及的事项与审计准则规定的报告责任涉及的事项相同。如果涉及相同的事项，其他报告责任可以在审计准则规定的同一报告要素部分列示。

（8）注册会计师的签名并盖章。

注册会计师应当在对上市实体整套通用目的的财务报表出具的审计报告中注明项目合伙人，并在审计报告中由项目合伙人和另一名负责该项目的注册会计师签名和盖章。

（9）会计师事务所的名称、地址及盖章。

审计报告中应当载明会计师事务所的名称和地址，并加盖会计师事务所公章。

（10）审计报告日期。

审计报告应当注明报告日期。审计报告的日期不应早于注册会计师获取充分、适当的审计证据，并在此基础上对财务报表形成审计意见的日期。在确定审计报告日时，注册会计师应当确信已获取下列两方面的审计证据：

1）构成整套财务报表的所有报表（包括相关附注）已编制完成；

2）被审计单位的董事会、管理层或类似机构已经认可其对财务报表负责。

（二）审计报告的编制步骤

审计报告一般由审计小组负责人编制。编制审计报告时，审计小组负责人应当仔细查阅审计人员在审计过程中形成的审计工作底稿，并要检查审计人员的审计活动是否严格遵循有关法律、法规、准则的要求，被审计单位是否按照《企业会计准则》和国家其他有关财务会计法规的规定以及有关协议、合同、章程的要求编制会计报表，进行会计核算等，使审计人员能够在按照既定要求进行审计并形成一整套审计工作底稿的基础上，根据被审计单位对国家有关规定和经济关系人有关要求的执行情况，提出公正、客观、实事求是的审计意见。

编制审计报告是一项严格而细致的工作。为确保审计报告的质量，审计人员应当根据审计报告准则，按照审计报告的编写程序认真编写审计报告。一般来说，编制审计报告需经过以下4个步骤：

（1）整理、复核和分析审计工作底稿。

（2）与被审计单位管理当局沟通、调整被审计单位的会计报表。

（3）确定审计报告意见的类型和措辞。

（4）编写与出具审计报告。

思考：审计报告的基本内容包括哪些？

【案例演示 13.1.1】

1. 资料：刘某是德州昆仑会计师事务所的注册会计师，她审计了天山公司 2014 年 12 月 31 日的资产负债表和该年度的损益表、现金流量表。2015 年 2 月 24 日，她结束了外勤工作，并于一个星期后拟定了审计报告的草稿。

一、审计意见

我们接受委托，审计了贵公司 2014 年 12 月 31 日的资产负债表及该年度的损益表、现金流量表。我们的审计是根据《企业会计准则》进行的。在审计过程中，我们结合贵公司的实际情况，实施了包括抽查会计记录等我们认为必要的审计程序。

我们认为，上述会计报表符合《中国注册会计师独立审计准则》的规定，在所有重大方面公允地反映了贵公司 2014 年 12 月 31 日的财务状况和该年度经营成果以及现金流量情况，会计处理方法的选用遵循了一贯性原则。

二、形成审计意见的基础

我们按照中国注册会计师审计准则的规定执行了审计工作。我们相信，我们获取的审计证据是充分的、适当的，为发表审计意见提供了基础。我们相信，我们的审计意见为信赖上述会计报表提供了合理的保证。

中国注册会计师：刘某（盖章）
2014 年 12 月 31 日

此外，刘某的工作底稿还揭示了如下信息：

（1）2014 年天山公司将营业收入的会计政策由分期收款法改为完工百分比法。天山公司认为采用完工百分比法能够更加合理地反映它的经营成果。在比较财务报表中，天山公司追溯调整了上一年度的报表数据，并在报表附注中对该会计政策变更的性质和影响作了披露。刘某赞同天山公司的变更理由，并对它的调整和披露表示满意。

（2）刘某没有办法对应收账款进行函证，但她执行了替代的审计程序。刘某认为这些替代的审计程序能够提供充分适当的审计证据。

（3）天山公司是一起诉讼中的被告，目前此案正在审理，判决结果难以估计。如果判决结果有利于原告，天山公司就有可能被判支付一笔大额的赔款。为了筹集此赔款，天山公司会出售一些经营用固定资产。该或有事项的性质和可能的影响已在报表附注中作了充分披露。

（4）天山公司在 2013 年 4 月 1 日借入了一笔金额高达 1000 万元的长期借款，该借款合同禁止天山公司在未来 5 年内发放股利。天山公司拒绝在财务报表附注中对该限制性规定作出披露。

2. 要求：请说明刘某工作底稿中哪些事项需要包括在审计报告中，哪些不需要？说明刘某工作底稿中存在哪些不足有待改进并请你替她重编审计报告。

分析：

1. 刘某工作底稿中的第一至第三个事项不需要列入审计报告中。第四个事项需要在工作底稿中予以说明。

（1）会计政策一般不应变更，但如果变更会计政策能够更公允地反映被审计单位的情况则应变更，同时对该变更的性质和影响作出说明。为了保证会计信息的可比性，应在比较财务报表中追溯调整前几个年度的会计数据。如果被审计单位作到了以上几点，便不必在审计报告中反映。

（2）如果不能够执行某项审计程序，注册会计师应执行替代程序，但不可以降低审计证据的数量和质量。如果做到了这一点，注册会计师依然可以发表审计意见。

（3）对极可能发生且金额可以估计的或有损失应暂估入账。如果难以预料或有损失发生的可能性，就应该在报表附注中对或有损失的性质和结果作出披露。

（4）对未来股利发放的限制性规定会影响到天山公司股东及潜在投资者的决策，天山公司应该对这一限制性规定作出披露。天山公司拒绝作出披露，刘丽应该在审计报告中予以说明。

2. 刘某的审计报告中缺少：

（1）标题"审计报告"和收件人"天山公司全体股东"（审计业务的委托人）。

（2）缺少管理层对财务报表的责任和注册会计师审计责任的说明。

（3）"我们相信，我们的审计意见为信赖上述会计报表提供了合理的保证。"一句可以省略。

（4）注册会计师的审计应该是按照《中国注册会计师审计准则》进行的，而会计报表应该符合《企业会计准则》。

（5）在审计报告中应把对于发放股利的限制性规定作为关键审计事项加以描述。

（6）审计报告中还应注明会计师事务所的地址并加盖公章。

（7）审计报告的日期应该是外勤工作结束日，即 2015 年 2 月 24 日。

（8）中国注册会计师签名并盖章应有两名。

任务二　审计报告的类型

在审计报告中，审计人员要根据搜集的审计证据对被审计单位在一定时期内的财务状况和经营成果发表各种不同的审计意见。审计意见按其表述方式的不同，可以分为标准审计报告和非标准审计报告。

一、标准审计报告

如果认为财务报表符合下列所有条件，注册会计师应当出具无保留意见的审计报告：

（1）财务报表已经按照适用的会计准则和相关会计制度的规定编制，在所有重大方面公允反映了被审计单位的财务状况、经营成果和现金流量。

（2）注册会计师已经按照中国注册会计师审计准则的规定计划和实施审计工作，在审计过程中未受到限制。

如果对财务报表发表无保留意见，除非法律法规另有规定，审计意见应当使用"我们认为，后附的财务报表在所有重大方面按照[适用的财务报告编制基础（如企业会计准则等)]的规定编制，公允反映了[……]"的措辞。

标准审计报告的参考格式:

审计报告

ABC 股份有限公司全体股东

一、审计意见

我们审计了 ABC 股份有限公司的财务报表,包括 20X1 年 12 月 31 日合并及公司的资产负债表,20X1 年度合并及公司的利润表、合并及公司的现金流量表和合并及公司的股东权益变动表以及财务报表附注。

我们认为,后附的财务报表在所有重大方面按照企业会计准则的规定编制,公允反映了 ABC 股份有限公司 20X1 年 12 月 31 日合并及公司的财务状况以及 20X1 年度合并及公司的经营成果和现金流量。

二、形成审计意见的基础

我们按照中国注册会计师审计准则的规定执行了审计工作。审计报告的"注册会计师对财务报表审计的责任"部分进一步阐述了我们在这些准则下的责任。按照中国注册会计师职业道德守则,我们独立于 ABC 股份有限公司,并履行了职业道德方面的其他责任。我们相信,我们获取的审计证据是充分的、适当的,为发表审计意见提供了基础。

三、关键审计事项

关键审计事项是根据我们的职业判断,认为对本期财务报表审计最为重要的事项。这些事项的应以对财务报表整体进行审计并形成审计意见为背景,我们不对这些事项单独发表意见。

(一)以公允价值计价的消耗性生物资产

1. 事项描述

截至 20X1 年 12 月 31 日,ABC 股份有限公司合并财务报表附注所示以公允价值计价的消耗性生物资产余额 XX 万元,属于 ABC 股份有限公司的特殊资产,且金额较大,为此我们确定消耗性生物资产的计量为关键审计事项。

根据 ABC 股份有限公司的会计政策,消耗性生物资产在形成蓄积量以前按照成本进行初始计量,形成蓄积量以后按公允价值计量,公允价值变动计入当期损益,由于 ABC 股份有限公司的消耗性生物资产没有活跃的市场可参考价格,所以 ABC 股份有限公司采用估值技术确定已形成蓄积量的消耗性生物资产(下称"该类生物资产")的公允价值。

2. 审计应对

针对该类生物资产的公允价值计量问题,我们实施的审计程序主要包括:我们对 ABC 股份有限公司与确定该类生物资产相关的控制进行了评估;对该类生物资产的估值方法进行了了解和评价,并与估值专家讨论了估值方法的具体运用;对在估值过程中运用的估值参数和折现率进行了考虑和评价。

(二)与可抵扣亏损相关的递延所得税资产

1. 事项描述

截至 20X1 年 12 月 31 日,ABC 股份有限公司合并资产负债表中列示了 XX 万元的递延所得税资产。其中 XX 万元递延所得税资产与可抵扣亏损相关。在确认与可抵扣亏损相关的递延所得税资产时,ABC 股份有限公司管理层在很有可能有足够的应纳税利润来抵扣亏损的限度内,就所有未利用的税务亏损确认递延所得税资产。这需要 ABC 股份有限公司管理层运用大量的判断来估计未来应纳税利润发生的时间和金额,结合纳税筹划策略,以决定应确认的递延所得税资产的金额。评估递延所得税资产能否在未来期间实现,需要管理层作出重大判断,并且管理层的估计和假设具有不确定性。

2. 审计应对

在审计相关税务事项时，我们的审计团队包含了税务专家。在税务专家的支持下，我们实施的审计程序主要包括：对ABC股份有限公司与税务事项相关的内部控制的设计与执行进行了评估；获取了与可抵扣亏损相关的所得税汇算清缴资料，并在税务专家协助下复核了可抵扣亏损金额；获取了经管理层批准的相关子公司未来期间的财务预测，评估其编制是否符合行业总体趋势及各该子公司自身情况，是否考虑了特殊情况的影响，并对其可实现性进行了评估；复核了递延所得税资产的确认是否以未来期间很可能取得用来抵扣可抵扣亏损的应纳税所得额为限。

（三）固定资产减值准备计提

1. 事项描述

截至20X1年12月31日，ABC股份有限公司合并附注列示固定资产减值准备X万元，在计提固定资产减值准备时，ABC股份有限公司考虑固定资产处置时的市场价值及快速变现因素，并聘请专家对固定资产运用估值技术核定固定资产的减值。

2. 审计应对

在审计固定资产减值准备的过程中，我们实地勘察了相关固定资产，取得了相关资产资料，评估了ABC股份有限公司的估值方法，并与估值专家讨论了估值方法运用的适当性。

基于获取的审计证据，我们得出审计结论，管理层对固定资产减值准备的计提是合理的，相关信息在财务报表附注中所作出的披露是适当的。

四、其他信息

ABC股份有限公司管理层对其他信息负责。其他信息包括年度报告中除财务报表和本审计报告以外的信息。

我们对财务报表发表的审计意见不涵盖其他信息，我们也不对其他信息发表任何形式的鉴证结论。

结合我们对财务报表的审计，我们的责任是阅读其他信息，在此过程中，考虑其他信息是否与财务报表或我们在审计过程中了解到的情况存在重大不一致或者似乎存在重大错报。

基于我们已经针对审计报告日前获取的其他信息执行的工作，如果我们确定该其他信息存在重大错报，我们应当报告该事实。在这方面，我们无任何事项需要报告。

五、管理层和治理层对财务报表的责任

ABC股份有限公司管理层负责按照企业会计准则的规定编制财务报表，使其实现公允反映，并设计、执行和维护必要的内部控制，以使财务报表不存在由于舞弊或错误导致的重大错报。

在编制财务报表时，管理层负责评估公司的持续经营能力，披露与持续经营相关的事项（如适用），并运用持续经营假设，除非管理层计划清算ABC股份有限公司，停止营运或别无其他现实的选择。治理层负责监督ABC股份有限公司的财务报告过程。

六、注册会计师对财务报表审计的责任

我们的目标是对财务报表整体不存在由于舞弊或错误导致的重大错报获取合理保证，并出具包含审计意见的审计报告。合理保证是高水平的保证，但并不能保证按照审计准则执行的审计在某一重大错报存在时总能发现。错报可能由舞弊或错误导致，如果合理预期错报单独或汇总起来可能影响财务报表使用者依据财务报表作出的经济决策，则通常认为错报是重大的。

在按照审计准则执行审计的过程中，我们运用了职业判断，保持了职业怀疑。同时，我们也执行以下工作：

（1）识别和评估由于舞弊或错误导致的财务报表重大错报风险；设计和实施审计程序以应对这些风险，并获取充分的、适当的审计证据，作为发表审计意见的基础。由于舞弊可能涉及串通、伪造、故意遗漏、虚假陈述或凌驾于内部控制之上，未能发现由于舞弊导致的重大错报的风险高于未能发现由于错误导致的重大错报的风险。

（2）了解与审计相关的内部控制，以设计恰当的审计程序。

（3）评价管理层选用会计政策的恰当性和作出会计估计及相关披露的合理性。

（4）对管理层使用持续经营假设的恰当性得出结论。同时，根据获取的审计证据，就可能导致对ABC股份有限公司持续经营能力产生重大疑虑的事项或情况是否存在重大不确定性得出结论。如果我们得出结论认为存在重大不确定性，审计准则要求我们在审计报告中提请报表使用者注意财务报表中的相关披露；如果披露不充分，我们应当发表非无保留意见。我们的结论基于截至审计报告日可获得的信息。然而，未来的事项或情况可能导致ABC股份有限公司不能持续经营。

（5）评价财务报表的总体列报、结构和内容（包括披露），并评价财务报表是否公允反映相关交易和事项。

（6）就ABC股份有限公司中实体或业务活动的财务信息获取充分、适当的审计证据，以对财务报表发表意见。我们负责指导、监督和执行集团审计。

我们对审计意见承担全部责任。我们与治理层就计划的审计范围、时间安排和重大审计发现等事项进行沟通，包括沟通我们在审计中识别出的值得关注的内部控制缺陷。

我们还就已遵守与独立性相关的职业道德要求向治理层提供声明，并与治理层沟通可能被合理认为影响我们独立性的所有关系和其他事项，以及相关的防范措施。

从与治理层沟通过的事项中，我们确定哪些事项对本期财务报表审计最为重要，因而构成关键审计事项。我们在审计报告中描述这些事项，除非法律法规禁止公开披露这些事项，或在极少数情形下，如果合理预期在审计报告中沟通某事项造成的负面后果超过在公众利益方面产生的益处，我们确定不应在审计报告中沟通该事项。

XX会计师事务所　　　　　　　　　　　中国注册会计师：XXX（项目合伙人）
　　（盖章）　　　　　　　　　　　　　　　　　（签名并盖章）
　　　　　　　　　　　　　　　　　　　中国注册会计师：XXX
中国XX市　　　　　　　　　　　　　　20XX年X月X日

二、非标准审计报告

非标准审计报告，是指标准审计报告以外的其他审计报告。非无保留意见，是指对财务报表发表的保留意见、否定意见或无法表示意见。

存在下列情形之一时，注册会计师应当在审计报告中发表非无保留意见：

（1）根据获取的审计证据，得出财务报表整体存在重大错报的结论。

（2）无法获取充分、适当的审计证据，不能得出财务报表整体不存在重大错报的结论。

如果对财务报表发表非无保留意见，除在审计报告中包含规定的审计报告要素外，注册会计师还应当将规定中的"形成审计意见的基础"这一标题修改为恰当的标题，如"形成保留意见的基础"、"形成否定意见的基础"或"形成无法表示意见的基础"。

1. 保留意见的审计报告

当存在下列情形之一时,注册会计师应当发表保留意见:

(1)在获取充分、适当的审计证据后,注册会计师认为错报单独或汇总起来对财务报表影响重大,但不具有广泛性。

(2)注册会计师无法获取充分、适当的审计证据以作为形成审计意见的基础,但认为未发现的错报(如存在)对财务报表可能产生的影响重大,但不具有广泛性。

当由于财务报表存在重大错报而发表保留意见时,注册会计师应当在审计意见部分说明:"注册会计师认为,除形成保留意见的基础部分所述事项产生的影响外,后附的财务报表在所有重大方面按照适用的财务报告编制基础的规定编制,公允反映了[......]"。

当由于无法获取充分、适当的审计证据而导致发表保留意见时,注册会计师应当在审计意见部分使用"除......可能产生的影响外"等措辞。

保留意见的审计报告(由于财务报表中的存货存在重大错报)的格式如下:

审计报告

ABC 股份有限公司全体股东:

一、对财务报表出具的审计报告

(一)保留意见

我们审计了 ABC 股份有限公司(以下简称 ABC 公司)财务报表,包括 20X1 年 12 月 31 日的资产负债表,20X1 年度的利润表、现金流量表、股东权益变动表以及相关财务报表附注。

我们认为,除"形成保留意见的基础"部分所述事项产生的影响外,后附的财务报表在所有重大方面按照企业会计准则的规定编制,公允反映了 ABC 公司 20X1 年 12 月 31 日的财务状况以及 20X1 年度的经营成果和现金流量。

(二)形成保留意见的基础

ABC 公司 20X1 年 12 月 31 日资产负债表中存货的列示金额为 X 元。ABC 公司管理层(以下简称管理层)根据成本对存货进行计量,而没有根据成本与可变现净值孰低的原则进行计量,这不符合企业会计准则的规定。ABC 公司的会计记录显示,如果管理层以成本与可变现净值孰低来计量存货,存货列示金额将减少 X 元。相应地,资产减值损失将增加 X 元,所得税、净利润和股东权益将分别减少 X 元、X 元和 X 元。

我们按照中国注册会计师审计准则的规定执行了审计工作。审计报告的"注册会计师对财务报表审计的责任"部分进一步阐述了我们在这些准则下的责任。按照中国注册会计师职业道德守则,我们独立于 ABC 公司,并履行了职业道德方面的其他责任。我们相信,我们获取的审计证据是充分的、适当的,为发表保留意见提供了基础。

(三)其他信息

该部分应描述导致注册会计师对财务报表发表保留意见并影响其他信息的事项。

(四)关键审计事项

关键审计事项是我们根据职业判断,认为对本期财务报表审计最为重要的事项。这些事项的应对以对财务报表整体进行审计并形成审计意见为背景,我们不对这些事项单独发表意见。除"形成保留意见的基础"部分所述事项外,我们确定下列事项是需要在审计报告中沟通的关键审计事项。

(五)管理层和治理层对财务报表的责任

按照企业会计准则和《XX 会计制度》的规定编制财务报表是 ABC 公司管理层的责任,

包括：①设计、实施和维护与财务报表编制相关的内部控制，以使财务报表不存在由于舞弊或错误而导致的重大错报；②选择和运用恰当的会计政策；③作出合理的会计估计。

（六）注册会计师对财务报表的责任

我们的责任是在实施审计工作的基础上对财务报表发表审计意见。我们按照中国注册会计师审计准则的规定执行了审计工作。中国注册会计师审计准则要求我们遵守职业道德规范，计划和实施审计工作以对财务报表是否不存在重大错报获取合理保证。

审计工作涉及实施审计程序，以获取有关财务报表金额和披露的审计证据。选择的审计程序取决于注册会计师的判断，包括对由于舞弊或错误导致的财务报表重大错报风险的评估。在进行风险评估时，我们考虑与财务报表编制相关的内部控制，以设计恰当的审计程序，但目的并非对内部控制的有效性发表意见。审计工作还包括评价管理层选用会计政策的恰当性和作出会计估计的合理性，以及评价财务报表的总体列报。

我们相信，我们获取的审计证据是充分的、适当的，为发表审计意见提供了基础。

二、按照相关法律法规的要求报告的事项

XX 会计师事务所　　　　　　　　　中国注册会计师：XXX（项目合伙人）

（盖章）　　　　　　　　　　　　　　　　（签名并盖章）

　　　　　　　　　　　　　　　　　中国注册会计师：XXX

中国 XX 市　　　　　　　　　　　　20XX 年 X 月 X 日

2. 否定意见的审计报告

在获取充分、适当的审计证据后，如果认为错报单独或汇总起来对财务报表的影响重大且具有广泛性，注册会计师应当发表否定意见。

当发表否定意见时，注册会计师应当在审计意见部分说明："注册会计师认为，由于形成否定意见的基础部分所述事项的重要性，后附的财务报表没有在所有重大方面按照适用的财务报告编制基础的规定编制，未能公允反映[……]"。

否定意见（由于合并财务报表存在重大错报发表否定意见）的审计报告格式：

审计报告

ABC 股份有限公司全体股东：

一、对合并财务报表出具的审计报告

（一）否定意见

我们审计了 ABC 股份有限公司及其子公司（以下简称 ABC 集团）的合并财务报表，包括 20X1 年 12 月 31 日的合并资产负债表、20X1 年度的合并利润表、合并现金流量表、合并股东权益变动表以及相关合并财务报表附注。

我们认为，由于"形成否定意见的基础"部分所述事项的重要性，后附的合并财务报表没有在所有重大方面按照 XX 财务报告编制基础的规定编制，未能公允反映 ABC 集团 20X1 年 12 月 31 日的合并财务状况以及 20X1 年度的合并经营成果和合并现金流量。

（二）形成否定意见的基础

如财务报表附注 X 所述，20X1 年 ABC 集团通过非同一控制下的企业合并获得对 XYZ 公司的控制权，因未能取得购买日 XYZ 公司某些重要资产和负债的公允价值，故未将 XYZ 公司纳入合并财务报表的范围。按照 XX 财务报告编制基础的规定，该集团应将这一子公司纳入合并范围，并以暂估金额为基础核算该项收购。如果将 XYZ 公司纳入合并财务报表的范围，后附的 ABC 集团合并财务报表的多个报表项目将受到重大影响。但我们无法确定未将 XYZ 公司纳入合并范围对合并财务报表产生的影响。

我们按照中国注册会计师审计准则的规定执行了审计工作。审计报告的"注册会计师对合并财务报表审计的责任"部分进一步阐述了我们在这些准则下的责任。按照中国注册会计师职业道德守则，我们独立于 ABC 集团，并履行了职业道德方面的其他责任。我们相信，我们获取的审计证据是充分的、适当的，为发表否定意见提供了基础。

（三）其他信息

该部分应描述导致注册会计师对财务报表发表否定意见并且也影响其他信息的事项。

（四）关键审计事项

除"形成否定意见的基础"部分所述事项外，我们认为，没有其他需要在我们的报告中沟通的关键审计事项。

（五）管理层和治理层对财务报表的责任

按照企业会计准则和《XX 会计制度》的规定编制财务报表是 ABC 公司管理层的责任。这种责任包括：①设计、实施和维护与财务报表编制相关的内部控制，以使财务报表不存在由于舞弊或错误而导致的重大错报；②选择和运用恰当的会计政策；③作出合理的会计估计。

（六）注册会计师对财务报表的责任

我们的责任是在实施审计工作的基础上对财务报表发表审计意见。我们按照中国注册会计师审计准则的规定执行了审计工作。中国注册会计师审计准则要求我们遵守职业道德规范，计划和实施审计工作以对财务报表是否不存在重大错报获取合理保证。

审计工作涉及实施审计程序，以获取有关财务报表金额和披露的审计证据。选择的审计程序取决于注册会计师的判断，包括对由于舞弊或错误导致的财务报表重大错报风险的评估。在进行风险评估时，我们考虑与财务报表编制相关的内部控制，以设计恰当的审计程序，但目的并非对内部控制的有效性发表意见。审计工作还包括评价管理层选用会计政策的恰当性和作出会计估计的合理性，以及评价财务报表的总体列报。

我们相信，我们获取的审计证据是充分的、适当的，为发表审计意见提供了基础。

二、按照相关法律法规的要求报告的事项

XX 会计师事务所　　　　　　　　　中国注册会计师：XXX（项目合伙人）

（盖章）　　　　　　　　　　　　　　　　（签名并盖章）

　　　　　　　　　　　　　　　　　中国注册会计师：XXX

中国 XX 市　　　　　　　　　　　　20XX 年 X 月 X 日

3. 无法表示意见的审计报告

如果无法获取充分、适当的审计证据以作为形成审计意见的基础，但认为未发现的错报（如存在）对财务报表可能产生的影响重大且具有广泛性，注册会计师应当发表无法表示意见。

在极少数情况下，可能存在多个不确定事项。尽管注册会计师对每个单独的不确定事项获取了充分、适当的审计证据，但由于不确定事项之间可能存在相互影响，以及可能对财务报表产生累积影响，注册会计师不可能对财务报表形成审计意见。在这种情况下，注册会计师应当发表无法表示意见。

当由于无法获取充分、适当的审计证据而发表无法表示意见时，注册会计师应当：

（1）说明注册会计师不对后附的财务报表发表审计意见。

（2）说明由于形成无法表示意见的基础部分所述事项的重要性，注册会计师无法获取充分、适当的审计证据以作为对财务报表发表审计意见的基础。

（3）修改《审计准则》中规定的财务报表已经审计的说明，改为注册会计师接受委托审计财务报表。

无法表示意见（由于注册会计师无法针对合并财务报表多个要素获取充分、适当的审计证据）的审计报告格式。

审计报告

ABC 股份有限公司全体股东：

一、对财务报表出具的审计报告

（一）无法表示意见

我们接受委托，审计 ABC 股份有限公司（以下简称 ABC 公司）财务报表，包括 20X1 年 12 月 31 日的资产负债表、20X1 年度的利润表、现金流量表、股东权益变动表以及相关财务报表附注。

我们不对后附的 ABC 公司财务报表发表审计意见。由于"形成无法表示意见的基础"部分所述事项的重要性，我们无法获取充分、适当的审计证据以作为对财务报表发表审计意见的基础。

（二）形成无法表示意见的基础

我们于 20X2 年 1 月接受委托审计 ABC 公司财务报表，因而未能对 ABC 公司 20X1 年初金额为 X 元的存货和年末金额为 X 元的存货实施监盘程序。此外，我们也无法实施替代审计程序获取充分、适当的审计证据。并且，ABC 公司于 20X1 年 9 月采用新的应收账款电算化系统，由于存在系统缺陷导致应收账款出现大量错误。截至报告日，ABC 公司管理层（以下简称管理层）仍在纠正系统缺陷并更正错误，我们也无法实施替代审计程序，以对截至 20X1 年 12 月 31 日的应收账款总额 X 元获取充分、适当的审计证据。因此，我们无法确定是否有必要对存货、应收账款以及财务报表其他项目作出调整，也无法确定应调整的金额。

（三）管理层和治理层对财务报表的责任

按照企业会计准则和《XX 会计制度》的规定编制财务报表是 ABC 公司管理层的责任。这种责任包括：①设计、实施和维护与财务报表编制相关的内部控制，以使财务报表不存在由于舞弊或错误而导致的重大错报；②选择和运用恰当的会计政策；③作出合理的会计估计。

（四）注册会计师对财务报表审计的责任

我们的责任是按照中国注册会计师审计准则的规定，对 ABC 公司的财务报表执行审计工作，以出具审计报告。但由于"形成无法表示意见的基础"部分所述的事项，我们无法获取充分、适当的审计证据以作为发表审计意见的基础。

按照中国注册会计师职业道德守则，我们独立于 ABC 公司，并履行了职业道德方面的其他责任。

二、按照相关法律法规的要求报告的事项

XX 会计师事务所	中国注册会计师：XXX
（盖章）	（签名并盖章）
中国 XX 市	中国注册会计师：XXX
	（签名并盖章）
	二〇X二年 X 月 X 日

思考：审计报告有哪些意见类型？

【案例演示 13.2.1】审计报告的编写

1992 年 9 月 11 日，"重庆渝港钛白粉股份有限公司"宣告成立，并于 1992 年 10 月 11 日，以重庆渝港钛白粉有限公司作为发起人，以社会募集方式设立了股票上市的股份有限公司（以下简称渝钛白）。

1998 年 4 月 29 日，渝钛白公司公布 1997 年年度报告，其中在财务报告部分刊登了重庆会计师事务所于 1998 年 3 月 8 日出具的否定意见审计报告。这是我国首份否定意见审计报告，对中国的证券市场和审计行业都有着巨大的意义。

那么重庆会计师事务所为什么会对渝钛白公司签发否定意见审计报告呢？我们首先来看一看审计报告中指出的问题。报告中指出：

1997 年度应计入财务费用的借款计应付债券利息 80 640 000 元，贵公司将其资本化计入了钛白粉工程成本；欠付中国银行重庆市分行的美元借款利息 898 000 元（折人民币 7 430 000 元），贵公司未计提入账，两项共影响利润 88 070 000 元。

我们认为，由于本报告第二段所述事项的重大影响，贵公司 1997 年 12 月 31 日资产负债表、1997 年度利润及利润分配表、财务状况变动表未能公允地反映贵公司 1997 年 12 月 31 日财务状况和 1997 年年度经营成果及资金变动情况。

该份审计报告的颁布，引起中国证券市场的极大震动，中国注册会计师协会秘书长发表谈话，开门见山肯定了重庆会计师事务所的做法，并明确说明注册会计师审计渝钛白公司使用的规章是准确的，他还特别强调："财政部是国家财务主管部门，其他部门或地区制定的规章，文件中涉及财务问题，如与财政部规章不一致，是不发生效力的。"

审计报告全文如下：

审计报告

重庆渝钛白粉股份有限公司全体股东：

一、对财务报表出具的审计报告

（一）否定意见

我们审计了贵公司 1997 年 12 月 31 日资产负债表和 1997 年度利润及利润分配表、财务状况变动表。

我们认为，由于"形成否定意见的基础"部分所述事项的重要性，后附的贵公司 1997 年 12 月 31 日资产负债表、1997 年度利润分配表、财务状况变动表未能公允地反映贵公司 1997 年 12 月 31 日财务状况和 1997 年度经营成果及资金变动情况。

（二）形成否定意见的基础

如财务报表及其附注所述，1997 年重庆渝钛白粉股份有限公司把应计入财务费用的借款及应付债券利息 80 640 000 元将其资本化计入钛白粉工程成本；贵公司欠付中国银行重庆市分行的美元借款利息 898 000 美元（折合人民币 7 430 000 元）未计提入账。两项共影响利润 88 070 000 元，导致财务报表未能公允地反映贵公司 1997 年 12 月 31 日财务状况和 1997 年度经营成果及资金变动情况。

（三）其他信息

我们在审计过程中注意到：公司目前正面临沉重的债务负担和巨额的资产折旧压力，除非贵公司能尽快达到正常生产经营状况并能与有关债权人就债务重整达成协议，且市场形势在短期内发生有利于贵公司的重大变化，否则贵公司的财务状况和生产经营将陷入极为严峻的困境。

如果贵公司出现不能持续经营的情况，则应对其资产和负债重新加以评价、分类、并据以重新编制 1997 年度财务报表。

（四）关键审计事项

除"形成否定意见的基础"部分所述事项外，我们认为，没有其他需要在我们的报告中沟通的关键审计事项。

（五）管理层和治理层对财务报表的责任

按照企业会计准则和相关会计制度的规定编制财务报表是重庆渝钛白粉股份有限公司管理层的责任。这种责任包括：①设计、实施和维护与财务报表编制相关的内部控制，以使财务报表不存在由于舞弊或错误而导致的重大错报；②选择和运用恰当的会计政策；③作出合理的会计估计。

（六）注册会计师对财务报表的责任

我们的责任是在实施审计工作的基础上对财务报表发表审计意见。我们按照中国注册会计师审计准则的规定执行了审计工作。中国注册会计师审计准则要求我们遵守职业道德规范，计划和实施审计工作以对财务报表不存在重大错报获取合理保证。

审计工作涉及实施审计程序，以获取有关财务报表金额和披露的审计证据。选择的审计程序取决于注册会计师的判断，包括对由于舞弊或错误导致的财务报表重大错报风险的评估。在进行风险评估时，我们考虑与财务报表编制相关的内部控制，以设计恰当的审计程序，但目的并非对内部控制的有效性发表意见。审计工作还包括评价管理层选用会计政策的恰当性和作出会计估计的合理性，以及评价财务报表的总体列报。

我们相信，我们获取的审计证据是充分的、适当的，为发表审计意见提供了基础。

重庆市会计师事务所　　　　　　　　　　　　中国注册会计师：XX
　　　　　　　　　　　　　　　　　　　　　中国注册会计师：XX
中国·重庆　　　　　　　　　　　　　　　　1998 年 3 月 8 日

【案例演示 13.2.2】审计意见的类型

1. 资料：（1）A 公司是一家生产经营炸药的公司，因危险性较高，保险公司不愿为其财产进行担保，而该公司未在会计报表附注中加以揭示。该公司财产可能被一次爆炸事件损坏无余，但该公司管理非常有效，从未出现爆炸损失。

（2）注册会计师是第一次对 C 公司进行审计，在审计过程中，被审单位不同意注册会计师对期初余额进行审计。审计完毕后，注册会计师认为本期财务报表的编制符合《企业会计准则》的要求，也公允反映了被审单位的财务状况、经营成果和现金流量。

（3）D 公司在审计期间的一笔 250 万元的销售在审计报告日以后会计报表公布日之前被退回，注册会计师提请被审单位修订会计报表，被审单位予以拒绝。

2. 要求：作为注册会计师，在下列相互独立的 4 种情况下，应出具何种审计意见？

分析：

（1）出具无保留意见的审计报告。通常保险公司不愿意承担财产保险的可能损失，"未保险"不需在会计报表附注中揭示。

（2）由于注册会计师的审计范围受到限制。注册会计师可视期初余额对本期财务报告的影响大小发表保留意见或无法表示意见的审计报告。

（3）该事项属于需调整的期后事项，注册会计师应提请被审单位调整会计报表，若被审单位拒绝调整，注册会计师应出具保留意见的审计报告。

【课堂训练 13.2.1】不同意见类型的审计报告

1. 资料：德州德恒有限责任会计师事务所注册会计师张强和刘丽，已于 2009 年 3 月 10 日完成对 ABC 股份有限公司 2008 年度会计报表的实地审计工作，现正草拟审计报告。按照审计业务约定书的要求，审计报告应于 2009 年 3 月 21 日提交。在复核审计工作底稿时，发现存在以下几种情况：

（1）应收账款项目无法进行函证，也无法实施其他替代审计程序。

（2）XYZ 公司 2008 年 9 月状告 ABC 股份有限公司侵权案已于 2009 年 2 月 19 日审理完毕，ABC 股份有限公司将向 XYZ 公司赔偿 500 000 元，但 ABC 股份有限公司拒绝在 2008 年会计报表中作出调整。

（3）存货计价方法由先进先出法变更为后进先出法，已在会计报表附注 6 中说明。

（4）除注册会计师认为应收账款中的 20 000 已成坏账，ABC 股份有限公司未予接受调整建议外，注册会计师提请调整的其他 1 780 000 元调整事项，ABC 股份有限公司已作调整。

2. 要求：分别针对上述情况，指出张强和刘丽应发表何种类型的审计意见，并说明理由。

【课堂训练 13.2.2】审计意见类型

请各小组分别就下列 4 种情况，指出注册会计师应出具何种意见类型的审计报告，并说明理由：

（1）A 公司是生产经营炸药的公司，因危险性很高，所以保险公司不愿意对其财产承保，而该公司未将此事在会计报表中加以揭示。该公司财产可能为一次爆炸事件损坏无余，但该公司具有极好的安全记录，且从未有过爆炸损失。

（2）B 公司拥有自购置之日起就有大幅度增值的房屋一幢。资产负债表中将该房屋以现行评价表示并已充分披露，该公司深信资产负债表中所列房屋估价较为合理。

（3）C 公司为非银行金融公司，该公司遵照政府有关部门的规定编制会计报表，但某些项目所涉及的金额不大，且已在会计报表附注中作了充分揭示。

（4）D 公司对各子公司都拥有股票投资，已查明各项投资均以原始成本入账，但未审核各子公司以查明资产负债表中长期投资数额的真实性。

任务三　管理建议书

审计准则要求审计人员在审计工作结束时，应就将审计工作中所发现的内部控制的重大缺陷与管理当局沟通，必要时，可以出具管理建议书。对在审计过程中注意到的内部控制的一般问题，审计人员可以口头或以其他方式向被审计单位有关人员提出，同时，将在审计过程中注意到的内部控制缺陷以及与被审计单位沟通的情况，记录于审计工作底稿中。

一、管理建议书的概念及意义

（一）管理建议书的概念

管理建议书是指审计人员在完成查验会计报表等各项工作后，针对审计过程中注意到的、可能导致被审计单位会计报表产生重大错报和漏报的内部控制重大缺陷提出的书面建议。其目的是向被审计单位管理部门提供进一步完善内部控制，改进工作方法，提高经营管理水平的参考意见。通常，若审计业务约定书中有特别约定，或者审计人员认为必要，应当出具管理建议书。

（二）管理建议书的意义

审计人员对被审计单位内部控制的评审，是围绕着实现审计目标的需要而展开的。在审计过程中，审计人员没有必要对被审计单位内部控制的所有方面都进行评审。审计人员所评审的只是与被审计项目相关，会对会计信息的形成产生重要影响的内部控制。在管理建议书中，审计人员所提出的改进内部控制的建议，只是就审计范围内审计人员所注意的问题而提出的，并不是针对所有内部控制。出具管理建议书，并不意味着审计人员对被审计单位内部控制的整体发表意见，也不能免除或减轻被审计单位管理当局建立健全内部控制制度的责任。管理建议书不具有公证性和强制性，只具有建设性和服务性。提交管理建议书，无论对审计人员或被审计单位都具有重要意义。

（1）通过管理建议书，不仅可以反映出审计人员的审计能力和执业水平，还可以衡量和评价审计人员的审计服务质量，促使审计人员增强审计服务意识，端正审计服务态度，提高审计人员的职业道德修养和专业技术水平。增强被审计单位对审计人员的信任。

（2）通过管理建议书，可以向被审计单位指出内部控制中的重大缺陷，提出进一步完善内部控制的建议，促使被审计单位健全内部控制，提高经营管理水平。

（3）通过管理建议书，可以扩大审计服务领域，降低审计风险，把审计人员的法律责任减小到最低限度。

管理建议书可以在符合性测试之后，或在整个审计工作结束之后出具，也可以按照审计者和被审计者约定的条件和时间出具。管理建议书一般应由负责审计项目的审计人员编制。审计人员对管理建议书的内容负有保密责任。

二、管理建议书的内容

一般来说，在审计人员认为必要时，或者审计业务约定书有特别规定时，应当出具管理建议书。管理建议书的内容，应当描述准确、有深度、富有建设性，对于企业提高经营管理效率、改进管理有帮助价值，并能反映审计人员的专业水平。

管理建议书一般应当包括下列基本内容：

（1）标题。管理建议书的标题应当统一规范为"管理建议书"。

（2）收件人。管理建议书的收件人应为被审计单位管理当局，可以是董事会或审计委员会。

（3）会计报表审计目的以及管理建议书的性质。管理建议书应当指明审计目的是对会计报表发表审计意见。管理建议书指出的仅是审计人员在审计过程中注意到的内部控制的重大缺陷，不应被视为对内部控制发表的鉴证意见。

（4）内部控制重大缺陷及其影响和改进建议。管理建议书应当指明审计人员在审计过程中注意到的内部控制的重大缺陷，包括前期建议改进但本期仍然存在的重大缺陷。管理建议书应当指明内部控制设计和执行中所存在重大缺陷以及对会计报表可能产生的影响和相应的改进建议。必要时，管理建议书可说明被审计单位管理当局对内部控制重大缺陷和改进建议作出的反应。

（5）管理建议书的使用范围和使用责任。在管理建议书中，审计人员应当指明其仅供被审计单位管理当局内部参考。因使用不当造成的后果，与审计人员无关。审计人员对管理建议书中的内容没有任何承诺，不承担任何责任。

（6）签章。管理建议书应当由审计师签章，并加盖会计师事务所公章。

(7) 日期。管理建议书应当注明日期。

三、管理建议和审计意见的区别

管理建议和审计意见都是审计人员在完成审计项目时提出的，两者之间具有一定的联系。不论审计人员提出管理建议，还是提出审计意见，都必须建立在对被审计单位有关情况的充分了解之上。管理建议书所涉及的一些问题，在一定程度上会对审计工作的某些方面产生影响，从而会影响审计意见。

管理建议和审计意见的区别主要有以下几方面：

(1) 对象不同。管理建议和审计意见是审计人员完成同一审计项目的不同结果。管理建议是针对审计人员在审计过程中所注意到的有关内部控制的重大缺陷提出的；审计意见的直接对象是被审计单位的会计报表，是对整个会计报表的公允性、合法性和一贯性表示意见。

(2) 涉及的范围不同。从涉及的范围来看，审计意见所涉及的范围比管理建议所涉及的范围要广得多。管理建议所涉及的范围仅仅是与审计工作有关的内部控制，而且是审计人员已经进行了解和评价的内部控制，并不包括所有的内部控制。审计意见所涉及的范围是与会计报表有关的所有重大方面，包括有关的内部控制、会计资料及其他相关的资料。

(3) 出具的时间不同。前已述及，管理建议的提出时间可以是在内部控制的评价之后，也可以是在整个审计项目完成之后。审计意见的提出，则必须在整个审计项目完成之后。

(4) 责任不同。审计人员就审计过程中所注意到的内部控制的重大缺陷，向被审计单位提出改进建议，是一种非法定业务，没有法定责任。审计人员接受审计委托后，如果没有异常情况，就必须对所审计的会计报表提出审计意见。会计报表审计是法定业务，具有法定的责任。

(5) 作用及影响的程度不同。管理建议仅提供给被审计单位管理当局，供内部参考，不对外报送，对外不起鉴证作用，不应作为其他第三方依赖的佐证。审计意见是审计报告的核心内容，要向外报送，对外起鉴证作用，作用与影响很大。

思考： 管理建议书应包含哪些基本内容？

【案例演示 13.3.1】 管理建议书的结构和内容

管 理 建 议 书

ABC 有限责任公司管理当局：

我们接受委托对贵公司 2XXX 年的年度会计报表进行审计。我们的责任是根据我们的审计，对会计报表发表审计意见。我们提供的这份管理建议书，不在审计业务约定书约定项目之内，而是我们基于为贵公司服务的目的，根据审计过程中发现的内部控制问题而提出的。因为我们主要从事的是对贵公司年度会计报表的审计，所实施的审计范围是有限的，不可能全面了解贵公司所有的内部控制，所以管理建议书中包括的内部控制重大缺陷，仅是我们注意到的，不应被视为对内部控制发表的鉴证意见，所提建议不具有强制性和公证性。

在审计过程中，我们了解了贵公司内部控制中有关会计制度、会计工作机构和人员职责、财产管理制度、内部审计制度等有关方面的情况，并进行了分析研究。我们认为，贵公司现有的内部控制总体上还是较薄弱的，有的方面还存在较严重的问题。现将我们发现的内部控制方面的某些问题及改进建议提供给你们，希望引起你们的注意，以便完善内部控制。

(一) 关于会计制度方面问题的评价及建议

贵公司的会计核算基本上能够反映经济业务，基本上遵守了国家有关会计制度的规定；会计凭证及账务处理等方面基本符合有关要求。但在审计中，我们也发现了下列问题。

1. 会计科目设置欠妥

贵公司目前设置的会计科目，主要是根据自身管理要求建立的，与我国企业会计制度的科目设置要求有一定距离。

根据我国企业会计制度规定，设置会计科目时，应符合会计制度的统一要求。只有会计制度中没有要求的科目，企业才可依据自身特点和管理需要设置。建议贵公司对照我国企业会计制度的规定，对原有会计科目进行必要的调整。

2. 会计凭证不全

贵公司在发生销售退回时，只是填制退货发票，退款没有取得对方的收款收据，会计人员根据退货发票进行了相应的会计处理。

我国会计制度对这一内容已做了明确规定，对这一做法的不当性，我们已向有关人员提出，他们表示愿意考虑我们的意见。

3. 企业存款清查不及时

贵公司的企业存款账与企业对账单不按月核对并编制企业存款余额调节表。经查询，由于没有按月编制企业存款余额调节表，公司财务部不能及时了解未达账项，在一定程度上影响了财务分析工作。

（二）会计工作机构、人员职责及内部稽核制度

贵公司会计机构设置不够健全，会计人员职责规定也不够明确。会计人员数量较少，每个人要承担多种责任，对于凭证的复核工作做得不仔细。在审计过程中，发现多笔凭证无复核人的签章。我们认为，凭证是记录企业生产经营业务的基本资料，凭证的审核工作是进行会计核算的基本内容，建议贵公司予以重视。

（三）财产管理制度

1. 存货管理薄弱

贵公司存货占用的流动资产额度过大。公司流动资产共 5 000 000 元，其中存货约占 80%，应当成为资产管理的重点。

我们建议贵公司应注意以下几方面的工作。

（1）认真做好存货的定期盘点工作。贵公司自上一会计年度终了对存货进行清查至今，再未进行过盘点。公司的存货账与我们审计过程中抽查结果出现较大差异。我们认为，只有及时获得存货的实存情况，才能够加强对存货的管理，并及时处理有关问题。

（2）积极处理积压产品。贵公司目前产成品占用达 2 000 000 元，占全部存货的 50%，为了加强流动资产的周转，减少仓储成本和利息支出，建议公司加强市场预测，及时进行产品的推销和处理。

建议贵公司建立一个专门的市场预测部门，通过对近期、长期的市场情况进行分析预测，控制公司的生产及销售，以求得对存货成本的控制。

2. 固定资产管理混乱

（1）固定资产管理制度不健全。贵公司固定资产一般是根据实际需要购建；对在用及未用固定资产的管理也没有明确的制度规定。我们认为，贵公司固定资产种类较多，价值较大，固定资产管理制度不健全，对固定资产的管理和使用均有不良影响。建议贵公司尽快建立固定资产购建预算制度、固定资产实物管理制度等。

（2）固定资产价值确定不及时。贵公司自开始投入固定资产，直至进入生产期后，固定资产一直按估价入账。我们认为，贵公司的固定资产应按原价入账。作为投资的固定资产，应

按投资时各方认定的价格入账；公司购入的固定资产，应按照原始价值计算入账。贵公司对于已明确单价的固定资产，应及时进行账面调整。

（3）固定资产计提折旧的起始时间有误。贵公司从开始投入固定资产至今，一直按投入当月计提固定资产折旧。按规定，固定资产投入当月应不计提折旧，报废月照提折旧。建议贵公司对固定资产折旧账进行调整。

（四）内部审计名存实亡

贵公司已经建立了内部审计机构和制度。但在成立后，内部审计机构没有真正开展内部审计工作。我们认为，贵公司内部审计机构存在的主要问题是：人员配备比较薄弱，审计工作的组织不合理，一些管理部门的配合存在问题等。

我们建议贵公司做好以下几方面的工作。

（1）明确内部审计部门的职责范围，明确各部门相互关系，明确内部审计的性质，使各部门对内部审计部门的工作予以支持。

（2）目前内部审计处只有一个人，难以开展工作。贵公司应为审计处充实 1～2 名从事过审计工作的人员，并进行必要的培训。

对于上述内部控制问题，我们已经与有关管理部门或人员交换过意见，他们确认上述问题的真实性。

本管理建议书只提供给贵公司。另外，我们是接受贵公司董事会的委托进行审计工作，根据他们的要求，请将管理建议书内容转达给他们。因使用管理建议书不当造成的后果，与审计人员及其所在会计师事务所无关。

中国审计师 XXX（签章）

（会计师事务所印章）

XXXX 年 XX 月 XX 日

练习题

一、单项选择题

1. 审计人员用于表达审计意见，作出审计结论的书面文件是（　　）。
   A. 审计工作底稿　　　　　　　B. 审计档案
   C. 审计证据　　　　　　　　　D. 审计报告
2. 注册会计师出具的审计报告的正确性和合法性应由（　　）负责。
   A. 会计师事务所　　　　　　　B. 委托单位
   C. 国家审计机关　　　　　　　D. 注册会计师
3. 管理层对财务报表的责任段应当说明，按照适用的会计准则和相关会计制度的规定编制财务报表是管理层的责任，下列说法中不属于管理层责任的是（　　）。
   A. 作出合理的会计估计
   B. 监督被审计单位建立和维护内部控制
   C. 设计、实施和维护与财务报表编制相关的内部控制，以使财务报表不存在由于舞弊或错误而导致的重大错报
   D. 选择和运用恰当的会计政策

4. 审计报告的收件人应该是（　　）。
   A．审计业务的委托人　　　　　　B．社会公众
   C．被审计单位的治理层　　　　　D．被审计单位管理层
5. 以下关于审计报告的叙述中，正确的是（　　）。
   A．审计报告应该由两位注册会计师签名盖章，但其中一名必须是主任会计师
   B．注册会计师如果出具非无保留意见的审计报告时，应在意见段之前增加说明段
   C．审计报告的日期是指编写完审计报告的日期
   D．审计报告的收件人是指被审计单位
6. 如果需要修改其他信息（重大不一致）而被审计单位拒绝修改，注册会计师不应当考虑（　　）。
   A．出具否定意见审计报告
   B．解除业务约定
   C．在审计报告中增加强调事项段说明该重大不一致
   D．不出具审计报告

二、多项选择题

1. 根据审计报告使用的目的不同，可以分为（　　）。
   A．标准审计报告　　　　　　　　B．非标准审计报告
   C．公布目的的审计报告　　　　　D．一般审计报告
   E．非公布目的的审计报告
2. 审计报告按其详略程度的不同，可以分为（　　）。
   A．简式审计报告　　　　　　　　B．详式审计报告
   C．标准审计报告　　　　　　　　D．非标准审计报告
3. 审计意见一般有下列哪几种（　　）。
   A．无保留意见　　　　　　　　　B．无法表示意见
   C．否定意见　　　　　　　　　　D．部分赞成意见
   E．保留意见
4. 下列哪些基本内容属于审计报告所应有的内容（　　）。
   A．收件人　　　B．报告日期　　　C．审计意见　　　D．形成审计意见的基础
5. 详式审计报告一般适用于（　　）。
   A．政府审计　　　B．内部审计　　　C．民间审计　　　D．效益审计
6. 下列属于管理层对财务报表责任的有（　　）。
   A．按照适用的财务报告编制基础编制财务报表，并使其实现公允反映
   B．对财务报表是否不存在重大错报获取合理保证
   C．设计、执行和维护必要的内部控制，以使财务报表不存在由于舞弊或错误导致的重大错报
   D．在执行审计工作的基础上对财务报表发表审计意见
7. 下列情况中，注册会计师应当发表保留意见或无法表示意见的有（　　）。
   A．因审计范围受到被审计单位限制，注册会计师无法就可能存在的对财务报表产生重大影响的错误与舞弊，获取充分、适当的审计证据

  B．因审计范围受到被审计单位限制，注册会计师无法就对财务报表可能产生重大影响的违反或可能违反法规行为，获取充分适当的审计证据

  C．注册会计师已经按照中国注册会计师审计准则的规定计划和实施审计工作，在审计过程中未受到限制

  D．被审计单位管理层拒绝就对财务报表具有重大影响的事项，提供必要的书面声明，或拒绝就重要的口头声明予以书面确认

8．下列情况中，注册会计师应当发表保留意见或无法表示意见的有（　　）。

  A．因审计范围受到被审计单位限制，注册会计师无法就可能存在的对财务报表产生重大影响的错误与舞弊，获取充分、适当的审计证据

  B．因审计范围受到被审计单位限制，注册会计师无法就对财务报表可能产生重大影响的违反或可能违反法规行为，获取充分适当的审计证据

  C．注册会计师无法确定已发现的错误与舞弊对财务报表的影响程度

  D．被审计单位管理层拒绝就对财务报表具有重大影响的事项，提供必要的书面声明，或拒绝就重要的口头声明予以书面确认

9．同时符合下列条件时，注册会计师应当出具无保留意见审计报告的有（　　）。

  A．注册会计师已经按照中国注册会计师审计准则的规定计划和实施审计工作，在审计过程中未受到限制

  B．财务报表已经按照适用的财务报告编制基础编制，在所有方面公允反映了被审计单位期末的财务状况、经营成果和现金流量

  C．注册会计师已经按照中国注册会计师独立审计准则的要求计划和实施审计工作，在审计过程中未受到限制

  D．财务报表已经按照适用的财务报告编制基础编制，在所有重大方面公允反映了被审计单位的财务状况、经营成果和现金流量

10．从性质上看，以下列举的错报通常认为对财务报表影响严重的有（　　）。

  A．非法交易或舞弊

  B．对当期影响不大但对将来各期影响重大

  C．根据合同责任判断影响重大

  D．导致内部控制失效的管理层贪污公司资产

三、判断题

1．审计报告可以明确审计人员的审计责任及存在重大过失的法律责任。（　　）

2．审计报告的签署日期应为完稿日期或会计报表截止日。（　　）

3．无法表示意见意味着审计人员拒绝接受委托。（　　）

4．管理建议书是审计工作的重要成果，具有公正性和强制性。（　　）

5．无保留意见的审计报告意味着注册会计师通过实施审计工作，认为被审计单位财务报表的编制不存在错误。（　　）

6．注册会计师应对审计报告的真实性、合法性负责，所以委托人使用审计报告而造成的一切后果应由出具审计报告的注册会计师负责。（　　）

7．委托人或其他第三者因使用审计报告不当造成的后果，与注册会计师及其所在的会计师事务所无关。（　　）

8. 在各类型审计报告中，均应有形成审计意见的基础段落。（ ）

9. 注册会计师审计报告的标题可以由注册会计师选择，如"审计报告"或"独立审计报告"等。（ ）

10. 注册会计师审计报告的收件人一般是指审计业务的委托人，收件人应载明全称。
（ ）

四、思考题

1. 编写审计报告一般有哪些步骤？
2. 审计报告有哪些种类？
3. 审计报告的基本内容包括哪些方面？
4. 审计人员发表审计意见有哪些类型？各有什么条件？
5. 简述管理建议与审计意见的区别。

五、综合实训

综合实训 13-1

1. 资料：注册会计师王某担任 A 公司 2014 年度会计报表审计的项目经理，刘某的主要工作是协助张某复核工作底稿，在汇总各个审计人员的审计工作底稿时，他们发现注册会计师查证出 A 公司的核算误差有：

（1）2014 年 1 月 1 日分别借入三年期 10 000 000 元，年利率 8%和二年期 20 000 000 元的，年利率 12%借款用于扩建生产大楼，工程于 2014 年 7 月开始，首先购入工程物资 11 700 000 元，2014 年 10 月领用该工程物质 6 000 000 元，同时用借款支付工程费用 600 000 元。注册会计师在审计该借款利息时，全年合计计提利息共 3 200 000 元计入在建工程。

（2）2014 年 1 月，A 公司购买价格为 240 000 元的管理部门轿车 1 辆并入账，当月启用，但当年未计提折旧。公司采用平均年限法核算固定资产折旧，该类固定资产预计使用年限为 5 年，预计净残值率为 5%。

（3）12 月 30 日，A 公司销售商品 50 000 元，成本为 35 000 元，收到一个月的银行承兑汇票一张，发票、提货单已交付购货方，会计部门未予入账，由于该商品仍在仓库中，已计入了期末存货盘点表中。

（4）A 公司 12 月 10 日支付了 1 200 000 元的下年度广告费，均已计入当期的期间费用。

（5）A 公司 2014 年 12 月 31 日未审计的资产负债表反映，应收账款项目借方余额为 100 000 000 元，坏账准备项目贷方余额为 100 000 元。经注册会计师审阅应收账款的明细账，发现应收账款中有贷方余额 20 000 000 元。（A 公司采用备抵法核算坏账，坏账准备按应收账款期末余额的 5‰计列，但 2014 年度坏账准备并未提取）

（6）A 公司有一栋办公大楼，2013 年 12 月已交付使用，但工程决算没有经过审计，2014 年 A 公司仍将此楼挂在在建工程中，2014 年借款利息资本化 80 000 元仍增加到办公大楼价值中，年末办公大楼总价值为 40 080 000 元。（办公大楼预计使用年限 38 年，净残值率为 5%）

（7）2014 年 12 月 20 日，A 公司被 Y 公司指控侵犯了专利权，要求其赔偿损失 5 000 000 元。法院已经受理，但尚未审理。A 公司的法律顾问认为，A 公司很可能败诉，估计可能赔偿 1 500 000 元。公司对此未作处理。

注：刘某根据在审计计划中制定的 A 公司 2014 年度会计报表层次的重要性水平 2 000 000

元,各项目的重要性水平为 200 000 元。

2. 要求:

(1) 如果不考虑重要性水平,针对上述事项,请分别回答注册会计师是否需要提出审计处理建议?若需提出审计调整建议,请直接列示审计调整分录。(不考虑错报对当期所得税期末损益结转和利润分配的影响)

(2) 如果考虑审计重要性水平,假定 A 公司分别只存在上述事项中的第(1)、第(6)共两个事项,并且被审计单位不同意注册会计师对第(1)、第(6)事项提出的审计处理建议(如果有),在不考虑其他条件的前提下,请分别指出针对上述第(1)、第(6)事项,注册会计师应出具何种类型的审计报告,并编写形成审计意见的基础段落和审计意见段落。

综合实训 13-2

1. 资料:X 公司 2013 年以前的年度会计报表均是委托德州正大会计师事务所注册会计师王某、刘某进行审计的。从 2014 年开始更换委托德州新华会计师事务所注册会计师张某、刘某进行审计。张某、刘某二人于 2015 年 3 月 10 日完成了对 X 公司 2014 年度会计报表的实地审计工作。在复核审计工作底稿时,张某、刘某发现存在以下几种主要情况:

(1) X 公司在 2013 年底将固定资产改良支出 1 000 000 元全部作为费用处理,对此,前任会计师刘、陈已于 2014 年 3 月 5 日出具保留意见的审计报告,并作附注 4 于后。2015 年 3 月,张、刘再次提请 X 公司对与此有关期初余额进行调整,但 X 公司拒绝采纳。

(2) M 公司 2014 年 6 月状告 X 公司侵权案已于 2015 年 2 月 10 日审计完毕,X 公司将向 M 公司赔偿 2 000 000 元,但 X 公司拒绝在 2014 年度的会计报表中作出调整。

(3) 2014 年 10 月 25 日 X 公司销售一批产品,其售价 1 000 000 元,成本 600 000 元,于 2015 年 1 月 8 日被退回,X 公司将此事项对 2014 年会计报表有关项目进行了调整。

(4) 2015 年 3 月 2 日 X 公司一成品库发生火灾,账面损失 5 000 000 元,X 公司以该事项正在调查尚未公布调查结果为由拒绝在 2014 年度的会计报表附注中进行披露。

(5) X 公司 2015 年 2 月 3 日起诉 N 公司违约案已于 2 月 10 日被法院正式受理,X 公司要求 N 公司赔偿损失 3 800 000 元。据 X 公司的代理律师称此案有 80%的可能性胜诉。故在 2014 年度的会计报表中 X 公司坚持将与此有关的损失 1 800 000 元作为其他应收款挂账处理。并在会计报表附注 16 中对此作了说明。

2. 要求:针对上述各种情况,指出张某、刘某应出具何种意见类型的审计意见。

附录　课堂训练及练习题参考答案

项目一　审计概论课堂训练及练习题答案

课堂训练 1.1.1

通过对英国"南海公司"破产审计案例的深入研究，可以揭示股份公司发展对民间审计在客观上的迫切需求，以及在股份公司发展的经济环境中，民间审计产生的历史必然性。英国"南海公司"破产审计案例的发生，说明建立在所有权与经营权分离基础上的股份公司，其经营具有委托性质。由于受种种原因和条件的限制，投资者即公司股东和债权人不可能直接接触公司经营的各个方面，要了解公司经营的详细情况必须借助于其会计报告。但是股东和债权人要得到公司真实、准确、客观的会计信息决非易事，这在客观上要求与公司无利益关系的熟悉会计语言的第三者就公司会计报告的真实性和准确性提出证明，以便将客观、可信的会计信息提供给公司股东及债权人。这样一方面可控制经营者为所欲为，损害投资者利益；另一方面可以使股东及债权人正确决策。否则，投资者与经营者的经济责任关系难以维系，股份公司难以存在和发展。

练习题

一、单项选择题

1. C　2. A　3. C　4. B　5. B　6. A　7. A　8. B
9. C　10. D

二、多项选择题

1. ABD　2. ABCD　3. BC　4. ABC　5. ABD　6. ACD
7. ABD　8. AC　9. CD　10. BCD

三、判断题

1. √　2. √　3. √　4. ×　5. √　6. √　7. √　8. ×
9. √　10. √

综合实训 1-1

1. 我国上市公司财务虚假的表现为上市公司以利润操纵、利益转移、关联交易等方式，使上市公司的财务政策脱离规范、财务行为失衡、财务数据失真，以达到满足控股股东的偏好、侵害中小股东权益之目的的行为。上文所揭示的上市公司财务虚假的表现及其实质，实际上反映了中国上市公司治理所存在的问题。近年来，我国证券监管部门加大了对上市公司财务虚假的查处力度，而与此同时，上市公司的财务虚假问题却并未得到根本性的改善和解决。本文的案例启示我们，需要从政策、监管等方面对大股东行为及其所导致的财务虚假问题进行规制，并最终从根源上解决上市公司的财务虚假问题。

2. 是。

3. 政府机构的职能也称行政职能，是国家行政机关依法对国家和社会公共事务进行管理时应承担的职责和所具有的功能。国家审计是指由国家政府授权专门的审计职能部门对国有大型企事业单位或政府机关等的财务收支状况和经济效益情况等进行的审计活动,目的在于发挥政府对市场经济的监管作用,及时发现并解决企事业单位在财务方面存在的问题,并作出处理和处罚的意见。民间审计:通常称为注册会计师审计,是会计师事务所受托对企事业单位财务报表的合法性和合理性进行鉴证,发表审计意见。政府审计与内部审计的关系是政府审计对内部审计进行业务指导和监督。政府审计与社会审计的关系是政府审计对社会审计进行监督,对其出具的审计报告进行核查。

项目二　注册会计师职业道德与法律责任课堂训练及习题答案

课堂训练 2.1.1

第(1)项不违反。担任甲公司关键审计合伙人没有超过五年,不违反有关独立性要求。

第(2)项违反。会计师事务所不得向审计客户(甲公司)支付业务介绍费。

第(3)项违反。审计项目组成员 B 授权给理财顾问管理的经济利益(股票投资)属于 B 所拥有的直接经济利益,审计项目组成员不得在其审计客户拥有直接经济利益,否则对独立性产生严重不利影响。

第(4)项违反。审计项目组成员 C 的妻子曾在 2011 年财务报表审计涵盖期间担任能对财务报表的编制施加重大影响的职务,对独立性产生严重不利影响。

第(5)项违反。该交易不属于公平交易,将对独立性产生不利影响。

第(6)项违反。财务经理涉及管理层职责,短期借调员工不得承担甲公司的管理层职责,否则对独立性产生不利影响。

课堂训练 2.2.1

(1)中天勤会计师事务所严重违反注册会计师审计准则的规定,未能发现被审计单位的严重财务问题,存在重大审计过失,应依法承担刑事责任。

(2)
1. 严格遵循职业道德和专业标准的要求。
2. 增强执业独立性。
3. 保持职业谨慎。
4. 强化执业监督。
5. 保持职业怀疑态度。
6. 必须建立健全注册会计师事务所质量控制制度。
7. 审慎选择委托人。
8. 提取风险基金或购买责任保险。
9. 聘请熟悉注册会计师法律责任的律师。
10. 加强注册会计师队伍建设。

练习题

一、单项选择题

1. D　2. B　3. B　4. C　5. B　6. C　7. C　8. D
9. D　10. D

二、多项选择题
1．AB 2．ABCD 3．ABCD 4．ABC 5．AD 6．BCD
7．ABCD 8．AD 9．ABCD 10．BCD

三、判断题
1．√ 2．√ 3．√ 4．× 5．√ 6．√ 7．√ 8．√
9．√ 10．×

综合实训 2.1 分析指导：

（1）产生不利影响。因为 ABC 会计师事务所从甲公司收取的全部费用占其收费总额的比重很大（52%），其收入过分依赖甲公司，存在自身利益导致对独立性的不利影响。

（2）产生不利影响。会计师事务所与甲公司就鉴证业务达成或有收费的协议，存在自身利益导致的不利影响。

（3）产生不利影响。项目组成员 C 担任或最近曾经担任客户公司的董事或高级管理人员，存在自我评价导致的对独立性的不利影响；

（4）产生不利影响。注册会计师 B 是审计项目组重要成员，他同时帮助甲公司完善会计数据系统的工作对其财务报表审计对象会产生直接重大影响，产生自我评价的不利影响。

（5）产生不利影响。项目组成员的 E 跟其妹妹是近亲属关系，会对财务报表施加重大影响，存在密切关系对独立性的不利影响。

综合实训 2.2 分析指导

王学民的话没有道理，主要错在两个方面。第一，王学民没有认识到注册会计师审计只是一种合理保证，而不是绝对保证，经过注册会计师审计的财务报表，尽管可以提高其可信性，但这种提高只是一种合理的提高，对于那些精心伪造的虚假财务报表，注册会计师在遵循了必要的审计程序之后，仍然可能无法查出这些虚假会计信息。 第二，王学民的话没有分清会计责任与审计责任。编制财务报表是被审计单位管理当局的责任。只要这些报表中有错误或舞弊，不论审计与否，管理当局均要承担法律责任。而注册会计师主要承担审计责任。不管财务报表有没有问题，注册会计师均按照审计准则来执行工作。如果遵循了审计准则，注册会计师就不必承担责任。

项目三　注册会计师执业准则体系课堂训练及习题答案

课堂训练 3.3.1

（1）没有按照有关规定定期轮换签字注册会计师。会计师事务所签字注册会计师与鉴证客户长期交往，会产生密切关系威胁独立性，A 注册会计师已经连续 5 年担任甲公司的签字注册会计师，应当予以轮换。

（2）签字注册会计师不符合要求。按照有关文件，审计报告应当由会计师事务所主任会计师或其授权的副主任会计师和一名负责该项目的注册会计师签字。担任签字注册会计师的 A 和 B 注册会计师都不是会计师事务所的主任会计师或其授权的副主任会计师。

（3）业务执行方面存在问题。风险评估程序（了解被审计单位及其环境）是必须的，不得省略而直接实施进一步审计程序

（4）审计资源不足。ABC 会计师事务所 20X8 年才具有承接上市公司审计的资格，由于审计资源的限制，以及人员专业能力的不足，所以直接承接甲公司的业务存在专业胜任能力上

的缺陷，不应接受该业务的委托。项目组内部复核缺少项目合伙人的复核，应该安排项目合伙人对审计项目经理的复核进行再监督，对项目的重要事项进行把关。

（5）项目质量控制复核方面存在问题。项目质量控制复核人员应该挑选不参与该业务的人员进行，保持客观性。A注册会计师既是项目经理和签字注册会计师，又履行了项目质量控制复核责任，缺乏客观性。

练习题

一、单项选择题

1. A　2. B　3. A　4. D　5. C　6. A　7. A　8. B
9. B　10. A

二、多项选择题

1. BD　2. BC　3. AC　4. AD　5. ABC　6. AB
7. ABCD　8. ABCD　9. ABC　10. AD

三、判断题

1. √　2. ×　3. √　4. ×　5. √　6. ×　7. ×　8. √
9. ×　10. ×

综合实训 3-1

（1）会计师事务所不重视教育和培训，违背了注册会计师执业准则。会计师事务所工作量再大，也应定期开展职业道德和专业技能培训，以提高工作人员素质和专业胜任能力。

（2）不违背注册会计师执业准则。会计师事务所制定了严格的监控制度，定期对各项业务抽查，符合注册会计师执业准则要求。

（3）违背了注册会计师执业准则。会计师事务所在决定是否接受新的业务时，必须考虑执行业务人员的必要条件。只有具备必要素质、专业胜任能力、时间和资源，才能考虑接受任务。而 ABC 公司随机分配空闲且大量不具备注册会计师资格的工作人员，违背了注册会计师执业准则"具体业务接受"规定。

（4）违背了注册会计师执业准则。ABC 会计师事务所单纯以工作量为主，忽略了工作质量的重要性，这样的制度可能会导致员工完成业务数量较多，但工作量较低。违背了注册会计师执业准则关于"人力资源"的规定。

综合实训 3-2

（1）违背了注册会计师执业准则。会计师事务所应制定政策和程序，以处理和解决业务执行过程中出现的意见分歧。只有意见分歧问题得到解决，项目负责人才能出具报告。所以项目负责人按自己的意见出具审计报告的做法是错误的，违背了注册会计师执业准则关于"意见分歧"方面的规定。

（2）违背了注册会计师执业准则。项目质量控制复核是指在出具报告前，对项目组作出的重大判断和准备报告时形成的结论作出客观评价的过程。在确定项目质量控制复核人员时，应避免复核人员由项目负责人挑选。所以主任会计师决定继续由甲承担项目质量控制复核的部分业务是不恰当的，违背了注册会计师执业准则关于"项目质量控制复核"方面的规定。

（3）违背了注册会计师执业准则。业务工作底稿的归档期限为业务报告日后 60 日内，而晨光会计师事务所在 2013 年 6 月 20 日才进行归档，此时距报告出具日已过 60 天。所以这种做法违背了注册会计师执业准则关于"业务工作底稿的归档要求"方面的规定。

项目四 审计目标与审计计划课堂训练及习题答案

课堂训练 4.2.1

分析:具体审计计划比总体审计策略更加详细,其内容包括为获取充分、适当的审计证据以将审计风险降至可接受的低水平,项目组成员拟实施的审计程序的性质、时间和范围。具体审计计划应当包括风险评估程序、计划实施的进一步审计程序和其他审计程序。

在制定总体审计策略和具体审计计划时需要与治理层和管理层进行沟通。与治理层和管理层的沟通有助于注册会计师协调某些计划的审计程序与被审计单位人员工作之间的关系,从而使审计业务更易于执行和管理,提高审计效率与效果。当就总体审计策略和具体审计计划中的内容与治理层、管理层进行沟通时,注册会计师应当保持职业谨慎,以防止由于具体审计程序易于被管理层或治理层所预见而损害审计工作的有效性。但虽然注册会计师可以就总体审计策略和具体审计计划的某些内容与治理层和管理层沟通,但是制定总体审计策略和具体审计计划仍然是注册会计师的责任。

鉴于计划审计工作的重要性,项目负责人和项目组其他关键成员应当参与计划审计工作,利用其经验和见解,以提高计划过程的效率和效果。

课堂训练 4.2.2

(1)针对保持客户关系和具体审计业务实施相应的质量控制程序。

(2)评价遵守相关职业道德要求的情况。

(3)就审计业务约定条款达成一致意见。

课堂训练 4.3.1

应选择重要性水平为 750000。因为按照《独立审计准则》的规定,当不同会计报表的重要性水平不同时,注册会计师应选择最低的重要性水平。重要性水平越低,审计风险越高,注册会计师就应执行更充分的审计测试,以将审计风险降低至可接受水平。

课堂训练 4.4.1

(1)$AR = IR \times CR \times DR$ $DR = AR/IR \times CR$

情况一 $DR = 5\%/40\% \times 60\% = 20.83\%$

情况二 $DR = 5\%/50\% \times 70\% = 14.29\%$

情况三 $DR = 5\%/60\% \times 80\% = 10.42\%$

(2)从上述计算结果可以得出如下结论:固有风险与控制风险的综合水平决定着注册会计师可接受的检查风险水平。评估的固有风险与控制风险的综合水平越高,注册会计师可接受的检查风险水平就越低。检查风险对确定实质性测试性质、时间和范围的影响为:不论固有风险和控制风险的评估结果如何,注册会计师都应当对各重要账户或交易类别进行实质性测试。然而注册会计师实施的实质性测试性质、时间和范围的确定,最终取决于根据固有风险与控制风险的综合水平所确定的可接受的检查风险。

练习题

一、单项选择题

1. B   2. C   3. D   4. B   5. B   6. D   7. D   8. C
9. D   10. B

二、多项选择题
1．ABCD 2．BC 3．CD 4．AB 5．ABC 6．ABCD
7．ACD 8．ABD 9．BD 10．BC

三、判断题
1．× 2．× 3．√ 4．× 5．√ 6．× 7．√ 8．×
9．× 10．√

综合实训 4-1

（1）存在。理由：注册会计师不应依赖以往审计中对管理层、治理层诚信形成的判断。

（2）不存在。

（3）存在。理由：重大错报风险是被审计单位财务报表中客观存在的，注册会计师不能通过修改实质性程序予以降低，注册会计师通过实施实质性程序能够降低的是检查风险而非重大错报风险。

（4）存在。理由：对于舞弊导致的财务报表重大错报风险，注册会计师应当评价被审计单位相关控制的设计情况，并确定其是否已得到执行。

（5）存在。理由：注册会计师应当对本期内所有存过款的银行账户（包括本期注销的账户）实施函证。

（6）存在。理由：注册会计师应当对应收账款实施函证，除非有充分证据表明应收账款对财务报表不重要或函证很可能无效。

（7）不存在。

综合实训 4-2

（1）经计算比较，确定财务报表层次的重要性水平为 15 万元。

（2）重要性水平与审计风险之间成反向关系。

（3）重要性水平与所需审计证据之间成反向关系。

项目五　审计程序和审计方法课堂训练及练习题答案

课堂训练 5.2.1

按照会计制度规定，行政部门耗用自产的产成品属于销售业务，不能直接将耗费的产成品价值列入管理费用，因而此处构成不正常的对应关系，这种虚假造成漏列销售收入，同时漏交有关税费。正确处理应当是：

借：管理费用
　　贷：主营业务收入
　　　　应交税费——应交增值税（销项税额）
借：主营业务成本
　　贷：库存商品

课堂训练 5.2.2

（1）该分录有两个疑点：一是支付的金额与预算金额分毫不差，按常理，工程建设实际支出与预算金额分毫不差的几率几乎为零，正常应在预算金额上下浮动；二是款项的支出不按惯例通过"在建工程"账户过渡，而是直接记入"固定资产"账户。

（2）审计人员可查阅原始凭证，查询该企业的开户银行，该企业是否有转移资金虚列工程支出，私设小金库的行为。

课堂训练 5.3.1

企业询证函

编号：

致：__泰康有限__公司

本公司聘请的德州德恒会计师事务所正在对本公司财务报表进行审计，按照《中国注册会计师独立审计准则》的要求，应当询证本公司与贵公司的往来账项等事项。下列数据出自本公司账簿记录，如与贵公司记录相符，请在本函下端"信息证明无误"处签章证明；如有不符，请在"信息不符"处列明不符金额。回函请直接寄至德州德恒会计师事务所。

回函地址：德州市天衢路XX号

邮编：　　　　电话：　　　　传真：　　　　联系人：刘某

1. 本公司与贵公司的往来账项列示如下：

截止日期	贵公司欠我公司款项	我公司欠贵公司款项	备注
		100 000.00 元	预收货款

2. 本函仅为复核账目之用，并非催款结算。若款项在上述日期之后已经付清，仍请及时函复为盼。

（公司盖章）
2015 年 2 月 15 日
经办人：刘玲

结论：1. 信息证明无误。

（公司盖章）
年　月　日
经办人：

2. 信息不符，请列明不符的详细情况。

课堂训练 5.4.1

A 和 B 注册会计师确定选取的 10 张销售发票样本的发票号码分别为：3093，2905，4342，5595，2527，5463，3661，3342，2011，5313。

课堂练习 5.4.2

1. 抽样间隔=总体容量÷样本规模=72÷6=12，选取的 6 笔应付票据业务分别为第 7、19、31、43、55、67 笔业务。

2. 实际价值与账面价值的比率=1 680 000 元÷1 400 000 元=1.2，Y 公司 2004 年 12 月 31 日应付票据的总体实际价值应推断为（15 000 000 元×1.2）=18 000 000 元。

练习题

一、单项选择题

1．B 2．A 3．D 4．D 5．C 6．A 7．C 8．D
9．B 10．A

二、多项选择题

1．ABCD 2．CD 3．ABC 4．ABCDE 5．ABCD 6．ABCD
7．ABC 8．ACDE 9．ABCDE 10．ABCD

三、判断题

1．√ 2．√ 3．√ 4．× 5．√ 6．× 7．√ 8．×
9．√ 10．×

综合实训5-1

按常规，作为记录产品销售收入的记账凭证应附有销售发票、会计入账联等单据，但这张记账凭证却未附有任何原始凭证。有可能是被审计单位为了完成当年的利润指标，填制了这张虚假的转账凭证。应进一步通过向会计人员查询得出事实真相。

综合实训5-2

编报日结存数是指需要推断的实际结存数。调节过程如下：

A材料编报日结存数：800+120-320=600（件）

B材料编报日结存数：320+80-130=270（件）

经以上调节，推算该企业2008年12月31日A材料盘存数为600件，与结账日账面结存数750件相比差150件，是否存在弄虚作假，应进一步查明原因。B材料的结账日盘存数与账面数一致，说明其账面记录正确。

综合实训5-3

（1）1732 1790 1108 1654 1476 1981 1722 0198 1656 1457

（2）33 483

综合实训5-4

（1）界定误差和审计对象总体。审计目的是通过抽样函证来测试应收账款账面价值的真实性、正确性。界定误差为：账面价值与实际价值的差额。总体单位对象为500个客户，账面金额为1 960元。每一个应收账款账户为抽样单位。

（2）确定可信赖程度、审计风险和可容忍误差。根据审计单位内部控制情况，审计人员确定的即可信赖程度为95.45%，可信赖程度系数为2，审计风险为4.45%。考虑到货币金额的重要性，审计人员确定的可容忍误差为±80 000元。

（3）确定计划抽样误差。根据以往审计经验，确定预计总体误差为±2000元，则计划抽样误差为±60 000（80 000-20 000）元。

（4）估计总体标准离差。300元。

（5）确定样本量。$n'=25$ $n \approx 24$（取整数）

（6）抽取样本并进行审计。审计人员按纯审计抽样方法，从500个应收账款明细账中抽取24个客户作样本，并发出函证。假定函证结果表明样本的审计总值为940 080元，平均值为39 170元，样本标准离差用公式计算得100元。

（7）评价抽样结果。

推断的总体金额：19 585 000（元）

推断的总体误差：15 000（元）

实际抽样误差：19 916（元）

实际抽样误差 19 916 元比计划抽样误差 60 000 元要小；推断的总体误差 15 000 元也比总体误差 20 000 要小，则审计人员可以得出结论：有 95.45%的把握保证 500 个应收账款账户的真实总体金额落在 19 585 000±19916 元之间，即 19 565 084～19 604 916 元之间。由于被审计单位应收账款账面价值为 19 600 000 元落在总体估计总值范围内，则其应收账款金额并无重大差错。

项目六　审计证据和审计工作底稿课堂训练及练习题答案

课堂训练 6.1.1

1. 购货发票比收料单可靠。这是因为购货发票来自公司以外的机构或人员，而收料单是公司自行编制。

2. 销货发票副本比产品出库单可靠。因为销货发票是在外部流转的，并获得公司以外的机构和人员的承认，而产品出库单只在公司内部流转。

3. 领料单比材料成本计算表可靠。因为领料单预先被连续编号，并经过公司不同部门人员的审核，而材料成本计算表只在公司的会计部门内部流转。

4. 工资发放单比工资计算单可靠。因为工资发放单需经会计部门以外的工资领取人签字确认，而工资计算单只在会计部门内部流转。

5. 存货监盘记录比存货盘点表可靠。因为存货监盘记录是注册会计师自行编制的，而存货盘点表是公司提供的。

6. 银行询证函回函比银行对账单可靠。因为银行询证函回函是注册会计师直接获得的，未经公司有关职员之手，而银行对账单经过公司有关职员之手，存在伪造、涂改的可能性。

课堂训练 6.1.2

1. 新星工具厂把 2017 年 1 月 10 日的销售提前到 2016 年 12 月 8 日，40000 元。

2. 该厂本来的经济业务是 2016 年 11 月销售，12 月 18 日退货，新星工具厂未反映这笔退货业务，虚增销售收入 20000 元。

3. 2016 年 12 月 20 日，发给本厂不独立核算的门市部销售，不能确认为销售收入，新星工具厂确认收入，虚增销售收入 30000 元。

4. 2016 年 12 月 27 日，发运给异地乙产品 60000 元，未见任何核算凭据，但新星工具厂已确认收入，结果导致虚增销售收入 60000 元。

综上情况，新星工具厂虚增销售收入 150000 元，这些证据说明该厂 2016 年销售收入不实，应进一步查明原因。

课堂训练 6.2.1

1."3 月 20 日甲注册会计师在整理工作底稿时发现，一张存货计价测试的工作底稿顺序混乱且页面潦草，甲注册会计师重新誊写了一张并将原工作底稿附在新的工作底稿后面以备审核"有误，由于是在审计工作底稿归档过程中，对于审计工作底稿通常是不包括已经被取代的审计工作底稿的草稿或财务报表的草稿、对不全面或初步思考的记录、存在印刷错误或其他错误而作废的文本，以及重复的文件记录等。所以对于替换下来的底稿应该废弃，而不应该附在后面。

2."5月2日，工作底稿归档完毕"有误，审计工作底稿的归档期限为审计报告日后60天内，审计报告日为完成审计工作日，即3月1日，5月2日归档完毕显然已经超出了60天。

3."将该原件替代传真件整理到工作底稿，并将传真件销毁"有误，在审计工作底稿归档后的变动，需要以增加或者添加的方式进行修改，而不能将原件删除或者销毁。

4."除此之外未作任何其他处理"有误，在变动审计工作底稿时，应该记录变动审计工作底稿的时间和人员，以及复核的时间和人员；变动审计工作底稿的具体理由；变动审计工作底稿对审计结论产生的影响。

5."ABC会计师事务所决定自2011年3月3日起保存该审计工作底稿10年"有误，会计师事务所应当自审计报告日起，对审计工作底稿至少保存10年，该题当中审计报告日是3月1日，而不是3月3日。

练习题

一、单项选择题

1．D 2．A 3．B 4．C 5．D 6．A 7．D 8．D
9．B 10．B

二、多项选择题

1．CD 2．ABCD 3．AC 4．ACD 5．AD 6．ABC
7．BCD 8．BD 9．ABD 10．ABCD

三、判断题

1．× 2．√ 3．√ 4．× 5． 6．√ 7．√ 8．√
9．√ 10．×

五、综合实训

1．（1）外部证据有③、④、⑥、⑧、⑩；内部证据有①、②、⑤、⑦、⑨。

（2）由于外部证据来自于被审单位以外的有关方面，虚构和篡改的可能性较小，又可向有关方面进行查证，因此一般具有较强证明力。内部证据是由被审单位内部机构或职员编制或提供的证据。由于内部证据产生于单位内部，还可能会进行虚构和篡改，因此一般来说其可靠性不如外部证据。

（3）外部证据又可分为由被审单位以外有关方面编制并直接递交注册会计师的外部证据和被审单位持有的由被审单位以外有关方面编制的外部证据两种类型。前者如应收账款函证回函等；后者如银行对账单等。其中，前者的可靠性强于后者，因为前者是由独立于被审单位以外的机构提供的，并且未经被审单位有关职员之手，从而排除了伪造或更改证据的可能性。

2．（1）、（6）为实物证据；（2）、（4）、（5）为书面证据；（3）为口头证据；（7）为环境证据。

3．对（1）应实施现金盘点程序，实现真实性、完整性审计目标；收集实物证据。

对（2）应实施截止测试程序；实现估价、截止目标；收集书面证据。

对（3）可向XXX公司函证，或询问CA公司管理当局，或到XXX公司监盘；实现真实性、所有权目标；收集书面证据、口头证据、实物证据。

对（4）对可向XXX公司函证、或询问CA公司管理当局；实现真实性、所有权目标；收集书面证据、口头证据。

对（5）应实施期初余额审计；证实以下审计目标：会计报表期初余额是否存在对本期会

计报表有重大影响的错报和漏报，上期期末余额是否正确结转至本期，或者已按要求恰当地重新表述，上期适用的会计政策是否恰当、是否一贯、变更是否合理，上期期末存在的或有事项是否已作恰当处理；收集书面证据、口头证据。

项目七 内部控制及其测评课堂训练及练习题答案

课堂训练 7.1.1

1．电力电缆的请购、审批和实际采购全由沈某一人完成。
2．采购和验收没有形成牵制。
3．最后环节，即应付账款的控制上对于入账凭证的审核不严密造成应付账款的入账依据不真实。

课堂训练 7.1.2

第一位会计人员承担（1）、（5）项工作；第二位会计人员承担（2）、（3）项工作；第三位会计人员承担（4）、（6）项工作。

课堂训练 7.2.1

参照表 7.1 现金内部控制调查表中的调查项目。

课堂训练 7.3.1

答案：ABC

课堂训练 7.3.2

1．采取的内部控制措施有：①入场券连续编号；②售票与收票分两人负责；③入场时收票员将副券撕下；④票箱加锁。
2．收票员收票后不撕下副券而将全票交售票员重新出售；收票员直接收现金而让交钱者入场。
3．观察售票员手中有无散票、旧票；突击检查观众是否无票或持旧票入场。
4．严格控制未使用入场券，记录每日每场次第一张和最后一张票券的编号；抽点库存现金；入场券加盖剧场章和日期章；不定期观察是否售旧票以及监视收票时有无持废票、旧票或者无票入场的事情发生。

练习题

一、单项选择题

1．B　2．A　3．C　4．C　5．D　6．C　7．C　8．D
9．A　10．C

二、多项选择题

1．ACDE　2．AC　3．ACD　4．BDE　5．ABCD　6．ABD
7．ABCD　8．ABCDE　9．ABCD　10．ABC

三、判断题

1．√　2．√　3．√　4．√　5．×　6．√　7．√　8．×
9．×　10．×

五、综合实训

1．（1）采购岗位是否经过授权、请购单是否经批准？（2）登记入账的购货是否有经审批的请购单、订货单为依据？（3）请购单、订货单、验收单、付款凭单是否预先编号？（4）请购单、订货单、验收单数量是否核对？（5）购货发票是否经单价、乘积、加总检查？（6）付款凭单后是否附有请购单、订货单、验收单、购货发票？（7）采购的请购、批准、执行、验收、保管、记录应付款、付款的职员是否相互独立？（8）购货及欠款的入账是否依据审核无误的相关凭证？（9）应付账款的总账与明细账是否定期核对？（10）是否定期向供应商发出对账单？（11）欠款的清偿是否经批准并付给真实的供应商？（12）退货条件、手续、出库、货款回收是否有规定？

2．（1）会计人员乙同时登记产成品总账和明细账，不相容职务未进行分离。应建议Y公司由不同的会计人员登记产品总账和明细账。

（2）验收账未连续编号，不能保证所有的采购都已记录或不被重复记录。应建议Y公司对验收单进行连续编号。

（3）付款凭单未附订购单及供应商的发票等，会计部无法核对采购事项是否真实，登记有关账簿时，在金额或数量上可能就会出现差错。应建议Y公司将订购单和发票等付款凭单一起交会计部。

（4）会计部月末审核付款凭单后才付款，未能及时将材料等采购和债务登账和按约定时间付款，应建议Y公司采购部及时将付款单交会计部，按约定时间付款。

（5）银行出纳编制银行存款余额调节表，不相容职务未能分离，凭证和记录未得到控制。应建议Y公司银行存款余额调节表由出纳以外的会计人员编制。

3．（1）加班清单由车间主任编制，没有核算员，且不经过劳资部门审核就直接交财务处，显然有管理漏洞，容易营私舞弊。

（2）会计控制制度不健全。财务处未设审核人员，对车间送来的加班清单不经过会计主管审核，那么对车间可能存在的舞弊行为就无法发现。

（3）出纳员将加班费直接交给车间主任回去发放，而且工人可以代领代签，容易隐瞒差错。总之，该公司车间的加班费发放方面存在很明显的管理漏洞，说明其内部控制制度存在严重问题。

项目八　销售与收款循环审计课堂训练及习题答案

课堂训练 8.3.1

（1）A注册会计师执行的截止测试的具体方法是，从资产负债表日前后若干天的销售明细账记录追查至记账凭证，检查其发票存根和发运凭证，其目的是证实已入账的收入是否在同一期间开具发票并发货，有无多记或漏记收入的情况。

（2）C公司销售明细账中，2014年12月30日（发票号：7892）和2014年12月31日（发票号：7893）均属于提前入账的销售业务。调整分录为：

借：主营业务收入　　　　　　　　　　　　　230 000
　　应交税费——应交增值税（销项税额）　　39 100
　贷：应收账款　　　　　　　　　　　　　　269 100
借：库存商品　　　　　　　　　　　　　　　13 8000
　贷：主营业务成本　　　　　　　　　　　　13 8000

（3）C公司不一定存在拖后入账的问题。尽管通过截止测试发现有1笔2015年1月2

日入账的销售业务,其发票和发运凭证均是 2014 年 12 月 31 日的,但这并不能完全表明该销售已经符合销售商品收入确认的条件。对此情况注册会计师审计时还应结合具体情况确定,2014 年 12 月 31 日是否能确认为收入。如果在 2014 年末能够确认收入,则 C 公司存在拖后入账的问题;否则就不存在。

课堂训练 8.3.2

(1) 应选择 100 个客户进行函证最为适宜。因为甲公司应收账款在全部资产中所占的比重较大(占 37.5%),而且上年函证的差异较大,有关内部控制不够健全,应收账款发生错弊的可能性较大,因此函证的范围应相应大一些。

(2) 对 A 公司应采用肯定式函证方式,因为其欠款金额较大;对 B 公司应采用肯定式函证方式,因为其欠款金额较大、账龄较长;对 C 公司应采用否定式函证方式,因为其欠款金额小、账龄时间短;对 D 公司采用肯定式函证方式,因为其欠款金额虽然不大,但账龄较长,可能会存在争议、差错或问题。

(3) 如果 B 公司回函表示该款项已于 10 月 24 日付讫,而甲公司账上尚有 30 万余额的原因可能有两个:一是可能存在记账错误;二是可能存在弄虚作假或舞弊行为。对此,注册会计师应检查核对 10 月 24 日以后的银行对账单和银行存款日记账记录,查明 30 万元函证差异的真实原因,必要时可追查该笔业务发生时的有关原始凭证,以查明该笔款项是否真实存在。

(4) 如果函证结果有较大差异,注册会计师首先要对此进行分析,查找差异的原因。必要时应与债务人直接联系,做进一步核实,并要求被审计单位做必要的调整。其次,注册会计师应当估算应收账款总额中可能出现的累计差错是多少,估算未被选中进行函证的应收账款的累计差错是多少。为取得对应收账款累计差错更加准确的估计,注册会计师可以扩大函证范围。

课堂训练 8.3.3

"应收账款"项目年末余额="应收账款"账户借方余额+"预收账款"账户借方余额=3 000 000 + 500 000=3 500 000(元)

应提取坏账准备=3 500 000×3%=105 000(元)

经审计,该企业应提取坏账准备为 105 000 元。

课堂训练 8.3.4

1. 应纳消费税金和增值税销项税金为:

(1) 增值税销项税金=3000×2000×17%=1020000 元

(2) 应纳消费税金=2000×1388×0.2=555200 元

2. 会计处理:

借:银行存款　　　　　　　　　　　　7020000(3000×2000×1.17)
　　贷:产品销售收入　　　　　　　　6000000
　　　　应交税费——应交增值税(销项税金)　102000
借:税金及附加　　　　　　　　　　　555200
　　贷:应交税费——应交消费税　　　555200

练习题

一、单项选择题

1. D　2. C　3. A　4. B　5. C　6. D　7. C　8. B
9. A　10. C

二、多项选择题

1. ABCD 2. ABCD 3. ABCD 4. ACD 5. BC 6. ABCD
7. BC 8. ABCD 9. ABCD 10. ACD

三、判断题

1. × 2. √ 3. × 4. √ 5. √ 6. √ 7. × 8. ×
9. × 10. ×

五、综合实训

1. 解析：情况（1），因甲客户已于 2014 年 12 月 25 日用支票支付，注册会计师应检查 12 月份与 2015 年 1 月份 W 公司所有开户银行对账单，核实该笔款项是否收到。若对账单表明 W 公司于 12 月份收到款项，应提请 W 公司借记银行存款、贷记应收账款；若于 2015 年 1 月份收到，注册会计师可以合理确信被审计单位的相关记录；若 1 月月末仍未收到，则应提醒 W 公司进行必要的查询。

情况（2），注册会计师应检查 W 公司 2015 年 1 月份的入库单及存货明细账，证实所退产品是否已收到。若已收到退货，A 注册会计师应提请被审计单位对此期后事项调整 2014 年度的财务报表；若未收到退货，请求 W 公司进行必要的查询。

情况（3），按会计制度规定，委托丙公司代销的产品应于实现销售并接到丙公司的代销清单后确认营业收入及应收账款，W 公司在代销产品尚未销售之前就确认应收账款，违反了会计制度规定。对此，A 注册会计师应在检查 W 公司与丙公司往来函件的基础上提请 W 公司调整财务报表。

情况（4），注册会计师应检查 W 公司 2014 年 12 月份有关收款凭证，核实应于 2014 年底收到的 20 万元是否确实收到。如已收到，则此笔业务不存在应收账款，如未收到，则此笔业务形成的应收账款为 20 万元，而非 90 万元，A 注册会计师应据此提请 W 公司进行相应的处理。

情况（5），注册会计师应核实函证地址与被审计单位应收账款明细账户记录的地址是否一致，如一致，说明账户记录中地址有误，无法再按此地址函证，应检查与销售有关的文件，如销售合同、销售发票副本及货运文件等，以证实产品确已发出；如函证地址与 W 公司明细账户的地址不一致，则有可能是地址差错，A 注册会计师可在确认地址正确后再次发函询证。

2.（1）10 月 15 日该公司确认坏账损失 3 300 元的会计处理是正确的。（2）收回已注销的坏账应增加坏账准备余额，该公司记入其他应收款，既造成以后要多提坏账准备，增加费用，又为私设小金库或贪污舞弊提供了条件。（3）年末公司计提本年度坏账准备的金额不正确，应计提 500 元，而该公司却提了 4 000 元，虚增当期费用 3500 元。

调整分录：

借：其他应收款　　　　1 500
　　贷：坏账准备　　　　1 500
借：坏账准备　　　　　3 500
　　贷：资产减值损失　　3 500

3. 被审计单位违反会计制度规定，未及时冲销坏账，多记应收账款，少提坏账准备，少记资产减值损失，虚增利润。

建议被审计单位做如下会计调整，如被审计单位拒绝调整，应根据重要性水平发表相应的审计意见。

借：坏账准备　　　　　　　　　　30 000 000
　　贷：应收账款　　　　　　　　　　30 000 000

4. 按消费税有关规定，纳税人将不同税率的应税消费品组成成套消费品出售的，从高适用税率。该企业成套销售的消费品中，化妆品和护肤品各自的税率分别为 30%和 17%，但组成成套消费品出售后，应一律按 30%的高税率计税。而该企业将成套消费品的销售额仍按各自适用的税率分解计算，必然少交纳消费税，审计人员应建议调整如下：应补交消费税=6000×(30%-17%)=7800 元

借：税金及附加　　　　　　　　　7800
　　贷：应交税费－应交消费税　　　　7800

项目九　采购与付款循环审计课堂训练及习题答案

课堂训练 9.3.1

该注册会计师应选择 B 公司、C 公司进行应付账款余额的函证。因为函证客户的应付账款，应选择那些可能存在较大余额而并非在会计决算日有较大余额的债权人。函证的目的在于查实有无未入账负债，而不在于验证具有较大年末余额的债务。本年度甲公司从 B、C 两家公司采购了大量商品，存在漏记负债业务的可能性更大。

课堂训练 9.3.2

应付 A 单位利息：
12 000 000×5‰×3=18000（元）
应付 B 单位利息：
8 000 000×5‰×5=20000（元）

课堂训练 9.3.3

（1）应将不属于在建工程列支范围的费用转出，调整分录为：
借：管理费用　　　　　　　　　　200 000
　　贷：在建工程　　　　　　　　　　200 000
（2）应将更换电梯的支出资本化，并计提相应的折旧。
①借：固定资产　　　　　　　　　600 000
　　贷：管理费用　　　　　　　　　　600 000
②借：管理费用　　　　　　　　　75 000
　　贷：管理费用　　　　　　　　　　75 000
（3）冲回多提折旧
借：累计折旧　　　　　　　　　　30 000
　　贷：制造费用　　　　　　　　　　30 000

课堂训练 9.3.4

解析：审计人员抽查了有关会计凭证，验算该车间设备 6 月份应提折旧额为：
应提折旧额=10 200 + [20 000+10 000+(200 000+50 000-20 000)]×6%÷12=11 350（元）。
该企业 6 月份多计提的折旧额为：
21 240-11 350=9 890（元）。
审计人员经对有关会计询问后证实，造成多计提折旧 9 890 元是由于会计人员计算差错所

致．为此，审计人员建议企业将多提折旧予以冲回。

课堂训练 9.3.5

（1）该公司扩建工程中存在的问题有：

1）利息处理错误。竣工前的工程借款利息支出 240 000 元应计入工程成本，该公司计入财务费用，导致当期利润总额虚减 240 000 元，固定资产少计价值 240 000 元。

2）领用产品结转错误。工程领用自产产品，应视同销售，按公允价值计算增值税销项税额 13 600 元（80 000×17%），并计入工程成本。该公司未计算增值税，导致少计固定资产价值 13 600 元，少交增值税 13 600 元。

3）工程运输费处理错误。工程运输费应计入工程成本，该公司计入管理费用，导致当期利润总额虚减 5 000 元，固定资产少计价值 5 000 元。

4）工程余料处理错误。工程余料 5 000 元，应按其价值冲减工程成本，该公司擅自作为招待支出，未作任何处理，导致固定资产虚计 5 000 元。

（2）该公司扩建工程实际价值应为：

2 000 000+240 000+13 600+5 000-5 000=2 253 600（元）

课堂训练 9.3.6

企业财会部门对材料采购过程中的外地运杂费和运输途中的合理损耗的会计处理是不正确的，应将采购过程中的外地运杂费和途中的合理损耗计入材料采购成本中，应做如下调整：

借：原材料　　　　　　　　1 600
　　贷：管理费用　　　　　　1 600

企业的材料采购业务，财会部门记账在前，仓库验收在后，财会部门并不以验收单作为记账依据的做法，说明该企业未能很好地执行材料记账、验收相互牵制的内部控制制度，不但采购业务容易出错，账簿记录也容易混乱或造成账实不符。

练习题

一、单项选择题

1．C　2．C　3．D　4．D　5．B　6．D　7．A　8．D
9．C　10．A

二、多项选择题

1．ABCD　2．ABC　3．AD　4．ABCD　5．BCD　6．ACD
7．ABC　8．BCD　9．BCD　10．AD

三、判断题

1．×　2．×　3．√　4．×　5．×　6．√　7．√　8．√
9．√　10．√

五、综合实训

1．（1）对于以一笔款项同时购入多项没有单独标价的固定资产的情况，张强应当检查昆仑公司是否按照各项固定资产公允价值的比例对总成本进行分配，分别确定各项固定资产的入账价值。为验证外购固定资产的真实性，张强应检查昆仑公司此笔业务的授权审批手续是否齐全，在此基础上核对购货合同、购货发票、保险单和货运文件。

（2）为检查昆仑公司是否存在未作会计记录的股东资产减少业务，张强应当实施以下实质性程序：

1）结合固定资产清理科目，抽查固定资产账面转销额是否正确。
　　2）检查出售、盘亏、转让、报废或毁损的固定资产是否经授权批准，会计处理是否正确。
　　3）检查因修理、更新改造而停止使用的固定资产的会计处理是否正确。
　　4）检查投资转出固定资产的会计处理是否正确。
　　5）检查债务重组或非货币性资产交换转出固定资产的会计处理是否正确。
　　6）检查转出的投资性房地产账面价值及会计处理是否正确。
　　7）检查其他减少固定资产的会计处理是否正确。
　　2.（1）注册会计师应关注 X 公司对 A 设备在 2014 年是否继续计提折旧，若已停止计提折旧，则建议其补提折旧。
　　（2）公司对空调计提折旧不正确。季节性停用的固定资产应照提折旧，所以被审计单位的处理方法是错误的，建议其补提折旧。
　　（3）X 公司购入的设备，应在其达到预定可使用状态时转入固定资产，从次月开始计提折旧。被审计单位应从 6 月份起计提折旧，注册会计师应建议 X 公司补提折旧。
　　（4）X 公司计算的 B 设备的折旧率不正确，应该是 9.5%，在计算折旧率时未考虑净残值的影响，注册会计师应建议 X 公司调整折旧。
　　3. 由于采用平均年限法计提固定资产折旧，每年年度终了对固定资产进行逐项检查，考虑是否计提固定资产减值准备。该办公大楼于 2012 年 1 月启用，从 2 月就要开始提取折旧，原值 4 000 万元，预计使用年限为 20 年，预计净残值为 400 万元。2012 年提取的累计折旧为 (4000-400)/20×(11/12)=165 万元，2012 年 12 月 31 日经审计的该项固定资产的净值为 4000-165=3 835 万元，该项固定资产的减值准备余额为 458 万元（反推回去说明固定资产的可收回金额=3835-458=3377 万元。即使自 2013 年 1 月起该项固定资产因故停用，也必须计提其 2013 年度的折旧，2013 年度的折旧(3835-400-458)×12/(20×12-11)=156 万元。提请昆仑公司编制审计调整分录：
　　借：管理费用　　　　　　156
　　　　贷：累计折旧　　　　156
　　4.采用直线法计提折旧时，每年应提折旧为：
　　年折旧=(100 000-10 000)/5=18 000（元）
　　　　采用年数总和法计提折旧时，各年应提折旧为：
　　　　2008 年：(100 000-10 000)×5/15=30 000（元）
　　　　2009 年：(100 000-10 000)×4/15=24 000（元）
　　　　2010 年：(100 000-10 000)×3/15=18 000（元）
　　　　2011 年：(100 000-10 000)×2/15=12 000（元）
　　　　2012 年：(100 000-10 000)×1/15=6 000（元）
　　从以上计算可以看出：2008 年多提折旧 12 000 元，导致资产负债表中资产少计 12 000 元，利润表中费用多计 12 000 元，导致利润减少 12 000 元；2009 年多提折旧 6 000 元，导致资产负债表中资产少计 6 000 元，利润表中费用多计 6 000 元，导致利润减少 6 000 元；2010 年两种折旧方法计算出的折旧额相等，对资产负债表和利润表没有影响。2011 年少提折旧 6 000 元，导致资产负债表中资产多计 12 000 元，利润表中费用少计 6 000 元，导致利润增加 6 000 元；2012 年少提折旧 12 000 元，导致资产负债表中资产多计 12 000 元，利润表中费用少计 12 000 元，导致利润增加 12 000 元。

5.（1）甲、丙、丁在建工程。原因是甲、丙、丁在建工程均已达到预计可使用状态，但乙在建工程虽已经试运行，产量已经达到设计生产能力，生产的产品中仅有少量合格产品，说明工程未达到可使用状态，不能转入固定资产。

（2）①根据各项固定资产的增减变动及折旧率，重新计算折旧费用；②根据各月平均固定资产原值以及综合折旧率，重新计算折旧费用；③计算本年度折旧费用与固定资产原值的比率，并与上年度进行比较。

项目十　生产与存货循环审计课堂训练及练习题答案

课堂训练 10.2.1

结合生产与存货循环内部控制的具体要求，应做如下调整：

（1）A 公司尚未设立完善的请购单系统。
（2）采购部门与验收部门职能未分开。
（3）验收部门未编制验收报告单。
（4）验收部门不应在采购单加盖"货已验讫"印章；应另外在单独的验收报告单中预留空格，以注明完全合格或有拒收数量及拒收原因。
（5）不应由会计部门付款，应由会计部门编制付款凭单通知财务部门开票付款。
（6）不合格货品退给供应商过程草率，应在验收报告单中注明退回数量，并请供应商签名认可后方可。
（7）验收后的货品不得堆放在机器旁，应置于原材料仓库，再凭完善的领用单控制系统办理领料手续。
（8）产成品采用永续盘存制计算数量，并应计算金额。
（9）产成品应由完善的产成品仓库控制。

课堂训练 10.3.1

（1）库存商品 A、B、C 均不应全额计提跌价准备。A 商品只是市价下跌、价值减少，但仍有一定的使用价值和转让价值；B 商品虽然不为消费者所偏爱，但也只是价值下跌，还未到完全丧失价值的程度；C 商品即使已经滞销，但起码还有转让价值。应建议 S 公司首先根据各种存货的物理状况及减值情况，推断出其期末应提足的跌价准备数额，然后与已提取的跌价准备比较，按其差额补提存货跌价准备。

（2）库存商品 D，由于没有任何减值的迹象，H 公司按 10%的比例计提了 5 万元的跌价准备，这没有根据。应建议 S 公司调账，冲回所提取的跌价准备。

（3）库存商品 E 和原材料 F 实际上已经发生了减值，而 H 公司却未计提相应的跌价准备。应建议 S 公司根据具体情况确定计提减值准备的数量，并作相应的调账处理。

课堂训练 10.3.2

不应包括在 2014 年存货内，因目的地交货，交货期为 2015 年，应以收到货物为准；应包括在 2014 年存货内，因 2015 年 1 月 4 日收到货物才付款，2014 年既未开票亦未发出货物，物权并未转移，销售不能成立；应计入 2014 年存货内，因属离厂交货，交货后就已属本企业存货；不应包括在 2014 年存货内，因已收款并将货物送装运，销售业已成立。

课堂训练 10.3.3

该公司违反财务制度的规定，利用"应付职工薪酬"账户，隐瞒超支的业务招待费，偷漏所得税款。应责成该公司调整有关账簿记录。

调整分录如下：

借：以前年度损益调整　　　　　　　8 400

　　　应付职工薪酬　　　　　　　　4 800

　　贷：应交税费——应交所得税　　13 200

应交所得税=(48 000+48 000×10%)×25%=13 200

课堂训练 10.3.4

解析：按照先进先出法计算当月发出材料的成本为 537 000 元，因此，发出材料多记了 3 000 元，其结果扩大了当月生产领用的材料费用 3 000 元，减少了当月利润 3 000 元。

课堂训练 10.3.5

（1）管理费用审计程序表（表略）。

（2）管理费用审计工作底稿（表略）。

审计事项摘要：1）存在的问题：

a. 驾驶员违章罚款应由个人负担。

b. 房屋大修理领用水泥应计入在建工程。

c. 支付推销产品广告费应计入销售费用。

d. 提取本月应计流动资金借款利息应计入财务费用。

e. 交纳的滞纳金和非常损失毁损材料应计入营业外支出。

处理意见：要求被审单位进行账项调整。应编制如下调整分录：

借：在建工程　　　　　　　　1 000

　　财务费用　　　　　　　　36 000

　　销售费用　　　　　　　　12 000

　　营业外支出　　　　　　　10 450

　　其他应收款　　　　　　　50

　　贷：管理费用　　　　　　59 500

2）多计的管理费用为：

50+450+1 000+12 000+36 000+10 000=59 500（元）

3）将使利润总额减少：

50+1 000=1 050（元）

（3）管理费用审定表（表略）。

98 660（报表数）-1050（调减数）=97 610（审定数）

练习题

一、单项选择题

1．A　2．D　3．B　4．C　5．D　6．B　7．B　8．A

9．A　10．D

二、多项选择题

1．ABCDE　2．ABCDE　3．BD　4．ABCD　5．ABCD　6．ABCD

7．ABC　8．ABE　9．ABCDE　10．ACE

三、判断题

1. √ 2. √ 3. √ 4. × 5. √ 6. × 7. × 8. ×
9. √ 10. ×

五、综合实训

1. （1）存货入账价值错误：11月8日购货的外地运杂费应计入存货成本，单价应为49元；11月15日购货，其入账价值不应包括向对方支付的增值税34 000元，其购入成本应为200 000元[234 000/(1+17%)]，单价50元。

（2）存货计价方法运用错误，导致发出材料成本错误，期末结存材料成本错误。调整如下：

11月8日购入甲材料，单价为49元，结存栏金额为103 000元，单价49.05元。

11月15日购入甲材料，单价为50元，结存栏金额为303 000元，单价49.67元。

11月18日生产领用甲材料，单价49.67元，结存栏金额为153 977元。

11月20日生产领用甲材料，单价49.67元，结存栏金额为54 637元。

经调整后，期末存货余额应减少8 863元（63 500-54 637）。

2.

认定	最常用的实质性程序
外购固定资产所有权认定	检查购货合同、购货发票、保险单、所有权证等
存货存在认定	从存货明细账、存货盘点记录中选取项目追查至存货实物，以测试存货明细账和存货盘点记录的正确性
原材料转让业务截止认定	（1）从资产负债表日前后若干天的账簿记录追查至记账凭证、检查发票存根与发运凭证，证实已入账收入是否在同一期间已开具发票并发货，有无多记收入 （2）从资产负债表日前后若干天的发票存根追查发运凭证与账簿记录，确定已开具发票的货物是否已发货，并于同一会计期间确认收入，（或从资产负债表日前后若干天的发运凭证追查至发票与账簿记录，确定相关业务收入是否已记入恰当的会计期间。）

3. （1）价值15000元的存货应该包括在2014年12月31日的盘点存货中，因为这批货物已于12月29日收到，虽然账单没有收到，但按照会计准则规定，必须按暂估价入账。

（2）如视同买断，应计入2014年存货盘点范围；如采用收取手续费的方式，可不计入。

（3）应计入存货盘点范围。由于资产负债表日，这些存货并未售出，所以应属于2014年度存货中。

4. 借：应付账款　　　25000
　　　营业外支出　　　3600
　　　在建工程　　　　6000
　　　管理费用　　　　2500
　　贷：材料采购　　　371000

项目十一 筹资与投资循环审计课堂训练及习题答案

课堂训练 10.1.1

分析：真实存在的审查目的就是要确定出资者的投资是否确实用到了被投资企业的经营活动中，成为被投资企业的经营资金。审计人员通过审阅银行存款、固定资产、存货、无形资产等账簿，发现有无贷记与出资者投资一致的资金记录；通过对固定资产、存货等实物资产的盘查，对收到这些财产的验收手续、法律文书的审阅，确定实收资本的合法性和真实存在。对于发生增减变动的实收资本，则应检查是否有补充合同、股东大会决议、协议及有关法律为依据等。

课堂训练 11.2.1

分析：甲公司内部控制的缺陷有：

（1）由证券部直接支取款项使授权与执行职务未得到分离，不易保证款项安全。应建议甲公司从资金账户支取款项时，由会计部审核和记录，由证券部办理。

（2）与证券投资有关的活动要由两个部门控制。有关的协议未经独立的部门审查，会使有关的条款未全部在协议载明，可能存在协议外的约定。建议甲公司与营业部的协议应经会计部或法律部审查。证券部处理证券买卖的会计处理，业务的执行与记录的不相容职务未分离，并且未得到适当的授权和批准。月末会计部汇总登记证券投资记录，未及时按每一种证券分别设立明细账，详细核算。应建议甲公司由会计部负责对投资进行核算，及时分品种设立明细账详细核算。

课堂训练 11.3.1

长期股权投资审计

分析指导：

（1）该公司对 A 企业拥有 30%的股权，采用成本法进行长期股权投资的核算是不符合企业会计制度规定的，应改用权益法进行核算，提请该公司调整。

（2）采用权益法核算，其账务处理为：

①购入股票时：

借：长期股权投资　　3000
　　贷：银行存款　　　3000

②2014 年末，A 企业实现净利润时

借：长期股权投资　　300
　　贷：投资收益　　　300

①2014 年末宣告发放现金股利时

借：应收股利　　　　120
　　贷：长期股权投资　120

②收到分派的现金股利时

借：银行存款　　　　120
　　贷：应收股利　　　120

2008 年末，两个项目实有数如下：

"长期股权投资"项目实有数额=30 000 000+10 000 000×30%-1 200 000
=31 800 000（元）

"投资收益"项目实有数额=10 000 000×30%=3 000 000（元）

练习题

一、单项选择题

1. B　2. C　3. B　4. D　5. D　6. B　7. C　8. B
9. A　10. D

二、多项选择题

1. ABC　2. ABC　3. BCD　4. ABCD　5. ABD　6. BCD
7. ACD　8. ABCD　9. ABCD　10. ABCD

三、判断题

1. ×　2. ×　3. ×　4. √　5. √　6. ×　7. ×　8. √
9. ×　10. √

五、综合实训

1. 分析指导：审计人员认为 A 公司存在的问题有：

（1）购买股票中包含的已宣告尚未发放的现金股利 50 000 元，应计入"应收股利"，不应冲减"投资收益"，A 公司的处理导致收益虚减，资产虚减。调整如下：

借：应收股利　　　　　　　　　　50 000
　　贷：投资收益　　　　　　　　　50 000

（2）手续费及佣金应冲减"投资收益"，不应计入"交易性金融资产"，A 公司的处理导致收益及资产的虚增。调整如下：

借：投资收益　　　　　　　　　　10 000
　　贷：交易性金融资产　　　　　　10 000

（3）资产负债表日，交易性金融资产的账面价值与公允价值的差额应进行调整，A 公司未处理导致收益及资产的虚减。调整如下：

借：交易性金融资产——公允价值变动　　150 000
　　贷：公允价值变动损益　　　　　　　150 000

2. 分析：根据以上资料，可以计算出企业期末应计提的债券利息为 800×3%=24（万元），企业发行债券是以折价的方式发行的，折价总额为 60 万元，3 年期分摊，每年分摊额为 20 万元。正确的会计分录为：

借：在建工程　　　　　　　　　　440000
　　贷：应付债券—债券折价　　　　200000
　　　　应付债券—应计利息　　　　240000

审计结论：德州昆仑有限责任公司在对摊销折价的账务进行处理时记账方向错记在借方，从而使当期在建工程减少了 40 万元，影响了会计报表资料资产项目信息的真实性。因此，审计人员应提请该公司调整有关账户记录。

借：在建工程　　　　　　　　　　400 000
　　贷：应付债券—债券折价　　　　400 000

3. 分析：根据资料（1），股本增加 4000 万元，资本公积增加 21600 万元；

根据资料（2）和资料（3），税后利润 5400 万元，提取盈余公积 540 万元

根据资料（4）当年未分配利润增加 3580 万元

2014 年 12 月 31 日资产负债表的股东权益项目

项目	期初余额	本期增加	期末余额
股本	60 000	4 000	64 000
资本公积	150 000	21 600	171 600
盈余公积	4 500	540	5040
未分配利润	3 000	3580	6580
合计	217 500	29 720	247 220

项目十二 货币资金审计课堂训练及习题答案

课堂训练 12.2.1

合理的货币资金内部控制程序应当如何设计？上述几个案例至少应当引起我们对以下情况的思考：

（1）新型的便利服务。

随着市场竞争的日趋激烈，很多银行为了维持客户和拓展业务资源往往会向客户提供一些新型便利服务。"代理跑单"、"代理转账发放工资"就是其中比较典型的项目。"代理跑单"是指由银行派员协助单位办理日常转账收付款业务，如提取和解缴现金、传送银行结算凭证等。"代理转账发放工资"是指公司每月按特定格式将存有工资数据的电脑盘片及职工账号交给银行，由银行代为将工资款项从公司账户中转入职工个人账户的一种服务，该服务是目前较为常见的一种工资发放方式。这些新型代理业务虽然方便了客户，提高了企业的工作效率，但却存在很多隐患。比如"代理转账发放工资"，由于是采用转账支付的方式，因此无需职工本人确认签字即可完成。这一环节的缺失给犯罪分子虚设人员提供了客观上的便利。

（2）单据的流转程序。

单据流转程序是指企业在经济活动过程中所取得银行结算凭证的过程，该过程通常会涉及到企业、银行、结算单位、跑单人员等诸多相关主体。一般企业会安排专门的出纳人员，负责在单位和银行间传递凭证。但单据在从企业内部到外部的转移过程中涉及的环节和牵扯的人员都比较多，难以对其流转过程形成有效的控制，容易存在操作上的漏洞，因此，往往会被犯罪分子所利用。例如，一种在企业中很普遍的情况是，许多单位出于方便考虑，安排出纳人员去银行时兼取银行对账单等单证。实际上，如此安排违反了不相容职责分离的基本控制原则。又如在上述案例（二）中，如果出纳人员在收到退汇款项时不据实交回单位，并且如果该单位的印鉴保管不严时，极易出现由出纳通过伪造银行对账单进行资金舞弊的情况。另外，银行代理业务出现以后，传递工作很多时候已经由单位出纳人员转为银行业务人员操作，客观上造成凭证的传递周期变长，为伪造凭证等作弊行为提供了一定的条件。

（3）资金及印鉴的接触。

货币资金接触的限制范围包括现金、印鉴、结算凭证、发票或收据等。资金和印鉴的接触通常发生在企业进行内、外部结算时。在印鉴和结算单据的使用中，企业应当安排专人负责，

在经过适当程序和恰当授权后,相关人员才能使用印鉴和结算单据。很多单位出于方便工作考虑,将结算凭证和相关印鉴同时置于工作人员触手可及之处。这样的管理方式固然提高了工作效率,但却给舞弊行为的发生留下了极大的隐患。在印鉴的管理上,忽视防范和控制的情况同样非常严重。通常,企业在签发银行结算凭证时需要加盖两枚或两枚以上的预留银行印鉴,以达到相互牵制的目的。但有些单位为图便利,片面追求效率,往往把不同印鉴置交给同一个工作人员保管,甚至仅置于财务部办公桌上,方便大家取用。这种管理印鉴的方法,同样使得企业的内部控制被削弱或是消减,为舞弊行为大开方便之门。

(4) 不规范的外部环境。

在我国,银行体系除了承担资金结算功能以外,还负有重要的资金监管职能。然而,现实情况是,目前有些银行本身就存在很多不规范的市场操作行为。为了争资金、拉客户,有的银行默许甚至纵容企业进行一些违规操作,如开立不符合银行账户管理规定的账户。这种现象的存在给企业或个人利用多头开户截流公款创造了条件。例如,会计人员可以以本单位更换户头或开户行为由,要求付款单位将欠款或销货收入汇入其私设的账户中。

课堂训练 12.3.1

练习现金盘盈的审计。

(1) 甲单位转账支票,金额 1000 元。不属于现金,无须调节。

(2) 财务科小王借条 520 元,未经领导批准,属于白条,白条不能抵库。

(3) 职工借支差旅费 800 元,经领导批准,属于现金支出范围,可以调整。

(4) 购买先进工作者奖品 50 元,手续齐全,属于现金支出范围,可以调整。

(5) 外地乙单位汇来货款 200 元,现金已收回,属于现金收入范围,可以调整。

(6) 采购员因业务需要借支 240 元,经领导批准,属于现金支出范围,可以调整。

(7) 从银行提取现金 500 元,属于现金收入范围,可以调整。

(8) 办公用邮票 5 元,不能进行调整。

(9) 代领工资 800 元,不属于企业现金。

现金盘点表(简化)

项目		备注
现金日记账余额	985.10	
加:已收款未入账	700.00	
减:已付款未入账	1090.00	
现金日记账应存额	595.10	
现金实存额	600.00	
现金盘盈额数	4.90	其中,加上白条 520 元,现金盘盈额为 524.90 元,白条应及时催回

审计人员: 出纳员: 会计主管:

课堂训练 12.3.2

练习银行存款余额调节表的编制。

银行存款余额调节表

2015 年 04 月 02 日

项目	金额	项目	金额
银行对账单余额	136 785.41	银行存款日记账余额	158 943.25
加：企业已收 银行未收	16 586.94	加：银行已收 企业未收	14 682.15
减：企业已付 银行未付	8 487.26	减：银行已付 企业未付	28 740.31
调整后余额	144，885.09	调整后余额	144，885.09

练习题

一、单项选择题

1．D　　2．B　　3．B　　4．C　　5．A　　6．D　　7．B　　8．B
9．C　　10．C

二、多项选择题

1．ABCD　　2．ABD　　3．ABCD　　4．ABCD　　5．ABD　　6．AC
7．BC　　8．ACD　　9．ABCD　　10．ABCD

三、判断题

1．×　　2．×　　3．√　　4．×　　5．×　　6．√　　7．×　　8．×
9．√　　10．√

五、综合实训

1．调整后账目应存数=2415+1563-900-586=2492 元，与库存现金实有数量 2379 元相比，短缺数为 113 元。

2．银行存款余额调节表略。

（1）银行对账单余额：354580-5400-3100=356880。

（2）企业银行存款日记账余额：298000-300-750-21500=319950。

存在的问题：银行存款余额调节表经调整未达账项及记账差错后，企业账面与银行对账单仍不相符，应进一步查明具体原因；第 2、4 笔经济业务有出租出借银行账户的问题；银行存款日记账有错记漏记情况。

项目十三　审计报告课堂训练及习题答案

课堂训练 13.2.1

（1）保留意见或拒绝表示意见。因为应收账款无法函证，也无法实施替代审计程序，应属审计范围受到限制。如应收账款不大，可发表保留意见；如应收账款数额巨大，应发表拒绝表示意见。

（2）保留意见。此事项属于第一类期后事项，应当调整 2008 年度的会计报表。

（3）无保留意见。《企业会计准则》允许企业变更会计政策，但应在会计报表附注中予以注明，ABC 股份有限公司的做法符合一贯性原则。

（4）无保留意见。除金额为 20 000 元的调整事项外，其他已作调整，无需在审计报告中说明，20 000 元由于数额较少可不再发表保留意见。

课堂训练 13.2.2

（1）出具无保留意见的审计报告。通常保险公司不愿意承保财产保险的可能损失，不需列入会计报表中。

（2）出具否定意见或保留意见的审计报告。房屋以现行评估价入账，违反《企业会计准则》的规定，如果该幢房屋金额很大，应出具否定意见的审计报告；如果金额不大，则可出具保留意见的审计报告。

（3）出具保留意见的审计报告。公司会计报表的编制必须遵循《企业会计准则》的规定。

（4）出具无法表示意见或保留意见的审计报告。如审计范围受到严重限制且无法取得适当的对子公司投资的证据，则应出具无法表示意见的审计报告；如审计范围受到限制并不十分严重，则可出具保留意见的审计报告。

练习题

一、单项选择题

1. D 2. D 3. B 4. A 5. B 6. A

二、多项选择题

1. CE   2. AB   3. ABCE   4. ABCD   5. AB
6. AC   7. ABD   8. ABCD   9. AD   10. ABCD

三、判断题

1. √ 2. × 3. × 4. × 5. × 6. × 7. √ 8. √
9. × 10. √

五、综合实训

（一）计算过程

①2014 年全年利息=20 000 000×12%+10 000 000×8%=3 200 000 元

2014 年平均利息率= 3 200 000÷(20 000 000+10 000 000)= 0.1067

2014 年工程耗用借款本金加权平均数=11 700 000×(6÷12)+600 000×(3÷12)
$$= 6 000 000 \text{ 元}$$

2014 年应计入在建工程的借款利息=6 000 000×0.1067 =640 000 元

注册会计师的建议调整分录为：

借：财务费用   2 560 000
　　贷：在建工程   2 560 000

②注册会计师建议的调整分录为：

借：管理费用   41 800
　　贷：累计折旧   41 800

③注册会计师建议的调整分录为：

a. 借：应收票据   50 000
　　　贷：主营业务收入   50 000

b. 借：主营业务成本   35 000
　　　贷：库存商品   35 000

④注册会计师建议的调整分录为：
借：预付账款　　　　　　1 200 000
　　贷：营业费用　　　　　　1 200 000

⑤注册会计师建议的调整分录为：
a．借：应收账款　　　　　20 000 000
　　　贷：预收账款　　　　　　20 000 000
b．借：管理费用　　　　　　　500 000
　　　贷：应收账款　　　　　　　500 000

⑥注册会计师建议的调整分录为：
a．借：固定资产　　　　　40 000 000
　　　财务费用　　　　　　　80 000
　　　贷：在建工程　　　　　40 080 000
b．借：管理费用　　　　　1 000 000
　　　贷：累计折旧　　　　　　1 000 000

⑦注册会计师建议在报表附注中披露该事项并进行调整，调整分录为：
借：营业外支出　　　　　1 500 000
　　贷：预计负债　　　　　　1 500 000

（二）出具的审计意见

①就 A 公司存在的第 1 个事项，应发表保留意见。

审计报告

A 公司全体股东：

一、对财务报表出具的审计报告

（一）保留意见

我们审计了 A 公司的财务报表，包括 2014 年 12 月 31 日的资产负债表，2014 年度的利润表、现金流量表、股东权益变动表以及相关财务报表附注。

我们认为，除"形成保留意见的基础"部分所述事项产生的影响外，后附的财务报表在所有重大方面按照企业会计准则的规定编制，公允反映了 A 公司 2014 年 12 月 31 日的财务状况以及 2014 年度的经营成果和现金流量。

形成保留意见的基础

A 公司将 2014 年 1 月 1 日借入用于扩建生产大楼 30 000 000 元借款的利息 3 200 000 元，全部计入在建工程价值。按规定，该利息应于购建活动开始后，按实际使用借款比例资本化的利息应为 640 000 元。相应地，导致 A 公司 2014 年 12 月 31 日的在建工程减少 2 560 000 元，财务费用增加 2 560 000 元，2014 年度的总利润将减少 2 560 000 元。

我们按照中国注册会计师审计准则的规定执行了审计工作。审计报告的"注册会计师对财务报表审计的责任"部分进一步阐述了我们在这些准则下的责任。按照中国注册会计师职业道德守则，我们独立于 ABC 公司，并履行了职业道德方面的其他责任。我们相信，我们获取的审计证据是充分的、适当的，为发表保留意见提供了基础。

②就 A 公司存在的第 6 个事项，应发表无保留意见。

意见：上述会计报表符合国家颁布的企业会计准则和《企业会计制度》的规定，在所有重大方面公允反映了 A 公司 2014 年 12 月 31 日的财务状况以及 2014 年度的经营成果和现金流量。

审计报告

A 公司全体股东：

一、对财务报表出具的审计报告

（一）无保留意见

我们审计了 A 公司的财务报表，包括 2014 年 12 月 31 日的资产负债表，2014 年度的利润表、现金流量表、股东权益变动表以及相关财务报表附注。

我们认为，后附的财务报表在所有重大方面按照企业会计准则的规定编制，公允反映了 A 公司 2014 年 12 月 31 日的财务状况以及 2014 年度的经营成果和现金流量。

二、形成审计意见的基础

我们按照中国注册会计师审计准则的规定执行了审计工作。审计报告的"注册会计师对财务报表审计的责任"部分进一步阐述了我们在这些准则下的责任。按照中国注册会计师职业道德守则，我们独立于 A 公司，我们相信，我们获取的审计证据是充分的、适当的，为发表审计意见提供了基础。

2．第（1）种情况应发表保留意见；

第（2）种情况应发表保留意见；

第（3）种情况应发表无保留意见；

第（4）种情况应发表带说明段的无保留意见；

第（5）种情况应发表保留意见。

参考文献

[1] 财政部. 企业会计准则[M]. 北京：经济科学出版社，2006.
[2] 财政部. 企业会计准则应用指南[M]. 北京：中国时代经济出版社，2006.
[3] 中国注册会计师协会. 2012年度注册会计师全国统一考试审计辅导教材[M]. 北京：经济科学出版社，2012.
[4] 中国注册会计师协会. 中国注册会计师执业准则（2006）[M]. 北京：经济科学出版社，2006.
[5] 申建英，周炳伟. 新编审计基础与实务（2版）[M]. 北京：电子工业出版社，2013.
[6] 秦荣生，卢春泉. 审计学（6版）[M]. 北京：中国人民大学出版社，1994.
[7] 李冰，梁久平. 审计基础[M]. 北京：经济科学出版社，2005.
[8] 丁瑞玲. 审计学（2009年版）[M]. 北京：中国财政经济出版社，2009.
[9] 一考通自考命题研究中心. 审计学一考通题库[M]. 北京：国家行政出版社，2014.
[10] 审计署，人力资源和社会保障部审计专业技术资格考试办公室. 审计专业技术资格考试辅导教材[M]. 北京：中国时代经济出版社，2014.